Otto Titan von Hefner

Denkwürdiger und nüzlicher Bayerischer Antiquarius

Erste Abteilung: Adeliger Antiquarius - Zweiter Band: Der altbayrische kleine Adel

Otto Titan von Hefner

Denkwürdiger und nüzlicher Bayerischer Antiquarius
Erste Abteilung: Adeliger Antiquarius - Zweiter Band: Der altbayrische kleine Adel

ISBN/EAN: 9783743494732

Hergestellt in Europa, USA, Kanada, Australien, Japan

Cover: Foto ©ninafisch / pixelio.de

Weitere Bücher finden Sie auf **www.hansebooks.com**

Des denkwürdigen und nüzlichen

Bayerischen Antiquarius

Erste Abteilung:

Adelicher Antiquarius,

welcher in unparteiischer und angenemer Weise erzält vom hohen und
niedern, großen und kleinen, alten und neuen Adel im Königreich
Bayern und den angrenzenden Ländern. Insbesondere vom waren
Ursprung vieler erlicher Geschlechter des Herren-, Land-, Stadt-,
Hof-, und Beamten-Adels, von Erziung, Sitten und Gebräuchen,
Turnieren, Feben und Reiterei, Wallfarten, Ritterschaft und Orden,
von Helden- und andern Taten, von Schlössern, Häusern, Residenzen,
von Festlichkeiten und noblen Passionen, endlich auch vom adelichen
Frauenzimmer, Liebes-Aventüren und was dazu gehört.

Aus unverwerflichen Urkunden gearbeitet und herausgegeben

von

Otto Titan von Hefner.

Zweiter Band:

Der altbayerische kleine Adel.

Mit einem Farbendruck: Bayerische Hoftrachten.

München.
Heraldisches Institut.
1867.

Vorwort.

Nach kaum Jaresfrist erscheint hier der zweite Band des „Bayerischen Antiquarius" fertig vor dem Leser. Die vielen anerkennenden Zuschriften, die ich wegen des I. Bandes erhielt, beweisen mir, daß es doch noch Männer gebe, welche den Wert und die Schwierigkeiten solcher Arbeiten zu schäzen wissen, und es war mir doppelt erfreulich, unter diesen Stimmen auch eine zu finden, welche, entgegen dem Lauf der Welt, sich zu dem Geständniß herbeiließ, daß dasjenige, was der Antiquarius über ire eigene Familie geschrieben habe, vollkommen richtig, wenn auch abweichend von demjenigen sei, was man sonst darüber zu lesen bekomme. Ich habe nur Eines an diesem I. Bande selbst zu tadeln gefunden, die Tatsache, daß ich troz reicher Lebenserfarung mich über den Erfolg meiner dem gedachten Bande vorausgeschickten Einleitung so bitter taüschen konnte! Wie ernstgemeint dieser Selbsttadel sei, kann der Leser daraus entnemen, daß ich das bedeutende Opfer nicht scheute, alle Exemplare dieses I. Bandes, soweit dieß noch möglich war, zurückzufordern und diese „Einleitung" daraus zu vertilgen. Das Vorwort zur zweiten, veränderten Ausgabe des I. Bandes, welches ich auch in diesem Bande wieder abdrucken ließ, wird das weitere berichten.

In vorliegendem II. Bande habe ich wieder das Unglück gehabt, über mer Stoff als Raum disponiren zu können. Ersterer hätte wol für drei Bände ausgereicht, lezterer war durch die bestimmte Anzal Bogen bedingt. Ich habe trozdem in diesem II. Bande ein gerundetes und abge= schlossenes Ganze zu geben vermocht, die Kulturgeschichte des altbayerischen Adels, und ich weiß, daß der Leser nir= gends etwas so Vollständiges und Sachgemäßes, organisch Entwickeltes über diesen Gegenstand finden wird, als eben im II. Bande des Antiquarius. Trozdem, daß im I. Bande nur etwa 125 Familien, in diesem aber nahe an 1000 ge= nannt sind, wird der Leser doch von allen darin behandelten Geschlechtern dasjenige aufgefürt finden, was sie ihm interes= sant machen kann.

Die ersten beiden Kapitel — Klassifizirung des baye= rischen Adels — hat dieser Band mit der 2. Auflage des I. Bandes gemein, weil ich diese beiden Kapitel statt der ausgetilgten „Einleitung" schrieb, und die Besizer der 1. Auf= lage gedachten Bandes um die neue, jedenfalls wichtige, histo= rische und statistische Einteilung des bayer. Adels nicht ver= kürzen wollte.

Das 3. u. 4. Kapitel behandeln die historisch= territoriale Gruppirung des Adels, aus welcher der dem Adelichen Antiquarius zu Grunde liegende Plan, beziungs= weise dasjenige, was noch zu behandeln ist — die Geschichte des neubayerischen Adels — ersehen werden kann.

Das 5. Kapitel stellt die Liste des besten altbayerischen Adels, des Turnieradels, fest.

Das 6. Kapitel ist der Geschichte des lezten Grafen von Haag gewidmet, welche romantischer als mancher Roman doch ein nur zu warheitsgetreues Bild irer Zeit gibt.

Im 7. Kapitel erzält der Antiquarius die verschiedenen außergewönlichen Wege, auf denen der Tod in die Familien des altbayerischen Adels sich gedrängt hat.

Die Kapitel 8—14 sind den Patrizier-Familien der Regierungsstäbte, München, Landshut, Ingolstadt, Straubing und Burghausen, dann der fürstbischöfl. Stadt Passau und mererer anderer Landstädte gewidmet. Der Antiquarius hat diese bisher ganz vernachläßigte Abteilung des bayerischen Adels mit um so mer Liebe bearbeitet, als sie nicht nur geeignet ist, das Bild des Städtelebens in einer Richtung zu ergänzen, sondern auch vielen ausgezeichneten Familien dieser Branche des Adels ir Recht wiberfaren zu lassen.

Das 15. Kapitel ist dem Frauenzimmer und der Liebe bebizirt, das 16. dem Hofe und Hofadel.

Im 17. Kapitel fürt der Antiquarius eine Gruppe von bisher wenig beachteten Geschlechtern, die der Erbaus-fergen zu Laufen, vor.

Das 18. Kapitel behandelt die für Bayern traurigen Angebenkens merkwürdige Periode des Besizes von Tirol (1805—14) und die Geschichte einiger Männer des Adels, die sich damals hervorgetan, insbesondere die des Herrn v. Hormayr. Eine Liste von tiroler und salzburger Familien ist angehängt.

Im 19. Kapitel findet der Leser die Namen von 205 Geschlechtern altbayerischen, oberpfälzischen und pfalzneuburgischen Brief- und Beamten-Adels, alle mit den Daten irer Nobilitation, viele, wie z. B. Ablzreiter, Apian, Aretin, Berchem, Diez, Heß, Jocher, Joner, Kolberg, Labrique, Mandl, Osterwald, Reigersberg, Relsach, Ruffin, Schott u. s. w. auch ausfürlicher behandelt.

Im 20. und lezten Kapitel endlich hat der Antiquarius (aus Gründen, die Eingangs des Kapitels erwänt
sind) eine genealogische Skizze seiner eigenen Familie
gegeben. Wenn Manche vielleicht sie ausführlicher gewünscht
hätten — und es wäre, hätte ich Memoiren nach Hrn. v. Langs
Manier schreiben wollen, dazu Material in Hülle vorgelegen
— so mögen Andere dagegen auch das Gesagte schon zu
viel finden. Hierin würde mich das Sprüchwort trösten:
„Auch unser Herrgott kann's nicht allen Leuten recht machen."
Denjenigen aber, die sich darin getroffen fülen sollten, gebe
ich die Versicherung, daß ich nur von dem uralten Rechte
Gebrauch gemacht habe, mich meiner Haut zu weren, und
daß ich, als alter Schüze, meine lezte Kugel noch lange
nicht verschossen habe. Da in dem 20. Kapitel auch die
Geschichte des Heraldischen Instituts berürt und darin auf
das gedruckte Programm Bezug genommen ist, habe ich mir
erlaubt, selbes hierfolgend beizugeben.

Ein gutes Register am Schlusse des Buches wird
dem Leser die Benüzung desselben wesentlich erleichtern, und
über den Reichtum seines Inhaltes am sichersten Kunde
geben. Ich für meinen Teil kann mich in dem Augenblicke,
in welchem ich die Feder niederlege, um diese Zeilen zum
Drucke zu geben, des lebhaften und aufrichtigen Wunsches
nicht entschlagen, es möchte ein Anderer das Buch geschrieben und mir das Vergnügen überlassen haben, es
zu lesen.

München, den 16. September 1867.

von Hefner.

Das von der königlichen Regierung autorisirte Heraldische Institut

unter Leitung und Verantwortlichkeit des

Dr. Otto Titan von Hefner,

**Herausgeber des grossen und allgemeinen Stamm- u. Wappenbuches &c.,
Ehrenmitglied und Correspondent mehrerer historischer
Gesellschaften &c.**

in

MÜNCHEN

ist dem Dienste und Nuzen der Behörden und des Publikums
gewidmet. Es erledigt alle Anfragen, Aufträge und Arbeiten,
welche sich auf Genealogie und Heraldik überhaupt, insbesondere
aber auf die Herkunft, Geschichte, Siegel und Wappen von Familien, einzelnen Personen und Corporationen beziehen. Durch
die reichhaltigen Sammlungen des Institutes selbst sowie durch
die ausgebreitete Geschäftsverbindung und Correspondenz mit
allen Ländern ist man in der Lage, in allen Fällen mit Rath
und That an die Hand zu gehen. Das Institut fertigt Entwürfe
und Zeichnungen zu heraldischen Gegenständen der verschiedensten Bestimmung in Wissenschaft, Kunst und Gewerbe, und
besorgt einschlägige Arbeiten, Anentafeln, Stammbäume, Album-
blätter, Familien-Chroniken, Siegel, Glasgemälde, Kopien von
Dokumenten u. s. w. unter Garantie. Bürgerliche Stammwappen, authentisch, elegant ausgeführt zum Einrahmen 2—3 Thlr.
Der Preis einer einfachen Recherche oder Consultation ist 1 Thlr.
franco und praenumerando. Die Antworten und Erledigungen
auf bezahlte Anfragen erfolgen sicher früher oder später je
nach Schwierigkeit und Zeitbedarf des Auftrages. Jede Erle-
digung trägt das Expeditionsnummer und einen Stempel mit
dem Wappen des Inhabers, und wird in die Geschäftsbücher
kopialiter eingetragen, so dass man sich jederzeit Duplicate davon verschaffen kann.

☞ Die im Verlage des Institutes erschienenen Werke
siehe auf nächster Seite!

Verlagswerke

des

heraldischen Instituts in München.

Zu beziehen direkt und durch alle Buchhandlungen,
in Leipzig bei C. F. Steinacker.

1) **Wappen- & Stammbuch** des blühenden Adels im Königreich
   Hannover und Herzogthum Braunschweig. 33 S. Text mit 37 Tafeln in 4°. 3 Rthlr.

2) **Wappen- & Stammbuch** des blühenden Adels im Königreich Galizien. 38 S. u. 36 T. in 4°. 3 Rthlr. Dieß letztere
   Werk ist insbesondere wegen der polnischen Heraldik bemerkenswerth.

3) **Heraldische Bilderbogen.** 72 Blatt in 2° nach Auswahl schwarz
   2 Sgr. oder 6 kr., colorirt 3½ Sgr. oder 12 kr., enthaltend allerhand Wappen von Fürsten, Städten, Provinzen rc.

4) **Originalmusterbuch** für Wappenmaler, Architekten, Künstler rc.,
   enthaltend 48 Tafeln in 4° mit Wappen aller Zeiten und Länder,
   kronologisch geordnet. In Farbendruck mit erklärendem Text
   8 Rthlr.

5) Die **Wappen der Städte und Märkte** des Königreichs
   Bayern nach urkundlichen und amtlichen Quellen. 4 Tafeln im-
   perial in sehr schönem Farbendrucke. Von diesem Prachtwerke sind
   nur 100 Exemplare aufgelegt worden. Preis 14 Rthlr.

6) **Handbuch** der theoretischen und praktischen **Heraldik** unter
   steter Bezugnahme auf die übrigen histor. Hilfswissenschaften.
   2 Bände mit 66 Tafeln und 286 S. in 4°. Mit dem photo-
   graph. Originalporträt des Verfassers. Preis des ganzen Werkes
   10 Rthlr.

7) Denkwürdiger und nützlicher **Bayerischer Antiquarius,**
   I. Abtheilung: Adelicher Antiquarius. I. Band (2. Auflage.)
   Der große Adel. 408 S. II. Band. Der altbayerische kleine
   Adel. 408 S. Jeder Band mit einem Titelbild. Preis 2½ Rthlr.

Vorwort

zur zweiten Ausgabe des ersten Bandes.

Als ich im Oktober vorigen Jares den ersten Band
meines „Bayerischen Antiquarius" in die Welt schickte, konnte
ich wol verschiedenartige Urteile über das Buch, nicht aber
eine Art von Gebrauchs = Anwendung erwarten, wie ich sie,
und zwar zum erstenmale in meiner schriftstellerischen Praxis
erleben mußte.

Obwol ich mich nemlich in dem Vorworte des ersten
Bandes ausdrücklich verwarte, als schriebe ich für das soge=
nannte Volk, obwol ich ebenso entschieden den Schwer=
punkt des Werkes — dessen richtige Auffassung und Bezeich=
nung doch am Ende Niemanden mehr zustehen kann als dem
Autor selbst — obwol ich also diesen Schwerpunkt in die
mit unendlicher Müe und möglichster Gewissenhaftigkeit ge=
arbeitete historisch = kritische Seite des Buches legte,
und den Lesern und Kennern der deutschen Adels= und Kul=
turgeschichte ein eingehendes Studium und eine billige
Würdigung des genealogischen Teiles des „Antiquarius"
empfal, hat doch in der Tat die kurze Frist eines Viertel=
jares genügt, mir die traurige Ueberzeugung beizubringen,
daß unter unserem bücherlesenden Publikum, speziell aber
unter den sogenannten Besprechern unglaublich viel Einsei=
tigkeit, ich möchte sagen, Armseligkeit herrsche.

Wenn je ein Autor bestrebt war, den Standpunkt
strenger Unparteilichkeit zu behaupten, das Gute

1

wie das Schlimme gerecht und billig zu würdigen, und
unbeirrt von äußeren Einflüßen die Warheit, und die ganze
Warheit zu erforschen und auszusprechen, (wozu denn
doch manchmal etwas mer Wissenschaft und moralischer Mut
gehören möchten, als manche der Rezensenten und die meisten der Leser zu glauben scheinen) — wenn also je ein
Buch auf kritischer Unterlage ein männliches Urteil kund-
gab, so war dieß sicher der „Bayerische Antiquarius.“ —

Daß bei historisch-genealogischen Forschungen troz alles
angewandten Fleißes und aller Kritik Irrtümer möglich,
ja selbst warscheinlich seien, widerstreitet am wenigsten derjenige, der Gelegenheit gehabt hat sich mit sotanen Dingen
zu beschäftigen. Die wirklichen Kenner der Adels-
Wissenschaften — und deren sind in Deutschland gar wenige! — werden aber eben darum den Wert des Gege-
benen um so mer würdigen, als gerade inen bekannt sein
muß, mit welcher ängstlichen Sorgfalt die meisten unserer
Familien des großen Adels das misteriöse Dunkel über ire
Herkunft aufrecht zu halten, mit welchen Mitteln sie das
Eindringen in den Dachsbau irer Hausgeschichten zu ver-
waren suchen.

Es konnte und mußte also die Aufgabe eines wirklichen Rezensenten des „Bayerischen Antiquarius“ nur
die sein, den Leser über den Wert oder Unwert der darin
enthaltenen historischen Angaben und Entwicklungen zu berichten, Irriges zu widerlegen und durch Besseres zu
ersezen.

Ich gebe gern zu, daß eine solche Kritik ire Schwierigkeiten und noch mer ire „Bedenken“ habe, denn das Zugestehen oder Bestreiten eines Sazes ist oft unlieb-
samer in seinen Folgen als der nackte Saz selbst; man konnte

durch Bekämpfung einer Angabe, auf gewissen Seiten viel=
leicht noch weniger Ere aufheben, als der „Antiquarius“
mit seinen Entdeckungen aufgehoben haben mag, und man
konnte am Ende und mit aller Müe das ominöse „semper
aliquid haeret“ nicht tobtmachen.

Eine derartige Rezension hätte aber doch immer noch
den Namen verbient und dem Zwecke mer oder weniger
entsprochen. Welches Gefül soll aber einen erlichen Autor
überkommen, wenn er es erleben muß, daß die von seinem Buche
gemachte „Nuzanwenbung“ mit den An= und Absichten des=
selben in direktem Widerspruche stehe, daß sein Buch zum
Lockvogel und Köber für Parteizwecke benüzt werde und
zwar noch in einer Weise, daß Derjenige, welcher bloß die
„Besprechung“ nicht aber das Werk selbst vor sich hatte,
ganz verkerte Begriffe von dem Werte und Inhalte des
lezteren sich zu bilden genötigt sei? Derartige Benüzung
kann bei dem großenteils oberflächlichen und kursorischen
Wesen unserer Lesewelt einem Autor und Verleger kaum
von Vorteil sein und wenn, wie im vorliegenden Falle beide
lezgenannte Personen e i n e unteilbare Inbividualität reprä=
sentiren, so wirb es lebiglich eine Pflicht der Selbsterhaltung
sein, sich gegen solche Attentate zur Abwer zu stellen. —

Aus mereren, in iren politischen und sozialen Tenbenzen
genugsam bekannten Journalen, welche sogleich nach Erscheinen
des ersten Bandes dieses Buches demselbem die Ere antaten es
zu i r e n Zwecken auszubeuten (wobei sie natürlich schon klug=
heitshalber nicht versäumten, den „gebiegenen Kenntnissen und
vortrefflichen Leistungen des verbienten Historikers Herrn
Dr. O. T. v. Hefner“ vorher einige Körnchen Weirauch zu
opfern), hebe ich nur eines mit Namen hervor, teils
weil es zu den in Norbbeutschland geleseneren Journalen ge=

hört, teils weil ich mit der Karakterisirung dieses, so weit
es die Würdigung des „bayerischen Antiquarius" anbetrifft,
zugleich das ganze Genre gekennzeichnet zu haben glauben
darf.

Die in Leipzig erscheinende Zeitschrift Europa bringt
in Nr. 47 des Jarganges 1866 unter dem Titel „Eine
baierische Kritik über Baiern" ein vier Spalten
langes Erzept aus dem „Antiquarius", nemlich die Stelle
(S. 14—22) wo vom Schulunterricht und dem Einfluße
des Klerus auf diesen die Rede ist. Da es der „Europa"
nur darum zu tun schien, Bayern zu verkleinern, so war
ir der Tadel des „Antiquarius" über einzelne Mißstände
ein erwünschtes Essen, um damit gewisse geborne Intelligenzen
groß zu füttern. Die Lichtseiten bayerischer Zustände fand
sie aus dem Buche ebensowenig heraus als sie die leidige
Tatsache würdigen zu müssen glaubte, daß es bei ir zu
Haus um kein Haar besser, in vielen Punkten aber noch
weit schlimmer stehe als bei uns in Bayern.*) Die Re=
daktion der „Europa" wird mir also erlauben, wenn ich sie

---

*) Als einen kleinen Anhaltspunkt für Beurteilung analoger
Zustände — Geistlichkeit und Schulen — im intelli=
genten Norden, erlaubt sich der Antiquarius seinen Le=
sern ein paar Säze aus einem Artikel auszuheben,
welchen die „Gartenlaube" in Nr. 43 ires Jarganges
1865 unter dem Titel „das Rauhe Haus, ein Cha=
rakterbild aus dem Reiche der innern Mission" brachte.
Niemand, auch die „Europa" nicht, welche ja sogar in
gleichem Verlage mit der „Gartenlaube" erscheint, wird
leztere der Preußen=Feindlichkeit zeihen, und deßhalb
kann hier also von Schwarzseherei, Mißkennung oder
Entstellung der Warheit gewiß nicht die Rede sein.

in Bezug dieses Artikels qualifizirten Mißbrauchs des „Antiquarius" beschuldige und ir zugleich die Versicherung ausspreche, daß wir in Bayern zwar gewont seien, frei zu

------

Nachdem der Verfasser besagten Artikels, auf welchen wir den mißbegierigen Leser des Weitern verweisen, die Parallele zwischen dem katholischen Jesuitismus und dem Lutheranismus gezogen, beleuchtet er die Mittel, deren sich lezterer bedient, um auf das Volk, resp. dessen Verdummung zu wirken, nach dem Grundsaze „Wie man sein Schwein mästet und seinen Acker baut, darüber hinaus soll man nicht denken. Man hat den Katechismus und die Sonntagspredigt, darüber hinaus soll man nicht grübeln."

„Mit dieser geistigen Bettelhaftigleit", färt der Verfasser nun fort, „wären die innere Mission und mit ihr das Rauhe Haus auch niemals die Macht geworden, die sie sind, wenn sie an dem reactionären Staate unseres Jarhunderts (s. c. Preußen) nicht eine Stüze gefunden hätten .... sie (die Mission) gilt als der festeste Damm, der sich der freien Entwicklung entgegen bauen läßt."

„Niemand wird verkennen, von welch' bedeutendem Einfluß es schon sein muß, wenn die höchsten Würdenträger des Staates .... die Hauptgönner und Förderer desselben (des Rauhen Hauses) sind..... Wenn der König von Preußen, für das nach dem Muster des Rauhen Hauses organisirte Johannisstift in Berlin Tausende schenkt, wenn die Königin einen „Bruder" des Rauhen Hauses zu ihrem Almosenier ernennt, so sind das Signale, die von den Staatsministern, den auf Avancement hoffenden Beamten, dem Hofadel und dem weiblichen Personal rasch verstanden werden. Aber dieser Einfluß hat immerhin doch

sprechen und zu schreiben — unendlich freier als in dem
gepriesenen Muster=Staate nordischer Intelligenz und Frei=
heit —, daß wir aber damit einem Nichtbayern noch lange nicht
das Recht einräumen, dasjenige, was wir über uns sprechen,
zum Gegenstande parteilicher Ausbeutung zu machen.

In Nr. 50 desselben Blattes „Europa" bringt die Re=
daktion weiter unter dem Titel „der baierische Hoch=

---

nur einen privaten Charakter. Indeß erstreckt er sich
weit über die Privatschatulle hinaus — zunächst auf die
Kirche, deren wichtigste Aemter zum großen Theil
... von den fürstlichen summis episcopis besetzt wer=
den. In Mecklenburg, Hannover, in den Lippe'=
schen Fürstenthümern und vor Allem in Preußen
sind z. B. die höchsten Kirchenämter durchweg im Be=
sitz von Parteigängern der innern Mission."

„Von der Kirche rückt der Einfluß dann weiter auf
die Schule: Der Lehrstoff wird für sie zugemessen und
zugeschnitten nach rauhhäuslerischem Maß und manchem
armen rationalistischen Volksschullehrer wird von
seinem Geistlichen das irdische Leben heiß ge=
macht, bis er empfänglich geworden für das himmlische
Commißbrod eines Wichern (des Inspektors des Rauhen
Hauses) und seiner schwarzen Garde."

„Aber noch immer nicht genug: der Staat, d. h.
die Inhaber der Staatsgewalt helfen selbst
bei der Verbreitung der Literatur der innern Mission
......." In diesen und noch kräftigeren Worten ist
das „Charakterbild" aus den nordischen Musterstaaten
gehalten. Solchen Zugeständnissen gegenüber dürfte der
Hochmut gewisser Parteigänger in iren Aeußerungen
über Bayern sich unschwer auf das richtige Maß redu=
ziren lassen.

abel" einen nach iren Zwecken verarbeiteten Auszug aus
bem historischen Teil des „Antiquarius", der bem Leser
nur die Wal läßt, ben Autor ober ben Rezensenten für
einen höchst einseitigen Menschen zu halten.

Gleich zu Anfang spricht ber „Rezensent" von einem
„alten beutschen Recht", welchem zufolge nur solche
Familien zum hohen Abel gehören sollen, „benen vor Auf=
lösung des beutschen Reichs die Souverainetät und Reichs=
unmittelbarkeit birekt, also nicht blos als Mitgliedern einer
reichsunmittelbaren Korporation zustand." Glücklicherweise
gibt die Rebaktion biesen Saz als eigene Composition, und
man kann ir es also überlassen, gelegentlich zu erklären ob
sie unter „altem beutschen Recht" ben Sachsenspiegel, die
lex Baiuwariorum ober gar ben Schwabenspiegel begriffen
habe. Unmittelbar anknüpfend gibt aber ber Rezensent eine
Erläuterung, welche bas birekte Gegenteil ber im
„Antiquarius" bargelegten Auffassung enthält, welcher ja
ausbrücklich erklärt, baß der erste Band nicht bem
hohen Abel, sonbern bem großen Abel Bayerns gewibmet
sei und bieser Auffassung zugleich die nötige sistematische
und wissenschaftliche Unterlage gibt, indem er als Gegen=
stück des in ber bayer. Reichsratskammer vertretenen und im
ersten Banbe behanbelten großen Abels für ben zweiten
Band bes Antiquarius ben kleinen Abel Bayerns vor=
behält.

Wenn es also bem Rezensenten gefällt an gebachtem
Orte weiter zu behaupten, die Monarchen ber größeren
beutschen Staaten hätten seit 1815 auch anbern Familien
die Rechte bes hohen Abels beigelegt, „um mit mög=
lichst viel Vornehmen Parabe zu machen," und so
sei Bayern, auf besten Gebiet nicht mer als 16 wirkliche

Standesherrn ansässig sind, zu 36 Familien des Hoch-
abels gelangt, so gibt er sich mit einer derartigen Behauptung Blößen, die einen bedauerlichen Mangel an juristischen,
historischen und logischen Vorkenntnissen bekunden. Die Re-
sultate seines mit telegrafischer Geschwindigkeit durch die
400 Seiten des Buches unternommenen Plünderungszuges gibt
Rezensent auf circa sieben Spalten. Es würde diese Bezeichnung hinlänglich genügen, um den Wert einer solchen
Kritik zu karakterisiren, hätte es nicht dem Rezensenten nebenbei
beliebt, da und dort seine e i g e n e n Ideen in den Kauf zu
geben, dieß aber in einer Weise, daß der Leser glauben
möchte, es sei alles das Erwänte ein mer oder minder w ö r t -
l i c h e r Ertract aus dem Buche. So darf es uns kaum
mer wundern, daß das dem „Antiquarius" zu Grunde liegende sittliche Motiv negligirt und der „Ertrakt" einer Jagd
nach Anekdoten ser änlich geworden ist, wobei sich wol
vermuten läßt, man habe unlieb das Material zu einer
„Chronique scanduleuse des baverischen Hochadels" ver-
mißt.

Geradezu ungentil sind die Maßnamen aber, deren
sich Rezensent bedient, um den Leser glauben zu machen, der
Antiquarius neme in Religionssachen einen Parteistandpunkt
ein, ja er sei ein enragirter Protestant. — Unter anderm
genirt sich Rezensent nicht, den verstorbenen Grafen Giech
als „unverdrossenen Vorkämpfer der Rechte der Protestanten
unter dem Ministerium Abel", den Grafen P a p p e n h e i m
aber als „grimmigsten Dränger des Protestantismus", als
„Henker" der oberösterreichischen Bauern und als „wahren
Urheber des magdeburger Brandes" aufzuführen. Von all'
diesem stet kein Wort im Antiquarius und doch soll
er den Schild abgeben, damit ein Rezensent seiner beschränkten

Auffassung durch einige Hiebe Luft machen könne. Es liegt unter solchen Verhältnissen zu Tage, daß von einer wissenschaftlichen Unterlage der gedachten Besprechung nicht die Rede sein könne, deshalb will ich mich auch auf einzelne Bemerkungen des Rezensenten, aus welchen hervorgeht, daß ihm die Literatur der deutschen Adelsgeschichte und folglich auch der Unterschied zwischen bereits Bekanntem und Unedirtem fremd sei, nicht einlassen. — Der Kritikus, welcher die urkundlichen Angaben des „Antiquarius" berichtigen wird, stet noch zu erwarten. — Da wir aber in der Zeit der Gegensäze leben, so darf ich nicht versäumen, meine Leser auch mit einer Rezension bekannt zu machen, die vermöge der Stellung und Bedeutung ires Organes den direkten Gegensaz zu dem obengenannten Fortschrittsparteilichen vertritt.

Es ist dies eine Besprechung in der „Augsburger Postzeitung", dem Organe der katholischen Partei in Bayern, und zwar in der Beilage Nr. 73 vom 8. Dez. vor. Jrs.

Die gelassene Art, in welcher dieß Organ über den „Antiquarius" spricht und die eingehende Berücksichtigung, welche es dem Inhalte zuwendet, zeugen von ebensoviel Unparteilichkeit als wissenschaftlicher Unterlage, welche auch, wenn sie nicht in der Lage sein sollte, ein fachmäßiges Urteil über ein bestimmtes Werk aufstellen zu wollen, doch hinlangt, um ein von einem Fachmanne geschriebenes Buch von einem Journalartikel zu unterscheiden. Wenn der Rezensent am Schlusse seiner Besprechung auch die Einleitung des „Antiquarius" berücksichtigt, so tut er dies (im Gegensaze zu jenen obengeschilderten Gönnern des Antiquarius, welche wie Jungens auf iren Steckenpferden, mit furchtbarem Halloh und Peitschengeknall, darin herumreiten) mit der

Miene eines Mannes, der weiß berücksichtigt, und daß jede
Sache z w e i Seiten habe und daß das audiatur et altera
pars vor Allem unter Gebildeten zu den gesellschaftlichen
und rechtlichen Notwendigkeiten gehöre.   Mit einer Art
von Beschämung mußte ich daher seiner Schlußbemerkung
von der „Eichelkost" zustimmen und ich kann mich nur mit
der Tatsache trösten, daß ja die Eiche, das Sinnbild deut=
scher Erenhaftigkeit, nicht dadurch geschändet werde, daß
ire Früchte zum Teile von Schweinen verzert werden, — um
so weniger, als aus der heil. Schrift selbst der Beweis zu
liefern wäre, daß diese unreinen Tiere nicht nur Eicheln,
sondern sogar P e r l e n zu fressen geneigt seien. °) — —

Um aber ein für allemal der Versuchung vorzubeugen,
mit einem Prodromus wie der des ersten Bandes des Anti=
quarius, die Eßlust oder den Unwert gewisser Leute ferner
rege zu machen, habe ich mich entschlossen, einen Gewalt=

°) Um, wenn nötig, den Standpunkt völliger Parteilosig=
keit, den ich durchweg festzuhalten suchte, auch hier
zu bekunden, darf ich nicht unterlassen anzumerken,
daß mir erzält worden sei, ein in Innsbruck erscheinendes
katholisches Blatt, der „Tyroler Bote" habe in einer seiner
neueren Nummern eine Kritik des „bayerischen Antiqua=
rius" gebracht, welche mit unendlichem Ingrimm sich
„über die freimaurerischen Tendenzen" desselben herwälze
und das Buch sammt dem Autor mindestens zum Scheiter=
haufen verdamme.   Da ich das betreffende Blatt noch
nicht zu Gesicht bekommen — die Redaktion sei artigst
gebeten mich durch gelegentliche Zusendung einer Num=
mer zu bedenken — so registrire ich hier einfach, was
ich in Erfahrung gebracht habe, und will gern zugeben,
daß mich ein solcher faux pas der tirolischen Literatoren
gar nicht so ser wundern sollte, da ja nach allgemeiner Er=

streich auszuüben und zwar in der Art, daß ich alle noch
nicht in Privathände übergegangenen Exemplare des ersten
Bandes des „Antiquarius" zurückforbern, die besagte Einleitung
sammt dem Vorworte vernichten und durch vorliegendes ersezen ließ.   Da ich an der historischen Beschreibung der
Familien einen wesentlichen Irrtum nicht vorfand, so lag
auch keine Notwendigkeit da, meine Purification und Ex-
stinktion auf diesen auszudehnen.

Einige seit Erscheinen der ersten Auflage eingetretene
Aenderungen und ein paar kleinere Berichtigungen lasse ich
hier anschließend folgen.

Diese Ergänzungen, dann die neugeschriebene Einleitung,
resp. kurze historische Uebersicht des bayerischen Adels werde
ich, sowie das Vorwort zu dieser Auflage auch im zweiten
Bande wieder abbrucken lassen, da sie einesteils zum Ver-
ständnisse und zur Geschichte des Antiquarius gehören, anderseits ich die Abnemer der ersten Auflage des ersten Bandes nicht nötigen will, sich dieser Zusäze und Aenderungen
halber die zweite Auflage besonders anzuschaffen.

Gleich wie aber die meisten der in der famosen „Einleitung" geschilderten Mißstände — Militär = Verfassung,
Landwer, Gewerbszopf, Anfässigmachung, Todesstrafe und
einige andere — durch die eben den Kammern vorgelegten
neuen und liberalen Geseze zum Teil schon beseitigt wurden,

farung und Ueberzeugung nicht nur einerseits der poli-
tisch liberalste Tiroler bei uns, in Bayern, noch
als ein großer Reactionär gilt, sondern anderseits
auch unsere bayerisch=katholische Geistlichkeit in Tirol
als revolutionär und vom Giste der Aufklärung ange-
steckt verschrieen ist. —

zum Teil aber ir Ende bevorstehend haben, somit unvermutet
schnell zu Antiquitäten geworden und sein werden, so ist auch
die erste Auflage dieses Buches nebst der inkriminirten, viel=
fach mißbrauchten und mißverstandenen „Einleitung" rascher
als man glauben mochte, eine antiquarische Rarität geworden,
zu deren Besitz allen Glücklichen von Herzen gratulirt

München, im Februar 1867.

der bayerische Antiquarius.

Nachträge und Berichtigungen
zum ersten Band.

(Großer Adel.)

Zu Castell. S. 69.

Unterm 17. Januar 1867 haben S. M. der König, nach Vernemung des Staatsrates, geruht auszusprechen, daß auch dem Haupte der gräflichen Linie Rüdenhausen ein erblicher Siz und Stimme in der Kammer der Reichsräte eingeräumt werde, so daß also nunmer beide genannte Linien darin vertreten sind.

Das Haupt der Linie Castell-Rüdenhausen ist Graf Wolfgang, geb. 1830, welcher aus seiner Ehe mit der Prinzessin Emma von Ysenburg-Büdingen bis jezt drei Söne, darunter den Erbgrafen Siegfried (geb. 1860) und eine Tochter gewonnen hat. Es leben von vorliegender Linie überdieß noch 7 männliche und 9 weibliche Sprossen.

Als Ergänzung der historischen Daten über dieß Geschlecht möge folgende wichtige Angabe des würzburgischen Geschichtschreibers Fries einen Plaz finden:

„Die uralten Grafen von Castell waren in früern Jarhunderten ser mächtig, reich und begütert an Städten, Schlössern und Ortschaften. Man erzält, daß einst sogar ein junger Burggraf von Nürnberg (ein Hohenzollern) inen ein

Hofdiener gewesen sei. Die ganze Stadt Volkach, ein Teil von Schwarzach und Geroldshofen gehörte inen. Durch Kriege, Schulden und üblen Haushalt gerieten sie aber allmälig so ser in Abname, daß sie hätten ire Grafschaft verlassen müssen, wenn Bischof Johann (von Würzburg, ein geborner v. Grumbach, inen nicht hülfreich beigestanden wäre. . . . . . Gegen ein järliches Leibgeding von 500 fl. für den Grafen Wilhelm von Castell, seine Gemalin Anna und seinen Son Friedrich, übergaben diese die ganze Grafschaft, mit allen Städten, Schlössern, Märkten, Dörfern, geistlichen und welt- lichen Lehen, Wildbann, Zöllen, Geleiten und allem Ein- und Zugehör, dem Stifte Würzburg, und empfingen solches hinwieder als Mannlehen am 28. Nov. 1457. Zugleich über- nam der Bischof von Würzburg die Verbindlichkeiten, zu welchen die Grafschaft bisher dem Reiche verpflichtet war, auf sich und sein Stift."

Zu **Deroy**. S. 71.

Wie der Antiquarius berichtigt wird, hat das Schloß Zangberg nicht ein Deroy, sondern ein Graf von Geldern, der es kurz vorher von Ersterem erworben, an die Klosterfrauen vom heil. Franz Salesius verkauft.

Zu **Gumppenberg.** S. 93.

Zeile 15 von oben, muß der sinnstörende Druckfeler „die Mutter dieser Töchter stammte . . . ." verbessert wer- den in: „diese Töchter stammen aus der morganatischen Ehe . . . . . ."

Ferner wird dem Antiquarius von gutunterrichteter Seite
verſichert, daß der Vater der genannten Sofie Petin nicht fran-
zöſiſcher, ſondern kurzpfalzbayeriſcher Offizier zu Mannheim und daß von ſeinen Töchtern die eine, ſpätere Gräfin
v. Bayerſtorff, Ballettänzerin an der kuriürſtlichen Hofbüne,
geweſen ſei, die andere aber als die Frau eines kurfürſtlichen
Hofmuſikus Legrand, zuerſt in Mannheim, ſpäter in München
gelebt habe.

Zu Gravenreuth. S. 88.

Das Hauptgut, auf welchem die erbliche Reichsratswürde
berut, iſt das in den 1820r Jaren von den Grafen von
Leyden erkaufte, an der Augsburg-Neuburger Straße ge-
legene Affing.

Zu Hohenlohe. S. 98.

Der genannte Fürſt Clodwig von H.-Schillings-
fürſt, Prinz von Ratibor und Corvey, erblicher Reichsrat
ꝛc. ꝛc. iſt ſeit 31. Dezember 1866 königlicher bayer. Staats-
miniſter des Äußern und des königlichen Hauſes. Unterm
1. Jan. 1867 geruten S. M. der König zu genemigen, daß
dem genannten Fürſten, Durchlaucht, der Rang als Standes-
herr und erblicher Reichsrat auch wärend der Dauer ſeiner
Miniſtertätigkeit vorbehalten bleibe.

Der bayeriſche Antiquarius iſt der entſchiedenen Anſicht,
daß es ſeinem Vaterlande nur zum Vorteile gereichen könne
einen Mann ſolchen Stammes und ſolcher Erenhaftigkeit zum
Leiter und Vertreter ſeiner äußeren Politik zu haben, was

aber natürlich eine gewiſſe Partei, der es in guter Geſellſchaft bald unbehaglich zu werden pflegt, nicht abhalten wird, gegen ihn zu miniren. —

————

Zu **Pappenheim.** S. 201.

Zeile 8 von unten ſtet aus Druckverſehen 1405 ſtatt 1495, und S. 252. Z. 14 von unten bittet man Er b truch= ſeſſen zu leſen ſtatt: Erztruchſeſſen.

————

Zu **Törring.** S. 358.

Als Beleg und Beſtätigung ſei die von Sattler in ſeiner würtemb. Geſchichte beigebrachte Angabe hier nachgetragen, daß vor Ausbruch der Fede des ſchwäbiſchen Bundes wider Herzog Ulrich von Wirtemberg, dieſer an einem Tage (26. März 1519) zu Stuttgart 595 (fünfhundert und fünfund= neunzig) Abſagebriefe zugeſandt erhalten habe.

Zu S. 359 Z. 8 von oben will der Antiquarius das Curioſum nicht vorenthalten, daß ein neuerer Schriftſteller, der Benefiziat Bonifaz Huber, in ſeiner „Geſchichte der Stadt Burghauſen" die Hundeſchlägerei des Herzogs Hein= rich entſchuldigt oder beſſer gut heißt, mit der Bemerkung: dieſe Hunde hätten durch ihr öfters unberechtigtes Jagen in den herzoglichen Forſten gedachte Strafe mit Recht ver= dient!, was nach moderner Anſchauung etwa ſo viel heißen will, als wenn Jemand ſagte: Es geſchiet dem Hunde gerade recht, daß ihn der Abdecker gefangen hat, warum lauft ihm ſein Herr kein Polizeizeichen! —

Zu Wrede. S. 389.

Ein alter Militär berichtet dem Antiquarius für ganz sicher, das Einkommen des ersten Fürsten Wrede habe aus järlich 15,000 fl. Reinertrag aus dem Lehen Ellingen, 20,000 fl. Besoldung als Feldmarschall, dazu täglich 20 Natural=Fourage=Rationen, ferner 1000 fl. als Großkreuz des Max=Josef=Ordens und endlich 15,000 Franken als Groß=offizier der französischen Erenlegion, in Summa also aus etwa 43,000 fl., bestanden. —

Zum Register.

S. 406 ist bei Spreti aus Druckversehen irrig auf Seite 204 statt 104 hingewiesen.

Dr. Otto Titan von Hefner's

denkwürdiger und nüzlicher

Bayerischer Antiquarius.

Erste Abteilung:
Adelicher Antiquarius.

Zweiter Band.

2*

1. Das Gebiet des heutigen Königreiches Bayern umfaßt zugleich die Wiege und die Heimat des bedeutendsten Adels deutscher Nation. Stolze Herrengeschlechter teilten in der Urzeit unter sich den Besitz des Landes; nicht wenige derselben sind bis auf unsere Tage gekommen. Eine große Anzal von ursprünglichem Dienst-Adel hat sich aus seiner untergeordneten Stellung frei gemacht, seine Helme auf den Turnieren zur Schau getragen und seine Namen und Wappen in den Domstiften und Ritter-Orden aufgeschworen, eine stattliche Menge von Patriziern hat ehemals in den Reichs- und Regierungs-Städten das republikanische Prinzip der Selbstregierung geltend gemacht, eine noch größere Zal von Beamten-, Hof- und Soldaten-Adel ist durch Verdienst und Glück in die Höe gekommen, und endlich haben die Heiligen Amor und Pecunia nicht wenigen irer Günstlinge zu adelichen Eren verholfen.

Im Laufe der Zeit und im Drange der allgemeinen sozialen Entwicklung haben sich diese Hauptgattungen unsers historischen Adels vielfach untereinander vermengt, Große sind klein und Kleine sind groß, Reiche arm und Arme wieder reich geworden. Ein ewiger Wechsel stellt sich für den, der die Geschichte des bayerischen Adels genauer betrachtet, als Resultat seiner Forschung dar, ein Wechsel in den Namen und Geschlechtern wie in den Schicksalen der einzelnen Familien und der „Anti-

quarius" ist oftmals bei seinen Studien zu dem Ergebnisse
gekommen, daß die Geschichte so mancher adeligen Familie
alle Leren, alle guten und üblen Erfarungen in sich schließe,
die man sonst nur aus der Weltgeschichte im Großen und
Ganzen zu zieen gewönt ist.

Klein und unbedeutend, öfters fabelhaft, wie die Geschichte
der Völker beginnt auch die der Geschlechter. Wie dort einzelne Bauwerke oder einzelne Stellen aus den Heldengedichten
und Religionsbüchern uns den ersten Anhalt zum Nachweise
der historischen Existenz eines Volkes geben, so finden wir
auch hier in alten Briefen der Klöster und Städte, wie in
einzelnen, vielleicht sonst unbeachteten Denkmälern die ersten
Spuren adelichen Namens und Stammes.

Die Tradition spielt dann die ergänzende Rolle, sie füllt
die Lücken, sie ist nicht selten die poetische, öfters aber die
schwächere Seite in der Chronik eines Volkes, wie eines einzelnen Geschlechts, denn „alt zu scheinen", sagt Seneca, „scheint
den Meisten beneidenswerter, als alt zu sein."

Selten begnügt sich jedoch eine alte Familie mit irem
wirklichen, urkundlich erweislichen, Alter; in der Regel will
sie noch älter sein, und so haben denn nicht nur des alten Roms
Patrizier unserem deutschen Adel zuweilen die Anherrn liefern
müssen, sondern man ist gelegentlich auch noch weiter bis in die
Zeiten des alten Testamentes zurückgegangen, um Anknü-
pfungspunkte und Anherrn zu finden.

In lezterer Bezieung wären einige unserer neueren Adels-
Familien in Bayern in der günstigsten Lage und im Stande
ire Filiation unstreitig bis auf den Erzvater Jakob oder dgl.
zurückzufüren, aber merkwürdigerweise scheint es, als ob gerade
diese auf ire Abstammung aus dem alten Testamente den
mindesten Wert legten.

Betrachten wir die Familien unseres Adels zuerst in

Bezug auf ir Alter, so unterscheiden wir zwei Hauptgattungen: den Urabel und den Briefadel.

Beide Bezeichnungen tragen den Karakter der Gegensäze;
zum Urabel gehören diejenigen Familien, deren Vorfaren
erweislich zum Abel zälten schon vor der Zeit, in welcher die
Landesherrn, hier insbesondere die deutschen Kaiser und Reichsfürsten, begannen, eine beliebige inen angeneme oder verdiente
Persönlichkeit mittelst eigener Gnadenbriefe, demgemäß in Anwendung irer Souverainetätsrechte aus der Reie der Bürger oder Bauern in die der Edelleute zu versezen. Hat
der Anherr eines Geschlechts solcher kaiserlicher oder fürstlicher
Gnade seine Erhöung zu verdanken, so zält man dieses — es
mag übrigens alt oder jung, Fürst oder Edelmann sein —
zum Briefadel.

Es wird wol im Allgemeinen keinen Briefadel geben,
der älter wäre als 500 Jare von heute an zurückgerechnet.
In Bayern ist das älteste Geschlecht dieser Klasse das
der Frhrn. von Ott mit der lauernden Fischotter im obern.
und den zwei Schrägbalken im untern Plaze des geteilten
Schildes. Ir Adelsbrief datirt von Kaiser Sigmund aus dem
Jare 1412. Der jüngste Briefadel ist derjenige der Herrn
v. Pfistermeister vom Januar 1867.

Es verdient hier für den nicht sachkundigen Leser bemerkt
zu werden, daß die ältesten Adelsbriefe keineswegs solche
waren, wie man sie seit den lezten zwei und drei Jarhunderten
zu sehen gewönt ist, nemlich förmliche Standeserhöungs-
Diplome, in denen der Begnadigte mit einem adelichen Prädikate begabt, oder „vonisirt" wird. Die Nobilitirung gescha
vielmer in der ältesten und älteren Zeit durch bloße Ver-
leiung eines Wappens, durch Creirung zum Wappengenossen. Deßhalb werden kaiserliche Wappenbriefe bis auf
Kaiser Max I. einschlüssig auch den Adelsbriefen gleichgeachtet. —

Wenn der Briefadel mit einem Alter von 500 Jaren
von unſern Zeiten an ſich begnügen muß, ſo kann der Urabel
durchſchnittlich 100 Jare weiter zurück probiren, Ausnamen
fügen noch ferner 50 Jare hinzu, d. h. einzelne Geſchlechter
mögen ſchon zu Anfang des XIII. Jarhunderts ire Namen in
Urkunden vertreten finden. Weiter zurück nimmt die Unſicher-
heit mit Rieſenſchritten zu, denn wir ſtoßen auf das weſentliche
Hinderniß des Mangels an firirten Geſchlechtsnamen und
an Geſchlechtswappen, one deren Feſtſtellung alle Genealogie eitel Spielerei und Fantaſie bleiben muß.

Nur wenigen Geſchlechtern des hohen oder Herren-
Adels iſt es in Deutſchland vergönnt ire Stammreie ſicher
bis ins XII. Jarhundert zurückzufüren, der kleine oder Dienſtadel kann zum weitaus größten Teile erſt mit dem lezten
Viertel des XIII. Jarhunderts ſichere Nachweiſe über ſein
Beſtehen, wenn auch nur ſelten die Filiation vom Vater auf
den Son erproben.

Es iſt aber der große Unterſchied zwiſchen dem uradeligen
Herren- und dem uradeligen Dienſt-, oder mit anderen
Worten zwiſchen dem Dinaſten- und Miniſterial-Adel
nie außer Acht zu laſſen, ein Unterſchied, zu deſſen Würdigung
der Antiquarius nur den einzigen Anhaltspunkt zu geben
braucht, daß wärend der Herrenadel abſolut frei und lediglich
lich dem Kaiſer und Reich untergeben und lehenspflichtig war,
der Dienſtadel unfrei, leibeigen und ſeinem Lehensherrn
— ſei dieſer ein Dinaſt oder ein anderer Edelmann, ein
Biſchof oder ein Abt geweſen — hörig war. Seine rechtliche
Stellung war demnach weit beſchränkter als die eines Städte-
Bürgers, als welcher bekanntlich ſchon von allem Anfang an
Niemand genommen wurde, „er ſei dann völlig freier Geburt
und ſeinem Herrn mit Leibeigenſchaft zugetan.“

Gegen Ende des XIV. Jarhunderts verliert ſich die körperliche Unfreiheit des Dienstadels immer mer, wenn auch noch im XV. vereinzelte Beispiele davon nachweisbar sind, aber eben mit dem Ende des XIV. Säkulums tritt auch ein neuer Rivale des Uradels, der schon genannte Briefadel in die Schranken, welcher ja mit seiner Schöpfung schon sogleich vollkommen frei ward.

„Die geistreiche Erfindung mittelst eines Stückes Pergament ben Abel zu ertheilen", wie sich ein neuerer Autor auszubrüden beliebt, dürfte vielleicht ein nicht weniger geistreiches Gegenstück in den Pergamentbriefen gehabt haben, durch welche zu irer Zeit die Anherrn unserer uradelichen Geschlechter aus dem Zustande der Leibeigenschaft von iren betreffenden Herrn entlassen wurden. Der Unterschied ist wol nur der, daß man leztere Sorte von Pergamentstücken weniger zur Aufbewarung und Producirung geeignet gehalten haben mag, als die erstern, die Abelsbriefe.

Wie dem auch sei, so viel stet fest, daß die übergroße Merzal unseres heutigen Abels Briefadel ist und daß demnach dem Uradel, schon wegen seiner Seltenheit ein historischer, wenn auch kaum rechtlich festzustellender Vorzug gebüre.

Nachfolgende historisch=statistische Zusammenstellung des blüenden Abels im Königreich mag einen einigermaßen sicheren Anhaltspunkt gewären.

Wir zälen in Bayern von noch blüenden immatrikulirten, also gerichtsgültigen Abelsfamilien ungefähr 950. Von diesen gebören etwa 165 dem Uradel an — alles übrige ist Briefadel.

Betrachten wir diesen lezteren nach seinem Alter, so finden wir etwa 325, demnach nahezu die Hälfte, aus dem gegenwärtigen Jarhundert stammend, also nicht über zwei Generationen alt. Aus dem vorigen Jarhundert batiren iren Abel etwa 250 Familien mit 3—6 Generationen und von dem Rest

der 210 Familien mögen 135 ins XVII., 45 ins XVI. und
10 bis ins XV. Jarhundert zurückgehen.

Es folgt daraus, daß ein Adelsgeschlecht, welches auf
8 und 16 Anen probiren kann, vorausgesezt natürlich, daß
die Väter stets adelich geheiratet haben, schon zu den besseren
und älteren Familien zäle, wenn auch im Grunde dazu kein
höeres Alter als 4 bis 5 Generationen abwärts vom Nobilitirten oder etwa 100 bis 120 Jare erforderlich sind.

Es sei ferner hier die Bemerkung gestattet, daß nach
allen Warnemungen des Antiquarius der Erbadel in
Bayern in stetiger Abname begriffen sei. Jedes Deze-
nium zollt eine Anzal von Familien den Tribut des Menschlichen, indem diese den Lezten ires Namens und Stammes
des Erbe übergeben, wärend der Zugang neugeadelter Familien nicht gleichen Schritt hält, um die eingerissenen Lücken
wieder auszufüllen. Unsere Zeit ist nicht für den Adel überhaupt, am wenigsten aber für dessen Vermerung.

Betrachten wir unsern heutigen Adel weiter in Bezieung
seiner rechtlichen Stellung, so zerfällt er ebenfalls in zwei
Gegensäze: in den hohen und niederen Adel. Zum hohen
Adel gehören alle diejenigen Familien, welche vor Auflösung
des alten deutschen Kaiserreiches die Souveränetät besaßen.

Im Umfange des heutigen Königreiches liegen die ehemals reichsständischen Besizungen von 7 fürstlichen und 9
gräflichen „erlauchten“ Häusern, deren Stamm und Wappen
in dem ersten Bande des „adelichen Antiquarius“ ausfürlich
beschrieben werden.

Die staatsrechtlichen Verhältnisse dieser Familien des
hohen Adels sind für Bayern durch eine eigene (die IV.)
Beilage zur Verfassungsurkunde vom 26. Mai 1818 geordnet
und festgestellt. Darin ist ire volle Ebenbürtigkeit mit

den übrigen noch regierenden Familien ausgesprochen und wird inen, außer verschiedenen Eren=Vorrechten, z. B. des Kirchengebetes, Trauergeläutes, der Leibwache u. s. w., auch ein befreiter Gerichtsstand vor den Appell= und Oberappell= gerichten, Freiheit von der Militärpflicht, und für die Haupter der Familie und beziungsweise der einzelnen Linien ein erb= licher Siz in der Reichsratskammer zugestanden.

Was nicht zu diesen 16 Geschlechtern des hohen Adels ge= hört, zält zum niederen Adel, gleichviel ob die be= treffenden Familien außerdem mit dem Titel eines Fürsten, Grafen, Freiherrn, Ritters oder Edelmannes diplomgemäß ausgerüstet, resp. in die bayerische Adelsmatrikel einge= tragen seien.

Dabei will der Antiquarius nicht verschwiegen haben, daß ein erkleclicher Teil des niederen Adels sich bei gün= stiger Gelegenheit gern zum „hohen" Adel rechne und rech= nen lasse; dieß ändert aber die Sachlage nicht und ist überhaupt nichts Neues, denn schon der wackere Wiguleus Hundt, der beste Genealog, den Bayern und ganz Teutsch= land seit 300 Jaren gehabt haben, sagt in der Vorrede seines Stammbuches: „Dagegen soll der gemeine (niedere) Adel nicht (auf sein Geld und seine Heiraten) pochen, noch sich dem anderen (hohen) Adel gleich achten, denn kundbar ist, daß der gemeine Adel noch vor wenig Jaren dem hohen Adel gedient, dessen man jezt sich schier schämen will, und das ist der Welt Brauch durchaus, daß Niemand bei seinem Stand bleiben, noch sich selbst erkennen will."

Wie unter dem hohen Adel, so ist auch unter dem nie= beren Uradel und Briefadel one Auswal vertreten, d. h. es gibt in Bayern sowol Familien des hohen Adels, deren Anherrn nobilitirt worden sind, als Familien des niederen

Abels, welche zum Urabel gehören. Dieß ist eine in der
Entwicklungsgeschichte des Abels und Deutschlands überhaupt
begründete Notwendigkeit und aus ir folgt zugleich selbstver=
ständlich die Richtigkeit des Sazes: hoher Abel wie Urabel
sind für alle Zeiten in irer Zal begrenzt und abgeschlossen.

Der niedere Abel hat in Bayern keinerlei politische
Vorrechte mer. Zu den Erenrechten dürften nur die Cadett=
schaft seiner Söne beim Eintritt in die Armee, die Stifts=
fäigkeit der Töchter und die Hof= und Kammerdienstfäigkeit
der Väter zu zälen sein.

Alles übrige was d'rum und d'ran hängt, berut lediglich
auf einem Zugeständniß, welches die bürgerliche Gesellschaft
gewont ist dem Edelmanne freiwillig einzuraümen, so lange
dieser nicht durch eigenes Verschulden solchen Vorzuges
sich verlurstig gemacht.

Wir kommen nun zur lezten Hauptgliederung unseres
Abels, deren Unterscheidungsmerkmale, wie die Früchte am
grünen Lebensbaum von Jedermann gesehen und gewertet
zu werden pflegen — es sind dieß die außern Glücksgüter,
deren Besiz so wesentlichen Einfluß auf die Handlungen der
Menschheit oder vielmer auf die Beweggründe dieser Hand=
lungen üben.

In dieser Beziung klassifizirt sich der bayerische Abel
wieder in zwei Gegensäze, in den großen und kleinen
Abel.

Zum großen Abel zält man alle diejenigen Familien,
welchen vermöge ires Grundbesizes ein erblicher Siz in der
Kammer der Reichsräte zustet. Hiezu gehören per se die
16 Familien des hohen Abels, dann zur Zeit noch weitere
20 des niederen Abels, über deren Stamm und Wappen der
Antiquarius gleichfalls in seinem ersten Bande gründlichen
Bericht gibt.

Zur Erlangung der erblichen Reichsratswürde gehört nach Titel VI. §. 3 der bayerischen Verfassungs=Urkunde:

a) der Erbadelstand,

b) ein mit Lehen= oder Fideicommiß=Verband belegtes Grundvermögen, aus welchem ein Grundsteuer=Simplum von 300 Gulden entrichtet wird, und bei welchem

c) eine agnatisch=linearische Erbfolge nach dem Rechte der Erstgeburt eingefürt ist, da Siz und Stimme nur auf den nach der Erbfolge eintretenden jeweiligen volljärigen Besizer übergehen.

Wir haben zwar, außer diesen 36 Geschlechtern des großen Adels im Umfange des Königreiches noch merere wol= begüterte Familien, allein diese können ebensowenig zum großen Adel gerechnet werden, als die Stamm= und Wappen= genossen eines mit der erblichen Reichsratswürde begabten Geschlechtes, wenn sie nicht zu dem Fideicommiß=Verbande in direkter Bezieung stehen.

Alles, was demnach an Erbadel im Lande Bayern lebt und nicht zum großen Adel gehört, zält man zum kleinen Adel.

Dieser kleine Adel hat natürlich die meisten Abstu= fungen, denn er ist auch an Zal der weitaus bedeutsamste Teil, nemlich nahezu 96 Prozente der Gesammtsumme.

Es sind darunter nicht nur alle Adels=Titel vertreten vom Fürsten bis zum einfachen Edelmann — eine Unter= scheidung, die rechtlich one Bedeutung und nur von einem ge= wissen gesellschaftlichen Werte ist — sondern auch alle Stel= lungen im Leben, die sich mit dem cavalierlichen Karakter ver= einen — oder auch nicht vereinen lassen.

Da ist der Großbauer, dessen Verwalter oder In= spektor über viele Güter und ausgedente Landesstrecken commandirt, wärend er selbst in der Residenz mit oder one

Hoftitel, die eingesammelten Zinsen verarbeitet, um in gleichem Schritte magerer wie sein Verwalter wolbeleibter zu werden, der Industrielle, dessen Dichten und Trachten in seinen Fabriken begraben ist, aber auch der Kleinbauer, der auf etlichen Tagwerken um sein Schloß oder Edelsiz seinen Kol selbst pflanzt, endlich der Hausbesizer in den Städten, der sich mit dem gewönlichen Bürger in die Lasten des Grundbesizes teilt — sie alle haben das größte Interesse am Wolergehen des gesammten Landes, denn sie sind an die Scholle gebunden und das Stück Erde, das ir Eigentum ist, sei es noch so klein, gehört inen — es gehört inen bis zum Mittelpunkt unseres Planeten, ja vielleicht sogar durch diesen hindurch bis zu den Antipoden. Es kann inen also auch nicht gleichgültig sein, wem die Oberherrschaft über das Land gehöre, wie die Geseze seien, wie groß die Lasten, Pflichten und Rechte, an denen sie teilnemen sollen, und deßhalb erscheint der Grundbesiz, er sei groß oder klein, immer als ein mächtiger Hebel, wenigstens für den Gebildeten, sich am politischen und sozialen Wol und Wehe des Vaterlandes zu beteiligen, und ist also der Idee des Adels entsprechender als der bloße Geldbesiz.

Um eine Stufe tiefer nach dieser Skala stet der Edelmann, der sich dem Staate als Beamter oder Soldat verschrieben hat. Lezterer insbesondere muß mit den Ideen der Zivilisation und der bürgerlichen Freiheit häufig genug in Widerspruch kommen, und es wird also bei ihm von einem unparteiischen Interesse am Heile des Vaterlandes mer oder minder Umgang genommen werden müssen. Der „Staatsdiener" selbst hat durch den Schuz der Verfassung allerdings eine gewisse persönliche Freiheit sich bewart, seine staatsbürgerlichen Ideen versumpfen aber leider gar zu häufig in den Akten und er wird, mit wenigen erenden Ausnamen, nicht selten auch in adelichen Sitten und Manieren zum Büreaukraten, der es beispielsweise in der Regel vergißt, einer Dame, geschweige denn einem, im Range unter im stehenden Manne, auf seinem Büreau einen Stul anzubieten, eine Unliebenswürdigleit, deren sich hinwieder der Adel unter dem Offiziersstand in etwas minderem Grade schuldig zu machen pflegt.

Abermals eine Stufe entfernter vom Adelsprinzip stet der **Großhändler** und **Bankier**, der am Pulte seines Comptoirs die Kurse studirt, der **Spekulant** in zertrümmerten Gütern, abgetriebenen Wäldern oder ausgeliehenen Kapitalien, dem **Alles** feil ist, also auch sein Adelsdiplom und das Erbgut seiner Väter — dann der eigentliche **Couponzwicker**, der, außer einem gelegentlichen Erbschafts=Prozeß, sonst gar nichts betreibt, aber die Gesellschaft, das Theater, die Bälle, Ausstellungen u. s. w. besucht, um die ennuyante Zeit los zu werden.

Wieder eine andere Gruppe des kleinen Adels, der es nicht gegeben ist, im Staatsbüreau oder in der Kaserne Fortune zu machen, und die doch auch nicht das Glück hatte, mit einem Geldsack um den Leib zur Welt gekommen zu sein, ellenbogt sich iren Weg mit dem Pinsel, Meisel, der Feder, dem Zirkel, der Sonde oder dem Brevier in der Hand durch die Welt und es gibt Leute, welche behaupten, daß gerade diese Klasse von Edelleuten im Durchschnitt das wirklich Bedeutendste für die Nachwelt geleistet habe.

Endlich haben wir — Gott sei's geklagt! — noch eine, wenn auch kleine Zal von Leuten unter dem Adel, welche nichts gelernt und dazu kein Geld haben, aber doch an irem ererbten Adelstitel kleben und ihn zur Schande ires Namens und Wappens überall aushängen, ja (änlich wie gewisse Geschöpfe mit iren verblüten Reizen zu tun pflegen) gerade da am meisten, wo sie die mindeste Wirkung dabei er-

zielen — der Antiquarius will, ehe er den Vorhang über diesem
Bilde fallen läßt, zur Beruhigung nur noch das beifügen, daß
auch in dieser Gesellschaft alle Titel des Adels vertreten
seien, d. h. Fürsten, Grafen, Freiherrn, Ritter und Edle. —

2. Es erübrigt noch, die Begriffe einiger besonderer
Gattungen das Adels festzustellen, von denen in diesem Buche
gelegentlich auch ausfürlicher die Rede sein wird, nemlich die
Begriffe von Turnier=, Stifts=, Patriziats=, Beamten=, Soldaten=,
Hof= und Bastard=Adel.

Turnieradel ist im weiteren Sinne die Gesammtheit
derjenigen Adelsgeschlechter, welche die vom Ende des XIII.
bis zum Ende des XV. Jarhunderts in Deutschland stattge-
habten Ritterspiele — Turniere genannt — besucht haben,
im engeren Sinne gehören dazu diejenigen Familien, von denen
Glieder nachweislich auf den lezten 6 Turnieren, welche
Reichsturniere genannt werden und in den Jaren 1479
bis 1487 stattfanden, geritten sind.

Da das erste erweisliche Turnier im weiteren Sinne
1284 zu Regensburg, das lezte sowol im weiteren als
engeren Sinne aber 1487 stattfand, so ist es im Ganzen ein
Zeitraum von 233 Jaren, innerhalb dessen von einem Turnieradel die Rede sein kann. Wol haben noch hundert und
mer Jare später da und dort an Fürstenhöfen die Gelegenheit von Taufen, Hochzeiten und anderen Festlichkeiten sogenannte Turniere, Rennen und Stechen stattgefunden, an denen
sich einzelne Edelleute, meist vom Hofadel beteiligten, allein
diese Herren und ire Familien, sind deßhalb doch nicht Turnieradel geworden, sowenig als jene, welche Rirner in seinem fabu-
lösen Turnierbuch vor dem Jare 1284 einschmuggeln wollte.

Da der „Antiquarius“ über Turnier-Gewonheiten und

Rechte im Laufe des Buches noch ausfürlichen Bericht bringen wird, so sei hier nur die historisch=statistische Notiz — das kurze Ergebniß einer langen müsamen und zeitraubenden Forschung! — angefügt, daß von den vier Nationen der Reichs=Turniere die Schwaben und Rheinländer an Zal die meisten Geschlechter schickten, die Bayern und Franken aber in der Minderzal blieben. Bei den Reichstur= nieren, d. h. in den lezten 6 Jaren vor 1487, waren von Bayern 80, Franken 87, Schwaben 115 und vom Rheinstrom 118 Namen und Wappen vertreten. Von diesen in runder Zal 400 Turniergeschlechtern blüten heutzutage (also nach 380 Jaren) nur mer gegen 90 und hievon zält der fränkische Adel allein fast die Hälfte, nemlich 42 Familien, der alt= bayerische aber nur noch 14 Familien (einschließlich des re= gierenden und resp. herzoglichen Hauses Bayern). Nach einer ziemlich genauen Zusammenstellung sind seit dem urkundlichen Auftreten des Turnieradels (welches wir auf durchschnittlich 550 Jare von heute zurück annemen dürfen) vom altbayerischen Adel 0,27 Prozente in einem Jare erloschen, also ungefär ein Geschlecht jedes 4te Jar. Nach der Warscheinlichkeitsrech= nung wird also bis etwa zum Jare 1925 keines unserer alt= bayerischen 14, und bis zum Jare 2000 auch keines der fränkischen mer am Leben sein. — Das mag hart klingen, aber die Logik der Tatsachen und die Unerbittlichkeit der Zalen wird es entschuldigen. Zwischenfälle unvorhergesehener Natur mögen vielleicht die Berechnung in etwas alteriren, umstoßen werden sie dieselbe kaum können und unsern Kindern und Enkeln allein bleibt es vorbehalten, sich davon zu überzeugen, tutto fiaisce!

Der Turnieradel, dieß sei hier schließlich bemerkt, gilt nach dem hohen Adel (von welchem einzelne Geschlechter begreiflich auch zugleich Turnierer waren) für den besten, ja

3

er selbst war schon Ende des XVI. Jarhunderts geneigt, sich
zum erstern zu rechnen, was gedachter Hundt in der Vorrede
seines Stammbuches mit den Worten anbeutet „der alte
Turnier=Abel, so man sonst in gemeyn ben hohen Abel
nennet."

Heutzutage wird man ihn am richtigsten wol mit dem
Worte Aristokratie bezeichnen.

Zum Patriziats=Abel gehören biejenigen Familien,
welche in den ehemaligen Reichsstäbten, sowie in ben Regierungs=
stäbten weltlicher unb geistlicher Fürsten ein Recht — sei es
verfassungsmäßig ausgesprochen ober blos gewonheitsmäßig
hergebracht gewesen — zur Teilname an ben obersten und
oberen Stellen des stäbtischen Regiments (in der Regel: der
innere Rat, die Losunger, die Geheimen, Stadtpfleger, Bürger=
meister u. s. w. genannt) hatten. Jr Ansehen innerhalb der
Mauern und des Gebietes bieser Städte war baher nicht ge=
ring und ire Gleichberechtigung mit dem Lanbabel Jarhunderte
lange unbestritten, wie denn nicht nur zalreiche Allianzen zwi=
schen dem Stabt= und Lanbabel jederzeit statthatten, sondern
nachweisbar auch mindestens die Hälfte des Patriziatsabels aus
in die Städte eingewandertem, freigewordenem Ministerialabel
bestanden hat.

Der ursprüngliche Titel der Familien des Stabtabels
war „Geschlechter", und zwar mit der etwas ungewön=
lichen Sprachform, daß man auch einen einzelnen Mann ober
eine einzelne Frau aus biesen Familien einen Geschlechter, eine
Geschlechterin, nannte. Erst mit Aufname des römischen
Rechtes im Anfange des XVI. Jarhunderts kam ber römische
Name Patrizier in Gebrauch.

Weiteres über das Patriziat wird im Laufe des
Buches erzält und soll lediglich noch die Bemerkung hier an=
gefügt werden, daß das Geschlechter=Regiment im Allgemeinen

mit der Auflösung des römischen Reiches also zu Anfang un=
seres Jarhunderts sein Ende fand.

Der Stifts=Abel oder stiftsmäßige Abel ist derjenige,
welcher vermöge seiner Geburt und nachgewiesenen adeligen
Anen in die geistlichen und weltlichen Stifte und Orden
Deutschlands (einschlüßlich des Elsasses, Lothringens und Bur=
gunds) aufgenommen zu werden Anspruch hatte. Die geistlichen
Stifte waren entweder Domstifte für die Söne oder Damen=
stifte für die Töchter des Abels. Zu den Orden, welche Pro=
ben verlangten, gehörten und gehören der Deutsch=, Hubertus=,
Bließ=, Georgi= und merere andere Orden für Männer und
der Sternkreuz=, St. Anna=, Theresien=c. Orden für Damen.
Die Zal der verlangten Anen war ursprünglich wie beim
Turnier=Abel vier und wurde später auf 8, 16, 32 und 64
Anen gesteigert. Man nannte und nennt die gelieferte resp.
anerkannte Probe eine Aufschwörung und sagte, diese oder
jene Familie sei bei diesem oder jenem Stifte oder Orden
„aufgeschworen", wie man auch zugleich von allen in der
Anentafel vorkommenden Geschlechtern sagt, sie seien in dieser
oder jener Aufschwörung mit aufgeschworen.

Unter Hofabel verstet man diejenigen Familien, welche
sich an den Fürsten=Höfen in sogenannten Hofchargen auf=
hielten und aufhalten und das „Leben am Hofe" als Zweck
ires Daseins betrachten. Mögen ursprünglich auch nur Lehen=
verhältnisse oder mag freiwillige Devotion gegen den Landes=
herren zu solcher Dienstfertigkeit Anlaß gegeben haben, gewiß
ist, daß der Hofabel mit der Zeit in einer Weise ausartete,
der ihn zum Spielball fürstlicher Launen, zum Ruin seiner
selbst und mer oder minder auch des gesammten Abels wer=
den ließ. Indem der Antiquarius sich vorbehält, gelegenen
Orts historische Beweise beizubringen, will er für jetzt nur
das aus der Feder eines aristokratischen Autors neuester Zeit

3 *

geflossene Urteil anfüren, welches, allerdings herb genug, dahin
lautet, daß der Adel desto mer seinem Berufe entfremdet wurde,
„je mehr er sich der Ansicht fügte, er sei nur dazu da, um den
Glanz der Fürstenhöfe zu erhöhen, und je mehr er
sich in dieser Absicht beeiferte, durch Verschwendung, Sitten=
losigkeit und Mißachtung des Volkes die Kluft zwischen diesem
und sich selbst zu erweitern, bis er sich in seinem Vermögen
ruinirt, die allgemeine Achtung eingebüßt hatte, und von
den Fürsten und dem Volke gleichmäßig aufgegeben
wurde."

Wie unter dem Stiftsadel so findet sich auch unter dem
Hofadel jede der schon genannten Gattungen und Unterabtei=
lungen des Adels selbst wieder vertreten, mit Ausname
des eigentlichen hohen Adels. — Der Grund für leztere
Tatsache muß lediglich in dem Begriffe der Ebenbürtig=
keit gesucht werden, wobei der Antiquarius jedoch anzufüren
nicht unterlassen darf, daß im XVI. und XVII. Jarhunderte
verschiedene Herren des hohen Adels z. B. aus den Haußern
Ortenburg, Löwenstein, u. a. es nicht verschmäten, her=
zogliche, kurfürstliche und kaiserliche Kämmerer zu sein. Die,
übrigens ganz begründete, Zurückhaltung der Familien unseres
hohen (nicht großen) Adels von Hofchargen scheint also erst
seit der Auflösung des deutschen Reiches prinzipielle Geltung
erlangt zu haben.

Es verdient noch bemerkt zu werden, daß auch der Hof=
adel geneigt sei, sich zum „hohen" Adel zu zälen.

Der Beamten=Adel gehörte und rechnete sich dagegen
jederzeit entschieden zum kleinen Adel. Schon in ältesten Zei=
ten besezte man die eigentlichen Beamtenstellen, die Räte, Pfleger,
Richter, Kastner, Forstner u. s. w. mit Männern aus siegel=
mäßigen, wenn auch nicht immer gerade adelichen Familien.
Da die Aemter gar häufig von Vater auf Son übergingen,

so bildete sich dadurch ganz von selbst der Beamten-Abel. Vom XVI. Jarhundert ab, wo die Adelsbriefe weniger selten wur= den, bewarben sich dann viele blos aus erbaren jedoch schon wappengenossenen Familien entsprungene Beamte um den Abel und erhielten ihn auch teils von iren Landesherrn, teils vom Kaiser oder von sogenannten größeren kaiserlichen Pfalzgrafen. Wie Glück Neid bringt, so bringt es auch Ere und Geld, und so haben sich gar manche Namen des kleinen Beamtenadels nach und nach durch Begutung, Heiraten u. s. w. in höere Kreise geschwungen, nicht wenige aber sind durch mißliche Umstände auch herabgesunken und haben sich unter dem Bürgerstand wieder verloren.

Der Soldaten-Abel hat in seiner Bedeutung einige Aenlichkeit mit dem Beamten-Abel, d. h. er verdankt sein Dasein auch einem dienstlichen Verhältnisse zu Fürsten und Republiken, allein er ist um mindestens 400 Jare jünger als der Beamtenadel und nicht älter als die stehenden Heere überhaupt. Nachdem nun aber gerade die stehenden Heere den Ritterdienst des alten Abels entberlich machten und die= sen selbst — wollte er nicht als Söldling eintreten — aus seiner ursprünglichen Bestimmung hinausdrängten, so könnte man kurzweg auch sagen, der Soldatenabel fange da an, wo der ritterliche Abel aufhöre.

Schon in den vorübergehenden Landsknecht-Heeren des XVI. Jarhunderts haben sich hie und da einzelne Oberste, Hauptleute u. s. w. empor geschwungen und den Abel er= obert, noch mer war dieß in der Zeit des 30järigen Kriegs der Fall, wo der Soldaten-Abel aus der Erde wuchs, so daß man sich gar bald daran gewönte, in jedem Offizier einen Edelmann zu suchen. Im XVIII. Jarhundert war es endlich gleichsam eine ausgemachte Sache, daß man auf Offizierstellen Anspruch machen wollte, von Abel sein mußte und nirgends mag der Unfug mit Adelstiteln und Adelsdiplomen, echten und unechten, glänzender geblüt haben, als eben in dem ſtehenden Heere. Der Soldaten=Adel war die abenteuerlichſte Ausge= burt des Adels.

Unter Baſtard=Adel verſteht man die Nachkommen= ſchaft eines adeligen Vaters, ſofern ſie ohne rechtlichen Anſpruch auf dieſes ires Vaters Namen und Wappen in die Reihe des Adels eintritt.

„Bastards," ſagt der franzöſiſche Rechtslerer Bartol „que l'on appelle d'un mot plus doux sont des *enfants naturels*, et par droit n'ont ni gent ni famille, mais par l'usance le contraire s'observe entre nous: les enfants naturels des pères nobles et par lui reconnus sont tenus reputés nobles."

Im XIII. — XV. Jarhundert war man ſer nachſichtig gegen derlei Kinder der Liebe und beſonders in Frankreich geſtatteten die adelichen Väter (wie wir eben hörten) iren na= türlichen Sönen nicht ſelten das väterliche Wappen zu füren, wobei als das einzige ſichtbare Unterſcheidungsmerkmal ein für den Heraldiker erkennbares Beizeichen angebracht wurde. Die natürlichen Kinder waren auf ire Abkunft nicht wenig ſtolz und nannten ſich one Scheu „Baſtarden" von dieſem und jenem Haus. In Deutſchland gab es ſolcher Baſtarde auch eine hübſche Zal von kaiſerlichem, fürſtlichem und anderm blauen Blute, auch verſäumten die Väter ſelten, ſie der Welt gegen= über von der Makel der Geburt zu abſolviren, oder wie man ſagt, ſie zu legitimiren oder legitimiren zu laſſen und ſchenkten inen in der Regel irgend eine Herrſchaft und deren Wappen und belenten ſie dann als Edelleute in aller Form. Der Adel aus der Umgebung der Fürſten be= eilte ſich regelmäßig dieſe Baſtarde als ſeinesgleichen an= zuerkennen, und ſo ſind denn gar manche Baſtard=Geſchlechter auf ſpätere Zeiten übergegangen und ſchlüßlich der Urſprung

derselben in Vergessenheit geraten, so daß nur noch die Heral=
biker und Genealogen im Stande sind der Sache auf die
Spur zu kommen.

Eine zweite Art von Bastardabel entstet durch die
ungleiche Heirat, d. h., wenn eine Person des hohen Adels
sich zu einer nicht ebenbürtigen in sogenannter morganatischer
Ehe verbindet, denn durch eine solche werden die Nachkommen
von Namen, Titel und Wappen des höeren Ehegatten aus=
geschlossen und haben nur Anspruch auf den des niederen, in
der Regel also der Mutter. Da aber derlei Mütter in der
großen Merzal ganz geringer Extraktion zu sein pflegen, so
wird inen vor der Vermälung ein Freiherrn= oder Grafen=
diplom erteilt mit Schöpfung eines adelichen Namens und
Wappens, dessen die Ehefrau und ire Kinder sich zu bedienen
haben. Aus derartigen ungleichen Ehen entsprossene Adels=
geschlechter gibt es im gegenwärtigen Deutschland eine nicht
unbedeutende Anzal, wärend die Familien der obbezeichneten
ersten Gattung verhältnißmäßig sich verlieren, offenbar unter
dem Einflusse einer allgemein vorgeschrittenen sittlicheren
Richtung unserer Zeit.

Ueber den Begriff der Ebenbürtigkeit spricht sich
der neuere Rechtslerer Bluntschi in seinem Staatslexikon (III.
187—202) dahin aus, daß eine Mißheirat nach dem Pri=
vatrechte und beim niedern Abel heutzutage nicht mer existire
und auch ganz one rechtlichen Wert sei. Nur nach Fürsten=
recht und bezieungsweise nach einzelnen Hausgesezen der Fa=
milien des hohen Abels könne es eine unebenbürtige, also
eine Mißheirat geben, welche aber, sobald die Agnaten zu=
stimmen, sofort für eine ebenbürtige erklärt werden müsse.
Anders freilich sei es bei den z. Z. noch regierenden
Haußern, bei welchen Ebenbürtigkeit und resp. Mißheirat
nach wie vor existiren könne.

Hienach sind die Heiraten von Personen des niedern Adels mit Unadelichen auf das Maß eines gesellschaft= lichen faux pas reduzirt, der auf die Idee des Adels in so fern immer von Einfluß bleiben muß, als er den „histori= schen Erinnerungen", welchen eben durch Heiraten unter adelichen Personen Rechnung getragen werden soll, demnach der Kinder=Erziehung und also auch dem in ihr aufrecht zu erhaltenden und fortzupflanzenden adelichen Familien=Bewuſt= sein zerstörend in den Weg tritt. —

Wärend nun aber auf der einen Seite mit größter Gewissens=Weitheit von Personen des niedern Erbadels Mes= alliancen mit Unadelichen — insbesondere wenn die heilige Pecunia vermittelnd auftritt — eingegangen werden, kann man auf der andern Seite einer nicht minder großen Gewissens= Beschränkung begegnen, als deren Beispiel der Antiquarius hier ein Familienstatut anfüren will, welches bestimmt, daß der Fideicommißnachfolger in dieser Familie von dem Antritte des Majorates ausgeschlossen sein solle, wenn er eine Ehe eingehe, nicht mit einer Unadelichen, nein, mit einer Person, deren Vater nicht zu den drei obern Rangklassen nach dem bayerischen Adelsedikt gehöre, d. h. zu den Fürsten, Grafen oder Freiherrn! — Eine Heirat mit einem Fräulein aus einer bloßen „Von"=Familie, sei sie so alt als sie immer wolle, wird in besagtem Familienstatut für eine unebenbürtige und „Mißheirat" erklärt, und doch gehört diese Familie selbst dem niedern und kleinen Adel an und wurde erst im Vikariatsjare 1790 mit dem Grafentitel beglückt. — Der Antiquarius glaubte dieß Beispiel anfüren zu müssen, um dar= zulegen, wie weit man den Begriff Ebenbürtigkeit aus= dehnen könne.

Es wird kaum nötig sein noch zu bemerken, daß die Nachkommen von Mesalliancen des niedern Adels nicht zum Bastard=Adel zälen können. Unehelichen Nachkommen adelicher Väter des niedern Adels kann, wie in früeren Zeiten so auch heute noch, diese Ere zu Teil werden — ob sie aber einen rechtlichen Wert habe, stet zu bezweifeln.

- - - - - - - - -

3. Nachdem nunmer in den vorhergehenden Kapiteln die Haupt= und Unterarten des deutschen Adels überhaupt und in sofern auch des bayerischen Adels erörtert und Begriffe festgestellt worden sind, auf welche im Laufe dieses Werkes öfters rekurrirt werden muß, tritt der Antiquarius seiner Aufgabe näer, indem er die historische Behandlung des klei=nen Adels in Ausſicht nimmt. Es wäre nun allerdings um ein Merkliches leichter gewesen, zu diesem Zwecke eine alfabetische Liste unsers niedern und kleinen Adels zur Hand zu nemen und der Reie nach über Ursprung und Verdienste der einzelnen Familien zu berichten, wie dieß im erſten Bande des Werkes mit den Familien des großen Adels gescha, allein gerade diese Behandlungsweise, die dort logisch und metaphy=sisch geboten war, weil sie eine Gruppe ganz heterogener Grundelemente zum Vorwurf hatte, gerade diese alfabetische Behandlung schien dem Antiquarius für den kleinen Adel nicht statthaft, weil der Grundidee des ganzen Werkes ganz bestimmt damit Eintrag geschehen müßte, ganz abgesehen da=von, daß die Aneinanderreiung von einigen 600 Namen, deren Träger denn doch vom historischen und antiquarischen Standpunkte aus sich in einzelne Gruppen auflösen würden, das Einförmige eines Wörterbuches nicht vermeiden hätte können. Es schien dem Antiquarius nach reiflicher Ueber=legung das Beſte, den kleinen Adel nach einer historisch=territorialen Gruppirung dem Leser vorzuführen, weil

dadurch die Isolirung der einzelnen Familien möglichst ver=
mieden und es gestattet sein wird, dieselben mer in Gesell=
schaft von ihres Gleichen, noch lebenden oder bereits abgestor=
benen, Geschlechtern zu stellen, dann auch, weil insbesondere
dem wichtigen Moment der Stammesheimat dabei mer Rech=
nung getragen werden kann.

Die Aufstellung einer solchen historisch = territorialen
Gruppirung hat aber für den Kenner ire besonderen Schwie=
rigkeiten. Bei kritischer Betrachtung findet man nemlich ser
bald, daß wol die terriotalen Grenzen als auch die Klassi=
fizirungen einer absoluten Fixirung sehr häufig unfäig sind,
weil sich Uebergänge nirgends mer als im vorliegenden
Falle geltend machen.

Der Leser möge also auf die Schwierigkeiten, welche sich
in diesem Betreffe zeigen, gelinde Rücksicht nemen und Der=
jenige, welcher sich für einen Kenner in Adelshistorie, Ge=
nealogie und Heraldik hält, möge nicht gleich den Stab brechen,
wenn er hie und da den Ursprung, die Heimat einer Familie
anders bezeichnet und benannt findet als er in den sonst bekann=
ten Quellen lesen mag. Ein Forscher und Liebhaber in alten
Dingen findet gar manches anders als sonstige Leute, und
gerade er kommt finaliter zu der festen Ueberzeugung, daß die
bekanntesten Nachrichten über adeliche Familien nicht selten
auch die unzuverläßigsten sind.

In nachfolgendem Kapitel wird der Antiquarius die Haupt=
züge dieser historisch = territorialen Gruppirung entwerfen,
welche zur Grundlage der Behandlung dieses Bandes dienen
und in den einzelnen Abschnitten desselben mer oder minder
ausfürlich erörtert werden wird. —

4. **Historisch-territoriale Gruppirung des bayerischen Adels.** Das uralte Herzogtum Bayern bildet auch heute noch den größeren Teil des Königreiches. Es war durch seine Ausdenung und seinen arrondirten Zusammenhang auch vor 6 Jarhunderten schon eines der bedeutendsten Länder des deutschen Reiches. Wir meinen damit zunächst Ober- und Niederbayern.

Das zweite Stammland die Rheinpfalz mit der Oberpfalz bildete wieder an sich ein erkleckliches Territorium, das aber in seinen beiden Hauptteilen durch andere Länder getrennt war und (obwol von der eigentlichen Rheinpfalz nur ser wenig mer zum Königreiche gehört) noch ist.

Altbayern zerfiel bekanntlich in oftmaligen Teilungen unter die herzoglichen Brüder und Vettern und in Folge dessen gab es zeitweise im jezigen Oberbayern zwei, ja dreierlei Herren, ebenso im jezigen Niederbayern, wärend die Oberpfalz und die sogenannte junge Pfalz, das neuburgische Gebiet, gleichfalls ire Herzoge hatten.

Im Allgemeinen war diese politische Einteilung auf den Adel von weniger Einfluß als man wol denken möchte.

Der eigentliche oberbayerische Adel hatte seine Heimat zumeist südlich von München, der Residenzstadt, gegen die Alpen, dann westlich und nordwestlich gegen den Lech zu, der von jeher die Grenze zwischen Bayern und Schwaben bildete mit Ausname der Stadt Schongau, welche, obwol uralt bayerisch, doch am linken Ufer dieses Flusses liegt.

Im Norden von München ist die Gegend von Pfaffenhofen, längs der Ilm, abwärts gleichfalls die Heimat eines guten Adels gewesen, ebenso die Gegend um Aichach und Schrobenhausen, wärend Ingolstadt und Rain die Grenzen gegen den ehemaligen fränkischen und schwäbischen Kreis bildeten.

Im Osten der Hauptstadt gieng Oberbayern bis an den
Inn, wärend dieser und die Städte an demselben von den jezigen
tirolischen Rattenberg und Kufstein über Rosenheim,
Wasserburg, Oetting u. s. w. bis gegen Passau, ferner
die Gegend jenseits des Inns, auch nordwärts über Burghau=
sen hinab, zu Niederbayern gehörten.

Diese Trennung endete jedoch nach dem landshuter Erb=
folgekriege 1504—1508, und es fielen dann beide Herzogtümer
unter einen Herrn, den Herzog von Oberbayern in
München.

Oestlich vom Inn ist ein gar herrliches Land, das einen
reichen und guten Adel beheimatete. Das Land selbst grenzte
an das geistliche Fürstentum des Erzstifts Salzburg und
der Adel jener Gegend stand deshalb vielfach in Sippschaft
zu dem salzburgischen, wie in Lehenverhältnissen zum Erzstifte,
von dem heutzutage (außer der Enclave Müldorf am Inn)
ein schöner Strich links der Salzach zum Königreiche
gehört.

In diesem ehemals salzburgischen Gebiete liegt die Stadt
Laufen, welche in irem Gebiete einen eigenen reichen Adel
hatte, eine Reie von Geschlechtern, die man die Erbaus=
ferger nannte und von denen der Antiquarius seines Orts,
gleichwie von dem Adel in den bisher genannten Gegenden, na=
mentlich berichten wird, da es hier zunächst nur darum zu tun
sein kann, dem Leser einen Ueberblick der Gruppirung zu ge=
wären, wobei denselben die Zuhandname einer guten Karte
des jezigen Königreiches wesentlich orientiren und unter=
stüzen würde.

In eben jener Gegend liegt der eine südlichste Landes=
teil, die ehemalige gefürstete Probstei Berchtesgaden, die
südöstliche Ecke des Königreichs. Dieß Ländchen scheint der
Romantik aber weniger dem Adel zugesagt zu haben, dem

vermöge der vielen hohen Berge und der Abgeschlossenheit des Ländchens ein rechtes Territorium zur Ansiedlung nicht gegeben war.

Am entgegengesezten (südwestlichen) Ende und noch etwas südlicher liegt die ehemals hochstift=freisingische Herrschaft Werdenfels, mit Partenkirchen und Mittenwald. Auch dieses schöne Ländchen hat wenig Adel aufzuweisen.

Desto mer zälte aber von jeher die gefürstete Grafschaft Tirol, deren Nordgrenze mit der Südgrenze Bayerns zusammenfällt und welche schon zweimal einen Teil desselben gebildet hat, nemlich zu Kaiser Ludwigs IV. Zeiten und dann zu Anfang unseres Jarhunderts.

Der nordtiroler Adel ist mit dem altbayerischen immer viel versippt gewesen und nicht wenige noch heutzutage blüende Familien unseres bayerischen Adels haben ire Heimat in jenen Bergen. Deßhalb wird der Antiquarius nicht um= gehen können, auch vom tiroler Adel s. Z. ein Mereres zu berichten.

An Enclaven anderer Reichsfürsten war Altbayern von jeher arm. Glücklicherweise hat sich sein Gebiet nie so zer= stückelt, wie etwa Schwaben oder Franken, sondern es war — wenn auch unter verschiedene Herren geteilt — doch immer in der überwiegenden Masse wittelsbachisch oder bayerisch.

Mit Ausname des uralten Hochstifts Freising hatte sich bis zum XV. Jarhundert keine Herrschaft (im Gebiete des heutigen Oberbayern) zur Reichsunmittelbarkeit schwingen können. In gedachtem Jarhundert erst gelang es zweien Adelsgeschlechtern diese Stellung zu erwerben. Es waren dieß die Grafen von Hag und die Herren von Walbeck resp. Marlrain.

Erstere Grafschaft lag etwa 10 Stunden östlich von München, die andere ebensoviel südlich davon.

Das Gebiet des Bischofs von Freising erstreckte sich in einem ganz schmalen Streifen längs des rechten Jsarufers, begann bei Föring unterhalb München und schloß mit der am andern Ende und zwar am linken Ufer der Jsar gelegenen Residenz Freising, 10 Stunden nördlich von München.

Das Hochstift Freising hatte fast gar keinen selbstständigen Landadel aber eine nicht unbedeutende Anzal von bedienstetem Adel, zu dem noch die Menge der adelichen Domherrn kam, so daß es am Hofe zu Freising ziemlich großartig zuging.

An das freisinger Gebiet nordwärts stößt die Gegend Oberbayerns, welche man die Hollebau oder Hallertau nennt, und welche gleichfalls einen besonderen Adel aufzuweisen hat. —

Das wären nun die historischen Teile unseres heutigen Oberbayerns. Nördlich und nordöstlich daran schloß und schließt sich Niederbayern mit der Haupt= und ehemaligen Residenzstadt Landshut an der Jsar, 20 Stunden unterhalb München, an.

Die zweite Residenz zur Zeit der Vierherzog=Regierung war Straubing an der Donau.

Zwischen diesen beiden Städten liegt die große fruchtreiche Ebene, die Kornkammer Bayerns, ein gesegnetes üppiges Land, das auch einen vermögenden und mächtigen Adel hatte. Insbesondere aber war als reich und trutzig der Adel bekannt der in der herrlichen Gegend jenseits der Donau bis an die Grenze von Böhmen, in dem sogenannten bayerischen Walb hauste.

Drei bedeutende Geschlechter waren es, welche im Gebiete des heutigen Niederbayern ire reichsfreien Grafschaften bewarten, ich meine die Ortenburger, die Neuburger und die Halser Grafen.

Alle drei Gebiete lagen nahe am Paffau'schen, das lezte sogar eingeschloffen in diefes Gebiet auf der Waldfeite (so nennt man das linke Donauufer dortiger Gegend).

Die Grafschaft Neuburg lag am linken Hochufer des Inns kurz vor deffen Einmündung in die Donau und der Neuburger Wald bildet noch heutzutage einen der größten Complexe diefer Art.

Ortenburg mit den Schlöffern Alt= und Neu=Ortenburg grenzte nordöstlich an Neuburg. Es ift von diefem hoch= berümten Herrengeschlecht der Ortenburger bereits im I. Band diefes Werkes ausfürlich gehandelt worden.

Das Gebiet des Hochstifts Paffau bildet die öftlichste Grenze Niederbayerns.

Außer dem präbendirten Domherrn=Abel gab es im Hoch= stifte vielen und guten Abel, mer aber in älteren Zeiten als später, wo es zur Politik und Praxis der paffauer Bischöfe gehörte, den Landabel auszukaufen.

In allen Zeiten und bis Ende des vorigen Jarhunderts gehörte auch das sogenannte Innviertel zu Bayern, jenes Land, das, in faft dreieckiger Grundform, feine Bafis am linken Innufer hat und feine Spize gegen das Ende des Hausruckwaldes hin erftreckt.

Die uralten bayerischen Städte Scherding und Brau= nau, die Märkte Ried, Maurkirchen und Altheim und eine Anzal von Stammfizen altbayerischen Abels liegen in den üppigen Gefilden diefes Ländchens.

Es erübrigt noch, bevor wir von Ober= und Nieder= bayern scheiden, zu erwänen, daß es im Innern derselben noch einen befonderen Abel, einen Städte=Abel oder ein Patri= ziat gab, beftehend aus vielen guten und berümten Ge= schlechtern, deren bedeutendere größtenteils aus dem Landabel hervorgegangen und auch wieder in diefen übergegangen waren.

Die alten vier Residenz- oder Regierungsstädte München,
Landshut, Ingolstadt und Straubing schrieben sich
ausschließlich das Recht zu, ein Patriziat zu haben und sie
hatten es, wenn auch nicht in der extremen Weise wie die
Reichsstädte in Schwaben und Franken.

* * *

Im Norden Altbayerns und seit etwa britthalbhundert
Jaren auch zu diesem gerechnet, liegt das Gebiet der obern
Pfalz, bekanntlich zum Gegensaze der eigentlichen oder
Rhein-Pfalz so genannt, welche man wol auch die untere
Pfalz hieß. Angrenzend an selbe gegen Westen und zum
größern Teile sogar eingeschlossen von der Ober-Pfalz lag
die junge Pfalz, welche nach dem schon erwänten landshuter Erbfolgekriege zu Gunsten zweier pfälzischer Prinzen
gebildet worden war, aus Teilen Oberbayerns und der Oberpfalz bestand.

Die äußerste Grenze gegen Niederbayern nam das Hochstift regensburgische und das, ziemlich unbedeutende,
Gebiet der Reichsstadt Regensburg ein.

In lezterer gab es vielen Patriziats-, in ersterem, dem
Hochstift, wenig landsässigen Adel.

In der eigentlichen Oberpfalz dagegen finden wir in
ältesten Zeiten eine große Anzal adelicher Geschlechter, und
unter diesen einen nicht geringen Teil, der durch die Eisenge-
werkschaft in Aufname gelangt war, und den man füglich
den Eisenadel nennen könnte.

Ganz im Norden der Oberpfalz zum Teil in der eigentlichen Pfalz, zum Teil in Deutschböhmen dent sich ein kleines

altgeschichtliches Ländchen aus, das man das Egerland nennt
und das seinen besonderen Adel hatte.

Von Eger bis Weißenstadt (in der Richtung von
Osten nach Westen) und von Bernau oder Neuhaus bis
Adorf (in süd-nördlicher Richtung) dente sich dieß Ländchen
aus und bekannte Städte und Märkte, wie Tirschenreut,
Wunsiedel, Selb, Redwitz, Waldsassen u. s. w.
lagen in seinem Gebiete.

An Enklaven hatte die Oberpfalz: die Landgrafschaft
Leuchtenberg, das altbambergische Amt Vilseck und seit
dem 30järigen Kriege einige kleinere Reichsherrlichkeiten, wie
die lobkowiz'sche Grafschaft Sternstein, die tilly'sche
Herrschaft Breiteneck und die wolfstein'schen Herrschaften Sulzbürg und Pyrbaum. In noch früeren
Zeiten war auch Heideck eine Reichsherrschaft.

In den Regierungsstädten Amberg und Sulzbach
gab es auch ein Patriziat.

Im Allgemeinen ist die Geschichte des oberpfälzischen
Adels, wie die keiner andern Provinz Altbayerns markirt durch
die große Bedrängung, welche den alten Adel in seiner Totalität
zur Zeit der Gegenreformation nötigte, entweder sein Vaterland zu verlassen, oder katholisch zu werden, wie seines Orts
weiter berichtet werden wird. —

· Was außer Ober- und Niederbayern, der obern und der
jungen Pfalz heutzutage zum Königreiche Bayern gehört, wird
Neubayern genannt. Es enthält die fränkischen Lande,
nahezu den ganzen „fränkischen Kreis“ des ehem. deutschen

4

Reiches, dann einen Teil des ſchwäbiſchen Kreiſes und
Reſte der ehemaligen Rheinpfalz getrennt vom Haupt=
lande.

Wenden wir uns von der Oberpfalz weſtlich und
zwar von dem unterſten, ſüdlichſten Teile derſelben, ſo treffen
wir zuerſt auf das Gebiet des ehemaligen Hochſtifts Eich=
ſtädt, deſſen Hauptland nördlich und öſtlich an die Ober=
pfalz, ſüdlich an das Ingolſtädtiſche und weſtlich an den
ſchwäbiſchen Kreis und an das Ansbachiſche ſtieß.

Im Hochſtift Eichſtädt gab es guten alten Adel, ab=
geſehen von dem vielen Hofadel und den Domherrn des
Stiftes.

Zwiſchen dem Eichſtädtiſchen und dem Ansbach'=
ſchen lag eingeſchloſſen das Gebiet der Deutſch=Ordens=Com=
mende Ellingen und das der Reichsſtadt Weiſſenburg
im Nordgau, welch' leztere ebenfalls ire Geſchlechter hatte.

Das Markgraftum Ansbach mit der gleichnamigen
Reſidenz war ein ziemlich bedeutendes, wolhabendes Territo=
rium mit vielem Land= und Hofadel.

Eingeſchloſſen in dieß Fürſtentum lag die Reichsſtadt
Nürnberg, die anſehnlichſte in Franken und neben Augs=
burg auch die bedeutendſte im Gebiete des heutigen König=
reiches.

Nürnberg hatte ein — etwas entfernt von der Stadt
gelegenes — nicht unbedeutendes Territorium mit 7 Städten
und Aemtern und einer i. Z. berümt geweſenen Univerſität
zu Altdorf.

Das nürnbergiſche Patriziat war von jeher bekannt
durch ſeine Zal, ſeinen Reichtum und ſeinen Sinn für Kunſt
und Wiſſenſchaft.

Auf der weſtlichen Seite ſtieß Ansbach an das Gebiet

der Reichsstadt Rothenburg, und an das Fürstentum
Hohenlohe, von welch' beiden nur geringe Teile, nemlich
die Partie diesseits der Tauber, innerhalb der Grenzen des
heutigen Königreiches liegen.

Der ganze Norden Frankens zerfiel ehedem in drei
größere Territorien, von denen östlich das Markgraftum
Baireut, westlich das Hochstift Würzburg und zwischen
beiden das Stift Bamberg lag. An Ausdenung das
größte und von der Natur das gesegnetste unter den Dreien
war Würzburg.

Das Markgraftum Baireut war mit Adel genügend
versehen, ja Lang sagt in seiner Geschichte von Baireut gerade
zu: Ein unzälbarer Adel war über das ganze Land
ausgesäet.

Das Fürstentum, welches dinastisch mit dem schon genannten Markgraftum Ansbach zusammenhing — man
nannte lezteres deßhalb auch das Niederland zum Gegensaze
Baireuts als Oberland — zerfiel wieder in das „Gebirg“,
die Gegend um Baireut, in das Land „vor dem Wald“, ein
Teil des Egerlands, und in das obere oder Voigtland;
die Gegend um Hof.

Der voigtländische Adel hatte seine eigenen Privilegien und rivalisirte mit der Reichsritterschaft.

Diese war eine Korporation, die für die in Franken und
Schwaben zerstreuten, meistens unbedeutenden — auf der
Landkarte wenigstens verschwindend kleinen — Besitzungen
irer Mitglieder die Reichsunmittelbarkeit genoß und diese Gelegenheit benuzte, um iren Bauern gegenüber die Souveränen
vorzustellen, iren größern Nachbarn aber da und dort Unan-
nehmlichkeiten zu bereiten.

Ueber diese Reichsritterschaft, welche in Franken sieben

4 *

sogenannte Kantone, mit Namen: Rhön und Werra, Bau=
nach, Odenwald, Gebürg, Voigtland, Steigerwald und Alt=
mül, bildete, wird der Antiquarius gelegentlich mer be=
richten. Sie verschwand erst, das sei hier schon bemerkt, mit
der Aufhebung des deutschen Reiches.

Das Fürst=Bistum B a m b e r g hatte vielen Lehen=Adel
und in spätern Zeiten auch vielen Hofadel. Das Domherrn=
stift zälte immer Söne des besten Adels unter seinen Mit=
gliedern.

Das Gebiet des Fürst=Bischofs von W ü r z b u r g, der
sich auch einen „Herzog von Franken" nannte, zälte nicht nur
einen der Menge nach hervorragenden Adel, sondern unter
seinen Vasallen auch dem Range nach bedeutende Familien
mit fürstlichem, landgräflichem, gräflichem u. s. w. Titel. Die
größte Ausdenung des Bistums war die von Süden bei
M e r g e n t h e i m, nach Norden bei F l a b u n g e n, etwa 36
Stunden in gerader Linie.

Enclaven des Würzburgischen waren die Reichsstadt
S c h w e i n f u r t, dann limburg'sches, castel'sches Reichs=
grafengebiet und zwischen Würzburg, Anspach und Bamberg
eingezwängt, das Fürstentum S c h w a r z e n b e r g und die
Reichsstadt W i n d s h e i m.

Weiter gegen Westen schloßen sich dem würzburgischen
Gebiete an die Grafschaften R e i n e c k, W e r t h e i m, E r b a c h
und das mainzische Fürstentum A s c h a f f e n b u r g, von denen
allen Teile dem jezigen Königreiche angehören.

— ———— —

Kehren wir nun wieder zu dem Punkte zurück, von
welchem aus wir unsere geographisch=historische Erkursion
durch den fränkischen Kreis unternamen, nemlich zum Stifts=

gebiete von Eichstädt, so liegt südlich und südwestlich vor uns der ehemalige schwäbische Kreis, von welchem ein nicht unbedeutender Teil — wie wol ein geringer im Vergleiche zu dem, was uns an fränkischen Landen zufiel — zum heutigen Königreiche gehört.

Das Schwabenland barg noch zu Ende des vorigen Jarhunderts die reichhaltigste Souverainen-Collection in sich. Relativ, im Verhältniß zum Umfange des Kreises, zälte es mer Herrlichkeiten als das ganze übrige Deutschland zusammen. Die weimar'sche Karte des schwäbischen Kreises v. J. 1769 hat die täuschendste Aenlichkeit mit einer Marmorplatte, in welche das Spiel der Natur alle Farben und Formen, über die es zu verfügen hatte, bunt durcheinander streute. Den einzig nennenswerten größern Fleck dieses Marmors bildet das Herzogtum Wirtemberg, in dessen grüne Fläche aber wieder eine Menge kleiner roter, gelber und brauner Nieren eingesprengt erscheint. Alles Uebrige gleicht einer durcheinander gewürfelten Masse von Mandeln, Birnen, Trüffeln, Fischen, Polipen, Schußen, Stiefeln, Röcken mit aufgenäten Flecken und Westen aller Farben und Größen. —

Das erste Gebiet, welches uns vom Eichstädt'schen aus begegnet, ist die Reichsherrschaft Pappenheim, von deren Herrengeschlechte bereits im ersten Bande des Antiquarius die Rede war.

Die Herrschaft Pappenheim lag von dem übrigen Schwaben getrennt durch ein Stück der jungen Pfalz.

Diese Pfalz, mit der Haupstabt Neuburg an der Donau, wurde, wie schon erwänt, zu den altbayerischen Landen gerechnet und lag auch im bayerischen Kreis des Reiches. Heutzutage ist sie ein Bestandteil des Regierungs-

Bezirks Schwaben und Neuburg, und sie gehört nach
Sprache und Sitte auch entschieden zum Schwabenlande.

Die pfalzneuburgische Stadt Höchstett hat, durch die
für den bayerischen Kurfürsten Mar Emanuel so folgen-
reiche Schlacht v. J. 1704, eine traurige Berümtheit erlangt.

Lauingen, Gundelfingen und Stozingen mit
iren ächtschwäbischen Namen, waren die am weitesten vorge-
schobenen Posten der jungen Pfalz.

Nördlich von dieser lag die ehemalige Grafschaft Oettingen in dem blüendsten Teil des jezt bayerischen Schwabens.
Von dem mächtigen Herrengeschlechte der Grafen und Fürsten
von Oettingen ist gleichfalls bereits im ersten Bande schon
erzält worden. In Oettingen, Wallenstein, Baldern
und Spielberg waren die Residenzen der verschiedenen
Linien.

Mitten in das öttingische Gebiet, das einen zalreichen
wolhabenden Adel zälte, eingeschoben, lag die bedeutende Reichsstadt Nördlingen.

Gegen Osten stieß an die Grafschaft die Reichsabtei Kais-
heim und nördlich die Reichsstadt Dinkelsbül. Westlich
lag (jezt wirtembergisch) die gefürstete Probstei Ellwangen.

Diesseits (südlich) der Donau, gegenüber dem Pfalzneuburgischen, begegnen wir zuvörderst der Markgrafschaft
Burgau. Dort war kurze Zeit auch ein eigener Hof, der
der Nachkommen Ferdinands und der Philippine Welser,
ausgerüstet mit dem Glanze, den kleine Souveraine so gern
zeigen. An Landabel zälte die Markgrafschaft in ältesten
Zeiten viele gute Geschlechter, von denen aber wenige Namen
unter dem burgauischen Hofadel sich finden.

Es läßt sich bei so kleinen Territorien eine strenge
Grenze für die Beheimatung des Landadels kaum feststellen,

weil die Begüterung häufig wechselte zwischen benachbarter Herren Länder — nur der Städteadel hält sich bestimmt an das Gebiet seiner Heimat, und kann demnach mit mer Sicherheit in seinen Geschlechtern abgegrenzt werden.

So ist im vorliegenden Falle der Adel der Markgrafschaft Burgau zum großen Teil auch über die benachbarten Gebiete geistlicher Reichsfürsten verbreitet.

Was das Fugger'sche Haus betrifft — es ist von ihm bereits beim großen Adel erzält worden — so war sein Gebiet seit dem XVI. Jarhunderte mer und mer gewachsen, und vor Schluß des Reiches besaßen die Fugger im schwäbischen Kreise eine nicht unbedeutende Anzal größerer Reichsherrschaften.

Das weißenhorn-kirchberg'sche Territorium trat unter diesem an Umfang hervor. Das norbendorf'sche, babenhausen'sche, glött'sche, kirchheim'sche und andere fuggerische Gebiete waren in jener Gegend one Zusammenhang verstreut, mit Ausname des norbendorf'schen, welches mit dem oberdorf'schen einen Complex nördlich anstoßend an die Donau bildete.

Die an Gebiet bedeutendsten Reichsfürsten im jetzt bayerischen Schwaben waren der Bischof von Augsburg und der Fürstabt von Kempten.

Das Fürstbistum Augsburg bestand aus einem Hauptlande, welches sich in einem schmalen aber nahezu 42 Stunden langen Streifen von Augsburg an, längs des Lechs bis tief hinein in die allgauischen Berge erstreckte.

Die einzige Enclave dieses zusammenhängenden Hauptlandes war die der reichsritterschaftlichen Besizung Freiberg und Eisenberg, in der Näe der Stadt Füssen.

Außer diesem Hauptland besaß der Bischof von Augs-

burg noch viele andere Landesteile, welche biesseits und jenseits
der Donau zwischen anderen Reichsgebieten eingeschloffen waren.
Im Ganzen waren es zwölf Parzellen, von denen die eine an
der Donau die Residenz des Bischofs, Dillingen, enthielt.

Die gefürstete Abtei Kempten lag am Eingange des
Allgaües ziemlich arrondirt und wieder ziemlich in der Mitte
des Gebietes lag die Stadt Kempten, welche an sich eine Reichs=
stadt war, zugleich aber auch die Residenz des Fürstabtes in
sich barg.

Südlich vom Kemptnischen und östlich angrenzend an das
Hauptland des Bistums Augsburg, finden wir die Grafschaft
Königsed=Rotenfels, deren romantisches Gebirgsland
mit dem herrlichen Alpsee dem Reisenden, der die Ban zwi=
schen Augsburg und Lindau befärt, in freundlicher Erinnerung
bleiben wird.

Westlich von dieser Grafschaft ziet sich das jezt bayerische
Territorium noch durch herrliche Gegenden fort bis an das
Ufer des Bodensee's, wo es mit der Reichs= und Inselstadt
Lindau sein Ende erreicht.

Was den Land= und Lehenadel betrifft, so hatten beffen
der Fürstbischof von Augsburg und der Fürstabt von
Kempten eine nicht unbeträchtliche Anzal, welchem sich in
spätern Zeiten der eigentliche am Hofe lebende Adel noch zu=
gesellte. Insbesondere war der Hof zu Dillingen gut besezt
mit adelichen Chargen und Dienern.

In der Grafschaft Königsed=Rotenfels waren nur
wenige Geschlechter angesessen und ebenso in dem gebirgigen
Teil gegen den Bodensee zu, wärend nahe an den Grenzen
des heutigen Bayerns, im jezigen Wirtembergischen, wieder
bedeutende Herren=Geschlechter mit irem Dienstadel hausten.

Eine nicht unanſenliche Reichsherrſchaft zwiſchen den Stiften Augsburg, Kempten, Ottobeuren und fuggeriſchen Parzellen gelegen, war Mindelheim mit Schwabeck — früher den Herzogen von Teck, dann den Fronbsbergen und zulezt dem Kurfürſt von Bayern angehörig.

Gegen Oſten an der heutigen Landesgrenze lag das Gebiet der Reichsſtadt Memmingen, welche gleich Linbau und Kempten ir eigenes, in der Umgegend begütertes Patriziat hatte.

Weitere, mittenhin unter die bisher genannten größeren Territorien eingeſtreute kleine geiſtliche Gebiete waren die Reichsabteien Ursberg, Irſee, Roggenburg und Wettenhauſen, und noch in kleineren Partikeln eingekeilt finden wir eine Anzal reichsritterſchaftlicher Beſizungen, wie Diemantſtein, Amerbingen ꝛc. jenſeits, und Burtenbach, Illertiſſen, Jettingen, Ichenhauſen u. ſ. w. dieſſeits der Donau.

Schlüßlich nennen wir noch Kaufbeuern, die Reichsſtadt mit irem Gebiet, eingeſchloſſen zwiſchen irſee'ſchem und augsburg'ſchem Gebiet, und die bedeutendſte Reichsſtadt Südbeutſchlands (neben Nürnberg), Augsburg, am oberſten Anfange des nach ir genannten Fürſtbistums, dann Donauwört, die Reichsſtadt, welche aber ſeit dem Jare 1607 ſchon zu Altbayern gehört.

———————

Wir kommen nun zu dem lezten und entfernteſten Bezirke des heutigen Königreichs, nemlich zu der Pfalz.

Es iſt ſchon oben bemerkt worden, daß die Pfalz am Rhein oder die Kurpfalz, auch untere Pfalz genannt, ein Stammland unſeres regierenden wittelsbachiſchen Hauſes ſei,

Die heutige Pfalz ist aber nur ſer entfernt das, was wir
hiſtoriſch die Pfalz nennen. Verſuchen wir die Grenzen oder
ben Umfang berſelben, ſowie er vor der Zeit des 30jährigen
Krieges und mit wenigen Aenderungen bis zum Schluſſe des
vorigen Jarhunderts war, flüchtig zu zeichnen, um dadurch
dem Leſer den Unterſchied zwiſchen der Kurpfalz und der jezi=
gen bayeriſchen Pfalz vor Augen zu füren.

Die Kur=Pfalz bildete ein durch den Rhein in zwei gleiche
Teile, bieſſeits und jenſeits, getrenntes reſpektables Land in
Bezug ſeiner Größe und ſchön und fruchtbringend in ſeinen
Gauen.

Eingeſchoben zwiſchen beide Hälften, doch ſie nicht ganz
abſonbernb, lag das Gebiet des Bistums Speier (bieſſeits
und jenſeits des Rheines) mit der oben angrenzenden Graf=
ſchaft Leiningen.

Das Hauptland lag bieſſeits des Rheines mit der pfalz=
gräflichen Reſidenz Heidelberg am Neckar, die nach der
Zerſtörung des Schloſſes aber nach Mannheim am Rhein
verlegt wurde, wo noch unter Kurfürſt Karl Theodor ein
vollſtändiger Hof (neben dem Münchener) etablirt war.

Nördlich von Heidelberg erſtreckte ſich die Pfalz bis an
die fränkiſche Grafſchaft Erbach, öſtlich den Neckar entlang
bis gegen die Reichsſtadt Heilbronn und ſüdlich bis Bret=
ten und Weingarten.

Von dieſem Allem iſt keine Scholle mer zu Bayern ge=
hörig, ſondern unter Baden und Wirtemberg geteilt — nur
die Prachtruine des Ottheinrichbaues mit den bayeriſch=pfäl=
ziſchen Wappen ober den Toren erinnern den Hiſtoriker noch,
wer hier gehauſt habe.

Jenſeits des Rheines und dieſem entlang erſtreckte ſich
Kurpfalz über Oppenheim hinab bis Bacharach und

endete mit Kaub, welches als äußerste Spize gegen Norden
vorgeschoben war und mit seinem Gebiete wieder am rechten
Ufer lag.

Am nordwestlichsten Ende lag die Grafschaft Sim-
mern „auf dem Hunsrud", eine Zeit lang von einer besonderen pfälzischen Linie beherrscht, noch westlicher die Grafschaft
Veldenz, südlich von dieser die Grafschaft Sponheim,
beide gleichfalls irer Zeit eigenen Linien angehörend, dann
wieder südlicher das Gebiet des Fürstentums Lautern (mit
der Hauptstadt Kaiserslautern, welche jezt fast mathematisch
genau die Mitte der Pfalz behauptet), und wieder südlich
von diesem und zugleich als südliche Grenze der Pfalz das
Herzogtum Zweibrücken, welches durch das Gebiet der
Reichsstadt Landau und durch speierische Enclaven vom
Rheine getrennt war.

Kleinere eingeschlossene Reichsgebiete waren, außer den
schon genannten (Speier-Bistum, Leiningen und Landau)
noch die Reichsstadt Speier mitten im Bistum, die
Herrschaft Bretzenheim (unter Karl Theodor mit einem
natürlichen Sone desselben besezt), die Herrschaften Rappolts-
kirchen, Pirmasens und Falkenstein; dann Teile
der Grafschaften Sarwerden, Meisenheim und Lich-
tenberg, endlich die sogenannte Rhein- und Rau-
Grafschaft.

Ueber alles dieses gab es noch wie in Schwaben und
Franken einzelne reichsritterschaftliche Besizungen, wie
Münchweiler, Landstul, Otterbach, Blieskastl u. s. w.

Daß es in einem historisch so vielfach genannten und ge-
gliederten Territorium, wie das eben geschilderte, auch einen
guten, historischen Adel gegeben habe, dürfte kaum nötig sein
zu erwänen. Wie in keinem anderen Lande diesseits des

Rheines, und insbesondere auch nicht im diesseitigen Bayern,
hat die Geschichte des Adels so rasch und gründlich abgeschlossen wie in der Pfalz. Die Ideen der französischen Revolution sind mit Feuer und Schwert zu Ende des vorigen
Jarhunderts in die Rheinlande gefaren und haben Alles, was
Adel und Geschichte hieß, gründlich demolirt.

Genau genommen kann man also von einem pfälzischen
Adel heute nicht mer sprechen und das was der Antiquarius
erzälen wird, muß sich lediglich auf die Zeiten vor 1780 be-
schränken, wo die Höfe zu Zweibrücken, zu Speier u. s. w.
noch in Blüte standen und durch das Land zerstreut noch
gräfliche und ritterliche Vasallen des Reiches anzutreffen waren
wo in den beiden Reichsstädten Landau und Speier noch
patrizische Namen gehört worden sind. —

Bevor wir diese historische Skizzirung der Kurpfalz been-
den, sei es erlaubt, noch an ein Land zu erinnern, das Jarhunderte zu den Erbreichen des pfälzer Hauses gehörte und
erst Anfangs dieses Säkulums verloren ging, wir meinen die
am Niederrhein gelegenen Provinzen Jülich und Berg mit
der Residenzstadt Düsseldorf, dem Schoßkinde vieler pfälzischer Regenten.

Dort gab es einen reichen und angesehenen Adel, der
noch zu Ende des vorigen Jarhunderts in Korporationen als
„Jülichische Ritterschaft" und „Bergische Ritterschaft" bei der
Landesvertretung aufgeschworen war.

Auch von diesem Adel wird der „adeliche Antiquarius"
Einiges beizubringen nicht unterlassen können.

5. Zum Eingange seiner Erzälungen über den altbayerischen Abel gibt der Antiquarius nachfolgend das alfabetische
Verzeichniß derjenigen Familien, welche zum besten Abel
dieses Landes gerechnet wurden und werden.

Es sind darunter merere Geschlechter des Herren- oder
Dinasten-Adels teils mit gräflichem Titel, teils mit dem
von Herren oder (nach späterem Gebrauche) Freiherren.
Sie sind als solche besonders bemerkt und bitte ich nur sich
zu erinnern, daß diese Titel mit den heutigen Diploms-, Frei-
herrn-, Grafen- und Fürstentiteln nicht zu verwechseln seien.
Diejenigen Geschlechter, bei denen ein Titelbeisaz nicht gemacht wurde, sind Dienst- oder Ministerial-Abel.

Die wenigen noch blüenden Familien sind mit einem *
und diejenigen, von welchen bereits früer (im I. Bande des
Antiquarius) Erwänung gescha, mit einem x bezeichnet.

Die hier aufgefürten Geschlechter sind ferner sämmtlich
Turnier-Abel.

x Abensberg, Grafen.	x Closen.
Achdorf.	Dachauer v. Lauterbach.
*x Aham.	Degenberg, Herren.
Ahaim an der Bils.	x Ebran v. Wildenberg.
Aichberg.	Ebser v. Ebs.
v. der Alm.	Eder v. Eck.
Altenburg, Gästl von.	x Eder v. Kapfing.
x Apfental.	*x Eglofstein.
x Aschauer v. Aschau.	Eisenhofen.
x Auer v. Brennberg.	Ernfels, Herren.
Berbing.	Eurasburg.
x Bogen, Grafen.	Falkenstein vorm Walb.
Breitenstein.	Forster v. Wildenforst.

* Fraunberg.
x Fraunhofen, Stammgenossen der Fraunberg.
x Freiberg v. Aschau.
* Freudenberg.
x Fronbsberg.
Frummesel.
Gastel, j. v. Altenburg.
x Grans v. Uttendorf.
Greif v. Greifenberg.
Gundelfing, Herren.
* Gumppenberg.
Hagenau.
Haibeck.
Halß, Herren.
Haldenberg.
x Harßkircher.
x Haßlang.
Hautzendorff.
Hertenberg.
x Herenacker.
Hilgertshauser.
Hirschberg, Grafen.
* x Hochenrainer v. Hochenrain.
* x Hofer v. Lobenstein, u. i. L.
Hohenfels ist Ernfels.
Hornbach.
Jubmann v. Asseling.
Kager.
x Kammer.

Kammerau.
Kammerberg.
Kemnat.
Kirchberg, Grafen.
x Klammenstein.
Kuchler v. d. Hohenkuchel.
Kürn.
x Laber.
x Laiming.
x v. der Laiter, Herren zu Bern und Vinzenz.
Leberskirchen.
Leonberg, Grafen.
x Leuchtenberg, Grafen.
* Leublfing.
Leutenpöck.
x Mautner v. Katzenberg.
x Marlrain, Herren.
Massenhausen.
Mistlbeck.
Murach.
Ropping.
* x Rothaft.
Rußberg.
x Rußdorf.
Ofenstetten.
* x Ortenburg, Grafen.
Otting.
x Parsberg.
Parteneck.
Paulstorff.

x Paumgarten, Herren.
Pfeffenhausen.
* Pflug, nicht im Lande.
x Pienzenau.
Porau.
*x Preifing.
x Prennberg.
Puchberg.
Punzinger.
Rainer zum Rain.
Raitenbuch.
Rammelsberg.
Rammelstein.
Ramsdorff.
x Rorbach.
Rornstett.
Rottau.
*x Sandizell.
Satlbogen.
* Sazenhofen.
Schaumberg und Jul-
bach, Grafen.
Schenk v. Neideck.
Schenk v. Flügelsberg.
Schilwaz.
Schmiehen.
Schonstetter.
Schönstein.
Schlaißbeck.
Schurfeisen.
x Schwarzenstein.

x Seefeld.
*x Seibolstorff.
Sinching.
x Stauf v. Ernfels.
Stachel.
Staudacher.
x Stinglheim.
Strubl v. Laufen.
Stör zum Störnstein.
Stumpf v. Bichel.
Sulzbürg, Herren,
Stammgenoffen der
von Wolfstein.
x Tanberg.
*x Taufkircher v. Gutten-
burg.
*x Törring.
Torer v. Eurasburg.
Trauner.
Truchtlaching an der
Alz.
x Turner v. Neubeuern.
Türrigl.
Urfenpeck.
Wald im Stifte Paffau.
Waldau.
*x Walbeck.
x Waller v. Wildturn.
Warter v. der Wart.
*x Weichs an der Glon.
Weichs zu Traubling.

Weilheim, Herren.   x Wilbenwart.

Wilbenfels, Herren.   Wispeck.

Wilbeck.   x Wolfstein, Herren.

  x Wilbenstein.   x Zenger.

        x Zaunrieb.

Es kann nicht in der Absicht des Antiquarius, noch in dem Verlangen des Lesers liegen, in einem Buche wie dieses von allem dem obgenannten altbayerischem Abel und von jedem Geschlechte insbesondere eine Genealogie schrei= ben und bezieungsweise finden zu wollen, es wird vielmer zur Kenntniß der Verhältnisse weit mer beitragen, wenn wir, statt von vielen Familien nur Weniges erzälen zu dürfen, lieber einzelne für die Geschichte des Abels bedeutsamere Momente hervorheben und diese mit den darin auftretenden Persönlich= keiten und Geschlechtern etwas ausürlicher schildern. Der „Abeliche Antiquarius" ist ja auch kein Abelslexikon, sondern ein getreuer und gewissenhafter Berichterstatter über das, was durch und in dem Abel Denkwürdiges geschehen.

In nachfolgendem Kapitel nun wird der Antiquarius eine der obengenannten altbayerischen Familien, oder eigentlich einen Zweig dieser Familie, und insbesondere einen Mann aus demselben schildern, der durch sein abenteuerliches Leben und durch sein tragisches Schicksal seiner Zeit viel Redens von sich machte, und der noch heutzutage unserer Teilname nicht entberen wird.

6. In dem Hügelland, das sich wenige Stunden von München, gegen die Inngegend zu, erhebt, liegt am linken Ufer dieses Flusses das alte Kloster Gars (1802 mit vielen anderen aufgehoben, jezt wieder von Redemptoristen bewont).

In der Kirche dieses Klosters liegen die ersten Frauenberge vom Haag, mit dem Schimmel im roten Schilde, den sie von den abgestorbenen Gurren von Haag geerbt und mit Hinweglassung ires Stammwappens (eines silbernen Pfales in Rot) fortan gefürt haben.

Mit Bewunderung betrachtet der Kenner diese Prachtwerke der Steinmezkunst und mit dem Ausdrucke des Staunens und der Erfurcht siet man den gemeinen Mann vor diesen Reckengestalten mit iren langen lockigen Haaren, iren kostbaren Harnischen, Waffenröcken und Panzerhemden stehen. Jeder halbweg Gebildete zeigt Interesse für das Altertum.

Eine kleine Meile westlich von diesem Kloster Gars in's Land hinein liegt der Markt Haag und über ihm tront auf dem Gipfel eines Hügels ein weitsichtbarer nadelschlanker mächtiger Turm, zierlich mit vier Erkern als Krönung und einem hohen spizigen Ziegeldache versehen. An den vier Seiten des Turmes hoch oben in riesigen Verhältnissen ist der Schimmel auf rotem Grunde gemalt.

Dieß ist der lezte Rest des alten Grafenhauses Haag — ringsum stet der Turm frei, ein Monument vergangener Größe, und der Raum zwischen ihm und der Umfassungsmauer zeigt nichts als Schutt, Gras und Gesträuche.

Vom vorderen Hoftore fürt eine breite Estrade abwärts und links und rechts dieser steinernen Treppe sahen wir bei unserer lezten Anwesenheit vor wenigen Jaren nur zwei dem Verfalle nahe Schloßflügel, Bauten aus der Mitte vorigen Jarhunderts, wo Kaiser Karl VII. sich zur Lust des Waid-

5

werkes oft aufzuhalten pflegte. Eben damals ging man
damit um, diese Gebäude für ein Nonnenkloster zu restauriren.

Der Markt Haag selbst ist freundlich und soll über
1000 Einwoner haben. In der Kirche fanden wir nichts Be-
merkenswertes — sie ist in neuester Zeit wie viele andere mit
Schreiner=Gothik restaurirt worden. Eine halbe Stunde außerhalb des Marktes aber an der Heerstraße gegen den berümten
Wallfartsort Altötting zu liegt das Pfarrdorf Kirchdorf,
in dessen Kirche das zweite und lezte Erbbegräbniß der
Frauenberge vom Haag ist und in diesem auch das prächtige, seines Herrn würdige Monument des 1566 verstorbenen
lezten Grafen von Haag, Ladislaus, von dem die
nachfolgende Geschichte ausfürlicher handelt.

Ladislaus (der Name Ladislaus war seit den Hel-
dentaten des Königs Wladislaw III. von Polen und Ungarn unter dem bayerischen und österreichischen Adel beliebt
geworden) oder, wie er unter dem Adel wol genannt wurde,
Laßla oder Lassel war der ältere von zwei Brüdern und
zwei Schwestern, die sein Vater Leonhard mit Amalia Land-
gräfin von Leuchtenberg erzeugt hatte. Er war 1495 geboren und also eben ein 14järiger Knabe, als 1509 sein
Großvater Sigmund von Kaiser Maximilian zum Reichsgrafen erhoben wurde. Nun müssen wir dem Leser in Erinnerung bringen, daß ein Reichsgrafen=Brief noch zur Zeit
Kaiser Maximilians eine himmelweit verschiedene Sache
war von einem Reichsgrafen=Diplom, wie sie von Ende des
XVI. Jarhunderts bis zum Ende des römischen Reiches in

einer Auflage von mer als 2000 Exemplaren nach und nach
das Licht der Welt erblickten.

Damals, als der Frauenberger Sigmund vom
Haag zum Reichsgrafen gemacht wurde, mußte man dabei
auch eine Reichs=Grafschaft haben, und zu einer solchen
wurde die bisherige Herrschaft Haag — in irem Flächenraume
nahezu 6 Quadratmeilen, also mer als die ehemalige
Landgrafschaft Hessen=Homburg, umfassend — erhoben.

Der Reichsgraf von Haag wurde daburch ein „Stand
des heil. römischen Reichs" und seinem Kaiser one Mittel
d. h. direkt unterworfen und nur in zweiter Linie, burch den
Besiz bayerischer Lehen=Güter, war er als Landsaß unter
der Obrigkeit der Herzoge.

Ein solches Verhältniß war einerseits ein erheblicher Grund
zu dem Stolze, welcher diese kleinen Herrlichkeiten beseelte,
anderseits auch zu dem Bestreben der größeren und weitaus
mächtigeren bayerischen Herzoge, diese „Krautgrafen", wie sie
von iren Gegnern spottweise genannt wurden, zu bemütigen
und sich zu unterwerfen. Gerade die Geschichte Laffel's von
Haag kann als treffliche Illustration zu dem Gesagten dienen.

Graf Leonhard, Laffel's Vater, starb 1512. Graf
Wolf, sein Oheim, ging 1529 one Kinder ab. Graf
Leonhard, sein Bruder, „ein feiner junger Herr, der viel
ritterliche Kriegsdienste geleistet", starb in den besten Man=
nesjaren unvermält, und so ward Graf Laffel unver=
mutet der einzige und lezte seines Stammes.

Von seinem Carakter sagt Hund in seinem Stammbuche,
er sei ein wolerfarner tapferer Kriegsmann, auch
ein beredter Herr, gleichwol eines seltsamen Kopfes,
gewesen.

5 *

Dieser „seltsame Kopf“ hat ihm zeitlebens viel Ungemach und Händel eingetragen, obwol das Lob ihm nicht abgesprochen werden kann, er sei ein erlicher, in seinen Grundsäzen und seinen Handlungen respektabler Herr gewesen, der nur das Unglück hatte, wie so viele seltsame Köpfe, der Wucht des Schicksales zu unterliegen.

Das erste Unglück brach los, als er — aus heute noch nicht sicher enthüllten Ursachen — nach der Schlacht von Pavia 1525, in welcher er unter Fronbsberg's Heer auf Kaiser Karl V. Seite rumvoll kämpfte und den König Franz von Frankreich im Thiergarten gefangen nemen half, plözlich und unerwartet zu den Franzosen überging und dort Dienste nam. Warscheinlich war es Mitgefül mit dem gefangenen ritterlichen Könige, das ihn zu diesem Schritte bewog, vielleicht aber auch (wer kennt die geheimen Triebfedern alles Geschehenen?) nur irgend eine Zurückezung oder Kränkung, die ihm von kaiserlicher Seite widerfaren. — Genug, Laßla trat zu Frankreich über und verlor damit des Kaisers Huld. Wärend der König Franz, geschmeichelt durch die Dienste, die ihm ein Graf des heil. röm. Reiches erwies, biesen in Gunsten hielt und ihm sogar die hohe Ere antat, sein Wappen mit einem Gnadenzeichen „zur ewigen Erinnerung“ zu versehen — er gab ihm einen goldenen Helm und als Kleinod die Figur eines Königs von Frankreich, im blauen mit goldenen Lilien besäten Rocke, welche Figur mit beiden Armen das frühere Helmkleinod der Frauenberge (den Hermelinhut mit dem Pfauenbusch) in die Höhe hält — wärend also der gute Graf in Frankreich mit der „Ehre“ bereichert wurde, zog ihm der fromme Kaiser Karl in Teutschland seine Reichsgrafschaft Haag ein (d. h. die Hälfte, denn die andere Hälfte besaß damals noch der Graf Leonharb) und verlieh sie seinem Günstling Balthasar von Rabenstein „getreuer Dienste halb". — Diese Maßregel schien nun selbst den Herzogen von Bayern ungeeignet (sie fürchteten wol auch einen österreichischen Kundschafter im Lande zu haben) und sie baten daher einhellig, beide Brüder Wilhelm und Ludwig, und legten Fürsprache ein bei irem kaiserlichen Oheim. Der Kaiser ließ sich erweichen gegen 5000 Gulden, welche der von Haag bezalen mußte. Das Geld streckte die gute Tante des Lassel, die Gräfin Kunigunde, vor, und so ward der Rabenstein wieder aus dem Land geschickt und Graf Lassel kam wieder anheim und zu Gnaden. —

Im Jare 1540 schritt er zur Ehe. Als Reichsgraf nam er eine Reichsgräfin und zwar die Maria Salome, die Tochter des regierenden Markgrafen zu Baden. Zu München in der herzoglichen Türniz hielt er eine prächtige Hochzeit und ritt dann heim gen Haag. Dort gebar ihm seine Frau bereits 1541 einen Son, aber er starb gleich nach der Geburt, wie dieß bei noch mereren später zur Welt gekommenen Kindlein der Fall gewesen war, zum großen Schmerze des Grafen Lassel, der seinen Stamm mit sich nicht erlöschen sehen wollte. Die Ehe war also in dieser Beziehung nicht glücklich, sie brachte aber in anderer Richtung sogar ein bestimmtes Unglück für unseren Grafen.

Die Gräfin Salome war nemlich von Haus aus in der damals neuen Lere erzogen und der Graf hatte bei der Heimfürung seinem Schwiegervater das Versprechen geben müssen, sie bei irer Religion zu belassen. Damit hob er in Bayern keine Ere auf, denn die bayerischen Herzoge wurden allgemach entschiedene Gegner der Reformation und suchten diese „Pest und Irrlere" weit von irem Lande zu halten. Graf Lassel war nicht nur galant und tolerant gegen seine Frau, sondern er neigte sich wol selbst (wie seine Gegner behaupten) mer oder minder der neuen Lere zu, wenigstens hielt er der Gräfin in Haag einen reformirten Prediger. Mit der Zeit griffen die Leren der Reformation mer um sich, und Schritt für Schritt entwickelte sich bei iren Widersachern die planmä= ßige sogenannte Gegenreformation, an deren Spize das Haus Bayern und sein Nachbarhaus Oesterreich standen. Ehe die Katastrophe aber zum Ausbruch kam, dauerte es noch mer als 20 Jare — von 1540 bis 1563, hauptsächlich deßhalb, weil die bayerischen Herzoge nicht (wie man behaupten will) von Anfang an aus bloßer Glaubensstarrheit gegen Re= formen im Katholizismus gewesen, sondern aus ganz anderen, meist dinastischen Gründen nach und nach gegen den Pro= testantismus aufgebracht wurden.

Insbesondere boten inen die kirchlichen Neuerungen in den kleinen Reichsterritorien, den freien Grafschaften und Herrschaften zu Ortenburg, Haag und Walbeck und in den Reichsstädten, wie Regensburg, Augsburg u. a. viel Aergerniß, weil sie nicht verhindern konnten, daß ire Bürger und Bauern dorthin in die Predigten liefen, und, da diese Reichsunmittelbaren, so klein sie waren, nicht geneigt erschienen, sich von den Herzogen von Bayern in ire inneren Verhältnisse einreden zu lassen, und die reformirten Gottes= dienste abzustellen, kam es bald zu Gewalttätigkeiten. Daß dabei der Kampf eines Löwen mit einer Maus aufgefürt wurde, kümmerte die Herzoge von Bayern damals im XVI. Jarhun= derte so wenig, als heutzutage Preußen und Oesterreich sich kümmern, wenn man sie darüber bereden würde, daß es keine Großtat genannt werden könne, wenn sie beide zu= sammen den kleinen Danebrogsmann aus dem Lande gewor= fen haben.

Es ist uns vergönnt, das Gesagte mit einem Beispiele glänzend zu illustriren, und zwar mit einem solchen aus dem Leben unseres Grafen Lassel selbst, aber wir müssen, um dieß unliebsame Kapitel zum Abschlusse zu bringen, dem chrono-logischen Verlaufe der Geschichte des Grafen von H a a g um einige Jare vorgreifen, denn die in Rede stehende Tatsache ereignete sich erst im Jare 1557, nachdem Graf L a s s e l eben von seiner unglückli-chen Brautfart aus F e r r a r a in seine Grafschaft zurückgekert war.

Dort, zu H a a g nemlich, hatte wie gesagt mit der Gräfin S a l o m e die neue Lere im Jare 1540 iren Eingang genommen und sich nach dem Tode der Gräfin in der ganzen Grafschaft befestigt, so daß die Merzal der Pfarrer und Kapläne luthe-risch predigten u. s. w.

Ueber das Todesjar der Gräfin S a l o m e von Haag ist eine Gewißheit zu erlangen uns bis jetzt nicht möglich gewesen. Ein Grabdenkmal derselben existirt nicht mer und von den bisherigen Genealogen sind bestimmte Nachweise nicht geliefert worden. S c h ö p f l i n in seiner Historia Zaringo-Badensis, IV. 42, sezt das Todesjar auf 1559, was aber mit den Jar-zalen und Tatsachen der zweiten Brautschaft (1553—56) sich nun gar nicht reimt. H u n d i u s, ein Zeitgenosse des Grafen Laßla, hat in seinem „bayerischen Stammbuch" das Jar des Todes nur mit 15 . . bezeichnet und fügt hinzu „l a n g d a r-n a c h nahm er eine welsche Gräfin". Aus dieser Zeitbezeich-nung „lang darnach" sollte man vielleicht auf 5—6 Jare schließen. Eine Abhandlung in den „geöffneten Archiven" 1821: „Ueber des Grafen von Haag zweimalige Vermälung" hält sich in Bezug des Todesjares an Schöpflin und ist auch sonst etwas konfus. Einen faktischen Anhaltspunkt gibt nur diesen unsicheren und ungereimten Daten gegenüber ein G l a s-g e m ä l d e in der Kirche zu L i m b e r g bei Haag, in welchem

die Wappen Baden und Haag zu sehen mit der Unterschrift:
„In Ern dein Ebig allein. 1552.“
Offenbar ist dieß die Devise einer Dame einem Manne gegenüber. Die Wappen sprechen gleichfalls deutlich genug, und
aus diesem untrüglichen historischen Dokumente möchte der
Schluß gerechtfertigt erscheinen, daß Gräfin Salome 1552
noch am Leben gewesen sei und jenes Glasgemälde mit
iren Wappen gestiftet habe. Ist dieß richtig, so kann sie nur
in dem Zeitraume 1552—53 gestorben sein, weil Ende des
lezteren die zweite Brautschaft des Wittwers beginnt. Es
kann also auch die Wittwerschaft nicht lange Jare gedauert haben. —

Graf Lassel blieb nach dem Tode seiner ersten Gemalin Frau Salome nicht lange im Wittwerstande. — Er
erinnerte sich wieder, daß er der lezte seines Stammes
sei, und knüpfte, um diesem Schicksale zu entgehen, im Spät-
jar 1553 Verbindungen mit dem estensischen Hofe zu Ferrara
an, wo ihm eine schöne und reiche Braut erkundet war.

Drei Jare, von 1553—56, dauerte diese unglückliche
Liebesgeschichte, wie wir bald hören werden, und wärend dieser langen Zeit verweilte Graf Lassel mit einer anerkennens-
werthen Ausdauer in Welschland, wo er sich mit Unterhandlungen und Prozessiren abwechselnd zu Mantua, Ferrara,
Trient und Bozen mit einem gräflichen Gefolge und Auf-
wande enthielt.

Wärend dieser Zeit der Wittwerschaft mag im Haag
so Manches vorgefallen sein, was den Herren in München
nicht gefiel, insbesondere ließ sich einer der reformirten Prediger, Namens Cölestin Adler, zu unüberlegten Äußerun-
gen gegen den bayerischen Herzog Albert hinreißen, und obwol diese Kanzel-Philippiken nach möglichst genauer urkund-

licher Prüfung sich lediglich in religiöser Hinsicht mißbil=
ligend ausdonnerten und obwol Graf Lassel auf Kundwer=
bung dieses Umstandes sogleich den Cölestin auswies — so
konnte ihn dieß Alles nicht vor dem Grimm der Gegner schü=
zen, welche ihn beim Herzoge Albrecht V. in München schwarz
gemalt hatten.

Bei seiner Rückker aus Welschland fand Graf Lassel
eine Einladung nach München vor.

Dieser arglos folgend, wird er unter der Anklage der
„Majestätsbeleidigung" und verschiedener anderer crimina con=
tra die alleinseligmachende Kirche in den Falkenturm zu Mün=
chen festgesezt. Das merkwürdigste an dieser Sache bleibt
das Factum, daß Graf Lassel one Ueberfürung — aber
gegen Erlag von 25,000 Reichsthalern wieder ledig
wurde.

Welches Aufsehen diese Willkür damals im Lande ge=
macht, erfaren wir durch einen Brief, den 6 Jare später (1563)
Graf Joachim von Ortenburg, welcher in jener Zeit gleich=
falls nach München zitirt worden, aber nicht erschienen war,
an seinen Freund und Gesinnungsgenossen Wolf Dietrich,
Reichsfreiherrn zu Waldeck schrieb.

„So meld' ich Euch, daß ich gen München zu reiten für
dießmal unterlassen hab', ob mir der Herzog schreibt, ich solle
gewisser Sachen halber, so ich vernemen werde, zu ihm hinauf
kommen; nun kennt Ir den Hof=Brauch zu München;
erschein' ich und weiß dessen erstlich (zuvor) keine Ursach, so
thut er mir etwan wie dem Grafen Laßla, sezt mich in ein
Stüble, läßt den Kaiser, König und Kammerge=
richt schaffen und thun, was sie wollen, gibt nichts
darum und läßt mich sizen — erschein' ich aber nicht, so spricht
er, man sei ungehorsam, fürchte sich, habe Scheu an seiner

Sache, zieht (konfiszirt) einem wol gar ein Gut ein. Zwar besagt unsere Landesfreiheit: wenn einer an den fürstlichen Hof erfordert wird, soll man ihn wider Recht nicht verstricken (gefangen sezen), sondern freien Ab= und Zuzug gewären; — Hat er aber nicht doch den Grafen Laßla um 25,000 Thaler gestraft? Der gute Graf muß ein paar Jare darum rechten (prozessiren), er erlebt's kaum. Solche Sachen sind wol zu bedenken, — aber wir Landleut' binden uns solche Ruten selbst auf den A. . . . .". —

Diese 25,000 Taler waren nun allerdings eine empfind= liche Strafe — nach unserem heutigen Geldwerte nahezu 100,000 Gulden — und, da man die järlichen Einkünfte der Grafschaft auf 12,000 Taler rechnete, hatte somit der gute Graf zwei Jare seiner Zivilliste verwirkt.

Fügen wir dazu noch den Kummer über den unverhofften und unglückseligen Ausgang seiner italienischen Hoch= zeitreise — so können wir in Warheit und one Uebertrei= bung sagen, das Schicksal dieses lezten seines edlen Ge= schlechtes sei ein tragödienartiger Schluß der kleinen Weltko= mödie, wie sie wol innerhalb der Grenzen einer einzelnen Familie nur selten aufgefürt worden sein mag. —

Die Geschichte der italienischen Brautwerbung und Heirat des Grafen Laßla von Haag siet einem Roman änlicher als einem Ereignisse der Wirklickeit. Ein 60järiger Bräuti= gam, des heil. röm. Reiches unmittelbarer Herr und Graf, tritt mit einem fürstlichen Gefolge, beladen mit all seinem Gold, all dem Schmuck und Silbergeschirr seines Hauses eine

Brautreise nach dem welschen Hofe zu Ferrara an, und
wird dort mit einer siebenzenjärigen Prinzessin getraut. Nach
kurzem Glück der Liebe färt der Dämon in Gestalt eines
alten Weibes zwischen die Neuvermälten, reißt die junge Frau
aus den Armen des Mannes und sperrt sie in ein Kloster.
Juden, Notare, Giftmischer und gedungene Meuchelmörder
bilden die Nebenfiguren dieses lebenden Bildes, das den Triumf
welscher Treulosigkeit über deutsche Leichtgläubigkeit und Ehr-
lichkeit versinnlicht, und zum Schluße sehen wir den 63järigen
Wittwer mit zerrissenem Herzen und leerem Säckel in das
Schloß seiner Väter nach Deutschland zurückkeren, um dort
als Opfer dinastischer Gewalt den Rest seines Vermögens
und die lezten Lebenskräfte zu verlieren. —

Doch lassen wir Urkunden sprechen und den Leser nach
Durchgehung der Tatsachen, die sie enthalten, selbst sein Urteil fällen. Die Zeiten, in denen die Geschichte handelt, liegen weit hinter uns und wir können um so freier darüber
denken und sprechen, als es heuer bereits 300 Jare waren,
seitdem die Erde den Helden unserer Erzälung und seine
Gegner deckt. —

Die Quelle, aus der wir nachstehende Erzälung entnemen,
ist ein gleichzeitiges handschriftliches Libell, das den Titel fürt:

„Summarischer und grünblicher Bericht, was sich in
Ehesachen des hoch- und wolgebornen Herrn Ladislaui
Grafen zum Haag und Hern zu Prunn rc. mit der auch
wolgebornen Aemilia de Piis verlaufen und zugetragen,
auch mit was (welcher) Unbilligkeit sie ihn, Herrn Grafen,
deserirt und verlassen. Ordentlich und unterschiedlich veri
zeichnet und in dieß Libell zusammen gebracht aõ dni 1556 Jahr.“

Dieser Coder enthält eine fortlaufende Beschreibung der
Tatsachen, jede derselben mit einem notariellen Instrument

ober gerichtlichen Protokoll belegt, und umfaßt im Ganzen 175 enggeschriebene Folioseiten. Mit Bedauern sehen wir uns genötigt, aus diesen für die Sittengeschichte des XVI. Jarhunderts so merkwürdigen Akten nur den wesentlichsten Inhalt geben zu können, da der Raum dieses Buches gemessen und am Ende (wir gestehen es gerne) nicht Alles für Alle von Interesse ist.

Im Spätjare 1553 waren die Präliminarien zur zweiten Heirat von Seite des Grafen eröffnet worden. Der Obeim der Braut als Vormünder derselben und zugleich als regierender Landesherr, Hercules II. von Este, Herzog und Markgraf zu Ferrara, hatte einen Botschafter, den Hauptmann Julio de Ratta, nach Haag heraus gesendet, um in seinem Auftrage den Grafen zu begrüßen und eine Capitulation (Heiratsverabredung) dem Grafen vorzulegen.

Der Inhalt dieser Capitulation, welchen zu erwänen in so fern geboten scheint, als er den Anstoß zu den späteren Streitigkeiten gab, war kurz folgender:

1) Die Signora Lucretia Reuerala Pia, weiland des Herrn Grafen Hieronimus Reuerale Tochter und Herrn Marci de Piis von Carpo in Savoien Hausfrau (Wittwe), auch Herr Hercules de Piis, ir Son, beide wonend zu Ferrar an St. Lienhardsstraße bei der via angelarum verpflichten sich, ire Tochter und resp. Schwester Signora Aemilia dem wolgebornen und mächtigen Herrn Ladislauo Graf zum Haag, weiland Grafen Leonhards Son, zu einer Gemalin zu geben — dazu als Heiratgut 10,000 Kronen, und zwar 2000 Kronen baar nach der Hochzeit, 4000 Kronen in einem Palast zu Ferrar, den Rest von 4000 Kronen in vier Jaresfristen.

2) Der Herr Graf von Haag soll ir die 10,000 Kronen widerlegen und dazu noch 5000 Kronen geben als Morgengabe. — Seine Widerlage und Morgengabe soll er in Italien genugsam versichern und in einer zu laufenden Herrschaft anlegen, doch nicht eher, als bis ihm von Seite der Signora Lucretia das Heiratsgut irer Tochter genugsam entrichtet ist.

3) Die Signora Aemilia soll vorerst nach der Hochzeit bei irer Mutter bleiben, „bis der Herr Graf aus dem Krieg wiederkomme“, dann aber ihm nach Deutschland folgen und ir erlaubt sein, einen Blutsfreund — den Herrn Polidor Cornatzono, so bei 63 Jare alt, und schon früher in Deutschland gewesen, auch die Sprach' verstet — mitzunemen und auf etliche Monate bei sich zu behalten.

Diese Capitulation unterzeichnete und siegelte Graf Lassel im Beisein des ferraresischen Hauptmannes Giulio und des Notars Kapuleti Margeli zu Haag am 20. März 1554 mit dem freundlichen Zusaze, „er stelle alle Ding' zu Willen und Wolgefallen des durchlauchtigsten Fürsten zu Ferrar.“

Mit dieser gesiegelten Capitulation sandte er die beiden Welschen wieder nach Italien und gab inen als eigentlichen Brautschauer den edelvesten Hauptmann Ludwig Schneed von Vorbrunn mit.

Als diese Gesandtschaft nach Ferrar gekommen war, außerte sich der Herzog gar gnädiglich über den Grafen, erklärte ihn für seinen Bruder, erbot sich gegen ihn aller Liebe und Freundschaft und versprach ihm „eine hochadeliche fürstenmäßige Braut aus seinem Fürstenthume“, nannte auch darauf seines Bruders, des Cardinals zu Ferrara natürliche

Tochter, der er 40,000 Kronen zum Heiratsgut geben
wolle — welches aber der Geſandte des Grafen abgeſchlagen
aus der beweglichen Urſache, daß es in Deutſchland
eine große Schmach wäre, wenn ein Herr ſo alten Adels
und hohen Standes wie der Graf eine Uneheliche zur Ge=
malin nemen wollte.

„Aus dieſer erſten Zumutung des Herzogs iſt alsogleich
deſſen Unaufrichtigkeit gegen den Grafen zu erkennen geweſen.
Dieſelbige Cardinalstochter iſt hernach einem welſchen Herrn,
dem Grafen von Mirandola, angetraut worden.“

Nachdem das erſte Anerbieten des Herzogs auf ſolche
Weiſe abgelent war, erinnerte er ſich ſeiner Mume, der Signora
Aemilia de Piis, und ſchickte den Geſandten Laßla’s
nebſt ſeinem Kämmerling, dem Conte de Thenna, in der
Signora Lucretia de Piis Haus zur Brautſchau. Die Loch=
ter gefiel dem Geſandten wol, denn „ſie war eine ſtattliche
ſchöne Signora von noch nicht 17 Jaren“. Der Herzog erbot
ſich, ſie ſeinem Bruder, dem Grafen Laßla, zu geben und
ſchickte mit des Herrn Grafen Botſchafter ein Porträt (Con-
trafactur) der Signora Aemilia durch einen Verwandten der=
ſelben, den Signor Polidor Cornatzono, nebſt einem gnä=
digen Schreiben heraus nach Haag.

Dem beſagten Schreiben, welches das Datum: Ferrar
den 18. Oktober 1554 trägt, iſt nach den offiziellen Artigkei=
ten noch ein Poſtſcriptum, wie es ſcheint, von der Hand des
Herzogs beigefügt, des Inhalts zu deutſch:

„Eure Herrlichkeit (Vostra Signoria) komme nur frölich
(friſchweg), es wird uns Euer Geſicht (Euch zu ſehen) lieb=
lich und angenem ſein, denn wir haben große Begierde dar=
nach, und wollen Euch verſichern, daß Ir in uns finden
werdet Euren Bruder und Freund   Hercole d’Este.“

Der Graf ließ sich das Porträt gefallen, und obwol ihm in Teutschland hohe, ansenliche, fürstenmäßige Heirats-Gelegenheit gewesen wäre, hat er sich doch auf des Herzogs von Ferrar mündliches und schriftliches Erbieten gänzlich verlassen und vertröstet, auch nach drei Monaten, in welchen gedachter Polidor sein Gast geblieben war und des Grafen Grafschaft, Vermögen, Thun und Wesen hinlänglich erkundet hatte, seinen **Brautzug nach Italien** angetreten.

Der Zug enthielt 36 Pferde. Das Gefolge des Grafen bestand aus fünf Edelleuten, nemlich Onufrius Freiherr von **Losenstein,** Georg von **Schönburg** zu Stalburg, Hans Jakob **Erenreich** zu Trackenstein, Ludwig **Schneed** der ältere zu Porprunn, Georg Thejarus Freiherr von **Fraunhofen,** Junker **Hans Or,** Wilhelm **Waldenrober** von Marbach und N. v. **Bräckenhas** (einem Dänen), zu welchen später noch ein Tiroler, Johann v. **Göll,** kam; ferner aus einem Marstaller oder Stallmeister, einem Lakai und zwei weiteren Dienern für seine Person, ongerechnet die Diener der Edelleute, welche ganze Begleitung **auf Kosten des Grafen** reiste und lebte; 10 Pferde waren mit wertvollem Gut, teils bar Geld, teils Edelgesteine, Kleinodien, Gold- und Silbergeschirr beladen, „welchen fürstenmäßigen Staat Graf **Lassel seiner Freundschaft und dem ganzen bayerischen Adel zu Ehr** mit sich gefürt, da außerdem noch Signora Lucretia zu öftermalen an ihn begeren hatte lassen, wenn er eines guten Vermögens sei, so solle er sich in welschen Landen mit einer fürstlichen Pracht sehen lassen" — wiewol man von anderer Seite schon damals den Grafen Lassel gewarnt hatte, „er möge sich fürsehen, er geh' nach Welschland, es könne dort Böses im begegnen".

Aber unſer 60jähriger Liebhaber läßt ſich nicht irre machen, reitet ſtracks nach Ferrar, wo er vom Herzoge freund-
lichſt empfangen wird und hinwieder „zur frölichen Ankunft" dem
Sone des Herzogs „eine fürſtenmäßige Vererung" (nobles Prä-
ſent) macht.

In den erſten acht Tagen, die Graf Laſſel zu Ferrar
„zur Erkundigung der Aemilia, ſeiner Braut, Herz und Gemüt" anwendete, gab es ein Mißverſtändniß erſten Ranges,
und zwar das erſte und folgenreichſte unſerer Geſchichte. Signora
Lucretia hatte nemlich in dem Definitiv-Heiratsbrief u. a.
die Aenderung (gegen die Haager Capitulation) einfließen
laſſen, „daß der Herr Graf auf immer und ewig" (semper
et in perpetuum) das Heiratsgut der Tochter und ſeine
Widerlage in Italien belaſſen werde. Der Graf wei-
gerte ſich, dieſen Paſſus zu unterzeichnen, erbot ſich jedoch „aus
adelicher Libertät", auf das Heiratsgut der Signora Aemilia
gänzlich zu verzichten und ſie „in einem Hemd allein"
zu nemen.

Der Herzog, welcher zugegen war, nam den Grafen
ſogleich beim Wort, ließ Papier, Feber und Tinte holen
und änderte den Eingang des Vertrags dahin: „Erſtlich iſt
der Herr Graf Ladislaus zufrieden, der Signora Aemilia ihr Heiratsgut, die 10,000 Kronen, welche ir ire
Mutter Signora Lucretia geben ſoll, frei zu laſſen, in
der Weiſe, daß ſie und ire Mutter darüber zu verfügen haben
ſollen. — Dagegen verpflichtet ſich Graf Laſſel die Widerlage von 10,000 Kronen in vier Jaresfriſten durch die Herren Fugger von Augsburg in Benedig bar erlegen
zu laſſen." Hierauf beſchied der Herzog die beiden Brüder
der Aemilia, Hercules und Aeneas de Piis, zu ſich,
und ſo wurde in Gegenwart von vier Zeugen die Capitulation

von den beiden Brautleuten zuerst und darauf von den Zeu=
gen selbst unterzeichnet. Dieß gescha am Abend Maria Ver=
kündigung 1555 in einem Saale des Hauses der Signora Lu=
cretia, ungefär um 12 Ur Mitternacht.

Es liegt offen am Tag, daß hier der deutsche Graf von
seiner italienischen Verwandtschaft betrogen worden war, und
zwar get aus den späteren Verhandlungen so viel s i c h e r her=
vor, daß die Familie de Piis nie ernstlich im Sinne ge=
h a b t hatte, der Signora Aemilia ein H e i r a t g u t mit=
z u g e b e n, sondern daß sie vielmer auf das Geld und die
Schäze des 60järigen Bräutigams aus Deutschland spekulirte
und vor Allem darauf verharrte, ihn im Lande festzuhalten.
Was aber Graf Lazla betrifft, so beweisen alle seine Reden
und Handlungen und bestätigen es: daß es ihm zunächst um
eine junge F r a u und um N a c h k o m m e n und gewiß erst
in zweiter Linie um ein Heiratgut zu tun war.

Hundius meint zwar, Graf Lassel habe die 15,000
Kronen vielleicht nicht auftreiben können; dieß ist nicht war=
scheinlich, da der Graf, wie wir wissen, um fast eben so viel
Geld sich zwei Jare darauf aus dem Gefängnisse zu München
löste, und da auf jeden Fall die erste Jaresrate mit 2500
Kronen in Venedig durch die F u g g e r sogleich wäre bezalt worden.
Außerdem fürte der Graf so viel an Schmuck und Edelsteinen
mit sich, daß er gewiß one Anstand einige tausend Kronen
hätte bezalen können.

Nicht Mangel an Geld möchte also zunächst die bis jezt
ungeklärte U r s a c h e des Zerwürfnisses gewesen sein, sondern,
wie der Verlauf der Geschichte andeutet, der Widerwille des
Grafen, sich dem Geize und den Intriguen seiner Schwieger=
mama zu opfern, welche warscheinlich bald nach der Hochzeit
in einem tête-à-tête sich gegenseitig Lust zu machen Gelegen=

heit gefunden haben mochten. — Sei dem, wie ihm wolle —
Graf Laßla hielt den Tag nach der obenerwänten mitter=
nächtigen Capitulation förmliche und wirkliche Hoch=
zeit. Im Palaste des Herzogs war die Trauung und wur=
den von dem Cardinal die Ringe gewechselt. „Dieselbig Nacht
ist der Herr Graf one alle fernere Einred und Instrument
(b. h. Heuratsbrief) beigelegen und die heilige Ehe solcher
Weise vollzogen.“ —

Wie ser es dem Herzoge Herkules von Ferrar daran
gelegen war, unseren guten Grafen Laßla bei sich zu ver=
halten, eröffnete sich ihm gleich den andern Tag nach der
Hochzeit. Es erschienen bei ihm die schon genannten Conte de
Thenna und der Hauptmann Julio de Ratta, entboten ihm
des Herzogs Gruß und Gnade, und gleichwie ir Herr an dem
Grafen ein sonderliches angenemes Gefallen habe, so wolle er
ihm auch die größte Ere antun, die er nur einem gewären
könne — nemlich er wolle ihn in sein Geschlecht auf=
nemen, ihm das Wappen des Hauses Este zu dem seinigen
verleihen, ihn zu seinem obristen Hauptmann machen und ihm
die Grafschaft Scandiano, deren Graf und Herr der Jezte
seiner Familie und wegen Wansinnes im Gefängniß sei, um
ein Gebürliches zu Lehen geben. Die Gesandten des Herzogs
suchten den Grafen zu bewegen, diese Gnaden anzunemen, und
erboten sich, die bereits ausgefertigte Urkunde sammt dem in
Mitte des Briefes gemalten Wappen ihm sofort zu übergeben.

„Damit vermeinten sie (sagt der Bericht), da der Graf
nunmer beigeschlafen, würde er ob seiner Liebe und dieser
Gnaden nicht mer auf den Heuratsbrief achten, wie der gestellt
sei, und sie ihn nach iren Gefallen ändern können.“

Graf Laßla aber dachte anders, lente die Gnade ab mit
diesen und änlichen Worten: Es stehe ihm als einem Vasallen

des heil. röm. Reiches nicht zu, dergleichen Verträge und
Handlungen anzunemen, es würde ihm bei der kaiserlichen Ma-
jestät viel Gefärlichkeit und Verdacht daraus erwachsen, in
Ansehung, daß der Herzog mit der Krone Frankreich in
Bündniß stehe, und daß er, Graf Laßla, nicht wieder in Dienst
des Reichsfeindes treten wolle. Somit lasse er diese Sache beruhen.

Wie vermutet, war der Grund dieser Gnaden-Anerbie-
tungen aber ein anderer, nemlich der, den Grafen werlos zu
machen. Wirklich rückten die Ferraresischen nun mit einer bei
der Hand habenden neuen Capitulation heraus und baten den
Grafen, sie durch Unterschrift zu vollziehen. In diesem Briefe
war mit Worten geschrieben: Der Herr Graf habe das Heu-
ratsgut seiner Gemalin bereits empfangen und quittire
darüber.

Graf Lassel wies solches Zumuten zurück. Es wurde
hin und her geschickt und gehandelt — aber Frau Lucretia
wollte nicht nachgeben „in Ansehung und Dafürhalten, der
Herr Graf werde, nachdem er eine herzlich große Liebe zu der
Gräfin Aemilia habe, und der Lezte seines Geschlechts
wäre, sich zur Gewinnung von Nachkommen in Allem erbötig zeigen.“

Auf solches ließ Graf Laßla (damit er seiner liebsten
Gemal und andern iren Freunden Trost und Erkennung täte)
in einem Zimmer des Palastes auf eine lange Tafel fünf-
undzwanzigtausend Dukaten frei aufschütten und
auf einer anderen Tafel seine kostbaren Kleinode, Ketten
und Silbergeschirre auslegen, darauf forderte er seine
Gemalin, deren Schwestern und Brüder, und was vom Adel
im Hause war, auf, hereinzutreten, zeigte inen solches Geld
und Kleinode und redete im Beisein Aller die Signora
Aemilia mit diesen Worten (in welscher Sprache) an:

6*

„Schauet, meine herzliebe Aemilia, ich bin nicht gekommen von Gelds und Gutes wegen, sondern für Ere und
Freundschaft, aber Eure Mutter, meine Schwieger, die gebraucht
allen Vorteil gegen mich und kann ich nicht anders denken,
als es sei ir allein um das Gut zu tun; so bin ich
aber bereit, Euch Alles zu erweisen, was ich von Recht und
Billigkeit wegen zu tun schuldig bin, daran sollt Ihr keinen
Mangel finden. Bittet Gott, daß wir beide mit einander
Kinder erwerben und in Lieb' und Freuden zusammenwonen,
dann ich Euch lieber habe, als alle Schäze auf Erden!“

Aus diesen treuherzigen Worten und der Noblesse, mit
welcher Laßla diese Sache zu behandeln wußte, spricht der
erliche deutsche Edelmann. Bei den Welschen aber brachte
dieß Alles, wie es scheint, keine andere Wirkung hervor, als
die Begierde, auf jede Weise des Grafen Schäze, Geld und
Gut sich anzueignen. —

Die Geschichte beginnt nun etwas verwickelt zu werden.
Des Grafen Freunde warnten ihn wiederholt vor der Falsch-
heit der Welschen. Es mag daher auch Graf Laßla von
etwas übermäßiger Sorge um seine Sicherheit und sein
Leben in dem fremden Lande befallen worden sein, wenigstens
ist der nachfolgende Vorfall nicht erhaben über allen Verdacht,
daß man den guten deutschen Grafen auf „gute Manier habe
sterben lassen wollen“.

——— ·· ——— —

Lassen wir den Leser selbst urteilen, indem wir die Daten
wiedergeben, welche die, wenige Tage nach dem Ereigniß ein-
geleitete Untersuchung durch den edlen und hochgelerten, beider

Rechte Doctor und Podesta (Bürgermeister) zu Ferrar, Bartolomeo Mirolio, als sicher hinstellen lassen mußte:

Donnerstag den 7. März 1555, wenige Tage nach der erwänten Geldschau, saß der Graf mit seiner liebsten Gemalin und etlichen seiner Deutschen vom Adel und anderen welschen Herren beim Morgenmal in der Signora Lucretia, seiner Schwieger, Haus. Es waren 14 bis 15 Personen beiden Geschlechtes. Unter anderen Gerichten, welche aufgetragen wurden, befand sich eine Schüssel mit einer Art Käs-Suppe (una scatola con manestra di lasagne), welche dem Grafen von einem Diener des Hauses, Namens Jakob, vorgesezt wurde. Diese Schüssel war majolisch und die einzige farbige auf dem Tische. — Gleich, und ehevor der Graf davon genossen, nam die Schwester seiner Gemalin, Signora Margarita, diese Schüssel weg, und stellte sie aus sonderlicher Neigung gegen den jungen Freiherrn, den von Frauenhofen, diesem vor, sagend, es stünden zu viel Schüsseln um den Grafen. Als gemeldeter Jakob dieß wargenommen, hat er one Verzug diese farbige Schüssel dem Freiherrn weggenommen und zum zweitenmale dem Grafen vorgesezt. Darauf dieser dann angefangen zu essen, etliche Löffel voll herausgenommen und sei ihm zwischen den Zänen entstanden, als ob er Sand esse. — Darauf habe er seinen Nachbar, einen Doctor, angesehen, auch mit dem Löffel nochmals hineingestiert, dabei auf dem Boden ein weißes Pulver gefunden. Der Doctor sagte es der Signora Lucretia, welche das Pulver für Asche erklärte. Den Grafen befiel plözlich ein Argwon — er verlangte denjenigen zu sehen, der ihm die Schüssel aufgesezt, darauf die Signora Lucretia den Jakob gerufen und ihn darum gefragt — „da ist der Jakob erblichen und ganz weiß geworden."

Graf Laßla verlangte nun von Jakob, er solle die Schüssel ausessen; als dieser sie aber hinaustragen wollte, ist der Graf aufgestanden, hat ihm einen Löffel voll von der manestra ins Maul geschoben und befolen, er solle schlucken. Keiner der Zeugen konnte aber angeben, ob Jakob die Speise hinuntergeschlungen, denn er lief sogleich zur Türe hinaus. Bald darauf trafen ihn zwei der Zeugen in einer Straße, verkleidet in einem deutschen Rock und in größter Eile und Verstörung an ihnen vorüberfliehend.

Nach diesem Vorfall stand Graf Lassel von der Tafel sogleich auf und, indem er laut sagte: „Wann solches in meiner Grafschaft passieren sollte, so wollte ich den Krebenzier verhaften und peinlich fragen (foltern) lassen!" ging er mit mereren seiner Edelleute auf sein Zimmer, verlangte auch die verdächtige Schüssel mitzunemen, was aber von der Signora Lucretia ernstlich verweigert und die farbige Schüssel mit einer weißen zugedeckt, darüber ein Tuch gewunden und dieses mit der Lucretia Petschaft versiegelt worden.

Im Laufe der Untersuchung gab ein Apotheker zu Protokoll, „er habe die manestra geprobt, auch einem Hund davon vorgesezt, dem es gar nichts geschadet. Diese Aussage ist die einzige, welche gegen den Verdacht eines Vergiftungsversuches vorliegt. —

Folgen wir nun dem armen Grafen auf sein Zimmer. Ein halbes Duzend welscher Aerzte hatte sich rasch nach einander eingefunden. Diese gaben ihm Brechmittel ein, und als diese gewirkt hatten und der Graf über brennenden Schmerz vom Halse bis zum Magen heftig klagte, schüttete man Milch ein, worauf sich der Patient nochmals heftig übergab. Die Signora Lucretia hatte ihm „terram sigillatam, ein gewiß und kräftig Einnemen wider Gift", zugeschickt. Der

Graf fiel bald darauf in einen Schlaf und klagte anderen
Tages und längere Zeit noch über das Brennen im Schlunde
und Magen. Ob das vom fraglichen Gifte oder vielleicht von
den Gegenmitteln herrürte, ist nicht entschieden, und müssen
wir zur Vervollständigung des Ganzen nur noch die Aussage
des Koches beifügen, welcher erklärte, er habe sonst alle
Schüsseln selbst hergerichtet, an dem Tage aber habe sich sein
Freund Jakob so ser um die Sache angenommen, daß er
ihm überließ, die manestra anzurichten. —

Da sich die Kunde einer Vergiftung an dem deutschen
Grafen rasch durch die Stadt verbreitet hatte, sah sich der
Herzog genötigt, noch am selben Tage einen Steckbrief gegen
den geflohenen Jakob öffentlich zu erlassen. —

Das ist die urkundliche Geschichte des „Vergiftungs=Ver=
suches", über welchen wir nun dem Leser sein eigenes Urteil
lassen, indem wir zum ferneren Verlaufe des Schicksales
unseres armen Grafen übergehen. —

Frau Lucretia, die böse Schwieger, nam diesen Vor=
fall am übelsten auf. Sie fürchtete wol, wie der Bericht sagt,
wenn der Herr Graf mit seiner Gemalin aus dem Land zöge,
so möchte er dort ernstlich etwas gegen sie vornemen, was
der ganzen Freundschaft zu Spott und Schande gereichen
könnte, und da sie weiter erfaren, daß sie in Betreff des Heu=
ratsbriefes den Grafen nicht auf andere Wege ihres Gelü=
stens bringen möchte, entschloß sie sich zu einem (echt=italieni=
schen) Gewaltstreich und Rache. Am Tage nach der Ge=
nesung des Grafen (es war gerade der 40ste Tag nach der
Hochzeit!) trat sie unvermutet in das Ehegemach desselben,
ergriff ire Tochter, und indem sie sagte, sie sehe wol ein, sie
könne die Signora Aemilia einem solchen Barbaren, wie er
sei, nicht anvertrauen, fürte sie, nicht one Widerstreben,

dieselbe an der Hand zur Türe hinaus, versperrte sie
sogleich in ein Gemach, und brachte sie von dort, nächtlicher Weile,
durch ein kleines Hintertürlein des Gartens aus dem Palast,
schob sie in eine bereit stehende Kutsche, und — fort mit ir
in das Kloster der Barfüßerinen zu St. Bernhard in
der Stadt Ferrar. —

––––––––

Der verlassene Ehegemal, Graf Lassel, ließ sich diesen
Frauen-Raub, wie leicht denkbar, nicht geraden Wegs gefallen.
Im ersten Augenblicke dachte er, Gewalt mit Gewalt zu vergelten, aber seine Freunde, unter diesen auch der Conte di
Thenna, widerrieten ihm solches auf das nachdrücklichste,
„er sei in einem fremden Lande, wolle er etwas mit Gewalt
wagen, so würden die Welschen sich zusammenrottiren und er
sammt allen Deutschen ires Lebens in Gefar sein; der Graf
solle gütliche Mittel suchen, wieder zu seinem Weibe zu
kommen" u. s. w.

Graf Laßla ließ sich erweichen, eilte zum Herzog, stellte
ihm diese Schmach und Schande nebst allen Folgen zu Gemüt,
bewirkte aber nichts weiter als den Beschluß: Er, der Herzog,
könne ihm sein Gemal außerhalb Rechtens (one Prozeß) nicht
restituiren lassen! — Ist also, sagt der Bericht, so viel und
in Warheit das gewesen, daß dem Herrn Grafen das Recht
ist verweigert worden.

Dem Grafen blieb nun nichts mer übrig, als gegen diese
Gewalttat in Form allen Rechtens vor dem Podesta und No-
taren, in Gegenwart vieler Zeugen, in dem bischöflichen Palaste zu Ferrar, zu protestiren. Dabei blieb's denn auch

bis auf Weiteres; ſelbſt des Grafen Bitte und Vorſtellung
an den Herzog, man möge ihm ſeine Gemalin nicht länger
vorenthalten, er ſei ja der lezte ſeines Geſchlechtes, bei Jaren
und deßhalb periculum in mora, blieb one andere Folge,
als daß der Herzog dem Grafen ſagen ließ, „er müſſe mor=
gen auf ſechs Wochen nach Rom verreiſen, nach ſeiner Zu=
rückkunft werde der Sache Beſcheid werden“. —

Indeß war dem armen Grafen eine neue Herzenskrän=
kung zugedacht. Bevor nemlich der herzogliche Spruch erſchie=
nen war, kam eines Tages (in der ſechſten Woche nach der
Entfürung) ein Mann, wie ſich herausſtellte, der Gärtner des
Kloſters St. Bernhard, zu dem Grafen, ihn auf's Höchſte
erſuchend und bittend, er möge, ſobald er könne, in beſagtes
Kloſter kommen, Frau Aemilia habe etwas ſer genöti=
ges und belangreiches (de importanza) mit ihm zu ſprechen.
In höchſter Freude (denn er hoffte, Frau Aemilia werde ihm
nun offenbaren, wie ſie mit Gewalt in's Kloſter gezwungen
worden ſei und ihn um Erlöſung bitten) nam er drei vertraute
Edelleute zu ſich und ging eilenden Schrittes in das Kloſter,
wo er die Frau Aemilia, in Gegenwart zweier Nonnen, gleich=
falls im Nonnen=Gewande, antraf. „Sie aber hat aus irem
eigenen Munde ganz unverſchämter Weiſe mit Unwarheit und
vergeſſend ires adeligen Standes und weiblicher Eren, den
Grafen angeſchrieen: Sie hab' gehört, er ſolle ſeiner vorige
Ehefrau mit Gift vergeben und ſie umgebracht haben,
er ſei ein lutheriſcher Kezer, habe auch ir vergeben
wollen und ſei Willens geweſen, wann er ſie in ſeine Graf=
ſchaft gebracht hätte, zu einem andern Glauben zu zwingen
und zu betrügen. — Darauf der Herr Graf mit großem
Entſezen, in ſeines Herzens Betrübniß ſie zum höchſten
gebeten, ſie ſolle doch ſolches nicht glauben, es ſei in alle

Ewigkeit nicht war! — worauf sie truzlich und schnell
geantwortet: der Herr Graf solle wissen und für gewiß hal=
ten, daß er sie nimmer haben werde, sie habe auch
nicht mit Herzen und Gemüt, sondern allein dem Herzog und
irer Mutter zu lieb aus Respekt und aus bloßer Furcht in
diese Heurat gewilligt, das wolle sie mit einem Eide
beteuern. — Darauf der Graf wieder geantwortet: Auch
Ihr, Signora, wißt, daß ich der lezte meines Namens
und Stammes bin, ich hab' Euch, Gott ist mein Zeug',
zu einem Ehegemal genommen, daß ich mit Euch hause in
Hoffnung Kinder zu erwerben, und Ihr gedenkt mich also
schändlich zu verlassen?! — Da hat die Signora Aemilia
wieder geantwortet: Herr Graf, ehe ich sollte und müßte
wieder zu Euch kommen, eher wollt' ich mich hundertmal um=
bringen — get und nemt Euch ein anderes Weib, ich will
Euch daran nicht verhindern." —

Noch ein weiterer Versuch, welchen Graf Laßla auf
Anraten des Cardinals von Ferrar, in Begleitung mererer
notabler Herren, als: des Domherrn von Trient, Bartlme
Botsch, gedachten Cardinals Kämmerling, Karl Grottan,
b. R. Doctor, Dionis Rost, des Cardinals Rat, und Signor
Stefan de Masto, vice-vicario und Oheim der Aemilia,
machte — endete gleichfalls mit einer Abweisung.

Als der Graf sah, daß nichts mer zu helfen sei, wollte
er wenigstens die Schmach nicht auch mitnemen, als sei das
Gerücht, welches in der Stadt verbreitet worden war, der
Graf habe seine erste Gemalin vergiftet und dieß auch bei
der zweiten vorgehabt — man siet hier, wie rasch, im Ver=
lauf weniger Wochen, Tatsachen erfunden und umgedreht wer=
den, wie sollten wir nach Jarhunderten noch sicher sein vor
solchen Taüschungen?! — als sei dieses Gerücht begründet.

Als deutscher Edelmann „des lieben Vaterlandes und ganzer teutscher Nation zu Ehren" ließ er im Geiste seiner Zeit Kampfbriefe drucken, inhalt welcher er Jedem mit den Waffen in der Hand „die unwarhaftige, erdichtete Arglist" beweisen wolle. Fürstliche, hochverständige und gelerte Personen rieten ihm aber dieß Vorhaben ab mit diesem Grunde, „wenn er im Kampf unterläge, was bei Wag der Waffen möglich, so würde dadurch das, wessen man ihn bezüchtigt, um so eher Glauben finden".

Der Graf ritt nach Mantua und hielt sich dort, damit man nicht sagen könne, er sei aus Italien geflohen, mit großer Pracht und Kosten ein ganzes Jar auf, verfiel daselbst in eine lebensgefärliche Krankheit und wurde „nur aus göttlicher Erbarmung" gerettet. — Von dort zog Graf Lazla nach Rofreit (Roveredo) und von da nach Trient.

Als der Graf von Trient abzureisen eben im Begriffe war, stellte sich ihm ein welscher Edelmann, Camillo Pilato, vor und erbot sich seiner guten Dienste in der Sache mit dem Hinzufügen, er sei ein alter Diener des Hauses zu Ferrara, besitze großen Einfluß daselbst und werde die Sache ganz gewiß bereinigen. Graf Lassel, obwol etwas mißtrauisch, wollte doch diese sich ihm aufdringende Gelegenheit zu einem lezten Versuche nicht ganz verwerfen, beanstragte also den Pilato in der Sache und ritt von Stund an weiter gen Bozen, wo er Anfangs Januar im Gasthause „zum goldenen Adler" ankam und dort vier Wochen in Herberge blieb, um die Botschaft des Pilato zu erwarten.

Mittlerweile sollte dem Grafen vor seiner Heimker noch ein erhebliches Hinderniß in den Weg gelegt werden. Am 12. Februar kerten zu Trient im Wirtshause „zum Schwert" sieben Welsche ein, welche sich für Mailänder ausgaben,

von dem Wirt aber irer Sprache nach als Ferrareser erkannt wurden. Sie fragten und sprachen viel von dem deutschen Grafen zum Haag, der itzt in Bozen Herberg halte,
so daß der Wirt Argwon schöpfte und äußerte: „Ihr Herren
get gewiß mit Gauklerei um und denkt darauf, den Grafen
umzubringen.“ — Die Welschen schieden des andern Morgens
aus Trient mit dem Versprechen, bald wieder zu kommen. —
Am 15. Februar zu Mittag kamen zwei Welsche (in grauen
Mänteln mit Panzern, Reiterstiefeln und Sporen) auf der
Post aus Italien geritten vor das Gasthaus „zum goldenen
Adler“ in Bozen, begerten sogleich zu wissen, ob der deutsche
Herr Graf noch da wone, forderten auch auf Bejahung Herberge. Der Gastwirt war argwönisch, um so mer, als sie
der Wirtin heimlich eine geladene Büchse zustecken wollten,
selbe bei Seite zu stellen und aufzuheben, schlug ihnen also
das Quartier ab und hieß sie weiter gehen — sie gingen aber
nicht, sondern sagten, sie hätten den Auftrag, für einen Braut-
wagen vier Hengste zu kaufen, hätten auch gehört, daß der
deutsche Graf schöne Rosse habe, die bäten sie zu sehen. Indem nun zufällig Graf Laßla über die Treppe herabkam,
hörte er ir Begeren, und als ein freundlicher Herr redete er
zu ihnen, er habe zwar keine Rosse feil, so sie aber Gefallen
hätten, seinen Marstall zu sehen, wollt' er ihn ihnen zeigen.
Ging darauf mit den Welschen in den Stall, welche vorerst
des Herrn Grafen Tiegerthier, so er zu einer Lust mit
sich fürte, in dem Stall genugsam betrachtet, dann aber mit
Fragen so nahe an den Grafen rückten, daß ihn eine Angst
ankam, denn er erinnerte sich, daß kurz vorher zu Padua ein
Deutscher, Namens Gaismair, beim Roßkaufen im Stall
übel ermordet worden sei, verließ also urstracks den Stall
und ließ die Welschen stehen, welche ihm nachriefen, sie wollten

Nachmittags wieder kommen. Sie kamen auch wieder, angeblich, um mit dem Grafen wegen zweier schwarzer Hengste, so ihnen gefallen, zu handeln, der Graf aber ließ ihnen durch seinen Diener Johann von Göll sagen, die Roß seien ihm nit feil, wollten sie aber 200 Kronen darum geben, so sollten sie sie haben. Als die Welschen darauf drangen, mit dem Herrn Grafen persönlich zu sprechen, ließ er ihnen sagen, er sei kein Roßhändler, meine auch ir Vorhaben wol zu erraten. — Der Graf ging von Stund' an zu seinem Freunde, dem Freiherrn von Böls und Colonna, ihn um Rat zu fragen, was er in dieser verdächtigen Sache thun solle, worauf ihm der Freiherr geantwortet, er hab' füglichen Grund, sie (die beiden Welschen) „fänglich annemen" zu lassen. — Als aber Herr Graf zurückgekommen, meldet' ihm der Wirt, die beiden Welschen seien mit Hinterlassung irer Büchse und one Bezalung der Zeche verschwunden.

Am selben Tage (14. Februar 1566) bekam der Graf Laßla Briefe aus Trient, worin man sich um sein Wol= sein erkundigte, mit dem Bedeuten, es sei seit zwei Tagen das gemein' Geschrei (allgemeines Gerücht), der Herr Graf wäre in seiner Herberg erschossen worden. Es dürfte also kaum mer bezweifelt werden, daß ein Meuchelmord an dem deutschen Grafen beabsichtigt gewesen war.

Wenige Wochen darauf kam Camillo Pilato aus Fer= rar zurück, dem Grafen Bericht zu erstatten. Er hatte den Herzog, Signora Lucretia und Signora Aemilia gespro= chen, „sie alle hätten ein tief Bedauern in dieser Sache und hofften zu Gott auf Besserung."

Mit diesem Hofbescheid schied Graf Laßla nebst den Wenigen, die noch bei ihm verblieben waren, und mit dem

Wenigen, was er aus dieser zweijärigen kostspieligen Braut=
fart gerettet hatte, aus Bozen und ritt heim nach Haag.

Dort fand er, wie schon oben gemeldet, die Vorladung
nach München, deren Willfarung er mit langer Haft und
25,000 Taler büßte. —

Die Hoffnung auf eine endliche Vereinigung seiner ferraresischen Ehe=Sache schwand immer mer — der Papst wollte
die Dispens nicht erteilen und die „Braut Gottes“ nicht mer
aus dem Kloster lassen. — —

So welkte der arme alte Graf mit gebrochenem Herzen
auf seinem Schlosse zu Haag — und seine schöne junge Frau
in dem Kloster des St. Bernhardin zu Ferrara langsam
ab — „und hätte doch, nach menschlicher Einsicht zu urteilen,
nur wenig gefelt, um zwei Menschen glücklich
zu machen“.

Vielleicht blüte der alte Stamm der Grafen von Haag
noch heutzutage, wäre die von Laßla so heiß ersente Ehe
fortgesezt worden — vielleicht aber wäre es dem Grafen dennoch vorbehalten gewesen, troz seiner Aemilia als der lezte
seines Namens und Stammes zu sterben, wie es denn
auch in Wirklichkeit geschehen ist, und wie uns seine kurze,
aber sinnreiche Grabschrift zu Kirchdorf beweist, die zu deutsch
lautet:

„Dem erlauchten Grafen Ladislaus von Hag, seines
„Stammes und Namens dem Lezten, der zu Hause
„und im Kriege die verschiedensten Taten immer mit gleichem
„Lobe vollbracht, der aus zweien, beiden unglücklichen
„Ehen keinen Sprossen hinterließ, zulezt aber selbst dem
„Schicksale alles Sterblichen anheimfiel. Er lebte LXXI Jare
„und starb am lezten August MDLXVI.

„Dessen leiblicher Schwester (Marimiliana) und seinem „Schwager hat Joachim Graf von Ortenburg dieß Denkmal gesezt."

***

7. Der Tod ist weitaus den meisten Menschen ein unwillkommener, häßlicher Geselle, und doch ist er die einzige Möglichkeit des Lebens und die Basis aller Geschichte; Groß und Klein, Hoch und Nieder, Arm und Reich arbeiten ihm in die Hände, indem sie ihn fliehen.

Niemand kommt mit dem Tod, d. h. mit seinen Opfern, mer und häufiger zusammen, als der Historiker, insbesondere aber der, welcher sich mit der Geschichte der adeligen Geschlechter befaßt — da ist Alles — nahezu Alles — todt!

Je älter ein Geschlecht, desto mer hat es Opfer geliefert, und es gibt keinen anderen Weg, zum Rum eines alten Hauses zu gelangen, als den über die Leichen seiner Voreltern, — ja jedes lebende Glied einer Familie muß sich mit dem tröstlichen Gedanken abfinden, daß es dazu bestimmt sei, dereinst durch sein eigenes Abtreten die Zal und Reie dieser Anen zu vermeren.

Wie kurz nimmt sich in den Stammtafeln der Geschlechter die Angabe des Geburts- und Todesjares eines Mannes aus, — oft das einzige, was wir außer seinem Namen von ihm wissen — und wie lange mag ihm, dem hier so kurz Abgefertigten, sein Leben gewesen sein, welche Pläne, welche Sorgen, welche Kämpfe mag er gehegt und überstanden haben.

Wir wollen ein tatenfrisches Leben auch da noch annemen, wo uns die Urkunden und Chroniken nichts davon zu

berichten wissen, denn wir dürfen nicht vergessen, daß dem Gebote der Natur und den Erfarungen der Geschichte nach,
nicht Jedem gegönnt sein kann, Außergewönliches zu leisten.

Die vielzitirten Worte unseres Dichters

"Er lebte, nam ein Weib und starb"

sind vielfach zu billigen Wizen mißbraucht worden, und doch
ist es nicht nur ein christlich=religiöser, sondern auch ein ganz
aus dem Leben gegriffener praktischer Ausspruch

"Viele sind berufen, aber wenige sind auserwält."

Es ist ebenso ungerecht, vom Adel und seinen Sönen zu
verlangen, daß er sich durch hervorragende Taten auszeichne,
so lange dem Adel nicht zugleich prinzipiell und andauernd zu
solchen Taten die Gelegenheit geboten wird, als es unbillig ist
zu fordern, daß alle Taten des Adels in dem großen Buche
der Geschichte eingetragen zu lesen sein müßten.

Wenn die Familiengeschichten uns von diesem oder jenem
Edelmann erzälen, er habe "wol gehaust", so gilt das gewiß
für ein Lob, das durch manche Kriegstat nicht aufgewogen
wird, ganz abgesehen davon, daß dem Adel in frürern Zeiten
zu lezteren ungleich mer Gelegenheit geboten war, als zu ersterem, zur Geltendmachung häuslicher Tugenden.

Die alten Urkunden und Chroniken erzälen uns aber auch
mitunter Taten, die besser nicht getan worden wären und
die man doch der Aufzeichnung wert gehalten, vielleicht weil
sie überhaupt als eine Ausartung des Menschlichen und eine
Schickung und Strafe Gottes angesehen, vielleicht aber auch
nur, weil sie von Leuten adelichen Namens und Stammes ver-
übt worden sind.

"Es hat sich", sagt der oftberürte Wiguleus Hundt,
"bei ein oder anderm Geschlecht zu Zeiten etwas Ungleiches und Ungebürliches zugetragen, das man mit Still-

schweigen (um der Gerechtigkeit und Unparteilichkeit willen)
nit ganz umgehen mögen; dadurch ist aber eine ganze Freundschaft bei Verständigen mit nichten geschmät und geringer geachtet, denn wer, nach gemeinem Sprichwort, mit Verlaub zu
sagen, Huren und Buben in seinem Geschlecht nit hat, der
mag den Reim zu Nürnberg abwischen!"

Der Antiquarius glaubt seinerseits, daß die Rücksichten,
welche die Courtoisie von einem Historiker verlangt, billig
kaum weiter erstreckt werden sollen und dürfen, als auf die
mögliche Umgehung oder Verschweigung dessen, was noch
lebende Glieder einer Familie „Ungleiches und Ungebürliches" zu Tage gefördert, nicht aber so weit, daß es ihm nicht
erlaubt sein sollte, dergleichen urkundlich überlieferte Odiosa
von solchen Persönlichkeiten zu erzälen, welche durch iren Tod
der Geschichte angehören.

Der Tod egalisirt vollständig und one alle Rücksichten. Die Geschichte erzält das Geschehene, so weit es auf-
zeichnungswürdig erachtet wurde, ebenfalls one alle Rücksichten,
und ist lediglich der Zeitpunkt verschieden, an dem sie mit
iren Warheiten hervortritt. Wer sich mit der historischen
Forschung kritisch beschäftigt, für den lüften sich one alle Rücksicht die Schleier der Verborgenheit — denn das geschriebene
Wort ist der Todfeind aller Geheimnisse.

Hätte, um nur ein Beispiel als Beweis unserer Behauptung anzufüren, hätte der hochgeborne Graf Siboto von Falkenstein — seiner Zeit, um die Mitte des XII. Jarhunderts,
der angesehenste und mächtigste Dinast im bayerischen Ober-
lande, der Stifter und Woltäter des Klosters Weiern bei
Miesbach, dessen Salbuch ein ganzes Heer von leibeigenen
Dienst- und Vogtleuten aufweist, hätte der Graf Siboto
nur geant, daß einige flüchtige Zeilen, die er aus seiner Burg

7

Habemarsberg (unweit Prien am Kiemsee) an seinen Ministerialen, Otto von Merkenstein, mit heimlichen Boten sendete, je vor die Augen der Welt kommen würden, er hätte sie gewiß nicht geschrieben, vielleicht den Gedanken daran in seiner Seele verborgen gehalten.

Daß er dies nicht gethan, beweist der uns noch erhaltene Brief, dessen Inhalt, wie warscheinlich, zu einer Tat fürte, die weder dem Auftraggeber, noch dem Vollzieer Ere macht.

„Gruß und alles Gute, was man einem Freunde gönnt und beut!" schreibt Graf Siboto. „Diesen Auftrag erlassen wir im Geheimen. Wenn Ihr ihn erfüllt, so will ich tun, was Euer Herz begert. Den Rudolf von Piesing, meinen Feind, wenn Ihr ihn niederschlagt, so will ich Euch das Gut überlassen, welches am Einflusse des Panzenbaches in den Piesing liegt. Wird dieß mein Geheiß noch vor dem Feste des heiligen Michael vollzogen, so ist Euch Alles gewiß, was ich hier versprochen, doch bin ich auch zufrieden, wenn Er nur seiner Augen beraubt wird. Sollte aber keines von beiden ausgefürt werden können, so bitte ich Euch, daß es gleichsam in Euerem Herzen begraben liege!"

Der Antiquarius überläßt es dem Leser, sich die gehörige Bezeichnung für diesen gräflichen Auftrag zu formiren, dessen Sinn und Wort nach mer als 700 Jaren noch klar vorliegt, als ein merkwürdiges Zusammentreffen aber muß er hier noch die Tatsache berichten, daß etwas mer denn hundert Jare nach dem Datum obigen Briefes der Enkel dieses Siboto, wieder ein Siboto, der Lezte seines Geschlechtes, auf der Stammburg Falkenstein am Inn von einem seiner Ministerialen, Otto von Brannenburg, im

Babe überfallen und erstochen wurde. Es gescha dieß am 7. Oktober 1272. —

————————

Der Tod fordert unter mancherlei Gestalten seine Opfer. Das reguläre Sterben ist in allen Croniken mit einem Worte abgetan, der ungewönliche Tod allein ist es, welcher mit mer Umständen erzält zu werden pflegt.

Auch in den Geschichten des bayerischen Adels finden wir abnorme Todesarten hin und wieder aufgezeichnet und es soll hier aus dieser Todten-Cronik einiges berichtet werden.

Der plözliche, gewaltsame Tod durch die sogenannte Hand der Gerechtigkeit hat unter dem Adel insgesammt, wie speziell unter dem altbayerischen schon zalreiche Opfer gefordert. Wir werden von diesen zulezt erzälen, für jezt aber von unglücklichen Zufällen, die das Leben endeten, ein Weniges berichten.

Vom Tode durch Ertrinken finden wir Exempla in zwei Freunden, Dietrich Teininger und Seifried Barcher, welche auf einer Fart über den Ammersee von einem Sturm überfallen im Jare 1303 — wir würden sagen, ein nasses Grab fanden, wenn nicht ire Leichen aufgefischt und im Kreuzgange des Klosters Diessen feierlich begraben worden wären.

Aus dem Geschlechte der Beham von Abensberg verunglückten die beiden Söne des Jakob Beham und der Susanna Poißlin, der eine, Wolf Jakob, indem er zu Düsseldorf in den Rhein fiel und ertrank, der andere, Ulrich, erstickte an einem Fisch 1575. Ein anderer Beham, Georg,

ist auf der Armada (Flotte) des Königs Philipp von Spanien, welche England demütigen sollte, als sie (1588) der
Sturm zerschellte, mit Hunderten seiner Genossen in die Tiefe
gegangen.

Auch von dem bekannten Geschlechte der Hundt zu
Lauterbach zollte ein Son, Wiguleus, der knabenweise, als
Studentlein, zu München „in der Gracenau bei der Hof-
bruck' ertrunken", dem Wasser-Gotte seinen Tribut am
27. August 1529.

Wenn die vorerzälten Fälle dem Unglücke bedauerlicher
Weise zuzurechnen sind, so ist dagegen der Tod Hans
Trautskircher's eine moralische Notwendigkeit gewesen,
wenn das Sprichwort war bleiben soll: „der Krug get so
lange zum Brunnen, bis er bricht."

Dieser Hans Trautskircher, der Lezte seines alten
Geschlechtes, das an der Donau oberhalb Abbach angesessen
gewesen war und ein mit einem Schwert abgefangenes halbes
Wildschwein im Schilde fürte, war seiner Zeit ein hochberüm-
ter Rittersmann, hatte sich auf den Zügen Kaiser Maximilian's I. gar wol gehalten, wie er denn einmal in einem
Zweikampf einen Welschen, so der Deutschen gespottet, herr-
lich überwunden und großes Lob erlangt — dieser Hans
Trautskircher war, als er alt geworden, „gar seltsam, hat
ungern bezalt und so viele Händel angefangen, daß man ihn
arg geschieen".

Unter seine Seltsamkeiten gehörte auch die Passion, unterhalb seines Schlosses Kapfenberg über die Donau
hinüber und wieder herüber zu schwimmen und zwar „allenthalben bei Tag und Nacht".

Es verstet sich von selbst, daß das Ab- und Zureden seiner frommen Hausfrau Luzia, vom Hause aus eine Zengerin,

bei diesem Sonderlinge nichts fruchtete. Dieser ist vielmer viele Jare lang „um gar geringer Ursach willen", oder besser one alle Ursache, in der Donau hin= und hergeschwommen, „bis er doch leztlich darin ersoffen". —

Auch der Feind des nassen Elements, das Feuer, ist der Freund des Todes.

Das Feuer, das vom Himmel kommt, hat, wie bereits (I. Bd. S. 133) erzält worden, den Lezten des Geschlechtes von Klammenstein erschlagen. Werner von Pienzenau, herzoglicher Pfleger zu Schongau, hat gleiches Los gehabt. Ihn traf der Blizstral, als er im Schlosse daselbst, am Abend des Peter= und Paultages 1456, am offenen Fenster stand.

Von Ulrich von Raitenbuch, Pfleger zu Velburg. berichtet die Cronik, daß ihm beim Brande des herzoglichen Pflegschlosses seine drei Kinder, Hans, German und Veronika, sämmerlich verbrannten.

Florian von Pappenheim ist durch eigene Unvorsicht im Schloß zu Pappenheim verunglückt 1565, indem er Pul= ver und Feuer zu nahe aneinanderbrachte.

Durch Sturz vom Pferde ist mancher Unfall in der Todten=Cronik verzeichnet worden.

Hans Georg von Pappenheim, ein Vetter des vor= genannten, „erfiel sich mit einem Gaul, den er im Trunk stark gerennt und gesprengt, nahe bei Dietfurt anno 1568".

Zunächst Freising, bei dem Kloster Neustift, war an der Landstraße eine Tafel angebracht, welche besagte, daß der woledlgeborne Herr Veit Adam von Schönstein auf Hilstatt, fürstlich neuburgischer Truchseß, am 21. Jänner 1631 alldort vom Pferd herab und todt gefallen.

Den weitesten Umweg zu diesem Tode machte jedoch sicherlich der Baron Ferdinand von Schurff, welcher, in

spanischen Kriegsdiensten stehend, auf Urlaub herausritt, um
seinen Bruder, den Gerichtsherrn in Wildenwart, nach
langen Jaren einmal wieder zu sehen. Er kam auch wirklich
wolbehalten durch Spanien, Frankreich und Deutschland bis
in die unmittelbare Näe seines Stammschlosses. Als er dessen
Türme sa, spornte er das Pferd zur Eile und wenige Minu-
nuten darauf stürzte er und endete bei dem Weiler Siggen-
ham, in den Armen seines Dieners, angesichts der langer-
senten Heimat am 5. Dezember 1616.

In der Kirche zu Prien ist er begraben und eine Tafel
meldet mit wenigen Worten seinen Tod. In derselben Kirche
liegt auch der lezte wirkliche Schurff — Freiherr Ferdinand † 1695, welcher in seinem Testamente seinen Neffen
Kristof Dismas Freiherrn von Thann zu Puechersried mit
der Bedingung zum Universalerben eingesezt hatte, daß er
Namen und Wappen der Schurff (ein goldenes Schureisen oder
Feuerstal in Blau) mit dem seinigen vereine.

Diese neuen Freiherrn von Schurff, genannt Thann,
sind mit dem Freiherrn Johann Ferdinand am 9. Januar 1779
gleichfalls abgestorben, und liegt dieser Lezte unter seinem
gestürzten Wappenschild gleichfalls in der Kirche zu Prien
begraben. —

Daß man aber nicht ein Pferd brauche, um sich von demselben herab zu Tode zu fallen, beweist das Ende des versuch-
ten Kriegsmannes Wolf Nikolaus von Eib, welcher mit
Anderen bayerischen Adels gegen die Türken in Ungarn rümlich gefochten hatte und als er 1524 heimkam in sein elter-
liches Haus zu Kranichzell und in der Freude des Wieder-
sehens „von ungefär über einen Tisch sprang", todt
niederfiel. Er war 33 Jare alt geworden, hatte 10 Jare
davon in Kämpfen und Feldzügen zugebracht und fand ein

solches prosaisches Ende. Er liegt in der Kirche zu Vesten=
berg begraben. —

Gehen wir vom Tode durch unglückliche Zufälle über zu
dem durch direkte Gewalt, so finden wir in der Cronik auch
so manches traurige Beispiel verzeichnet.

Von dem gewaltsamen Ende eines Herrn von Marl=
rain erzält uns Hundt in seinem Stammbuch (II. 156):

„Georg, anno ꝛc. 1490. Dieser wonet zu Augsburg im
Eckhaus innerhalb des hl. Kreuz=Tors, wo man hinum gen
Unser Frauen get. Hatt' kein Weib, aber das Podagra heftig.
Ward von seinen eigenen Ehehalten, einer Dirn, einem
Mägdlein bei dreizen und einem Buben bei zwölf Jaren alt,
jämmerlich ermordet. Seine Barschaft und Silberge=
schirr ist von inen geplündert, sie aber auf der Flucht ergrif=
fen und alle drei zu Augsburg gerichtet worden. Es ist
gleichwol des Mägdleins und des Buben halber viel disputirt
worden, dann der Statt Rechtbuch sagt, man sollt' Keines an
seinem Leben strafen, es sei denn 15 Jare alt. Derhalben
schickte der Rat den Konrad Peutinger, derzeit Ratschrei=
ber, und Jörgen Vetter, Ratsfreund, zum römischen König
Maximilian. Der schuf (befal) nach gehaltenem Ratschlag
der Gelerten, sie zu töden, dieweil es ein gar so böser
Mord war. Also wurden sie den 16. Januar anno 1505
ausgefürt, die Dirn und das Maidlein lebendig vergraben,
dem Buben das Haupt abgeschlagen."

Der gewaltsame Tod des Kristof von Preising durch
seine eigenen Bauern ist bereits (I. Bd. S. 260) erzält wor=
den. Anno 1592 ward um seiner calvinistischen Religion
willen ein anderer Edelmann, Sebastian Braitschedel,
pfalzneuburgischer Pfleger zu Nabburg, von den lutheri=
schen Bauern grausam erschlagen.

Glücklicherweise sind derlei Fälle bei uns in Altbayern jer selten und vereinzelt, wärend Franken und Schwaben in den Bauernkriegen davon eine große Anzal aufzuweisen hatten.

Von Opfern der heiligen Veme ist mir mit Namen und Jarzal nur eines bekannt worden, nemlich Jakob von Muggenthal, welcher wegen Angriffen auf die Klöster 1441 versemt worden war und den der Dolch eines Wissenden nahe bei Pföring a. d. Donau erreichte. (Vgl. übrigens I. Bd. S. 360 ff.)

Von Morden, begangen aus Jäzorn, im Streite zweier Edelleute unter sich, berichten wir unter anderm, daß anno 1544 in der Faßnacht Zirial von Preising (des obgenannten Kristof Son), Oberrichter zu Ingolstadt, von einem Studenten des Geschlechts von Spaur aus Tirol „um einer gar lüderlichen Ursach willen“ erstochen worden, und daß Wolf David von Nußdorff, Kämmerling des Erzbischofs von Salzburg, von seinem Mitkämmerling, einem Rorwolf, als beide einmal im Vorzimmer ires Herrn wachen sollten, im Wortwechsel „jämmerlich erstochen“ wurde anno 1577.

Zum Schlusse dieser Abteilung der Todten-Cronik sei noch das gewaltsame Ende des lezten Abensbergers durch die Hand eines bayerischen Herzogs erzält. Die Schilderung dieses Ereignisses wird dem Leser zugleich ein lebendiges Bild der Rechts- und Sittenzustände damaliger Zeiten geben.

Die Herren und Grafen von Abensberg — so benannt nach irer Stammburg in der gleichnamigen Stadt an der Abens — sind fast sprichwörtlich bekannt durch die Sage von den 32 Sönen und 8 Töchtern, welche der Anherr dieses dinastischen Geschlechtes, Babo, in seiner Ehe erzeugt und

einstmals dem Kaiser Heinrich auf der Jagd insgesammt vor-
gestellt haben soll.

Niklas, Graf von Abensberg war am Hofe Herzog
Albrecht's IV. von München ein angesehener Herr, von
großem Einflusse und dem Herzog, wie es scheint, besonders
ergeben, wenigstens hat er sich in dessen Auftrag zu einer
Handlung gebrauchen lassen, welche sonst eines gewönlichen
erliebenden Mannes, geschweige denn eines reichsfreien Grafen
Sache nicht zu sein pflegt.

Es ist bekannt, daß Herzog Albrecht einen jüngeren Bruder hatte, den er um keinen Preis zur Mitregierung gelangen
lassen wollte. Dieser Bruder, Herzog Kristof, war ein seiner Zeit in ganz Deutschland rümlich bekannter Held und
ein ritterlicher, durchaus erenwerter Karakter, der nur ein
etwas aufbrausendes Blut hatte und den „Zududlern", wie
man sie nannte, den Orenbläsern und Aufrednern, die natürlich des regierenden Herrn geheime Feinde waren, etwas zu
viel Glauben und Gehör schenkte.

Daburch ward er zu allerhand schlimmen Reden aufge-
reizt, die wieder zu seines Bruders Oren kamen und diesen
veranlaßten, sich, wie er sagte, „zur Sicherheit eigenen Leibes
und Lebens" seines Bruders zu ermächtigen.

Da die Gefangennemung eines wegen seiner Riesenstärke
bekannten Mannes, wie Herzog Kristof, aber kein Leichtes
erschien, so brauchte man eine etwas unritterliche List. Albrecht lud den Bruder zu einem Stechen oder Turnier nach
München (auf Fastnacht 1471) und veranlaßte, als dieser
arglos erschien, ihn vor Beginn des Ritterspieles, am schmal-
zigen Samstag (23. Februar) Morgens zur Stärkung ein
Bad zu nemen.

Als nun Herzog Kristof im Bade saß, trat der Graf Niklas von Abensberg in die Kammer mit etlichen des Adels, als Burkard von Rohrbach, Laurenz Bogner u. A., griff dem Badenden an den Leib und rief laut: Herzog, du bist deines Bruders, unseres gnädigen Herrn von Bayern, Gefangener!

Zwar sprang Herzog Kristof sogleich auf, allein wer=los, wie er war, mußte er sich ergeben und sich nackt und nur dürftig verhüllt in einen Turm füren lassen, wo er zwar in ritterlicher, aber strenger Haft 19 Monate gehalten wurde, so lange bis er einen Brief über Verzicht auf die Mitregie=rung in Bayern für sein Lebtage ausgestellt und gesiegelt hatte.

Diese Gefangennemung war deßhalb besonders unrüm=lich, weil es allezeit ein geheiligter Gebrauch war, in den Bädern Freiung zu halten, d. h. Niemanden im Bade zu überfallen und ihm an seinem Leibe Gewalt anzutun, ganz abgesehen davon, daß bei jedem Turnier für alle Gäste freies und sicheres Geleit hin und zurück als herkömmliche Sitte galt. —

Der Graf von Abensberg hat sich zu dieser Tat be=reit gefunden und Herzog Kristof hat sie ihm nie ver=gessen, sondern, wie wir hören werden, nach 14 Jaren über=reich vergolten.

Bevor wir das Ereigniß selbst erzälen, sei es gestattet, auch über den Karakter des Abensbergers noch ein paar historische Daten beizubringen.

„Herr Niclas, Herr zu Abensperg," schreibt Hundt, „der lezt' dieses Geschlechts, als ihn sein Vater Herr Hans zu Fräulein Margret von Werdenberg wollt' verheiraten, ist er von Frau Margret von Parsperg, Wittib, einer ge=

bornen von Degenberg, um die Ehe angesprochen
worden."

Niklas hatte der Frau Margret die Ehe gelobt und sie
wird Ursache gehabt haben, auf Erfüllung des Versprechens
zu bringen.

Herr Niklas aber laügnete ein solches Versprechen, und
als sich der Verlassenen Bruder, Herr Hans von Degenberg, und Herr Hans von Fraunberg, irer Mutter Bruder, um sie annamen und dem von Abensberg Feindsbriefe
zusandten, ließ dieser die Wittwe vor das geistliche Gericht zu
Salzburg laden.

Die Sache machte Aufsehen unter dem baverischen Adel.
Auch Georg von Törring zum Stein, der sich als des
Abensbergers Ohein für diesen verwenden wollte, erhielt von
dem Degenberger und dem von Fraunberg Forderun-
gen zum Zweikampf, welcher am 27. Juni 1464 auf Leben
und Tod zu Freising statthaben sollte.

Mittlerweile hatten Herzog Ludwig zu Landshut und
Herzog Sigmund zu München sich der Streitenden angenommen und sie vor ir Schiedsgericht gerufen.

Dabei kam nun eine weitere „seltsame Handlung wider
den von Abensberg" an den Tag. Es trat nemlich Heinrich von Landorf auf im Namen seiner Hausfrau Wenigna,
gebornen von Nußberg, und klagte den Grafen an, er habe
seiner Frau zwei goldene Ketten aus irer Kammer
entwendet.

Es existirt noch ein ser seltenes Blatt, welches die gedachte Frau Wenigna bereits im Jare 1461 hatte an gesammten Adel Baverns ausgehen lassen, und welches in Holzschnitt
einen offenen Brief derselben und darunter eine, sogleich näer
zu beschreibende, Vignette zeigt.

Der Brief lautet im Auszug so:

„Allen und yeden Fürsten, Grauen, Freihern, Hern, Rittern und Knechten klag ich Wenygna Thandorfferin geporne von Nusperg, über Niklaß, der sich nennet Hern zu Abbensperg, daß mir der myne klynet (Kleinode, Schmuck) auß myner chamer in gutten gelauben vnd getrauwen dieplich, pößlich vnd anders dann eynem frommen (Mann von Ere) zustet entragen vnd entfrembt hat.... mich damit in verderplichen schaden vmb mer dann vmb dry tausent Gulden bracht hat. Hiervmb so warn' ich alle frommen frawen vor dem selben verretischen plutsaucker vnd morders pößwicht, daß sy wissen zu vnterwinden vor Im, wan Im kyn diepstall noch ander posheit zu vil ist. Zu Vrkund versigelten mit myner pettschafft. Anno dnj. ꝛc. lri. Jar."

Die Vignette zeigt einen Galgen, an welchem (heraldisch) links ein Mann mit gebundenen Händen und herabhängendem Haare an den Füßen aufgehängt ist, rechts neben ihm aber eben so verkert aufgehängt das abensbergische Wappen mit dem von Schwarz und Silber schräggeteilten Schilde und zwei schwarzen und silbernen, mit Federn in verwechselten Farben gezierten Eselsorn auf dem gekrönten Turnierhelm.

Die Vignette ist nach Art der Spielkarten mit Farben patronirt und trägt der Mann eine anliegende Kleidung, die rechte Hälfte am Körper von oben bis unten silber und schwarz gespalten, die linke rot. Die Haare sind gelb, die Schnabelschuhe schwarz.

Unmittelbar über der Vignette stet mit etwas größerer Schrift:

Nicklaus Her zu Abensperg bin ich genant,
Mein posheit macht mich weid bekant.

Diese etwas seltsame Geschichte kam nun, wie erwänt, bei der Verhandlung, welche wegen des parspergischen Handels vor den Herzogen gehalten worden war, zur Kunde der Gerichte.

Herr Niklas von Abensberg laügnete aber auch hier, worauf ihm von den Richtern der Reinigungseid auferlegt wurde „und hat sich der von Abensperg mit dem Ayd purgieret, laut eines pergamentenen Briefes dd. Hag anno 2c. 1463".

Vom geistlichen Gericht in Salzburg wurde Herr Niklas seiner Verpflichtungen gegen die Wittwe von Parsperg gleichfalls ledig gesprochen, „welliche Urteil hernach zu Rom approbiert worden anno 1466".

So war also der junge Herr von Abensberg zweier Weiber los, um der dritten in die Arme zu fallen.

„Darnach hat sich Herr Niclas zu gemelter Frau Martha von Werdenberg verheurat anno 1467. Gleichwol bei ir kein' Erben, auch sonst wenig Glück gehabt .... und gibt's die Erfarung sonst, daß die so ires Zusagens umstehen (ir Wort nicht halten) in dergleichen Sachen, erbare Frauen und Junkfrauen verkleinern und schänden, darnach inner oder ausser der Ehe wenig Glück haben."

Ich lasse nun die Geschichte vom Ende dieses edlen Niklas von Abensberg folgen, wie ich sie s. Z. in den Urkunden des Archivs und in den Erzälungen gleichzeitiger Berichte, zum Teil in der Handschrift von Jakob Fugger's „Erenspiegel" gefunden.

Anno 1485 hatte Herzog Albrecht seinem Bruder Kristof die Stadt Landsberg am Lech, welche er ihm zum Wonsiz und zur Appanage angewiesen, um geringer Ursache willen mit Gewalt wieder weggenommen.

Niklas von Abensberg war Hauptmann des Zuges gewesen.

Wärend der Einname der Stadt Landsberg war Herzog Kristof zu Augsburg und hatte von seinen Getreuen bei 62 Pferde, gute Reisige von Adel, die des meisten Teils gute Armbrüste fürten, bei sich.

Da ward ihm Kundschaft zugebracht, daß der von Abensberg auf der Heimreise begriffen, mit den Seinigen von München weg reiten wolle.

Zur Stund' ließ der Herzog die Seinigen speisen, die Rosse satteln und eilends aufsizen.

Darauf schlug man den Weg gen Freising ein.

Am Montag in der Fastenwoche (28. Februar) kamen sie in größter Eile nach Kranosberg, ein wenig oberhalb der Bischofsstadt.

Daselbst sprach Herzog Kristof den Pfleger Oßwald Schönbichler um ein Reitermal für sich und die Seinen an und sagte: Lieber Gesell Oßwald! tue so wol und gieb mir und den meinigen zu essen, dann wir sind fast hungrig; aber ich hab' warlich nit mer als drei Gulden und das Silber an meinem Schwert. (Dieses Schwert war, nebenbei bemerkt, nach des Herzogs Tod noch viele Jare in der fürstlichen Kunstkammer zu sehen, und ist in dem Verzeichniß derselben also beschrieben: „Ein groß baidhendig schwerdt, Knopf, Kreuz, Handheb' und schaiden, alles von silber mit krüpster Arbait überzogen; an dem knopff das bayrisch Wappen hinden und vornen aufgeschmelzt; hat Herzog Chrystoffel von Bayrn zugehört." Seit Stiftung des bayerischen Georgi-Ordens dient es dem Großmeister zum Ritterschlag.)

„Glaube gewiß," fügte Herzog Kristof bei, „daß ich dir solches vergelten und bezalen will, als fromm ich ein Fürst von Bayern bin!"

Der Pfleger willfarte alsbald, und wurde die Malzeit in solcher Hast eingenommen, daß Kristof und seine Leute sich nie niederfezten, sondern im Auf= und Abgehen aßen und tranken.

Indem kam einer von den Reitern, die der Herzog auf Kundschaft ausgeschickt hatte, und zeigte ihm heimlich an, daß er den von Abensberg, sammt dem von Rohrbach, dem Bogner und bei 60 vom Adel, auf zwei Meilen Wegs da= herreitend verlassen habe. Deßgleichen sagte er dem Herzog, daß, als der Abensberger zu München weggeritten und vom Herzog Albrecht Urlaub genommen, dieser ihn verwarnt und gesprochen habe:

„Herr von Abensberg, hütet Euch; unser Bruder Kri= stof ist im Land, wir wissen aber nicht wo; wann Ihr uns folgen wollt, so wollen wir Euch noch 30 Pferd zugeben, da= mit Ihr sicherer heim kommt."

Darauf hab' der Abensberger geantwort: Gnädiger Herr! da ist weder bei mir, noch den meinigen einige Furcht; sagt nur, ob Ihr Euren Bruder todt oder lebendig haben wollt.

Darauf Herzog Albrecht gesagt: Lieber Herr von Abens= berg, nicht todt, sondern lebendig!

Als der Kundschafter solche Wort' dem Herzog Kristof angezeigt, sind ihm die Tränen über die Wangen gelaufen, und gebot er ihm, Niemanden weiter etwas davon zu melden.

Der Pfleger von Krandsberg merkte an dem Fürsten wol, daß etwas im Werke sei, denn des Herzogs Augen leuch= teten bald vor Zorn und er hatte seines Bleibens nirgends mer.

Da sprach der Pfleger: Ich seh', daß Euer fürstlichen Gnaden etwas Großes am Herzen liegt, und wann Euer

Gnaden mir das anvertrauen wollen, so will ich tun, was ich vermag.

Herzog Kristof aber antwortete: Ja lieber Gesell, mir liegt nicht wenig an, und mit Gottes Will' soll es heute noch männiglich kund werden, und trau' ich zu dem Allmächtigen, er wird mir heut', als einem armen Fürsten, um der Gerechtigkeit willen Beistand leisten!

Darauf schritt Herzog Kristof das Dorf hinab gegen das Wirtshaus. Da sa er von ungefär zwei Leute weggehen, die fragte er, wer sie seien und wohin sie wollten, und als sie antworteten: sie seien Bürger der Stadt Freising und wollten heimgehen, da hieß er sie in die Taferne gehen, und ließ inen auf seine Kosten ein Morgenmal zubereiten, damit er sie verhalte; denn er besorgte von seinen Feinden ausgekundschaftet zu werden.

Da nun Herzog Kristofs Leute und Rosse gelabt waren, legten er und seine Gesellen die Harnische an und ritten gen Freising hinter den Ziegelstadel beim Stift Weihenstephan.

Kristof ging zu der St. Jakobs-Kirche bei genanntem Kloster und kniete nieder auf einem Stein vor der Kirchtüre (denn die Kirche war zur selben Zeit geschlossen), und rief St. Jakob an mit Andacht, daß er ihm den Sieg von Gott erbitte.

Darnach sezte er sich auf die Kirchhofmauer und sa hinab auf die Freisinger Aenger gen München zu.

Ueber eine Weile erblickte er seinen Feind, den Abensberger, in weiter Ferne daherreiten mit dem Gefolg und zälte die Pferde genau, denn es war ein heiterer Tag.

Drauf eilte er zurück zu den Seinen, die im Gehölz bei dem Ziegelstadel gewartet hatten, und sprach sie männlich an:

Liebe Brüder von Abel! Ihr habt nunmer eine lange Zeit an meinem Hof Euch als erliche Ritter mit gutem Lob bewärt; das ich stets wol erkannt habe. Jezt aber klage ich Euch aus treuem fürstlichen Gemüt und zeig' Euch an, daß der große Bösewicht, der von Abensberg mit den Seinigen, dem Rohrbecker und Bogner, die mich, iren Herrn und Fürsten, einstmals wider Gott, Ere und Recht zu München im Bad gefangen, und kürzlich meinen Bruder Herzog Albrecht dahin gebracht, daß er mir meine Stadt Landsberg weggenommen hat, jezt nicht weit von uns sind. Mit denen will ich, als ein frommer Fürst von Bayern, am heutigen Tag wol abrechnen und inen ritterliche Bezalung tun. Deßhalb, liebe Mitbrüder, folgt mir und helft die redliche Tat vollbringen!

Sogleich ritt Herzog Kristof zu einem Eichbaum, brach einen Zweig ab und steckte ihn als Erkennungszeichen auf seinen Helm. Deßgleichen taten auch die anderen 58 Reiter.

Einer von inen aber, der Suntheimer, sprach: Gnädiger Fürst, Eur Gnaden werden uns arme Gesellen an diesem Tag verfüren, denn der von Abensberg weit stärker ist als wir und wol bei 100 Pferde hat.

Herzog Kristof antwortete: Lieber Suntheimer, ich weiß, daß er nicht über zwei Pferde mer hat, als wir, und auch nicht mer als 7 Armbrüste, und wir haben 23. Darum, was du tun willst, das tue bald!

Der Suntheimer aber sprach: Nun, gnädigster Fürst, weil Ihr mich für zaghaft haltet, so will ich neben unsern Mitbrüdern und Eur Gnaden heute sterben oder genesen, und werdet mich tod oder lebendig loben!

Damit ritt er auch zu dem Eichbaum, brach einen Zweig und steckte ihn, wie die andern, auf seinen Sturmhut.

Mit diesen 60 Pferden, die öfters schon bei solchem Scherz gewesen, ritt Herzog Kristof durch St. Veitstor zu Freising ein, zwischen vier und fünf Ur Nachmittags, und als sie durch die Stadt sprengten, rief der Herzog: „Nun spannt auf, es ist Zeit!" aber es wußte kein Mensch zu Freising, was er damit wollte. Indem kamen sie zum Münchnertor, und da sie hinausritten, sahen sie des Abensbergers Zug nicht weit mer von ihnen.

Alsbald stellte Herzog Kristof die Seinen in Ordnung, so daß im ersten Gliede einer, im zweiten Gliede zwei, im dritten vier u. s. w. die Zal immer verdoppelt stand, und auf jeder Seite 14 Armbrüste verteilt waren.

Der Herzog ermante sie noch einmal in kurzen Worten:

Liebe Gesellen, haltet Euch an die Herren und an die Besten, und schont der Armen!

So ritten sie, Herzog Kristof voran, des Abensbergers Zug vorbei bis an die Hälfte.

Da schrie ihn der von Abensberg an: „Wol, Herr Herzog, wol!"

Auf dieß aber rief Kristof dem Trumetter zu: Nun blas auf mit Schall!

Der stieß ins Horn, und im selben Augenblick legte der Diesser ein und sprengt' auf den von Abensberg und rennt' ihn von seinem Gaul.

Herzog Kristof stach mit eigner Hand Herrn Burghart von Rohrbach und Lorenz Bogner von den Pferden.

Wärend der Herzog so hart an seinen Feinden lag, flohen des Abensbergers Leute alle davon in die Stadt.

Kristof und die Seinigen sezten ihnen nach und suchten sie in Kirchen, Kellern und Ställen, dahin sie sich geflüchtet hatten, und erstachen einen Teil und bei zwölf der Edeln namen sie gefangen.

Inzwischen war der Diesser bei dem von Abensberg geblieben und hatte ihm zugesprochen, ob er sich ergeben wolle. Das tat der auch. Als er aber aufstehen wollte, war er so schwach, daß ihn der Diesser hinter sich aufrichten mußte.

Da kam gerade Seiz von Fraunberg wieder aus der Stadt zurück, und als er den Abensberger sa, entbrannte er vor Wut und stach ihn von unten auf zu tobt, denn er wußte nichts von der Gefangengebung.

So lagen die Drei neben einander auf der Erden.

Mittlerweile kam auch Herzog Kristof von der Verfolgung wieder zurück, und als er seine drei Feinde tobt auf der Walstatt sa, kniete er nieder, hob die Hände gen Himmel und sprach: Wollte Gott, daß allen Falschen des Adels und ungetreuen Räten der Fürsten also geschähe!

Drauf sammelte er die Seinigen wieder und ritt weiter durch den Forst gen Mosburg und bat den Bürgermeister daselbst, daß er zur Wacht rufe. Der gebot bald auf. Also blieb der Herzog dieselbe Nacht zu Mosburg und kaufte ein Fäßlein Wein, davon trank Jedermann, wer da wollte.

Des andern Tages ging er zu Schiff und fur auf der Isar gen Landshut zu seinem Better Herzog Georg. —

Der Bischof von Freising ließ die Tobten in St. Jörgen-Pfarrkirche bringen. Daselbst lagen sie die Nacht auf dem Estrich und sang man die Psalter dabei.

Des anderen Morgens begleitete man den Leichnam des von Abensberg in großer Prozession vor's Tor hinaus, und ward der gefürt nach Abensberg zu seiner Väter Ruhestätte.

8*

Den Diefer und Rohrbecker begrub man im Klo-
fter Scheyern.

An der Stelle aber, an der diefer denkwürdige Kampf
ausgefochten worden, ftet noch heutzutage ein kleines Denkmal mit des Abensbergers Wappen-Schild und der Inschrift:

Der edle
Niklas Herr zu
Abensberg,
der letzt des Namens,
ift allhie
niedergelegen und
Tods abgangen
den 29. Tag Februarj 1485
Dem Gott genab.

– — - -

Der Antiquarius ift nun zu demjenigen Kapitel in der
Todten-Cronik gelangt, welches die Ueberfchrift trägt:

Decapitati.

Es war eines der entfezlichften Privilegien des Adels
in Bayern, daß ein zum Tode verurteilter Edelmann nur mit
dem Schwerte gerichtet werden durfte. Das Hängen und
die übrigen Arten der Exekutionen galten für unedelmännisch
und deßhalb fagt der wizige Wiguleus v. Kreittmayr in den
Anmerkungen zum Codex criminalis bavaricus, der Scharf-
richter könne möglichen Falles als Mittel zum Beweis des
Adels dienen.

Wir finden alfo nur Exempla von enthaupteten, niemals
aber von gehängten oder verbrannten Edelleuten.

So fer nun diese Gewaltakte der Gerechtigkeit unsern heutigen Anschauungen im Allgemeinen widersprechen und so odios dem Antiquarius für seine Person jedes Zusammentreffen mit derlei Daten und den an sie geknüpften Gedanken und Folgerungen sind, so lassen sie sich denn doch einmal in einer kulturgeschichtlichen Behandlung des Adels nicht umgehen.

Wenn der Antiquarius aber hier speziell Beispiele vom altbayerischen Adel erzält, so soll dabei ausdrücklich bemerkt sein, daß dieß der Ere desselben nicht präjudizirlich, denn der neubayerische Adel hat vielleicht eben so viele Beiträge zu diesem traurigen Kapitel seiner Zeit geliefert, wie sich in der Geschichte der Familien v. Seinsheim, v. Seckendorff, Schütz v. Hasselbach, Weiden, Zollner, Truchseß, Neurieb, Ering, Alberfeld, Geiling, Grumbach, Wichsenstein, Gernsing u. s. w. findet.

Dieß schreibe ich nur beßhalb, damit zwischen Alt= und Neubayern kein Hochmut Plaz greife. — —

Die meisten Fälle von Enthauptungen waren Folgen des Verbrechens gegen die öffentliche Ruhe und Sicherheit. Die „Reiterei", wie man es technisch und euphemistisch nannte, war Jarhunderte lang eine noble Passion und ich behaupte geradezu, wenn sich nicht von jedem der alten Rittergeschlecter Beispiele nachweisen lassen, daß Glieder irer Familien sich dieser Passion hingegeben haben, daran lediglich entweder der Umstand Schuld sei, daß man es nicht der Müe wert hielt, alle einzelnen Vorkommnisse aufzuschreiben, oder warscheinlicher, daß die Gelegenheit zur „Reiterei" gefelt habe.

Die primäre Ursache mag wol in den meisten Fällen eine Streitigkeit mit den Städten gewesen sein. Der Bürger war Jarhunderte lang der geborne Feind des Edelmannes; beide haben sich jede wirkliche oder vorgeschüzte Unbild nach

Kräften vergolten. Die Edelleute suchten und fanden die Opfer
in den reisenden Kaufleuten, den Pfeffersäcken, wie sie dieselben nannten, oder in den Untertanen der Städte auf dem
freien Lande; die Städte dagegen waren genötigt, die Schlösser
irer Feinde regelmäßig zu belagern und zu stürmen. Die
Opfer, welche inen in die Hände fielen, wurden dann one
Gnade und Schonung innerhalb des Burgfriedens der Städte
enthauptet. Denkt man sich hiezu das gegenseitig wachgehal-
tene Gefül der „süßen Rache", so mag man sich wol vorstellen,
daß eine einmal angesponnene Feindschaft sich durch Generationen hin- und herschleppte und von Zeit zu Zeit ire bluti-
gen Opfer forderte.

Nur die größte Energie und unbarmherzige Strenge der
Gewalthaber, des Kaisers und der Reichsfürsten, konnte im
Verein mit den Städten — welche als handel- und gewerbe-
treibend onedieß dem Prinzip der Ruhe huldigen mußten —
endlich der öffentlichen Unsicherheit steuern.

Im Allgemeinen darf man annemen, daß bei derlei Rei-
tereien von Seite der Edelleute die Form einer Fede inne-
gehalten wurde, von der ich schon im I. Bd. S. 355 ff. ausfürlicher gesprochen habe; merere Beispiele beweisen uns aber
auch, daß es Edelleute gab, welche bloß Wegelagerei
und Räuberei auf offener Landstraße trieben, in einzelnen
Fällen läßt sich auch eine weniger bösartige, als mutwillige
oder übermütige Händelsucht, nach Art etwa wie die Stu-
dentenstreiche, annemen. Wenn bei solchen Streichen aber in
alten Zeiten mer Roheit mit unterlief, als in unseren Tagen
möglich ist, so muß man dieß eben der im Allgemeinen weit
niedriger stehenden gesellschaftlichen Bildung beimessen, welche
es zugab, daß sich hochgeborne Fürsten sogar gegenseitig in
ungewälten Ausdrücken coram publico beschimpften.

Ein Beispiel solcher mutwilliger Reiterei nun liefert uns unter andern Erasmus Sattelboger, ein tapferer Kriegsmann, der in der Hussitenschlacht 1426 als Hauptmann über das reisige Volk der Stadt Regensburg sich neben mereren anderen des bayerischen Adels, wie einem Paulstorfer, Pflug, Armansberg u. s. w., ausgezeichnet hatte. Als er älter wurde, ward er „seltsam" und verübte allerlei „Reiterei und Händel", von denen einer ihm nahezu an's Leben gieng.

Einstmals fiel ihm bei, sich seiner Hauptglaübiger, dreier Juden, zu entledigen. Er tat dieß auf eine, seiner reiterischen Passion vollkommen entsprechende Weise, indem er die drei Juden zu sich lud in sein Haus zu Regensburg, und da sie in gutem Glauben kamen, sie vergewaltigte, wobei einer der Hebräer „zufällig" erstochen wurde, alsbald alle drei, die zwei Lebendigen und den Todten, in eine Truhe sperrte und auf einem Wagen aus der Stadt fur, nach seinem Schlosse Lichteneck.

Die Sache wurde ruchbar. Die Stadt sandte ire Söldner aus, den Asm Sattelboger zu fangen, und diese brachten ihn in's Gefängniß, von wo er als Landfriedensbrecher den Weg zum Blutgerüst antreten sollte.

Bevor jedoch das Urteil zur Vollstreckung kam, gelangten so viele Fürbitten an den Senat, unter anderen sogar vom römischen König, von den Herzogen Albrecht und Johannes von Bayern und von zalreichen Familien des Adels, daß der Rat der Stadt Regensburg Gnade für Recht ergehen und den Sattelboger frei ließ unter der Bedingung, daß er sofort das heilige römische Reich verlasse und 10 Jare sich in England, Frankreich, Dänemark oder im Kampfe gegen

die Ungläubigen und Heiden in Rhodus und in Preußen
aufhalte.

Sämmtliche Sattelboger, an der Zal 6, und 20
weitere Edelleute siegelten den Bürgschaftsbrief dd. Regensburg, Samstag vor Pauli Bekerung 1440.

Die Verbannung scheint übrigens nicht zu lange gedauert,
oder der Sattelboger gleich nach seiner Rückker wieder in der
alten Weise begonnen zu haben, denn anno 1450 war unser
Erasm „wegen Jahung etlicher Personen“ schon wieder vor
Herzog Albrechts Gericht. Ueber seinen Tod finde ich keine
Nachricht. — — Uebrigens mag die Reiterei denen v. Sat-
telbogen schon im Blute gelegen sein, denn bereits 1365 war
den Brüdern Heinrich und Albrecht ire Burg Liebenstein
bei Cham von den bayerischen Herzogen eingezogen worden,
„Rauberey halber“. Erst 15 Jare später ward inen der Liebenstein in Gnaden wieder ausgeantwortet.

Der Abt und Geschichtschreiber Trithemius berichtet
von einer zu München anno 1337 vorgefallenen Enthauptung eines Edelmannes, Dietz von Schaumberg, welcher
neben anderen wegen Landfriedenbruches vom Kaiser Ludwig IV. verurteilt worden war, bei welcher Ekekution sich
ein Ereigniß zugetragen, das, wenn auch one Namen und
Jarzalen, noch heutzutage in Altbayern vom Volke erzält wird.

Unmittelbar vor der Enthauptung bat sich der v. Schaumberg die Gnade aus, welche ihm auch gewärt wurde, daß er
zuerst von seinen Mitschuldigen an die Reie komme, daß
diese neben ihm in einer Linie aufgestellt würden, und daß
deren so viele mit dem Leben davonkommen sollten, an so
vielen er als Enthaupteter vorüberzugehen vermögen werde.

Mit heiterer Miene kniete der Ritter nieder, empfing den Todesstreich, und kaum war das Haupt gefallen, so sprang der Rumpf auf und lief der Reie nach an vieren seiner Gesellen vorüber, worauf er leblos niedersank. Entsezen ergriff alle Anwesenden. Das Gericht gebot Stillstand. Die Sache wurde an den Kaiser berichtet und dieser begnadigte alle weiter noch in diesem Handel Verurteilten.

Was das Geschlecht der v. Schaumberg betrifft, so sind sie zwar origine Franken, aber ein Zweig derselben hat sich früzeitig (wie dies auch bei den Egloffstein der Fall war) in Altbayern niedergelassen und war noch im XVI. Jarhundert auf dem Schlosse Neukreit in der Stadt Traunstein angesessen, wo in dem nahe gelegenen Haslach, dem Begräbnißplaze Traunsteins, sich unter andern noch ein schönes Monument de anno 1524 mit einem dieser Schaumberge in ganzer Rüstung befindet.

Der Schild dieses noch blüenden Geschlechtes ist von Silber, Rot und Blau halb gespalten und geteilt, und unterscheidet dieses Geschlecht von dem gleichnamigen altbayerischen Herrengeschlecht der Grafen von Schaumberg, welche mit Wolfgang anno 1563 im Mannstamme erloschen sind, und einen von Rot und Silber gespaltenen Schild fürten. —

Auch das uralte Geschlecht der Nothaft hat zur Reiterei seiner Zeit Contingent geliefert, wie namentlich Albrecht Nothaft zu Wernberg, der anno 1357 landshuter Kaufleute aufgriff und auf sein Schloß Egloffsheim bei Regensburg gefangen fürte. Er entging der Strafe nur dadurch, daß er dem Herzog, in dessen Land er den Frieden gebrochen, gedachtes Schloß für alle Zeiten offen zu halten sich verschrieb.

Um das Jar 1445 war die Reiterei gar stark in Schwung gekommen, so daß Herzog Albrecht, der junge, sich ernstlich gegen diese Schnapphäne an's Brett legte. Im selben Jar eroberte er das Schloß Neuhaus, das dem Paul Zenger gehörte, und fieng darin 50 Räuber, die er zu Straubing alle hinrichten ließ, darunter waren 11 Edelleute, wie man sagt Zenger, Muracher, Muggenthaler, Sattlpoger, Auer, Rothafte u. a.

Anno 1416 ist einer v. Burgau zu Lauingen wegen Landfriedensbruch geköpft worden.

Anno 1436 fing Sebastian v. Laber einen Bürger von Salzburg, Namens Leonhard Mott, und schazte ihn um 400 Gulden. Bald darauf ward der v. Laber gefangen mit dreien Knechten und gen Salzburg gefürt. Es war aber bei der Gefangennemung so hart hergezogen, daß Sebastian im Gefängniß seinen Wunden erlag. „Da sezt' man ihn als todter auf den Richtstul und schlägt ihm das Haupt ab; zwen seiner Knecht hat man darnach gehenkt".

Das Geschlecht der v. Laber war einst ein hochberümtes. Seine Stammburg lag an der Laber einige Stunden von Regensburg, wo die v. Laber i. J. 1120 zu den Stiftern des weitbekannten Schottenklosters gehörten (das erst in allerneuester Zeit vom gegenwärtigen Bischofe von Regensburg sequestrirt wurde), und wo Hadamar v. Laber 1107 als großmächtiger Bürgermeister hervorragte. Ein anderer Hadamar war Dichter und Minnesänger, und ein dritter Hadamar, der Lezte seines Geschlechts, starb 1475 als Domherr zu Salzburg.

Das Schicksal des alten Stammschlosses schildert Julie v. Herzog in der Zeitschrift des hist. Vereins von Oberpfalz mit diesen Worten:

„Das ganze einst so herrliche Schloß, von dessen Turmeszinnen man einst den Bischofsdom zu Regensburg erblickte, wurde in neuester Zeit um einige hundert Gulden an verschiedene höchst armselige Familien verkauft, welche sich von Holzdiebstal und anderen Industrien erhalten und den Betrag irer Kaufschillinge längst durch die Veräußerung der vielen Quaderſteine wieder hereingebracht haben."

Das ist ungefär auch das Loos aller alten Adelsschlösser in Bayern. Entweder sie zerfallen ganz oder sie dienen den Nachkommen der einstigen Leibeigenen irer Herrn zur Wonung, wenn sie nicht etwa als Arbeitshäuser und Strafanstalten noch für eine Weile dem Verfalle entrissen werden.

Fügen wir hinzu, daß der Untergang der Adelsschlösser von Vielen zugleich als das Vorspiel des Unterganges des Adels selbst betrachtet werde. —

Im lezten Viertel des XV. Jarhunderts war die Reiterei in Deutschland wieder auf einen hohen Stand gekommen. Am 17. März 1486 war der sogenannte „Allgemeine Landfriede" zu Frankfurt unter den Fürsten geschlossen worden und diese fingen nun mit erhöter Aufmerksamkeit an, gegen die Landfriedensbrecher und reiterischen Edelleute vorzugeben.

In Altbayern war damals ein Zaunrüd gefürchteter Stegreifritter.

„Wolf Zaunrüd, der Vater, hat übel gehauſt, iſt gar verdorben. Wilhalm, sein Son, verlegt sich auf die Reiterei. War der von Augsburg Feind neben Jacob von Argon, fiengen einsmals anno 1452 Heinrichen Langemantl, als er von der Kirchfart aus Salzburg heimritt, im Zeidlbach bei Altomünſter, fürten ihn nach Behaim auf ein Schloß, Deutz genannt. Herr Wilhalm wurd

leztlich gefangen und zu Straubing mit peinlichen Rechten
gegen ihn verfaren", was mit andern Worten heißt: Herr
Wilhalm Zaunrüd wurde enthauptet.

Dieß gescha im Jar 1473. Im April desselben Jares hatten die Herzoge von Ober- und Niederbayern an
alle ire Pfleger schriftliche Befele erlassen, auf den Wilhalm Zaunrüder und seinen Genossen Hans Pretschlaifer (auch altbayerischen Adels), welche des Kaisers
und des Reiches Feinde seien und dem Vernemen nach wieder
im Lande herumritten, zu wachen und auf Betreten sie ge-
fänglich einzuliefern.

Das Ende des Zaunrüders haben wir bereits gehört.

Was den Pretschlaiffer betrifft, so scheint er sich
aus der Sache gewunden und Buße getan zu haben, denn
anno 1490 finden wir ihn „eine ansenliche gewaltige Person,
schier eines Riesen Länge", unter den Edelleuten, die der Herzog Albrecht dem Kaiser Maximilian zu Hilfe nach
Ungarn schickte, von wo er glücklich zurückkam, um zwei Jare
darauf in Diensten desselben Herzoge als Hauptmann bei
der Belagerung des Schlosses Erenfels im Löwlerkriege
sein Ende zu finden.

Das Geschlecht ist mit seinem Sone Wolf Pretschlaifer, oder Pretstorfer (wie sie sich gegen das Ende schrieben) anno 1572 erloschen. Er war unverheiratet, mer als
90 Jare alt und ein lauteres Kind geworden.

Des Zaunrüders Geschlecht ist gleichfalls mit dem
Sone des Obengenannten (Georg) erloschen, aber schon
60 Jare früer, nemlich im Jar 1512. —

Anno 1506 war Ulrich Thorer v. Eurasburg wegen
Landfriedensbruch in des Bischofs Wigileus von Passau
Gewalt geraten und zum Tode verurteilt, „aber (wie die

Urkunde lautet) auf Vorbitte des Erzbischofs Bernhard von
Salzburg, dann Seiner Gnaden Marschalks, Räte und Hof=
gesind, wie auch Pfalzgraf Friedrich's, Herzog Albrecht's
und Wolfgang's, dann vieler wolgebornen, edlen,
gestrengen und vesten, namhaftigen, Grafen,
Freien, Herren, Rittern und Knechten, solches Ge=
fängnisses und Straf des Leibs und Lebens gemüßigt".

„Also gelob' ich (schließt Thorer die Urfede) mich von
Stund' an aus dem Lande und über die vier Wälder zu
fügen und in meines gnädigen Herrn von Passau Land nicht
mer zu kommen."

Bürgen und Siegler waren: der edl gestreng Herr
Albrecht Trenbeck, Ritter, und Wolfgang von Nußdorf,
Erbmarschalk zu Salzburg. Der Brief ist gegeben zu Passau
am Mittwoch der heiligen Zwölfbotenteilungstag anno 1506.

Uebler kam — troz guter Fürbitte — Herr Wolf von
Sazenhofen weg. Er war, und dieß mag die Strenge
des Gesezes Lauf gelassen haben, zuerst Domherr zu Re=
gensburg gewesen, und hatte sich, weil ihm dieß nicht mer
gefiel, auf die Reiterei gelegt, ward aber bald gefangen und
anno 1507 zu Abensberg enthauptet.

Elf Jare später begegnete das Nemliche einem andern
Edelmann, Peter Sulzberger, der des Stifts Salzburg
Feind war, und auf dessen Ansinnen von den bayerischen Her=
zogen gefangen und prozessirt, leztlich anno 1518 zu München
gerichtet worden.

Drei Jare darauf verfielen als die lezten Opfer der
Reiterei zwei bayerische Edelleute, welche zugleich beide die
Lezten irer Geschlechter waren, dem Schwerte des Henkers.

Cosmas Tuchsenhauser, der sich trozig nannte „aller
Reichsstädt' Feind" und mit dem hinwieder auch viele Reichs=

städte in Schwaben und Franken abzurechnen hatten, und
Bernhard Zeller zu Riebau, der sich besonders mit den
Bürgern und Bauern im jezt österreichischen Innviertel be=
schäftigte, waren die Bedauernswerten.

Beide wurden wegen irer Raübereien vom Kaiser zur
Verantwortung 1521 auf den, durch Luthers Auftreten daselbst
viel genannten, Reichstag zu Worms geladen und ihnen freie
Geleitsbriefe zugestellt.

Beide erschienen auch wirklich zu Worms.

„Der Luchsenhauser ward in Rechten überwunden
und alsbald mit dem Schwert gerichtet."

· Der Zeller wußte sich gut zu verteidigen, ward frei=
gesprochen, kam wieder zurück nach Riebau und — trieb die
Reiterei ärger als zuvor.

Dießmal fingen ihn die Linzer, fürten ihn in ire
Stadt, folterten ihn zuerst gehörig und dann ließen sie ihm
das Haupt abschlagen, am 1. Juli 1521.

Seinen Leichnam fürten sie nach Riebau, wo er in die
Kirche erlich begraben und besungen wurde.

Dort stet noch heutzutage hinter dem Koraltar sein Grab=
stein, auf welchem das Geschlechtswappen (in Rot ein silber=
ner Feuerhaken) nebst vier Anenschildern zu sehen und die
Inschrift zu lesen ist:

Hie ligt begraben der Edl vnd vest
Bernhart Zeller von Riebau
zu Schwertberg,
der lezt des Namens vnd Stammes
Starb am ersten
Tag Monats Julij 1521.
Dem . Gott . gnad.

Mit diesen lezten Opfern scheint die praktische Reiterei in Altbayern ir Ende erreicht zu haben, wenigstens finden wir Beispiele solchen tragischen Ausganges derselben, wie wir sie eben geschildert, nicht weiter verzeichnet; dagegen muß der Antiquarius als gewissenhafter Historikus von einigen Exemplen erzälen, welche sich unter unserem altbayerischen Adel zutrugen, und welche gleichfalls das ominöse „Schwert der Gerechtigkeit" zum Abschluß brachte — es läßt sich nicht verschweigen und noch weniger in Abrede stellen, daß die Religion, die Politik und das gemeine Verbrechen Glieder aus den angesehensten Familien unseres bayerischen Adels auf das Schaffot geliefert hat.

Wenn die gebildete Gegenwart in dem gewaltsamen Tode eines Verbrechers keine Sünung und keine Strafe mer erkennen will, so wendet sie sich gerade mit Abscheu von den gesezlichen Morden aus Ursachen der Politik und der Religion (natürlich der kristlichen mit dem Gebote der allumfassenden Liebe und Duldung) und doch haben durch alle Jarhunderte gerade Religion und Politik die besten aller Nationen gemordet, und bietet sich die Möglichkeit der Wiederholung noch jeden Tag. Unsere Nachkommen werden deßhalb auch berechtigt sein, unseren Gesezgebern denjenigen Grad von Bildung abzusprechen, den sie so gerne beanspruchen — denn wo und wann noch werlos gemachte Leute durch bloße Gewalt, sei es mit oder one Formalitäten, erschossen, erhängt oder enthauptet werden können, da ist man wol befugt, an die Abwesenheit einer waren Humanität und Bildung zu glauben — von Religion gar nicht zu reden!

Als mit den Leren der Reformation zugleich auch manigerlei verschiedene Sektirungen sich breit machten, deren jede, über die einmal gebrochenen Barrieren des absoluten Glaubens

hinwegsetzend, einen verschiedenen Weg einschlug, um die ge=
träumte und gesuchte Warheit zu finden, da ward auch durch
einen dieser Sektirer, Thomas Münzer, die Lere von der
notwendigen Taufe der Erwachsenen mit allerlei weiteren
Notwendigkeiten aufgebracht.

Der Anhang, den diese Lere der Wiedertäufer fand,
war Ursache genug, gegen sie peinlich einzuschreiten, und zwar
geschah dies von katholischen, wie protestantischen Fürsten und
Herren. Bayern insbesondere hat sein möglichstes getan,
die Bekenner der „gräulichen Sekt des Wiedertaufs“ mit
Feuer und Schwert in den Schoß der Alleinseligmachenden,
sei es todt oder lebendig, zurückzuführen. Daß das leztere,
d. h. die Begnadigung zum Leben, nur in den allermindesten
Fällen statt hatte, das beweist uns die Tatsache, daß bei den
allermeisten Todesurteilen ausdrücklich erwänt wird, der Ver=
urteilte habe zuvor seinen wiedertäuferischen Unglauben
feierlich abgeschworen und werde nun als restaurirter Ka=
tholik verbrannt, gehängt oder enthauptet werden.

Wir lassen die Zal der wiedergewonnenen Seelen und
irer justifizirten irdischen Leiber außer Bericht, soweit sie dem
Bürger= und Bauernstand angehörten, und wollen hier nur
ein paar Beispiele von Edelleuten geben, die wegen des
„unchristlichen Lasters des Wiedertaufs“ ir Blut auf dem
Schaffot versprizen mußten.

Augustin Perwanger, Hofmarksherr zu Ginzl=
hofen, ältester seines Geschlechtes, und Kristof Perwanger,
sein jüngerer Bruder, waren die ersten Opfer dieser Sekte in
Altbayern.

Wie gar oft im Leben, hatte auch hier zunächst eine kleine
Ursache zu dem bedauernswerten Ausgange geführt.

Der ältere Perwanger war mit seinem Pfarrherrn, Namens Georgius Küttl, zu Ginzlhofen, welchen er anno 1508 selbst präsentirt hatte, in Uneinigkeit geraten, und zwar, wie es scheint, weil dieser nicht leiden wollte, daß Perwanger auf die Filiale Hattenhofen einen eigenen Vikar seze, und doch auch selbst die Filiale nicht pastoriren wollte. Augustin Perwanger suchte nun den Küttl weiter zu bringen, dieser aber dachte nicht daran, zu gehen. Perwanger wandte sich um Hilfe an den Herzog, den Bischof von Freising und Andere, allein umsonst.

Endlich betrat er den Weg der Oeffentlichkeit und ließ einen 16 Seiten starken offenen Brief in Druck ausgehen, worin er den Hergang der Sache schilderte, unter Zitirung einer Unmasse von Stellen aus den Kirchenvätern das ihm widerfarene Unrecht klar zu machen suchte und schlüßlich Jedermann bat, ihm „getreuen Rat, Hilf und Beistand durch Mund und Schrift zu leisten", damit er sein „Gott gefällig Fürnemen erobern und den dik und oft gemelten Küttl, seines ungeschikten, gröben, hässigen, neidischen und verstoppten Grundes, zurük- und hinter sich zu stellen vermöge". —

Mit dieser öffentlichen Anklage war die Vergeltung von Seite seiner Feinde, deren er natürlich unter der Geistlichkeit die meisten zälte, heraufbeschworen. Ein Schritt gab den anderen. Die Pfarrgemeinde hielt zum Gutsherrn. Mit diesem Rükhalt und im Bewußtsein seines Rechtes steifte sich Perwanger gegen die herzoglichen und bischöflichen Erlasse. Nach und nach kamen ihm auch reformatorische Ideen, und als um 1524 die Leren der Wiedertaüfer nach Bayern drangen, schloß er sich inen, gereizt durch den fortwärenden Widerspruch, um so mer an, als er es mit dem Seelenheile seiner Untertanen gewiß ernstlich meinte.

9

So entstand die erste wiedertäuferische Gemeinde im Herzen
Altbayerns in Ginzlhofen und ir Prophet war ein bay=
erischer Edelmann, unser Augustin Perwanger, der ältere.
Ihm schloß sich bald sein jüngerer Bruder Kristof an.

Aber es dauerte nicht lange, so ergingen die schärfsten
Mandate wider die Wiedertäufer, so wurden sie allenthalben
eingefangen und prozessirt und der Ausgang dieser Prozesse
war — das Geschäft des Henkers.

Anno 1527 wurden die beiden Perwanger nach
München zitirt und troz irer mannhaften Verteidigung für
schuldig und dem Tode verfallen erachtet.

„Anno 1528 am Mittwochen nach dem neuen Jar hat
Herzog Wilhalm von Bayern den zweien edlen Gebrü=
dern Augustino und Cristoforo den Perwangern von
Ginzlhofen, obwolen ein namhafte Freundschaft von Adel für
sie gebeten, die Köpf lassen abschlagen, nachdem sie
zuvor die gräuliche lutherische Kezerei des Wiedertaufs ver=
schworen."

Augustin hinterließ nebst seiner unglücklichen Wittwe,
einer Soiterin von Landsberg, zwei Kinder, Eustach und
Anna. Mit dem Tode Kristof's wurden gleichfalls zwei
Sönlein, Josef und Onufrius, zu Waisen. Onufer von
Perwang wurde der Lezte seines alten, aus der Finster=
münz stammenden Geschlechtes. Mit Eustach's Tochter Anna
kam Ginzlhofen an Warmund von Pienzenau und nach
dessen Tode 1595 an die v. Imhof, welche es zweihundert
Jare besaßen und sich bekanntlich davon schrieben bis in die
neueste Zeit. —

Wenige Monate nach diesem Schauspiele zu München
büßte ein anderer Edelmann, Eitelhans Langemantl, aus
dem berümten augsburger Geschlechte, das gleiche „Verbrechen"

zu Weißenhorn in der bayerischen, den Fuggern da=
mals verpfändet gewesenen Herrschaft.

Ich lasse die Weißenhorner Cronik selbst sprechen.

„1528 auf den 16 Tag Aprilis bracht Diepold von
Stein (bayerischer Hauptmann) vier Mann und ein' Frau,
all Wiedertäufer, gen Weißenhorn.

„Uner benen war Eitelhans Langmantel, war vor=
mals 14 Tag zu Augsburg gefangen gelegen, ward ihm
die Stadt verboten. Darnach kam er wieder in die Stadt,
lag 9 Wochen. Er hatt ein kezerisch Büchlein wider das
hochwürdig Sakrament lassen ausgaun.

„Ward der Nachrichter von Memmingen über sie
bracht', handelt mit inen.

„Aber der Langmantl wollt' von seinem Irrtum nit
staun. Schickt' man die würdige Geistlichkeit über ihn, wi=
berruft' doch lezlich, empfing das Sacrament. Wurden
darauf all' auf die Walstatt gebracht.

„Am 11 Tag Mai hat man sie all vier mit dem
Schwert gericht'. Der Langmantl konnt nit gaun,
war ein alter schwacher Mann, ward auf eim Karren hinaus=
gefürt, sezt man ihn auf ein Stul, darauf ward er ge=
richt' — die Frau ertränkt' man.

„Liegen alle 5 hie im Kirchhof begraben." —

Der Antiquarius fügt hinzu, daß der Verfasser der
Cronik, ein katholischer Kaplan, Nikolaus Thoman zu
Weißenhorn, Augenzeuge gewesen war und sein, in Hand=
schrift vorliegendes Buch i. J. 1533 geschrieben habe.

Im pfälzisch-bayerischen Erbfolgekriege (von dem schon mermals, I, 91, 183, die Rede war) hatte Herzog Albrecht den Kaiser Maximilian um Hilfe angerufen, welche, wie die Geschichte zeigt, später zu enormem Preise bezalt werden mußte, indem das „kaiserliche (oder richtiger gesagt: habsburgische) Interesse" eine Menge der schönsten Städte, Schlösser, Wälder und eine erkleckliche Natural- und Geldentschädigung als Lon für diese Hilfe in Anspruch nam. Im selben Kriege hatte Pfalzgraf Ruprecht seine Stadt Kufstein am Inn mit dem darüber ragenden Schloße einem tapfern Manne, Hans von Pienzenau, als Hauptmann anvertraut und dieser es mit einigen Edelleuten und einer Anzal Knechte besezt.

Als nun unvermutet rasch der Pfalzgraf Ruprecht und bald darauf auch seine Gemalin, die mannhafte Elisabet, verstarben, glaubte der Pienzenauer um so mer sich verpflichtet, das Schloß den beiden Waisen, den Prinzen Ottheinrich und Philipp, bewaren zu müssen, und schlug daher die Aufforderung des vor Kufstein erschienenen römischen Kaisers Max, Schloß und Stadt zu übergeben, rundweg ab. Er hielt eben reblich, wie es einem Edelmanne ziemt, mit der Politik seiner, der niederbayerischen Partei, welche von einer Vereinigung mit Oberbayern nichts wissen wollte, noch weniger aber konnte er den Kaiser in dieser rein inneren Angelegenheit zwischen zwei bayerischen Parteien für mer als einen Parteigänger halten, der er denn, im besten Falle, auch war, wie der oben erwänte Ausgang beweist.

Am 3. Oktober (1504) lagerte sich der Kaiser vor Kufstein, schoß in die Stadt und schon in den ersten Stunden stürzte das Baumgartner-Haus (Stammhaus unserer Grafen

v. Paumgarten) sammt seinem Turme ein. Dieß machte
die Bürger betroffen und noch selben Tags übergaben sie die
Stadt. Das Schloß hielt sich nun für sich allein.

Der Kaiser ließ seine Feldschlangen (Geschüze) auf die
Mauern abgehen, allein die Kugeln prallten wirkungslos ab.

In seinem Uebermute hieß der Pienzenauer angesichts
der Belagernden die Mauern mit Besen ableeren. Das erregte
den Aerger Kaiser Maximilian's. Er tat vor allen Herren
und Knechten einen Schwur — er werde die Veste zwingen und
die ganze Besazung enthaupten lassen, und zur
Bekräftigung fügte er noch den weiteren Schwur hinzu, daß
er auch demjenigen das Haupt werde abschlagen lassen, der
für die Andern Fürbitte einzulegen wagen wollte.

Er sandte nun, wärend seine Boten bereits nach Innsbruck liefen, um die großen Geschüze aus dem Zeughaus zu
bestellen, in's Schloß und bot einen dreitägigen Waffenstill-
stand an, der auch acceptirt wurde.

Mittlerweile schwammen auf Schiffen den Inn herab die
zwei größten Belagerungsgeschüze damaliger Zeit, der Weck-
auf und der Purlepaus genannt, wurden sofort gegen das
Schloß gerichtet und am vierten Tage (12. Oktober) begann
das Schießen von Neuem.

Die Kugeln „klopften gar untugendlich an" und der
Erfolg war, daß schon am 15. Oktober die Mauern „zum
Sturm erschossen" waren. Am 16. zerschoß man das Schloß
selbst, und als nun auch dort die Mauern wankten und die
Gewölbe einfielen, da glaubte Pienzenauer das seinige
getan zu haben:

> „Zwen Knaben thät' er schicken
> Zum König Maximilian
> Das Schloß wollt' er aufgeben

Und wollte ziehen davon
Zu friften Leib und Leben."

„Da antwort' ihn'n der König:
Das wollen wir nit thun,
Wir nemen keinen gefangen,
Sagt's euerm Herrn nun.

„Da sprach der Pienzenauer:
Ich habe redlich getan,
Mich kann wol keiner zeihen,
Ich sei ein ehrlos Mann.
Meinem Herrn hab' ich geschworen,
Dem Pfalenzgraf bei Rhein,
Das Schloß gab er mir ein.

„Und soll ich müssen sterben,
Des Gott nicht wolle walten,
So will ich als ein Bayer
Mich heut' noch tapfer halten —

Und indem er einen Becher Johanniswein ergreift,
spricht er:

„Leb' wol du liebe Welt —
Leb' wol, du Laub und Gras,
Will man mir's heut' entgelten,
So wird mir nimmer baß."

Darauf verläßt Hans von Pienzenau mit seinen Edelleuten und Knechten das zerschoffene Schloß und sie schreiten
langsam und todesanend hinab ins Lager des Kaisers. Mit
entblößtem Haupte bittet der Pienzenauer knieend für sich und
die Seinen um Gnade.

Der Kaiser aber winkt den Henkern, deren standen drei
bereit, heran und — die Köpfe rollen einer nach dem andern

in den Sand. Hans Pienzenauer, Hans Wambolbt, Jorg Etlinger, N. v. Trautenberg, der alte Türnbl und noch weitere Edelleute, dann Caspar Zettel, der Büchsenmeister, und nach ihm noch sechs Andere — im Ganzen 18 Mann — erleiden den Tod, angesichts römisch-kaiserlicher Majestät. Der Lezte der Unglücklichen war ein Böhmischer von Adel, „der stieß mit Kopf und Füßen um sich, wollt' sich nicht richten lassen, mußt doch daran."

Nun wurde es den Umstehenden doch zu arg.

Herzog Erich von Braunschweig tritt zum Kaiser und bittet um Gnade für die Uebrigen, der Kaiser aber versezt' ihm einen Backenstreich und spricht: Hätt' dieß ein anderer getan, er war verloren.

One noch des Kaisers Erlaubniß abzuwarten, „sind die Fürsten, Grafen und Herren zu den Gefangenen gelaufen, und hat der eine einen, der andere zween erwischt und zu sich in sein' Schuz genommen. Somit sind die anderen alle erledigt und entlassen worden".

Diese als Heldentat und Herzensgüte vielgepriesene Tat des Kaisers scheint dem Antiquarius, beim Lichte betrachtet, eine ziemlich rohe und unkaiserliche Rache an einem, seinem Herrn treuen Edelmann und seinen tapferen Leuten gewesen zu sein. Sie wirft einen tiefen Schatten auf das Lebensbild des „lezten Ritters".

„Man hat ein' große Grube gemacht, darin man die Enthaupteten übereinander geworfen, den Pienzenauer (welcher im Leben ein schöner Mann, an die 36 Jare seines Alters gewesen war, mit einem langen vollen Bart, denn es war ihm seine Hausfrau kurz zuvor verstorben und er klagte [trauerte] um sie) legt man mit ausgebreiten Armen darüber und damit schütt' man die Gruben zu."

Auf Kaiser Maximilians Prachtdenkmal zu Innsbruck ist diese Heldentat noch in einem Basrelief und in Fugger's Erenspiegel mit einem Bilde verewigt worden, auch in einem Bauernhause unweit Kufstein hat sich ein gleichzeitiges Botiv-gemälde erhalten, welches Buehl im Ob. Arch. V. 142 so beschreibt: „Auf der einen Seite hält der Kaiser mit seinem Gefolge, auf der anderen harret die gefangene Besatzung, den Henker mit geschwungenem Schwerte vor sich. Einer der Krieger erwartet bereits knieend den Todesstreich. Im Hin-tergrunde schaut die Felsenveste herüber und oben schwebt in Wolken über einer Gruppe armer Seelen Kristus mit der göttlichen Mutter." —

Das Lied, aus dem wir einige Strofen eingereit haben, ist ein gleichzeitiges Volkslied, das die richtige Anschauung der Sache durchblicken läßt. Es hat, wie der Schlußvers sagt, einen Edelmann zum Verfasser, der mit den Begnadigten sein Leben rettete.

> „Und der dieß Lied von Neuem sang,
> Ist auch dabei gewesen,
> Von Abel ist er geborn
> Und wär' er nicht entrunnen,
> Man hätt' ihn auch geschorn."

Der Tod des Hieronimus von Stauf, Freiherrn von Ernfels, eines der mächtigsten und einflußreichsten Mit-glieder des altbayerischen Adels, gibt uns ein weiteres Bei-spiel, wie man in gewissen Kreisen gar wenig bedenklich war, sich eines unbequemen Mannes zu entlebigen.

Die Geschichte des Hieronimus von Stauf gäbe dra-
matischen Stoff — vielleicht ist sie auch schon zu diesem Zwecke
bearbeitet worden — sie ist aber viel zu lange, um hier erzält zu werden. Wir beschäftigen uns lebiglich mit dem
Schlusse des Drama's.

Nachdem Hieronimus durch lange, lange Jare der ver-
trauteste Freund und Günstling Herzog Wilhelm's IV. von
Bayern gewesen und alle brüderlichen Intriguen zwischen
diesem, Herzog Ludwig und Kaiser Marimilian mitge-
sponnen hatte, traf es sich durch Gottes Fügung, daß beide
Brüder noch früzeitig genug einsahen, daß ir Streit von
Kaiser Marimilian nur beßhalb genärt oder wenigstens
nicht entschieden würde, weil dieser dabei im Trüben wieder
ein „kaiserliches Interesse" angeln wollte.

Diese Einigung der Brüder war zugleich der Todesstoß
für Hieronimus von Stauf. Er mußte zu viel und
mußte für ewig schweigend gemacht werden.

Als die beiden Brüder zum erstenmale vereint auf den
Landtag nach Ingolstadt ritten (30. März 1516), hießen
sie gleich nach dem feierlichen Empfang die Stadttore sperren,
den Freiherrn, einst iren vertrauten Rat und Hofmeister, nun
iren unangenemen Mitwisser, festsezen und des Hochverrats
anklagen.

Fünf Edelleute aus der Landschaft, Kristof von Laiming, Augustin Lösch, Sigmund v. Schwarzenstein,
Dietrich Spät und Georg v. Egloffstein, sollten den
Gerichtshof bilden, sie baten aber, sie mit Fürung dieses peinlichen Prozesses zu verschonen. So übernam der herzogliche
Stadtoberrichter das Geschäft, welches, wie vorauszusehen
war, mit einem Todesurteil endete.

„Dienstag den 8. April 1516 ist Hieronimus von Stauf, Freiherr von Erenfels, der unseres gnädigen Herzogs Hofmeister gewesen, in der neunten Stund vormittags auf einer aufgerichten Bün' auf dem Salzmarkt öffentlich mit dem Schwert gericht' und enthaupt' worden. Allda eine große Versammlung Volks aus weit umliegenden Städten und Orten sammt 500 Mann in Harnisch erschienen; alsbald das Haupt gefallen, hat man den Entseelten abgeholt mit großer Prozession und ob der Erd besungen, auch nachmals über Land gefürt gen Ernfels.“

Hundt, der das traurige Schicksal des v. Stauf gleichfalls kurz berichtet, schließt mit den manenden Worten: Denn auf die Hofgnab' ist sich gar nit zu verlassen!

Mit des unglücklichen Hieronimus Enkel, Hans Ruprecht, erlosch das ritterliche hochansenliche Geschlecht der Staufer. Seines Brubers Bernhardin Tochter war Argula, die als Gemalin Wilhelms v. Grumbach sich durch ire Schriften für die Reformation bekannt gemacht hat. Sie wagte es selbst in einer Zuschrift an den Senat zu Ingolstadt, demselben eine öffentliche Disputation mit den Professoren puncto religionis anzubieten. Der ungalante Professor Eck soll ir statt der Antwort einen Spinnrocken geschickt haben. Das wäre am Ende noch eine launige Ablenung gewesen. Weniger fein findet der Antiquarius eine Bemerkung von Eck's Hand auf dem „christenlichen Sendschreiben von Frau Argula von Grumbach, einer gebornen Stauferin von Ernfels, an den würdigen hochgelerten Professor Johannes Eckius rc. Datum Dietfurt, Sonntag nach des heil. Kreuz-Erhöhungstag 1523“. Der Herr Professor sezte nemlich unter den Namen seiner Gegnerin die seiner gesellschaftlichen Bildung Ere machenden Worte: „ain geborner lutherischer Hurensack vnd

Höllrigel". Das betreffende Exemplar wird auf der Staats=
bibliothek in München aufbewart. — —

Frau Argula von Grumbach wurde übrigens in Folge
irer Schreibseligkeit und Bekerungssucht von Herzog Wil=
helm aus Bayern gewiesen und starb in der Verbannung zu
Zeilitzheim in Franken anno 1564.

Bei Nennung des Namens Grumbach wird der Leser
wol unwillkürlich an den unglücklichen Wilhelm von Grum=
bach, einen Namens= und Stammesvetter des Gemales unser
Argula, erinnert worden sein, der seine politischen Pläne für
Befreiung des fränkischen Adels durch Gewalttätigkeiten gegen
die Bischöfe von Würzburg in die landsfriedenstörende
Seite hinüberspielte und enblich dem schrecklichsten Schicksale —
dem Tode durch Henkershand verfiel. Er wurde als ein
65järiger Mann am 17. April 1567 zu Gotha lebendig
gevierteilt!

Mit seinem Schicksale war zufälliger Weise auch ein
altbayerischer Edelmann verflochten, David von Baum=
garten, Freiherr zu Hohenschwangau, der Lezte seines
Namens.

Wir lassen die gleichzeitige Relation selbst sprechen:

„Herr David Baumgarter, Freiherr zu Hohen=
schwangau, hat, als er Schulden halber flüchtig geworden
und auf seinen Gütern sich nicht mer durft' finden lassen, sich
in die grumbach'schen Händel gemischt und zu den aufrüre=
rischen Ratschlägen gebrauchen lassen, den Adel ganz und
gar zu befreien und nur dem Reiche untertan und
pflichtig zu machen. Dieses Vorhabens Formular ist mit
Herrn Baumgartens Namen hin und wieder umgetragen
worden.

„Dennoch hätt' er können (bei der Einname des Schloſſes zu Gotha) gar leicht und wol entkommen, wann er ſich mit einem gewönlichen Kleid unter die gemeinen Knecht gemiſcht, die man frei abziehen ließ, aber, das Verhängniß ſtraft den Uebermut, er liebt es, ſich auf einem unbändigen freudigen Hengſt, mit Federn auf's ſchönſt' geziert, ſchauen zu laſſen.

„Alsbald der Kurfürſt (von Sachſen) ſeiner, als eines Vornemen, anſichtig geworden, fraget er, wer doch dieſer wäre? So gibt man ihm den Namen kund, da hieß er den Herrn von Baumgarten wieder zuruck reiten, vom Pferd abſizen und niederknieen, wo er dann alsbald das Haupt verloren."

* * *

Zum Schluſſe der Todten-Cronik will der Antiquarius noch ein Beiſpiel aus dem allerominöſeſten Kapitel derſelben hieherſezen. Es betrifft die ſchauderhafte, unendlich rohe Tat eines Edelmannes aus vortrefflichem altbayeriſchem Geſchlechte, deſſen Namen er, wie den geſammten Stand durch ſeine Un= tat verunglimpft hat. Glücklicherweiſe ſtet dieß Beiſpiel ganz vereinzelt da und beweiſt uns höchſtens, daß in jedem Garten Neſſeln wachſen.

Am 7. Dezember 1522 ging Hans von und zu Fraun= hofen mit drei Knechten auf die Rehebeize in den Wild= mannsberg bei Rozing. Dort ereignete ſich, was wir aus dem Munde der gefangenen Knechte vernemen.

„Als ſie lang gehezt und nichts gefangen, haben ſie von ungefär ein irre gehend's klein's alt's Männlein von der Villachbrucken herweg kommen sehen. Hat der von Fraunhofen ihn angerufen: Was hast du da zu gehen? — Sagt das Männl, es sei irr' gangen, wiß' nit wo aus — worauf der von Fraunhofen es angeschrieen: Du bist wol ein seltsamer Gesell, muß dich geh' anders fragen! — indem hab' er die Wer' gezuckt und das Männl geschlagen, auch sie (die Knechte) aufgefordert, den Mann zu schädigen, was sie getan, den Mann gar niedergeschlagen, der Fraunhofer auf ihn gesessen, ihn mit einem Stich in die Gurgel entleibt.

„Darauf hab' er sie geheißen, ihn untersuchen. Der Entleibte hab' nichts bei sich gehabt als ein klein's Beutelein, darin 2 Batzen und 10 Pfennig an Geld. Das haben sie ihm nicht abgenommen, ihn liegen lassen und des Wegs gegangen."

Die Sache wurde Tags darauf ruchbar. Die Knechte bekannten. Der Herr war geflohen. Man fandete nach ihm.

Nach wenig Wochen kam ein Schreiben an den Herzog Ludwig nach Landshut, one Ort und Tag, darin der Flüchtige um sicheres Geleit bat und sich unterzeichnet: „Euer Gnaden treuer und frommer Landsaß, Hans von Fraunhofen".

Man war aber zu ser empört über diese Missetat, als daß man hierauf Rücksicht nam. Vielmer wurden, da man Kunde erhielt, der Verbrecher sei auf salzburgischem Gebiet, bei Waging, gesehen worden, zwei Bevollmächtigte nach Salzburg geschickt und die Beihilfe dortigen Gerichts erbeten.

Am Gründonnerstag wurde Fraunhofer zu Waging gefangen genommen, nach Salzburg, dann nach München

geliefert, prozeffirt und am 7. Juni 1523 auf gewönlicher
Richtstatt mit dem S ch w e r t g e r i ch t e t.

Wegen der besonders graulichen Miffetat war im Urteil
die Verschärfung ausgesprochen worden, der todte Körper solle
auf's Rad geflochten und öffentlich ausgestellt werden. Dieß
wurde jedoch abgebeten „in Ansehung und auf Fürbitt' der
trefflichen Freundschaft und der Verdienste seines Geschlechtes
um das Haus Bayern“.

So wurde der Leichnam auf einem Wagen nach Peur=
bach in der Herrschaft Neu=Fraunhofen gefürt und dort
begraben. — — —

Am 2. März 1865 ist K a r l Freiherr von F r a u n =
h o f e n als der L e z t e seines uralten Geschlechtes verstorben.
Die Erben haben ihm durch den Bildhauer Zumbusch in
München ein schönes Epitaphium machen lassen, auf welchem
er als Georgi=Ritter unter seinem gestürzten Wappenschilde
zu sehen ist.

———— ‥

8. Das P a t r i z i a t in den fünf Regierungs=
Städten Altbayerns hat sich, wie bereits oben SS. 42
und 56 erwänt worden, dem Landadel stets gleich geachtet.

Anfangs bestanden in der Tat auch die Stadtgeschlechter
zur Hälfte aus Adel, der sich von seiner Ministerialität frei=
gemacht und vom Lande herein in die Mauern der Städte
gezogen war, später — vom XVI. Jarhundert angefangen,
als der Turnieradel den Patriziern die Schranken verschloß
und sie wegen irer Handels=Geschäfte für nicht mer ebenbürtig
erklärte, ließen sich die städtischen Geschlechter vom Kaiser

Beſtätigungen irer abelichen turniermäßigen Herkunft erteilen —
im XVII. und XVIII. Jarhundert aber, als die alten Geſchlechter allmälig abgeſtorben waren, erſezte man ſie daburch,
daß man alte Bürgerfamilien, nachbem ſie zuvor Abelsbriefe
erlangt hatten, in bie Reien der „Hochmögenben“ aufnam.
Ganz zum Schluſſe ber Patriziatsverfaſſung, am Ende des
vorigen Jarhunderts, verlieen bie Städte ſogar ben Titel
eines „Patriziers“ an Unabeliche, wie man heutzutage etwa
das Erenbürgerrecht verleit. Unſer bekannter Hiſtoriker Lorenz Weſtenrieber wurde z. B. i. J. 1799 mit dem Eren-
titel eines „Patriziers von München“ ausgezeichnet.

Der Antiquarius hat es aber natürlich hier nur mit ben
abeligen Patriziern und unter bieſen wieber zunächſt mit ben
älteren Familien zu tun.

In ber Stadt München haben bie „Geſchlechter“ im
Verlauf von ſechs Jarhunberten etwa breimal gewechſelt.

Die älteſten treten mit dem XIII. Jarhunberte auf und
bauern burchſchnittlich bis zum XV., bann kommt bie zweite
Folge, welche von bieſer Zeit bis zum Ende des XVII. Jarhunberts ſich hält, und barauf im XVIII. und ben erſten Jaren
des XIX. Jarhunberts bie lezte Folge.

Nur vier bieſer Geſchlechter, bie Ribler, Ligſalz,
Schrenk und Bart, haben ſich von den älteſten Zeiten
burch alle Perioben bis ins vorige Jarhunbert unb zwei
bavon bis in bieß erhalten. Hievon verblieb aber nur eines
bis zum Schluſſe ber Patriziatsverfaſſung in ſtädtiſchen Würben überhaupt, nemlich bas ber Bart, welches neben bem
ber Schrenk jezt in freiherrlichen Würben blüt.

In Bezug ber Begüterung bemerke, baß hier nur bie
Stammgüter, beren Namen mit bem des Geſchlectes
hiſtoriſch zuſammenhängen, beigeſezt wurden, baß aber manche

ber Geschlechter im Lauf der Zeiten Duzende verschiedener
Hofmarken und Edelsize besaßen. — Weitaus die meisten
dieser Güter lagen im Würmtale und an den reizenden
Ufern des Würmsee's, wie z. B. Pasing, Planegg, Fuß=
berg, Königswiesen, Leutstetten a. d. Würm, ober Possenhofen,
Garazhausen, Tuzing, Ammerland, Kempfenhausen u. s. w. am
See selbst. In der Gegend um Dachau lagen: Pasenbach,
Sulzemos, Weilbach u. a. und nordöstlich von München:
Nozing, Egmating, Falkenberg u. a. m.

Hier folgen die Namen der ältesten Reie:

Altmann.

Astaller.

* Bart von Harmating.

Dichtl von Tuzing, ausgestorben um 1670.

Diener, ein Rittergeschlecht, stamm= und wappengenossen
      mit den

Schluber von Weilbach.

Drächsl, von welchen Marquard, Kaiser Ludwig's IV.
      Kanzler.

Eisenmann.

Gießer, später gesessen zu Tegernbach in der Hallertau.

Glockner von St. Peter.

Gollier, ein Rittergeschlecht.

Gulbein.

Häring. Aus diesem Geschlecht war Rudolf, „Professor
      der heiligen Geschrift und der Erzenei", auch Dechant
      zu St. Peter. Er vermachte „aller Priesterschaft zu
      München zu einem künftigen Nuz" seine ganze Liberei
      ober Bibliothek, aus wertvollen Handschriften bestehend,
      i. J. 1447 seiner Pfarrkirche.

Hausen, ein Rittergeschlecht.

Hundertpfund, später landgesessen. Ir Wappen: Gespalten von Blau und Gold mit einem Ring in verwechselten Farben. — Balthasar H., patricius monacensis, starb 1502 als erster Dechant des neuen Domstifts zu München, welches bekanntlich von Herzog Albrecht IV. gewaltsam von Ilmmünster dorthin transferirt worden.

Impler.

Katzmair. Jörg K. war wärend des Bürger-Aufrurs, den die Streitigkeiten der vier bayerischen Herzoge hervorriefen (1394—1403) Bürgermeister und einer der besonnensten und wackersten „Geschlechter", die München je gehabt. Er starb 1417. Sein Tagebuch aus jenen unruhigen Tagen ist uns noch erhalten. Das Wappen hatte eine aufsteigende silberne Kaze in Rot.

Kuchenmeister von Lochhausen und Rockenstein.

Ligsalz von Ascholbing. Ueber dieß Geschlecht unten mer.

Mäusel.

Niger.

Perkhofer, Rittergeschlecht. W: ein halbes Einhorn.

Podmer.

Pötschner von Riedersheim. Der Bürgermeister Balthasar P. v. R. besaß die Ritterwürde. Er war einer der Lezten seines Geschlechtes und sein prächtiges Grabmal mit seinen und seiner Hausfrau, einer Fröschlin, Figuren und Wappen, ist in der St. Peters-Kirche zu München noch erhalten. Er starb 1505.

Pretschlaifer. Ein Rittergeschlecht, dessen Hauptstamm landsässig zu Prettstori blieb, und aus welchem wir den „langen Hansen" bereits oben S. 132 unter den reiterischen Edelleuten kennen gelernt haben.

Pütrich. Das Stammwappen dieses Geschlechtes war ein sprechendes, nemlich ein silberner Pütrich — ein Weinfäßlein — in Rot. Eine Linie des Geschlechtes hat die v. Reicherzhausen beerbt und deren Wappen, mit Hinweglassung des irigen, angenommen: in Rot ein oberes und unteres silbernes Ort am Vorderrand. Aus dieser Linie haben sich zwei Jakobe ausgezeichnet, der eine um 1370 als „Feind der Stadt Augsburg", der andere als Minnesänger, welcher unter andern anno 1452 ein langes, langes Gedicht „Sendbrief an die Herzogin Mathilde", verfaßte, das uns noch erhalten ist, in seinen holperigen Versen aber heutzutage kaum mer einer Dame zur Lectüre empfolen werden dürfte. Die Münchner Linie hat das „Pütrichkloster" für Nonnen daselbst, die Reicherzhauser das Spital für arme Leute in Weilheim gestiftet.

Ramung von Rameck, ein Adelsgeschlecht.

Ridler von Johanneskirchen. Von diesen unten.

Rudolf, genannt Am Anger.

Scharfzant. Origine Regensburger.

Schluder, s. oben bei Diener.

Schreiber. Zweierlei Geschlechter, die sich durch die Beinamen „am Graben" und „von Mängen" unterscheiden.

* Schrenck von Notzing. Von diesen unten mer.

Sendlinger, ein Rittergeschlecht, Stifter des Nonnenklosters „am Anger"; Konrad Sendlinger war Bischof zu Freising, der einzige der altbayerischen Bischöfe, der in der Kaiserschlacht bei Ampfing

1322 auf Ludwig's Seite stand und noch im selben Jare, wie man sagte, an beigebrachtem Gifte, starb. Das Geschlecht hat im Anfang des XV. Jarhunderts das Patriziat aufgegeben und sich auf sein Schloß Päl bei Weilheim gesezt.

Senftl. Ein Geschlecht, das sich durch Liebe zur Kunst auszeichnete, und aus dem Ludwig S. ein berümter Musiler war anno 1528. Die S. sind bald danach aus München weggezogen, aber erst zu Anfang dieses Jarhunderts erloschen.

Ir Wappen ist sowol im Schild als auf dem Helm so übereinstimmend mit dem der v. Ebenstein in Tirol (beide fürten geviertet: 1. und 4. von Rot und Silber fünfmal hin= und her gespizt, 2. und 3. in Silber ein fünfstraliger roter Stern; auf dem Helm ein wachsender Knabe, blumenbekränzt, in der Rechten den Stern haltend), daß sich der Gedanke an eine Stammesgemeinschaft beider Familien nicht abweisen läßt.

Stupf, später landgesessen zu Reinach.

Tömlinger. •

Tulbeck, Stamm= und Wappengenossen der Pütrich. Johannes Tulbeck war Bischof zu Freising 1453, resignirte aber wegen hohen Alters und starb 1478 in seiner Vaterstadt, wo er im Dom ein prachtvolles Grabmal besizt.

Weißenfelder, später landgesessen zu Hilgartsberg.

Wilbrecht zu Pasenbach. Ir Wappen, drei rote Lö= wenköpfe in Silber, haben die Schrenk geerbt und füren es noch im 2. und 3. Quartier und auf dem II. Helm.

10*

Zweng, altbayerisches Adelsgeschlecht aus Dachau stammend, fürte einen Zwang=Stul im Schild. Jacob
Zweng kommt 1604 zum leztenmal als Burgermeister vor. —

Ich hebe aus diesen Geschlechtern der ältesten Reie hier
drei besonders hervor, weil sich in irer Familien=Geschichte ein
merkwürdiges Fatum, oder, wenn man will, eine besondere
Fügung Gottes erkennen läßt.

Diese drei Geschlechter sind die Schrenk, Ridler und
Ligsalz, alle drei (gleich den Bart) echte und gerechte
freie Bürgergeschlechter.

Wie der Anherr der Bart — welche in lateinischen
Briefen Barba heißen — unzweifelhaft von seinem stattlichen
Barte den Uebernamen erhielt und auf seine Nachkommen
übertrug, auch das Haupt eines weißbartigen glazkopfigen
alten Mannes (vielleicht sein eigenes Porträt?) als Wappenbild annam, so mögen auch den drei anderen genannten Familien von besonderen Umständen ire Namen geblieben sein.

Schrenck (in lateinischen Briefen Schrencho) ist jedenfalls ein Uebername und bedeutet: schief oder überzwerch.
Von dem Ursprunge des Namens Ridler, welcher im Volks-
mund Rigler gesprochen wurde, werden wir unten eine Andeutung finden, und der Name Ligsalz hängt gewiß auch
mit einem besonderen Vorkommen bei dem Salzhandel, dem
ja die Stadt München bekanntlich ire Entstehung schuldet,
zusammen.

Der Antiquarius will nicht in Abrede stellen, daß es einem unserer gegenwärtigen oder späteren Sprachforscher vielleicht noch gelingen möge, den Namen Ligsalz etwa aus dem Keltischen von lik und sal, oder aus dem lateinischen von ligo und salus oder gar aus dem Griechischen u. s. w. zu derwiren, er seinerseits erlaubt sich nur zum Beweise, daß wenigstens das Publikum in München seiner Zeit bei dem Namen Ligsalz wirklich an ein liegendes Salz gedacht habe, die Reime eines Stadtpoeten anzuführen, welche dieser auf den Bürgermeister Friedrich Ernst v. Ligsalz bei Gelegenheit einer Neujars-Gratulation anno 1689, als dieser wieder in den Rat gewält worden war, gedichtet hatte.   Sie lauten:

> Sonst, wenn das Salz soll werden guet,
> Mueß man's nit liegen lassen;
> Je mehr man's ribrt und schitteln thuet,
> Je mehr Räß thuet es kriegen.
> Doch hier findt' ich das Widerspill:
> Ein Ernst dieß Salz erfasset,
> Wo man's ein Zeit lang in der still
> Fein rubig liegen lasset.
> Dann zeigt's sein Würkung in dem Rhat,
> Wann Speisen sind auftragen
> Und Ernst sie nit gesalzen hat,
> Kein Gschmachen werden's haben.

Derselbe Poet machte auch, was ich gelegentlich erwäne, auf den Rats-Burgermeister Ferdinand Bart nachfolgende Verse:

> Die Türggen haben dise Arth,
> Wann sye etwas bewehren,
> So Schwören sye bei ihrem Barth,
> Dan Thuen sye's nit verkheren.

Also auch hye in dem Senat,
Wenn der Herr Barth was Rhatet,
Darbey es sein Verbleiben hat,
Sein Rhat hat nie nit gschadet.

Ich weiß wol, daß man in älteren Genealogien die Bart vom Rheine und die Schrenk von Thüringen einwandern läßt, ich lasse solche Angaben auch bei iren Würden, ich meine aber, es sei solcher Herleitung keine Not, wenn man bedenkt, daß beide Geschlechter schon im lezten Viertel des XIII. Jarhunderts zu München im Rat saßen und also freie Leute waren — eine Tatsache, die mit dem Herkommen jedes Geschlechtes des niederen Land-Adels, der bekanntlich noch hundert Jare später unfrei und leibeigen war, den Vergleich aushält.

Der Schrenken uraltes Wappen ist ein (wenigstens teilweise) redendes. Es zeigt in rotem Schilde eine silberne Zwerchstraße oder einen silbernen Schrägbalken, belegt mit einem schwarzen Stral oder Pfeil. Statt des geradlinigen Schrägbalkens findet man in älteren Mustern auch einen gefluteten oder einen Schrägfluß, doch ist die erstere Darstellungsart die gewönlichere. Als Helmkleinot füren sie einen offenen Flug, die Flügel wie der Schild bemalt.

Merkwürdiger Weise fürten auch die beiden andern Münchener Geschlechter, die schon genannten Ridler und Ligsalz, ganz denselben Schild wie die Schrenken.

Die Ursache dieses heraldischen Curiosums — man könnte es eine Wappensage nennen, wenn nicht eigentlich ganz historischer Hintergrund vorwaltete — erzälte der Corherr Kristof Ridler selbst, da er einst mit mereren anderen Junkern, als Georg Bart, Kaspar Weiler, Gabriel und Georg Ridler,

Hieronimus Pronner und Bartlme Schrenk bei einem Fäßlein Rheinfall auf der Herren-Trinkstube zu München saß.

Es war am 5. Februar des Jares 1556, und der Wein hatte gute Vertraulichkeit erweckt, als der Domherr in folgender Weise erzälte:

„Vor Zeiten lebte in der Stadt München ein angesehener Mann, Berchtold Schrenk geheißen, der hatte zwei Söne, Berchtold und Konrad, und 5 Töchter.

„Der jüngere Berchtold gieng kinderlos mit Tod ab, sein Bruder Konrad aber war dazumal bereits geistlich und Dechant zu Mosburg. So stand also der Schrenken Stamm auf dem älteren Berchtold, welcher auch schon bei Jaren gewesen und sich weiterer Nachkommen nicht versehen.

„Eine seiner Töchter hatte er dem Konrad Ligsalz verheuratet, die andere Heinrich dem Ribler, welcher ein Bauersson gewesen aus einem Dorf in der Näe von München, einen Handel mit Strohrigln in die Stadt getrieben und davon reich geworden, leztlich ins Bürgerrecht und zu Würden gekommen.

„Da nun der alte Schrenk seinen Stamm am Erlöschen sah, gestattete er seinen beiden Schwiegersönen, zu einer ewigen Erinnerung sein, das schrenkische Wappen anzunemen, welches sie auch getan.

„Wider Verhoffen gewann Herr Berchtold Schrenk aber noch einen Son, Niklas genannt, der natürlich des Namens und Wappens rechter Erbe wurde.

„Damit nun aber die beiden Schwieger ires einmal angenommenen und schon lange Jare im Gebrauch gehabten schrenkischen Wappens nicht wieder entraten möchten, vermochte sie der erfreute Vater gütlich dahin, daß sie zwar den Schild mit der Zwerchstraße und dem Stral beibehalten, die Helm-

kleinode aber verkern (verändern) ſollten, wie denn
auch geſcha.

„Der Ridler und ſeine Nachkommen haben von da an
auf den Helm einen geflügelten Geiersfuß geſtellt, den Flügel
bemalt wie den Schild, der Ligſalz und ſein Geſchlecht aber
einen hohen roten Hut mit ſilbernem Stulp und auf dem
Stulp den ſchwarzen Stral gebraucht.“

So kam es alſo, daß die Schrenk, Ligſalz und
Ridler denſelben Schild fürten, ein in der Genealogie und
Heraldik adelicher Geſchlechter vielleicht einzig daſtehendes
Exempel.

Nicht minder merkwürdig dürfte die Tatſache erſcheinen,
daß das Geſchlecht der Schrenken, welches im Anfange
des XIV. Jarhunderts, wie erzält, auf dem Erlöſchen ſtand,
gerade in jenem ſpätgebornen unverhofften Sone, dem jungen
Niklas, ſeinen Stammhalter finden mußte, und bis zum
heutigen Tage blüt und grünt, wärend die beiden wappen-
genoſſenen Geſchlechter der Ridler und der Ligſalz ſeit
lange ſchon den Todten angehören.

Ferdinand Freiherr von Ligſalz, Bürgermeiſter von
München, ward 1739 mit Schild und Helm begraben und
Franz Ignati Ridler von Johanneskirchen hat 1780 gleich-
falls als der Lezte ſeines Stammes die Welt geſegnet.

Es verſtet ſich wol ſelbſt, daß ein ſo altes und weitver-
breitetes Geſchlecht, wie die Schrenken (noch heutzutage
blüt ein, längſt vom Hauptſtamme abgetrennter Zweig in
Böhmen und ein anderer in Preußen und Oldenburg) auch
da und dort Hervorragendes geleiſtet habe. Der Antiquarius
läßt das bei ſeinen Würden und erlaubt ſich nur zu bemerken, daß, nach zuverläſſigen Nachrichten, in der Familie ſelbſt
immer ein reger Sinn für die Geſchichte des eigenen Ge-

schlechtes gewesen sei, und daß auch der gegenwärtige Senior, Staatsrat Freiherr v. Schrenk in München, in diesem löblichen und adelichen Sinne handle.

Aus einem im Besiz desselben befindlichen Manuskripte hat der geistliche Rat C. Geiß im O. A. XXVII. ein paar Stellen extrahirt, von denen eine uns erzält, wie Lorenz Schrenk als junger tatenlustiger Mann um 1450 in Dienste König Kasimir's von Polen getreten sei und dessen Züge gegen den Deutschorden mitgemacht habe, auch wegen seiner Tapferkeit bei Wobonck zum Ritter geschlagen wurde.

Bei dem Sturm auf die Marienburg 1457 ward der Hauptmann Schrenk zuvorderst geordnet und ihm zur Unterstüzung ein polnischer Hauptmann, Nikolaus Zarnozki, beigegeben.

Als es aber zum Treffen kam, war der polnische Herr verschwunden, und Schrenk mußte sich in Folge dessen vor der Uebermacht zurückzieen.

Er säumte nicht, dem Polaken einen „Bösewicht“ und „Feldflüchtigen“ aufzubrummen und ihn zum Zweikampf zu fordern. Der Pole aber schüzte vor, er wisse nicht, ob sein Gegner auch adelichen Herkommens sei, und könne deßhalb nicht mit ihm losgehen.

Schrenk erbat sich ein Jar Frist, den Beweis zu bringen, schrieb sofort an seinen Vater nach München, und dieser erwirkte vom Herzoge Albrecht IV. einen gesiegelten Brief (ddo. München 6. Mai 1459), welcher bezeugte, daß der alte Lorenz Schrenk, der Vater, von vier erbaren Anen, deren Wappen im Briefe gemalt waren, abstamme und Wappengenoß sei, und daß er dem Kaiser und Reichsfürsten ritterliche Dienste in Kämpfen und Feden getan habe.

Mit dieſem Brief trat der junge Lorenz Schrenk vor
König Kaſimir und bat um Anſezung eines Tages zum
Zweikampf mit dem Zarnoßky.

Der Tag wurde auch wirklich angeſezt, der Pole aber
erſchien nicht, und unſer Schrenk mußte ſich begnügen,
von ſeinem König ein Zeugniß über ſein adeliches Herkommen und daß er ſeiner Pflicht genügt habe, zu erwerben.

Lorenz Schrenk ſtarb nach 1489. Er war zeitlebens in
Polen geblieben, hatte eine v. Waldau geheiratet, aber keinen
Mannserben erzielt.

Die Ridler haben in München, gleich den ſchon ge-
nannten Pütrich, ein Nonnenkloſter geſtiftet, genannt das
Ridler-Seelhaus „zu St. Johannes auf der Stiege“ und
„Martin Ridler, des innern Rats, war ein Anfänger
des goldnen Almoſens, ſo man alle Samstag um
Gottes-Willen den hausarmen Leuten austeilt“.

Am Ausgang des ehemaligen Frauenfreithofs gegen die
Sporergaſſe befand ſich noch Anfangs dieſes Jarhunderts
eine gemalte Tafel, auf welcher das ridler'ſche Wappen, die
leztangefürte Inſchrift zu leſen und darunter die an gedachtem Orte ſtattfindende Verteilung von Almoſen in Geld, Brod,
Fleiſch und anderem an Arme abgebildet war.

Der Lezte des Geſchlechtes Ligſalz hat, wie das bei
abgehenden Geſchlechtern häufig vorzukommen pflegt, übel ge-
bauſt, auch ſeinem Stamm und Stand wenig Ere zugebracht.
Mit ſeiner Frau Ehekonſortin lebte er im Unfrieden und
vielleicht war auch dieß die Urſache, daß er dem Weine, mer
als dienlich, zuſprach. Vielleicht war aber auch lezteres die
Urſache und der häusliche Unfriede eine Folge davon.

Auch der Baron Ferdinand Ligſalz nam, wie ſeine Vorfaren ſeit fünfhundert Jaren, die Erenſtelle eines Bürger-

meisters seiner Vaterstadt ein, und (der Leser wird es gleich dem Antiquarius etwas ungereimt finden) kam als Bürgermeister in den lezten Jaren seiner Amtirung nächtlicher Weile nicht selten mit seinen Polizeibienern oder Scharwächtern in unziemliche Berürung. Dieß zog ihm nicht nur Mißachtung der Untergebenen, sondern auch ernstliche Rügen seiner Ratsgenossen zu, welche im Namen des ganzen Magistrates der ältere Bürgermeister v. Schobing (es verwalteten nemlich von den zwölf inneren Räten 6 abwechselnd, je 2 Monate, das Bürgermeisteramt) zu verfassen hatte.

Wir fanden zwei dieser Liebesbriefe noch in Originali. Sie datiren vom 14. Dez. 1731 und 29. Aug. 1732 und wir lassen sie für sich selbst sprechen.

Der erste lautet:

„WohlEdl gebohrner, besonders hochgeehrter Herr Collega.

„Derselbe khan sich von selbst wohl beyfahlen lassen, mit waf mißfahlen wür vernemmen miessen, daß Vnser hochgeehrter Herr Collega iüngst Verwichener täg zu spatter nachtzeit von Vnseren aufgestölten Scharwachtern, nachdem Er dieselbe, wie dem Vernemmen nach schon öffters geschehen sein solle, sehr schimpflich tractieret, auf der Gassen anghalten vnd auf die Generalwacht arretiert worden.

„Wie nun solches nit allein zu dessen aigner, sondern auch eines ganzen löbl. Innern gremii merkhlicher disreputation gereichet, Vmb so mehreres, weillen diese facta in der Statt, vnd sogar Vnter der BurgerSchafft nit Vnbekhannt, bey welcher wür doch den respect vnd authoritet alß vorgesezte Obrigkheit beyzubehalten billich vnd mit eifer vns anglegen sein lassen solten.

„Also khönen wür nit Vmbhin ein solches, wie hiemit beschiehet, zu anten, in der Versehung es werde Vnser hoch= geehrter Herr Collega thonstigshin nit allein die Scharwacht in Verrichtung ihrer obligenten schuldtigkheit mit ruhe vnd Vnbetastet lassen, sondern auch sich deß so spatten nächt= lichen brinkhens vnd Gassentrettens, wie auch der ihme vnanstenbigen compagnie vnd Anhang, ent= halten, welches gewißlichter weiß eine große Consolation sein wurde, die wür wünschen jeder Zeit im werkh contestiren zu khönen, die wür seyen,

„Sub dato München den 14 Xbris ao 1731.

„Vnseres besonders hochgeehrten Herrn Collegae dienst= beflissen willigste Burgermaister der Churfstl. Haubt= und Residenz=Statt alda.“

Im zweiten Schreiben wird von den 3 älteren Bürger= meistern irem Kollegen eine lez te Rüge erteilt, mit der Drohung, die Sache vor die öffentlichen Gerichte zu bringen, da sie bereits „hochen orts“ ruchbar geworden. Der Eingang des Schreibens hat Bezug auf die häuslichen Dissidien des Baron Ligsalz.

„WohlEdlgebohrner besonders hochgeehrter Herr Collega.

„Was Vnser besonders hochgeehrter Herr Collega auf Vnser anvor vnder dem ersten currentis mensis an ihme beschehenes freundtliches Zuschreiben, wegen der mit dero Eheliebsten entstandtenen Mißhelligkheiten cum anne= xis für ain Antworttschreiben (so zwahr den 9ten eiusdem datirt, mir von Schobing aber erst den 24. hienach ein= geliessert worden) an Vns abgehen lassen, ain solches haben wir aus dessen enthalt ablesent vernommen.

„Wür hätten auch beynebens gewunschen vnd verhoffet, man wurde gleichfahls yber den im protocoll enthaltenen punct, respective convenable Vnterhaltung deß hauf=

wesens vnd darzue erforderlicher Verwendtung einer iähr-
lichen quanti wenigist von 5 bis 600 fl., etwas haben
verlauten laſſen, damit wür um ſo mehr zu retablierung
einer zwiſchen vnſern hochgeehrten Herrn Collegam vnd dero
Frauen Ehegeliebſten erforderlichen vnd dero Standt an-
ſtendtigen harmonie vnd löbl. hauſweſen Vnſ mit effect
interponieren khönten.

„Anjonſten aber khönen wür nit verhalten, wie wür
mehrmalen, vnd zwahr von einen hochen orth höchſt be-
tauerlich vnd mit groſſem befremden anhören miſſen, waſ-
geſtalten Vnſer beſonders hochgeehrter Herr Collega erſt khurz-
verwichner tägen abermalen wegen eines nächtlicher
Zeit auff der Gaſſen vorgangenen Zankhhandls auf
die wacht geführt vnd allbort enthalten worden.

„Welches jodan andern Tags an diſen hochen orth mit
allen auf der wacht vnder wehrentem arreſt verloſſenen zu
größter disreputation gereichenten Vmbſtändten raportiert
worden.

„Allemaſſen wür verhoffet hetten, man wurde von ſelbſt
begreiffen, waſ vbler nachklang eine ſolche ſtraffmeſſige bey
der anvertrauten Burgerſchafft vnd Communität nur gelächter,
Hon und Verachtung nach ſich ziechente Aufführung hieraus
erfolgen werde, also daß wohl endtlichen zu beſorgen, man
werde hocher orthen, wo es nit verborgen ſein khan, gar vor-
greiffen vnd gehörige ſtraff vorkheren, wohin wür es khommen
zelaſſen vor Verantworttlich nit befündten: noch ferners diſ-
ſimulieren khönten.

„Sondern wür mießten auf ferners vernemmen derley
facti zu abwendtung beß Vnſ ſonſt zuewachſenten Vnglimpfs
vnd anotung der Juſtis ſeinen glatten lauff laſſen.

„So wîr vnseren hochgeehrten Herrn Collegae noch zum letzten mahl guttmeinend erindern wollen, verbleibente anbey nebst allerseithiger ergebung in die obhuett Gottes

„München den 29. aug. aͦ 1732.

„Vnseres besonders hochgeehrten Herrn Collegae dienst-befliessen willigste, die 3 ältern Burgermaister alba."

— — —

Die zweite Folge des Münchner-Patriziats beginnt mit der ersten Hälfte des XVI. Jarhunderts. Es sind meist aus dem Bürgerstande selbst hervorgegangene Geschlechter, welche mitunter schon hundert Jare früer in Urkunden vor-kommen, auch als wappengenossene Leute eines guten Ansehens genossen und sich durch Nobilitirung nach und nach zu der Gesellschaft der Geschlechter qualifizirten.

Solche geadelte Ratsgenossen oder Patrizier waren die:

Altershaimer zu Finsing. Ursprünglich ein Wasser-burger bürgerliches Geschlecht, das schon im XVI. Jar-hundert landgesessen war, aber erst 1654 als adelich ausgeschrieben und 1681 gefreit worden.

Andorfer von Landsberied, mit dem Wappen der abgestorbenen Sendlinger begnadet.

* Donnersberg. Von diesen unten.

Fleckhammer mit dem Eichhorn.

Freimann, später landgesessen zu Randegg. Aus diesem Geschlecht hat sich Dr. Wolf Freimann von Randegg durch ein handschriftlich hinterlassenes, mit großer Liebe und unendlichem Fleiße zusammengetra-genes Stammbuch seines Geschlechtes und der ver-

wandten Familien ein dankenswertes Andenken
erworben.

„Ob ich wol", sagt der wackere Wolf in der Vorrede dieses Stamm- und Freundschaftsbuches, „aus
treuherziger väterlicher Lieb und Fürsorg meinen Kindern lang vor diesem, anno 1584, auf den unvorher-
gesehenen Fall meines Ablebens eine sondere Haus-
Cronik zusammengetragen, daraus sie ihre Eltern und
Vorelten, derselben Weib' und Kind', Ab- und Herkommen, Leben und Sterben verzeichnet finden. Weil
mich aber seit derselben Zeit der ewig gütig Gott noch
weiter erhalten, meine Jar mit mereren Diensten, Vermögen, Weib' und Kindern reichlich gesegnet, neben
dessen, daß ich erst vor kurzen Jaren vieles aus alten
Briefen, Archiven und anderen glaubwürdigen Urkunden
in Erfarung gebracht. Also hab' ich mich auf Erlas-
sung meines schweren Dienst und Reichs-Vice-Cancel-
lariats in meiner Ru' zu Randeck anno 1598, meines
Alters im 53ten, dieses Stamm- und Freundschafts-
buchs unterfangen, es in solche Ordnung gebracht, der
tröstlichen Hoffnung meine Kinder werden diesen meinen
wolmeinenden Fleiß, Müe und Arbeit zu Dank annemen, inen lieb und angenem sein lassen und meiner
dabei in Bestem gedenken, auch irer Nachkommen Namen, Wappen und Tun gleichmäßig hierin verzeichnen.“

Füll von Windach. Franz F. v. W. starb 1630 als
Bürgermeister von München. Später, 1691, ist das
Geschlecht (dessen Stammwappen ein weißes Füllen in
Rot) in den Freiherrrstand erhoben worden und in
unserem Säkulum, 1828, ausgestorben. Güter und
Wappen haben die v. Pfetten geerbt. Der lezte

Baron Füll, Ferdinand, soll sich durch seine Liebhaberei für Pferdehandel und seine Duz-Freundschaft mit allen Pferde-Juden bekannt gemacht haben. Ein Augenzeuge schilderte ihn als einen kleinen Mann mit blauem Fracke, gelben Lederhosen und Kappenstiefeln, auch einer großen Peitsche über der Schulter.

Gaishofer zu Biberkar.

Hörl von Wattersdorf, zuerst Tuchmanniger, später reiche Handelsherren, ausgestorben als bayerische Grafen um d. J. 1832.

Kemptner von Sulzemoos, welches Gut durch Heirat einer Kemptnerin an Wiguleus Hundt gekommen, bei dessen Geschlecht es noch ist.

Kreller, stammten aus dem Unterland, fürten im roten Schild einen Fuchsrumpf, der den Flug einer Gans im Rachen hält. Hans Krällar siegelt so 1471 als Landrichter zu Landau. Marx war 1565 Bürgermeister zu München.

Lindauer, schon 1485 mit Ulrich L. im Bürgerstand der Stadt, 1589 wappengenoß, aber erst 1680 im innern Rat mit Joh. Felix Lindauer, Burgermeister.

Müller mit der Lilie.

Pfundmer, so anfangs Pfundtmair geheißen und bereits anno 1449 kaiserlichen Wappenbrief erhalten.

Pronner von Aichbichl. Dr. Pantaleon Pronner, fürstl. Leibmedikus zu München, war der Anherr. Von seinen Sönen ist Hieronimus Landschafts-Kanzler, Wolf aber Bürgermeister zu München geworden. Des Hieronimus Son, Dr. Pantaleon, starb als Domherr bei U. L. Frau 1634. Ir Stammwappen: ein blauer Rörbrunnen in Gold, haben sie mit dem

der Höhenkircher von Aichbichl (in Silber zwei rote
Wecken) quabrirt.

Reitmor von Pasing, hießen ursprünglich Reitmair.
Andrä R., der 1484 nach München kam, hat einen
Wappenbrief erhalten mit einem auf einem Hirsch rei=
tenden Moren. Seine Nachkommen haben den Namen
allmälig umgeändert.

Rosenbusch zu Possenhofen. Dieß Geschlecht, als
dessen Anherr Meister Jakob Rosenbusch, ein Wund=
arzt zu München, anno 1448 erscheint, kam mit Hans
und Jakob, Gebrüdern, Enkeln des Genannten, in Auf=
name. Hans heiratete eine Geschlechterin von München,
kam ob seiner Geschicklichkeit bald in den Rat und war
1520 bereits nahe am Bürgermeister. Jakob trat
1515 als gemeiner Schreiber in Dienste Herzog Lud=
wigs und brachte es durch Fleiß und Glück bis zur
Stelle eines Landschaftskanzlers.

Anno 1537 hat das Geschlecht den Adelstand
erworben. Mit der Zeit ward es wolbegütert, in den
Freiherrnstand erhoben u. s. w., schlüßlich aber ist es
mit Peter Freiherrn v. Rosenbusch zu Notzing, Vieh=
hausen, Taufkirchen, Eichenhofen ꝛc. anno 1768 im
Mannstamm erloschen.

Ruepp, von diesen unten.

Scheiterberger von Eichenhofen, kommen mit Jo=
hann Sch. 1640 zum erstenmal im innern Rat vor.

Schobinger vom Falken, so genannt wegen ires Wappen=
bildes, eines auf einem Ei stehenden Falken in Gold,
waren ein eingebornes reiches Münchner Geschlecht.

Schobinger mit den Ballen. Sie besaßen Rettenbach
am Inn. Ire Heimat war die Stadt Wyl in der

11

Schweiz, von wo sie Ende XVI. ins Patriziat nach München kommen und circa 1750 erloschen sind. Ir Wappen zeigte in Gold einen roten Pfal, belegt mit drei silbernen Ballen.

Schöttl von Falkenberg. Heinrich Sch. erwarb 1548 vom Pfalzgrafen Peter Apian einen Wappenbrief. Der Schild schräggeteilt, oben in Schwarz ein silbernes Windspiel, unten von Gold und Blau fünfmal geteilt. Anno 1662 kommt Albrecht Sch. v. F. zuerst als Bürgermeister vor.

Tegernseer. Junker Achazi T. kommt vom J. 1600 an als Kämmerer vor.

Voglmair von Thierberg. Anno 1616 zuerst mit Junker Sebastian V. im innern Rat. Sie haben 1575 den Adel und 1580 die Landmannschaft in Tirol erworben, wo ir Stammgut Thierberg oberhalb Kufstein gelegen war.

Weiler von Garazhausen fürten einen Erdbeerstrauch im Wappen und sind 1707 erloschen.

———————

Wenn es den Leser interessirt, die haute volée von München anno 1588 kennen zu lernen, so wird ihm hiezu Gelegenheit, wenn er nachfolgenden Ladzettel zu einem Geschlechtertanz oder Ball, wie wir heutzutage sagen würden, auf der Herren-Trinkstube, einer Beachtung unterziehen will.

Die Gesellschaft bestand aus den eigentlichen Patriziern, iren Frauen, Sönen und Töchtern, und aus einigen promovirten „Doctoren" aus dem höheren Beamtenstande als Vettern und Erengästen.

„Folgt der Geschlechter Zettl zu Herrnvasnacht
anno 2c. 2c. 88 jar.

Doctor **Rumler**.	Mathes **Reittmair**.
Sein Hausfrau.	N. **Hörlin**, s. H.
Georg **Ligsalzin** wittib.	Doctor **Donrsperger**.
Georg Wilhalm **Ligsaltz**.	Sein Hausfrau.
Sein Hausfrau.	Caspar **Schrenckh**.
Ottmar **Ligsaltz**.	Cristoff **Schrenckh**.
Apollonia **Rueppin** sein H.	Doctor Hieronimus **Nabler**.
Alexander sein Sun.	Sein Hausfrau.
Jacobe sein Dochter.	Anna ⎱ sein Döchter.
Hans Cristoff **Pronner**.	Margrita ⎰
Barbara **Gaishoverin**	Thomas **Fleckhamer**.
sein Hausfrau.	Ursula **Reithmairin**.
Hans **Reittmair**.	Ernst **Gaßner's** Stiefdochter.
Hans ⎫	Hans **Schrenckh**.
Heinrich ⎬ seine Sün.	Maria **Schellenbergerin**
Jeronymus ⎭	uxor.
Elisabet ⎫	Doctor **Offenrissin** wittib.
Maria ⎬ seine Döchter.	Andre **Hörl**.
Susanna ⎭	Sein Hausfrau.

Ursula **Ligsalzin**.

Die Gesellschaft bestand also aus 9 Ehemännern mit iren Frauen, einem Wittwer und zwei Wittwen, dann 8 Junkern, alt und jung, und 9 Jungfrauen, im Ganzen 38 Personen.

Der Antiquarius erlaubt sich nun von zweien der in dieser zweiten Periode genannten Geschlechter etwas Ausfürlicheres zu erzälen, nemlich von den Donnersbergern (der einzigen noch am Leben befindlichen Familie) und den Rueppen, welche beide durch besonders hervorragende Mitglieder illustrirt wurden. —

Was das Geschlecht der Donnersberg betrifft, so hießen sie ursprünglich Dornsperger, was durch Metathese in Donrsperger umgewandelt wurde. Von Haus aus waren sie ein Bürgergeschlecht zu Aichach, von wo auch Wolfgang Dornsperger um 1550 nach München kam und es bald zu städtischen Würden gebracht, wie er denn anno 1556 im äußeren und 1577 im innern Rat erscheint. Seine Hausfrau war Barbara Höllmaisterin. Er starb 1585 mit Hinterlassung eines einzigen Sones Joachim, welcher Jura studierte, es zum fürstlichen Rat, dann Regierungskanzler zu Landshut und endlich 1598, in einem Alter von circa 40 Jaren, zur höchsten Stelle des Landes, zum Oberstkanzler, brachte. Mit Sibilla Röck von Prunn erheuratete er eine ansenliche Mitgift und brachte nach und nach merere Hofmarken an sich, von denen Kaufring, Ober- und Unter-Igling bei Landsberg erst in den 1830er Jaren dem Geschlechte verloren gingen.

Anno 1606 ward er geabelt, anno 1624 in den Reichsfreiherrnstand erhoben mit Merung des Stammwappens (welches über einem Dreiberg drei aus Wolken herabzuckende Flammen oder Blize zeigt) durch das der abgegangenen Sprinz.

Sein einziger Son Rudolf wurde 1627 Hauptmann, d. h. Commandant, des Schlosses Burghausen, wo er auch 1641, noch vor dem Vater, starb. Wärend der Jare 1637 bis zu seinem Tode hatte er die schwierige und undankbare Aufgabe, den gefangenen schwedischen Feldmarschall Gustav v. Horn zu bewachen. Von Rudolf stammen in siebenter Geschlechtsfolge die jezt lebenden Jüngsten des Donnersberg'schen Stammes ab.

Der Obristkanzler Joachim war jedenfalls der bedeutendste Mann der ganzen Familie. Er starb in dem hohen Alter von 89 Jaren, am 18. September 1650.

Dreizen Jare vorher hatten er und seine Gemalin Sibilla bereits ir Testament gemacht. Da selbes dem Antiquarius in Originali vorliegt — es ist ein Codicill von 10 Pergamentblättern in groß Folio mit einer von schwarz und gelber Seide geflochtenen Schnur geheftet, welche auch durch die anhängenden 10 Kapseln mit wolerhaltenen Siegeln gezogen und unten mit zwei metallenen Stiefeln beschlagen ist — so werden einige Mitteilungen daraus dem Leser nicht unwillkommen sein.

Montags, 12. Januar 1637 Nachmittags 2 Ur ließ der Obristkanzler in sein an der Kaufingerstraße zu München gelegenes Haus den geschwornen Notar Philippus Hartmuth rufen, und als dieser nebst den erbetenen Gezeugen, mit Namen

„Herr Hans Cristof Freiherr von Ruepp, zu Merlpach, Pachhausen und Aschaimb, Röm. Kaps. Maj., auch Churfstl. Durchl. in Bayern Kammerer, Kriegsrath, bestellter Obrister zu Fueß, General-Kriegs-Commissarius vnd Pfleger zu Ratternberg — Herr Hans Georg Hörwarth von Hochenburg zu Perg vnd Poschetsried, Churfstl. Drchl. in Bayern Rath, Churpfälz. Cammer-Director vnd Pfleger zu Schwaben, auch gemainer lobl. Landtschafft Canzler — Herr Paul Mayr — Herr Heinrich Kheck zu Prunn, vf Pobenmaiß, beide Churfstl. Drchl. Hofkammerräthe vnd respe Castnern allhie — Herr Wilhelm Altershamer von Finsing vnd Herr Maximilian Ribler von Johanneskhirchen, beede der Churfstl. Haubstatt allhie Burgermaister — vnd Herr Seba: stian Schönhuebr, vielhöchstbesagter Churfstl. Drchl. in Bayern HofCammer=Secretarius —"

erschienen vnd sie alle in einem an die große Wonstube stoßen: den, auf besagte Kaufingergassen hinaussehenden Zimmer sich versammelt, „haben sich beede Ire Gnaden, yede in ainem mit grienen Tuech yberzogenen Sesseln, an ainem mit Thr: khischen Teppich bedeckten Tisch nidergesezt, bede zugleich in Iren Handen ein mit von gelb vnd schwarzer seiden durch: zogenen großen Schnur verschlossen libell haltendt, ganz ge: sunder vnd frischer leibs disposition, darauf wolernannte Ire Gnaden, Herr Obrist Canzler, die anwesenden Herren gezeugen vnd mich, den Notarium, vngeferlich folgenden Inhalts, wol: verstenblich angeredt:

„Wolgeborne, W: oledle, Gestrenge, Edlveste Liebe Herren. Aus was Vrsachen ich dieselben, vnd neben mir mein gegen: wertige Ehefrau, alherr berufen vnd erbitten lassen, ist nemblichen dies:

„Obwolen wür beede vnß durch die Gnade Gottes noch zur Zeit in gueter gesundheit befinden, dieweilen wir aber mit starkhem alter nit allain beladen, sondern auch vns die geser: liche zeiten zu gemieth gezogen, also haben wür, wie es mit vnserer khinftigen Verlassenschaft solle gehalten werden, einen lezten Willen vnd Testament, welcher in diesem verschlossenen libell begriffen, ofrichten vnd dabei die Herrn sambtlichen ersuechen vnd bitten wollen, ob sie dessen eingedenkh vnd ge: zeugen sein, vnd auf besagtes libell neben mir vnd meiner Ehefrauen vnderschreiben vnd mit fertigen wollen.

„Welliche letztere Worth J. G. Frau ObristCanzlerin auch selbsten mündlich wiederhollet.

„Als sich nun die Herren Gezeugen solches zu thuen guetwillig erboten, haben beede J. G. solche Vnterschreib- vnd Fertigung mit anderen Herrn gezeugen wirklich für die Handt genommen vnd verrichtet.

„Nach solchem hab' ich Notarius die Vnterschriften und anhangende Sigilla fleißig vorgezaigt vnd recognoscieren lassen, vber welches beede J. G. mich Notarium gebeten, ain oder mehr instrumenta vmb die gebür aufzurichten, dessen ich mich tragenden Amts halben schuldig erkhent vnd erbotten vnd als requisitions vnd Instruments gezeugen mir die ernveste, wol-fürneme Caspar Erhardt vnd Hannß Jacob Bernholt, chfl. Hofrathsregistratoren vnd respe Hofcammer Canzelisten, erbeten.“

Hierauf folgte die notarielle Fertigung vnd den Beschluß machte zu allseitiger Zufriedenheit eine Collation in der großen Wonstube gegen die Kaufingergasse. —

Aus dem Testamente selbst teilt der Antiquarius Fol-gendes auszüglich mit.

Der Kanzler vermacht nach seinem Tode 400 Gulden den Armen und jedem insbesondere, das sich beim Begräbniß ein-findet, sechs Kreuzer auf die Hand. Jedem seiner Dienstboten in München und auf den Schlössern und Dörfern ein Klag-kleid und fünf Gulden, jedem Ehehalten aber, der drei Jare vor des Kanzlers Absterben schon in seinem Dienste war, noch besonders 20 Gulden. Einer stummen Person, die er und seine Frau auferzogen, 300 Gulden und wenn sie alt und arbeitsunfäig werden sollte, Aufname ins Kloster Frauenklemsee.

Ober- und Unterigling nebst Kaufring, Erpfting und allen dazu gehörigen Dörfern vermacht er zum ewigen Fideicommiß der Familie und soll der jüngste seiner Enkel, Wolfgang von Donnersberg nach erlangter Volljärigkeit dasselbe antreten, dann aber immer der älteste Donnersberg weltlichen Standes mit Ausschluß aller weiblichen Deszendenten. Nach Abgang des Mannstammes soll Alles verkauft, zwei Dritteile dem Spital und Bruderhaus in München, ein Drittel aber den Weibserben des zulezt verstorbenen D. zufallen.

Seine Hofmark Arnschwang in der Oberpfalz vermacht er seinen Enkeln gemeinschaftlich. Seine Güter, sagt er, seien Gottlob in solchem Stand erhalten, daß es für seine Nachkommen „nit mehr bedürfen wird, als allein Aufsehen".

Seine Kleider, Ringe, Kostbarkeiten, Weren, Harnische und Büchsen vermacht er den Enkeln. Ausgenommen die Harnisch-Kammer im Schloß zu Oberigling und die metallenen Stücke auf Rädern, welche bei dem Schloß verbleiben sollen, wie auch seine ganze Bibliothek, die nur dann, so einer seiner Nachkommen sie ad studia gebrauche, diesem auf Lebenszeit gelieen, dann aber wieder zurückgestellt werden soll.

Die Hofmark Kaufring soll sein Son Rudolf zeitlebens genießen, dann aber soll sie zum fideicommiss zurückfallen.

Seinen drei Enkeln, Nonnen in Kiemsee, (Töchtern seiner Tochter Sibilla und deren beider Ehemänner Kristof Auer von Tobel und Hans von Ruestorf) vermacht er 16,000 Gulden baar, seiner Ehefrau aber, „da sie mir nicht nur ein ehrlichs Vermögen zugebracht, daburch ich das meinig nit wenig gebessert, sondern auch mit Mühe, arbeit und Fleiß das erobert zusammengehalten", die Nuznießung aller seiner liegenden und beweglichen Habe auf Lebenszeit, one Einrede und Inventarium.

Die Kanzlerin legirt jedem irer acht Enkel 1000 Gulden, dann den weltlichen zusammen ire Kleider, Ringe, Ketten, Enb und Gebänd sammt den Kästen und Truhen, darin dieß verwarlich aufbehalten wird, endlich den geistlichen noch 4000 Gulden insbesondere.

Zum Schlusse bestimmen beide Eheleute als Testaments= erekutoren den regierenden Herzog Maximilian von Bayern, dann Herrn Heinrich Köch und Herrn Wilhelm Alters= haimer — beide schon oben unter den Zeugen genannt. —

Es will uns dünken, daß ein solcher Anherr und solche Hinterlassenschaft allerdings ein stattlicher Anfang und Unter= lage für ein adeliches Geschlecht zu nennen sei. —

Das andere Münchner=Geschlecht, dessen der Antiquarius ausfürlicher erwänen will, ist das der Rueppen, welche warscheinlich vom Rueppenhof bei Flintsbach am Inn nach München gekommen, dort durch Handelschaft mit Fleiß und Glück aufwärts gekommen, und, nachdem sie es zu großem Tun und Wesen, zu hohen Eren und Titeln gebracht, in un= mittelbarer Näe irer Stammesheimat wieder vom Schauplaze abgetreten sind.

Georg Ruepp ist der erste, so um 1450 in München urkundet. Dessen Söne Hieronimus und Georg haben sich zu Geschlechtern verheuratet und sind in den außeren Rat gekommen, von iren Kindern aber, des alten Georg Enkel, sind Paulus und Hans Sigmund des innern Rats Bürgermeister geworden. Paulus starb 1612, Hans Sigmund aber 1647. Beide haben das adeliche Prädikat „von" nicht gefürt, dagegen waren sie und ire Väter bereits Wappengenossen. (Das Stammwappen zeigt in Rot über= und voneinander zwei Ruppen=Fische.)

Erst des Paulus Son, Hans Kristof, hat sich des adelichen Prädikats bedient. Er war 1587 zu München geboren, hat zu Ingolstadt studiert und hielt sich dann merere Jare als Junker am erzherzoglichen Hofe zu Gratz auf, bis er 1621 in die bayerische Armee trat.

Von da an hat ihn das Glück begünstigt und sein Wolverhalten ihm Gut und Eren eingetragen. Insbesondere hat er sich als gewandter Unterhändler zum Vorteile seines Herrn, des Kurfürsten gezeigt, wie wir sogleich hören werden, wenn uns auch diese Art von Gewandtheit in iren Intentionen nicht recht fürstlich oder edelmännisch scheinen möchte.

Anno 1623 schickte ihn der Kurfürst mit einer Summe Geldes, zur Bezalung der Truppen, ins Feld nach Westfalen.

„Hier war es (schreibt Dachauer im O. A. VI. 122), wo Ruepp es ganz allein dahin brachte, daß von der Armee der Reichstaler um 2 fl. und der Dukate um 3 fl. 30 kr. angenommen und dadurch seinem Landesherrn einige hunderttausend Gulden erspart wurden."

Wie gieng Hans Kristof von Ruepp dieß an? — Er behauptet, er habe von seinem Herrn den strengsten Befel, die Münzen nicht anders zu verwerten, als zu dem angegebenen Preis. Vergebens stellen ihm die Offiziere vor, die Mannschaft könne unmöglich das Geld zu so hohem Preise annemen, sie werde revoltiren u. s. w., vergebens nimmt Tilly selbst den Ruepp auf die Seite und beschwört ihn ihm zu sagen,

ob er denn wirklich solche harte Befele habe, die den gemeinen
Mann in seinem wolverdienten Sold verkürzten?

„Ruepp antwortete kün, er habe keine anderen
Befele, und so mußten sich die Generale bequemen, die Münzen
zu obigem Werte anzunemen. Ruepp hatte aber von
seinem Herrn den geheimen Befel bei sich, für den
Fall Gefar zu besorgen wäre, den Reichstaler zu 1 fl. 40,
1 fl. 36, ja äußersten Falls zu 1 fl. 30 und so ver=
hältnißmäßig auch den Dukaten hinauszugeben.“

Mit Uebergehung mererer anderer Beispiele änlichen Er=
sparungssistems will der Antiquarius nur noch eines anfüren,
nemlich die Art und Weise, wie Ruepp mit den Soldaten
der bayerischen Armee verfur, welche nach dem Schluße des
30järigen Krieges anno 1649 im März bei Sulzbach con=
centrirt waren, um abgedankt und bezalt zu werden.

Die Mannschaft hatte 8 Monate Sold zu fordern. Man
bot ir 2½ Monate. Darüber gab es Aufrur und die erbit=
terten Leute droten dem Kurfürsten schriftlich, die ganze Ober=
pfalz zu verwüsten.

Da sandte der Kurfürst seinen „guten Freund“ und ge=
wandten Unterhändler Hans Kristof von Ruepp und gab
im den Oberlieutenant Georg Willeson, genannt Anholt,
zur Seite.

Am 10. März kamen sie in Sulzbach an. Am 19. März
begannen die Unterhandlungen mit der Armee. Ruepp trat
wiederholt mit dem Vorschlage auf 2½ Monatsold hervor.

„Was sich aber da für difficultäten, lamentationen und
starke bewegliche Gegenreden, warum die Armee mit diesem
Vortrage nicht zufrieden sein könne, noch werde, erzeigt haben,
ist aus den vorhergegangenen Drohungen klärlich abzunehmen,“

schreibt Ruepp in sein Tagebuch, „und hat sich die Sache schwer, überschwer, vielmehr ganz gefährlich angesehen."

Endlich gelang es Ruepp bennoch mit harten Gegens drohungen von Erhängen und Köpfen der Rädelsfürer, wobei ihm der Feldmarschalllieutenant v. Truckmiller treulich beistand, die Soldaten zu einem Abschluß auf 3 Monate zu bewegen, „obwolen er, Ruepp, von seiner Kurfstl. Durchl. ermächtigt war, auf 4 Monate Sold abzuschließen".

Am 13. April kamen Ruepp und Willeson wieder nach München und referirten über ire glückliche Sendung.

„Ihro Churfstl. Durchl. waren gar wol und ganz gnädigst content und zufrieden, aber kein weitere Gnad' noch Rekompens." —

Ruepp's Teilname an der Eroberung Magdeburg's und seine Berichte darüber sind bereits im I. Bde. S. 235 erwänt worden.

Im Jare 1632 hatte ihn Kaiser Ferdinand „aus eigener Bewegnuß" in den Freiherrnstand erhoben.

Anno 1633 heuratete er als 47järiger Junker eine Holsteinerin, Gertraud von Buchwald, Tochter Hansen v. B. und der Apollonia v. b. Wisch, Wittwe Wolf's von Buchwalb, bem sie 1629 eine Tochter, Katharina, geboren hatte.

Ruepp war anno 1629 mit ir in Lübeck bekannt geworden und hatte ir die Ehe versprochen unter der Bebingung, daß sie die katholische Religion anneme. Im Jare 1631 tat sie dieß öffentlich zu Hamburg.

Unterbessen hatten die Kriegsereignisse die Verlobten auf Jare getrennt, und erst 1633 konnte Ruepp seiner Braut Botschaft schicken, daß sie nach Bayern reisen möge. Frau Gertraub unternam nun in Begleitung einer Freundin, Sa=

lome von Ranzau, und ires Töchterleins, nebst zwei
Jesuiten, die beschwerliche Reise.

Man fur von Lübeck zu Schiffe nach Danzig und
von da zu Lande durch Polen, Schlesien, Böhmen, Oesterreich, mer denn 300 Meilen Wegs bis Salzburg, wo die
Zusammenkunft der Brautleute stattfand.

Am 2. Februar 1634 ging auf dem Rathaus zu Landshut die Hochzeit vor sich in Gegenwart eines zalreichen Adels,
unter dem wir drei Fugger, zwei Donnersberg (Vater
und Son), einen Haslang und den Hoffammer-Präsidenten
Mandl von Deutenhofen bemerken.

Ein schon lange Zeit in Bayern verweilter Vetter der
Braut war der Jägermeister Lorenz von Wensin, ein geborner Holsteiner.

Auch Fräulein Salome von Ranzau, die treue Beglei-
terin, hatte Bayern bald zur Heimat gemacht. Sie heuratete
noch im selben Jar den Obrist Hans Erhard von Erolz-
heim, den sie auf der Hochzeit zu Landshut zuerst gesehen.

Frau Gertraub von Ruepp starb schon nach 4 Jaren
(1638), nachdem sie drei Töchter geboren. Ruepp nam in
zweiter Ehe Justina von Knöring, die Cousine des Bischofs
von Augsburg, Heinrich von Knöring. Sie starb schon 3
Monate nach der Hochzeit. Anno 1642 heiratete Ruepp
zum drittenmale, Maria Jakobe Thumbin von Neuburg,
schwäbischen Adels.

Im selben Jare kaufte Ruepp Schloß und Herrschaft
Falkenstein am Inn, den Stammsitz der obenerwänten
Dinasten-Grafen dieses Namens, um circa 34,000 fl.

Von seiner lezten Gemalin erwarb Ruepp unter mereren Kindern einen Stammhalter, den Maximilian Franz,
welcher nach dem Tode des Vaters (derselbe starb 64 Jare

alt, nach einem vielbewegten Leben zu München am 17. Juli 1652) die Güter übernam und unterm 7. Juli 1696 von Kaiser Leopold in des h. R. R. Grafenstand erhoben worden war.

Schon mit dem Enkel dieses Maximilian Franz ging das Geschlecht der Grafen von Ruepp zu Ende. ·

Als er, am 1. August 1768, verstorben war, fand sich eine Schuldenlast von nahezu 74,000 fl. Die Schwester Maria Leopoldina verkaufte die herrlichen Besizungen noch im selben Jar um 80,000 fl. an den Grafen Max von Preising-Hohenaschau (f. I. Bb. S. 260), es blieb ir dabei nur ein Rest von 6900 fl. und, wie es scheint, nicht mer so viel, um dem lezten Grafen von Ruepp einen Grabstein zu sezen.

Selbst das Schloß Falkenstein, das über 200 Jare der Rueppen Heimat war, ist verschwunden.

Am 25. Mai 1784, morgens 9 Ur, sa man von dem nahen Brannenburg aus im Schlosse Falkenstein Rauch aufgehen, und da es nicht bewont war, kümmerte sich Niemand weiter darum, sondern man ließ es ruhig niederbrennen. Das Feuer hat auch wirklich Alles zerstört bis auf den Grund, und nichts blieb übrig als der uralte feste Turm, der schon zu den Zeiten der Sibotone gestanden haben mag und auch heute noch in seiner Einsamkeit über die Wipfel des mittlerweile aufgeschossenen Waldes herabblickt. —

Die lezte Rueppin, schon gedachte Gräfin Maria Leopoldina, hatte das Schloß Brandseck bei Aibling bezogen und lebte dort mit einer Kammerjungfer.

An schönen Tagen stieg sie vom Schlosse in den Markt herab und vor vielen Jaren erzälte dem Antiquarius ein altes Ehepaar, daß sie sich ser wol an die gnädige Gräfin erinnerten, wie sie, eine hohe, stattliche Person, in einem aufgetürmten, mit Federn und Guirlanden gezierten, gepuderten Haarpuz, in schwerseidener moirirter Robe, auf Stöckelschuhen einherschritt, gefolgt von irer Jungfer, welche ir in drei Schritten Entfernung die Schleppe nachtrug.

Die Gräfin war das Bild einer adelichen Dame alten Stiles, sie war leutselig und gnädig, sorgte für Arme und Kranke und sprach dabei ziemlich altbayerisch, was das gemeine Volk für besondere Herablassung hielt. Vielleicht konnte sie ire Muttersprache auch nicht reiner sprechen, und hätte dabei keine Ausname unter der damaligen hochgebornen Gesellschaft gemacht.

Die Erziehung des Adels, d. h. des großen begüterten, der nichts zu lernen brauchte, als wie man sich bei Hofe „probuzire", war noch zu Ausgang des vorigen Säkulums in Altbayern auf ziemlich patriarchalischer Stufe, wenn wir dem Berichte des gelerten Nicolai glauben dürfen, der anno 1781 Bayern durchreiste und davon schreibt:

„Die Erziehung des Adels ist in Bayern noch mer vernachlässigt, als in Oesterreich. Ich habe selbst Beispiele von Unwissenheit in den bekanntesten Dingen bemerkt, die ganz unglaublich waren. Literarische Kenntnisse sind (einzelne wenige Personen ausgenommen) gar nicht zu finden. Die Geistlichkeit, welche das Land seit Jarhunderten im Gängelbande fürt, findet immer ire Rechnung dabei, den jungen Adel, mit welchem dereinst die wichtigen Landesbedienungen besezt werden, in Unwissenheit zu erhalten. Wenn er nur bigott bleibt, so drückt man zu der Jagdliebe, dem Spielen, Schmausen, zur Buhlerei und allen sündlichen Vergnügungen, worin bis jezt von den obersten Ständen noch ser ausgeschweift wird, ein Auge zu."

Was aber speziell die S p r a ch e der Aristokratie in Alt=
bayern anbetrifft, so kann sie unmöglich ser gewält gewesen sein,
wenn wir berichtet werden, daß der Kurprinz M a x J o s e f
einst mit seinem Instruktor disputirte, B r o z sei besser deutsch
gesprochen, als K r ö t e, die Mama sage a u ch so. — Der
Antiquarius selbst hat aus dem Munde altbayerischer „Ari=
stokraten" dieses Jarhunderts „Diskurse" im reinsten Patois
vernommen, und unter andern sagte einmal einer zu seinem
Nachbar: Grof, sog i Cana, in mein' Gschloos stenna zwoa
Roos, kemma' S' schaugm' s, genna' S', Sie wern g'schaugn!

Der Antiquarius muß es dem nichtaltbayerischen Leser
überlassen, sich diese Originalsprache zu enträtseln. —

Wir kommen nun zur d r i t t e n und le z t e n F o l g e der
M ü n ch e n e r = P a t r i z i e r.

Es sind eine Reie von Familien, deren Adel dem Ende
des XVII. und dem XVIII. Jarhunderte entstamint, und
welche fast one Ausname auch mit dem Schluße der „guten
alten Zeit" und des Patriziates wieder abgegangen sind.

Die Namen sind:

A l b e r t i. Joh. Max v. A., des innern Rats, wurde nach
   erlangtem kaiserlichen Adelsdiplom 1694 vom Kurfürsten,
   von Bayern als Patritius von München anerkannt.

A m o n i v o n D i e t e r s t o r f, als abelich ausgeschrieben
   1658, im Patriziat seit a. 1720.

B a r b i e r v o n G ä n g k h o f e n, geabelt 1686. Im innern
   Rat zuerst 1670 mit Mathias B. Im J. 1853 lebte

in München noch ein altes Fräulein v. B., die Lezte
ires Geschlechts.

Bergmann. Der Bürgermeister und Stadtoberrichter,
Verfaſſer der „Beiträge zur Geschichte der Stadt
München", iſt 1772 geadelt worden und 1782 gestorben.
Er war der Einzige seiner Familie.

*Chlingensperg. Der Anherr Kriſtof war ein berümter
Professor Juris zu Ingolstadt und wurde 1693 nobilitirt. Die Familie war auch landgesessen.

*Delling von Hueb. Ein wasserburger Bürgergeschlecht
haben 1632 einen Wappen- und 1685 Adelsbrief
erhalten.

Empach. Joachim Empacher, des äußeren Rats, iſt
16. Nov. 1685 nobilitirt worden. 1692 kamen die
v. E. ins Patriziat. Sie ſtammten von Burghausen.

Höger von Anzing. Franz Benedikt und Johann Benno
die Höger, Handelsleute in München, ſind 1676, 8. Okt.
nobilitirt worden.

Jovy, kommen 1716 zuerſt im Patriziat vor.

Kreittmayr. Der Name iſt in Altbayern von jeher
ziemlich verbreitet gewesen (i. J. 1856 gab es z. B.
in München allein 19 Familien des Namens), die
vorstehenden sollen von Friedberg am Lech nach
München gekommen sein. Johann K. war kurfſtl.
Hof-Urmacher 1688. Er siegelte bereits mit dem
Stammwappen, das im Schilde einen mit einer Lilie
belegten Sparren zeigt. David und Franz Wiguleus waren wol dessen Söne, erſterer ſtarb 1728 als
Pflegscommiſſär zu Kelheim, lezter als Advokat und
Hofrat zu München aetatis 83. Er wurde sammt seinen
beiden Sönen, Wiguleus Alois (wie er ſich selbſt

12

schrieb, wärend in seinen Biografien die beiden Namen
gewönlich verwechselt werden) und Josef Benno, nebst
8 Töchtern anno 1740 bei Gelegenheit des Reichsvika-
riates, als dessen Rat Wiguleus fungirte, in den
Reichsadels- und Ritterstand erhoben. Das Diplom
datirt vom 15. Mai 1741.

Benno ward Bürgermeister von München und
starb 45 Jare alt 1757; aus seiner Ehe mit M. Anna
Bartin von Harmating hatte er sieben Töchter und
einen Son, Franz Xaver, welcher aber geistlich wurde,
womit die Nachkommenschaft des Bürgermeisters erlosch.

Wiguleus v. Kreittmayr wurde bei Gelegenheit
des weiteren Vikariates v. J. 1745, dessen Geschäfte
er abermals fürte, in den Reichsfreiherrnstand erhoben
dd. 6. Juli selben Jares.

Er ist der Verfasser der beiden Gesezbücher Codex
juris criminalis (1751) und Codex juris civilis (1756),
durch welche er sich nicht nur in Bayern, sondern auch
in ganz Deutschland unter den Juristen einen Namen
gemacht hat. Von besonderem Interesse sind seine anno-
tationes oder „Anmerkungen“, die er zu beiden
Gesezbüchern veröffentlichte und welche einen Schaz von
praktischen Erfarungen und Anschauungen mit Scharf-
sinn und Humor verwerten.

Kreittmayr starb 85 Jare alt am 27. Okt. 1790.
Die Neuzeit hat ihm in München 1845 ein ehernes
Monument gesezt.

In seiner ersten Ehe mit A. Katharina v. Hep-
penstein hatte Wiguleus keine Nachkommen; in zweiter
Ehe aber mit Franziska, geb. Freiin v. Frönau,
Wittwe des Kommerzienrates Josef v. Nocker, (welche

eine Tochter angeheiratet, Maria Franziska, welche 1771 an einen Herrn von Bachiery verehebandet worden, und außerdem die Hofmark Offenstetten und viel Geld in Baarem zugebracht, mit dem er noch andere Güter, insbesondere Niederhazhofen bei Landshut, erwarb) gewann der Freiherr drei Söne und zwei Töchter.

Bernhard, der älteste, geb. 1752, trat in kur-bayerische Kriegsdienste, wurde 1774 Hauptmann, heu-ratete eine Schüz v. Pfeilstadt, hinterließ keine Erben.

Nepomuck, geb. 1760, starb gleichfalls one ehe-liche Erben 1831.

Ignaz Franz Xav. Kaspar, geb. 1765, ging 1845, als der Lezte seines Geschlechtes, auch todt ab.

Es wurden die Nachkommen der obenerwänten Tochter, Maria Franziska v. Bachiery, nemlich der Oberförster Josef v. Bachiery und seine Familie in das Erbe eingesezt. —

Bald meldete sich jedoch ein Herr Johann Ne-pomuk v. Kreittmeyer, welcher 1839 in Bayern den Adel erhalten hatte und sich als einen Son des Nepomuk Freiherrn v. Kreittmayr zu erkennen gab, und begann einen Rechtsstreit mit den v. Bachiery, der mit einem Vergleiche endete, wonach die v. B. mit einer Summe Geldes befriedigt abzogen.

Wol nur durch ein Versehen waren der Name und das Wappen dieses neuen v. Kreittmeyer ver-schieden von dem der alten v. Kreittmayr, und nur aus Zufall trat derselbe erst 8 Jare nach dem Tode seines Vaters vor die Welt. Sobald die Güter in den Besiz desselben aber übergegangen waren, beeilte man sich, das Versehen zu verbessern. Bereits 1855 erfolgte

die Erhebung in den Freiherrnstand mit dem alten
Namen und Wappen und ist die berichtigte Genealogie
und Beschreibung des anno 1745 erlangten Wappens
sub Kreittmayr im gotha. Freiherrn=Almanach zu
finden. Damit aber auch dem gemeinen Publico die
vollzogene Transmutation nicht länger verborgen bleibe,
hat man im vorigen Jare aus anerkennenswerter Pietät
gegen seine Vorfaren ein altes kreittmayr'sches Grab=
monument an der Außenseite des Domes in München
für schadhaft erachtet und entfernt, und statt dessen eine
Marmortafel befestigt, deren Inschrift besagt, daß hier
begraben seien:

Wiguleus Xaver von Kreittmayr,
churfstl. Hofrath. Gest. 1750, alt 83.
Dessen Gattin M. Barbara, geb. Dägen.
Gest. 1766, ihres Alters 87.
Deren Sohn Joseph Benno von Kreittmayr,
Bürgermeister, gest. 1757, alt 45.

Hierunter ist dann wörtlich folgendes beigefügt:
Um das Andenken der Nachwelt zu bewahren, wurde statt des
früheren schadhaft gewordenen Denksteines dieses Denkmal gesetzt
von des ersteren Urenkel
Joh. Nep. Baron von Kreittmayr
auf Offenstetten und Wackerstein,
k. b. Kammerherr,
anno 1866.

Kriml von Eberstall. Sind zwar ein älteres Geschlecht,
aber erst zu Anfang des XVIII. Jarhunderts mit Franz
Karl Ignaz K. v. E. in das Patriziat zu München
gelangt.

Offinger von Haibach. Johann Offinger, des
innern Rats, hat 2. April 1670 den Adelstand erhalten.

Sie sind c. 1780 erloschen, fürten im goldnen Schild einen schwarzen Felsberg.

Reindl. Fürten einen Löwen im Schild. Jos. Dominik v. R. war 1704 ff. Bürgermeister.

Unertl. Georg Unertl, der nächste Stammvater dieses Geschlechtes kam aus Röz in der Oberpfalz nach München. Im Jare 1668, 26. November hielt er zu Bruck bei Fürstenfeld Hochzeit mit der dortigen Braüerstochter Regina Mezger. Diese Mezger sind mit dem Beinamen v. Meggenhoven 1741 in den Adelstand, später unter lezterem Namen allein in den Freiherrnstand erhoben worden. Jr Stammwappen hatte einen von zwei Rosen beseiteten Schrägbalken, darin ein Widder. Der lezte v. M. ertrank 1790 im Inn.

Georg gewann mit Regina 13 Kinder, von denen Franz Xaver (geb. 1675, gest. 1750) es bis zur Stelle eines Geheimrat=Kanzlers und Konferenzministers brachte und sich um sein Vaterland hochverdient gemacht hat.

Wärend der österreichischen Occupation des Landes 1705—15 flüchtete Unertl den Schaz und das geheime Archiv, nebst mereren besonders wertvollen Gemälden, vor dem einbringenden Feinde. Man weiß bis zur Stunde nicht, wo er dieß Alles verborgen gehalten hatte, man vermutet, es sei auf dem Speicher eines Hauses oder Klosters versteckt gewesen. Die Entdeckung dieser Schäze wurde von der österr. Administration mit allem Eifer betrieben, aber one Resultat, so daß Unertl wirklich in der Lage war, dem rückkerenden Kurfürsten, Max Emanuel, die geretteten Gegenstände wieder auszuliefern.

Unertl's Benemen wärend der Occupation zog ihm den Verdacht zu, als sei er österreichisch gesinnt, der Erfolg aber bewies, daß nur Klugheit und Sorge für das Wol des Landes ihn veranlaßte, sich mit der Administration auf guten Fuß zu stellen.

Unertl war es auch, der mit dem Freiherrn von Widmann von der bayerischen Landschaft abgesendet wurde, um den verbannten und wieder restituirten Landesherrn in St. Cloud bei Paris abzuholen und heimzubegleiten.

Nach dem Tode Mar Emanuel's behielt Unertl unter dessen Nachfolger Karl Albrecht seine hohe Stellung, fürt anno 1742 und 45 das Präsidium des Vikariats-Rates und wurde bei dieser Gelegenheit in den Freiherrnstand erhoben.

Unertl war es, der seinem Kurfürsten die Annahme der Kaiserkrone dringend widerriet. Es herrschte aber eine Partei am Hofe, welche von Ersucht geleitet und durch die französischen Versprechungen getäuscht, sich dem Kaisertraume hingab, und der Idee, mit Gewalt die deutschösterreichischen Lande an Bayern zu bringen. Der Minister Graf Töring-Jettenbach und der französische Gesandte Marschall v. Belle-Isle beredeten den Kurfürsten nach irer Absicht. Unertl widersprach im Ministerrate auf's Entschiedenste. Da wurde eine zweite Conferenz anberaumt, von der man den Geheimeratskanzler auszuschließen wagte.

Die Conferenz war im Schlosse zu Nimphenburg. Unertl, davon benachrichtigt, eilte hinaus, es wurde ihm aber der Zutritt zum Sale verweigert. Rasch entschlossen eilte er die Treppe hinab in den

Garten, ließ auf der Rückseite des Schloßes eine hohe Leiter anlegen und stieg darauf an ein Fenster, von dem aus man in den Conferenzsaal sehen konnte. — Mit seinem Hute schlug er one weiteres eine Glasscheibe ein und rief, one sich durch den Unwillen der Gestörten irre machen zu laßen, in den Saal hinunter:

„Um Gotteswillen, kurfürstliche Durchlaucht, nur keinen Krieg, sonst sind Sie, Ire Familie und Ir Land verloren. Trauen Sie den Franzosen nicht, graeca fides! Denken Sie an Iren hochseligen Herrn Vater — nur keinen Krieg! — —"

Der Kurfürst wurde schwankend — da warf Törring mit Aplomb seinen Degen auf den Tisch und rief: Krieg! — und der Krieg ward beschloßen. Der Kurfürst ward als Karl VII. in Frankfurt gekrönt und kam wärend seiner ganzen Regierungszeit nicht zum Besiz seines Landes, welches indeß von den Gräueln des Krieges, in welchem sich die Ungarn, Kroaten und Panduren „pro rege nostro Maria Theresia" durch Grausamkeiten besonders auszeich= neten, die Franzosen aber wirklich gar nichts leisteten. — So war Unertl's Prophezeiung leider erfüllt worden.

Unertl's persönliches Auftreten wird als zurück= haltend, ja abstoßend gegen alle diejenigen geschildert, die ihm nicht angenem waren, als herzlich und opfer= willig aber für seine Freunde. Diplomaten gegenüber spielte er den Naiven, so daß sich diese in der Regel an ihm „verkauften". Als Privatmann war er uneigen= nüzig, und obwol er eine zalreiche Familie hatte (einen Son, welcher geistlich wurde, und sieben Töchter, welche alle an Männer aus dem damaligen Beamtenadel ver=

heuratet worden), so vergaß er doch, anbetrachts der
erschöpften Kassen, häufig seinen Gehalt sich auszalen
zu lassen, ja er vergaß, wie man erzält, sogar im Drang
der Geschäfte, eine ihm von Kurfürst Mar Emanuel
geschenkte Hofmark in Besiz zu nemen!

Troz des Kindersegens, dessen sich alle Unertl er=
freuten, hat doch das Geschlecht kaum mer als hundert
Jare angedauert. Anno 1798 ist mit Franz Anton
Cajetan von Unertl, einem Sone des Paul v. U.,
Bruders des Kanzlers, die Familie im Mannstamme
abgegangen.

Merkwürdigerweise ist das Ende dieses lezten
Unertl bis zum heutigen Tage noch nicht sicher
bekannt. Er war pfalzbayerischer Hauptmann und als
solcher verschwand er in rätselhafter Weise plözlich, und
zwar in der Nacht des 18. April gedachten Jares, mitten
in der kurfürstlichen Resibenzstabt München.

Was man weiß, ist dieses: Der Hauptmann
von Unertl saß eines Tages auf der Wache, als eine
Prozession von Mönchen vorüberzog. Er erlaubte sich
einem Kameraden gegenüber eine scherzhafte Bemerkung,
die laut genug gesprochen worden war, um von Um=
stehenden gehört und hinterbracht werden zu können. —

Einige Zeit darauf gieng er Abends spät aus —
und kam nicht wieder. Niemand hat weiter von
ihm gesehen oder gehört.

Als man i. J. 1802 das ehemalige Franziskaner=
kloster, welches an der Stelle des jezigen Hoftheaters
stand, aufgehoben hatte, fand man beim Abbruch in
dem Winkel eines der unterirdischen Gewölbe die Reste
einer Uniform und eine Degenkuppel. —

Man erinnerte sich unwillkürlich an den verschwunbenen Hauptmann von Unertl. — —

Bachieri. Der Anherr August Bachiery kam mit der Prinzessin Adelheid als Kammerdiener aus Savoien nach Baiern 1652. Anno 1701 sind dessen zwei Söne, Ferdinand, kurfstl. Leibmedikus, und Max Jos., Bürgermeister und Stadtoberrichter zu München in den Adelund Ritterstand erhoben.

Lezterer war es, welcher wärend der Occupation des Landes durch die Oesterreicher, die patriotische Absicht des Landvolkes, die Hauptstadt und das Kurfürstentum mit Gewalt der Waffen zu befreien, an den damaligen österreichischen Statthalter Max v. Löwenstein (s. I. Bd. S. 118) verriet und dadurch die unnötige Mezelei in der Kristnacht 1705 bei Sendling verursachte. Sein Andenken ist deßhalb nie das Beste gewesen und als der Kurfürst von Bayern 10 Jare später wieder in sein Land kam, zog sich Bachieri bald zurück und es ist nie wieder einer des Geschlechtes in den Rat gewält worden.

Es hat sich noch das Diarium oder Tagebuch erhalten, welches Max Bachieri über alle Vorkommenheiten, soweit sie ihn betrafen, fürte. Es enthält aber fast nichts weiter, als wo er die hl. Messe gehört (und dieß gescha täglich 1—2 auch 3 mal), wo er dem Rosenkranz beigewont, wann er gebeichtet ꝛc. habe. Außerdem zält er gewissenhaft auf, wem er jeden Tag „die Visit gegeben", wer bei ihm gespeist und welche Geschäfte er im Rat gepflogen habe. Mitunter finden sich auch kulturhistorische Notizen, z. B.:

1715. 8. Januar: „Les notres Ministres vont voyr le Kryppel" (Krippe ist bekanntlich die Darstellung bibli-

scher Erzälungen durch Figuren aus Holz 2c. und zur Fasten-
zeit in katholischen Kirchen zu sehen) — oder

13. Januar: „Die Beittlschneider derobiern etlich cavalier in der comedi auf der Tringstuben, als conte di
Starnberg, Baron Stein, Cornet von der Leibquardj,
le Baron Fill. Die Hrn. cavaliers nehmben die wacht von
der haubtwacht vnd ich schigge auf dero begehren 2 ambts-
diener hinauf, die dan 2 von comödianten vnd 2 glein
Puebn in die schergenstuben einsetzen lassen.“

18. Jan. „Freitag soll die Khays. guarnison aus vnd
Churbayr. einmarschiern, gehe ad principem (Fürst Löwenstein) plura in aliis loquitur mit dem beyfügen man
stündte noch biß 25ten hujus vnder der administration.“

Beim Abzug seiner Freunde, der Oesterreicher, ziet er
vor, sich nicht sehen zu lassen, wie er denn wörtlich schreibt:
„26. Januari vmb 2 Vhr nimbt Hr. administrator Fürst
von Löwenstein Sein Abmarsch yber Freising nach Regensburg. Ich occupire mich zu Hause, abends
gebe Hrn. v. Vnertl die visite.“

Zu Ende des vorigen Jarhunderts hat sich Karl
v. B. als Mitglied der Akademie der Wissenschaften
hervorgetan.

Von der bachieri'schen Erbschaft ist oben bei
Kreittmayr das Weitere zu lesen. Uebrigens ist die
Familie, welche als sprechendes Wappen drei Küe im
Schild fürte, unseres Wissens im Mannstamm erloschen,
oder rut noch auf zwei Augen.

9. Das Patriziat in der Stadt Landshut war, soviel sich aus sonstigen Umständen entnemen läßt, nicht so streng abgeschlossen, als das zu München, wenigstens kann nicht behauptet werden, daß die im innern Rat vorkommenden Geschlechter alle abeliche gewesen seien. Bei den meisten derselben ist der Abel indeß gewiß und historisch, und gerade von diesen sicher abelichen Geschlechtern haben zwei ire Fortdauer bis zum heutigen Tage erreicht — ich meine die v. Asch und die Schleich, beide mit freiherrlichem Titel.

Gesammelte Nachrichten über das Patriziat von Landshut sind bis jetzt nirgends zu finden. Was daher nachfolgt, ist eine Reie von Namen und Daten, welche der Antiquarius einzeln, da und dort, in Urkunden, auf Grabmälern, Siegeln u. s. w., zum Teil in Landshut selbst, zerstreut gefunden und in diese Ordnung gebracht hat. Es stünde derlei Arbeit eigentlich und zunächst einem landshuter Spezial=Historiker an, allein da sich noch keiner bis jetzt darüber gewagt, will der Antiquarius eben einmal versuchsweise den Anfang machen.

Die den Namen beigefügten Jarzalen sind die des ersten (urkundlichen) Vorkommens der betreffenden Geschlechter. Es wird notwendig sein, zu wiederholen, daß zwar alle nachgenannten Familien wappengenoß, wol aber nicht alle abelich, nach neueren Anforderungen gewesen sein werden.

Daß übrigens ein Geschlechtertum oder Patriziat in Landshut auch von der Regierung anerkannt war, beweist der Umstand, daß, als Herzog Mar I. (der spätere Kurfürst) anno 1596 das Korstift St. Kastulus von Mosburg nach Landshut übersiedelte, er in den Verhandlungen mit dem dortigen Magistrat durch seinen Kanzler Donnersperger ausdrücklich erklärte, „Seine Durchlaucht seien bereit, jederzeit drei oder vier Geschlechter, die jedoch sonst auch quali-

fizirt seien und stubirt hätten, wie dieß auch zu München ge-
schehe, zu den Kanonikaten zu befördern; es werde also künftig
mancher Ratsfreund oder anderer Patrizius seinen Son
oder Blutsfreund bei so erlicher und nüzlicher Stelle, ihm
und den Seinigen zum Trost und zur Freude erblicken können".

Die Namen der uns bekannt gewordenen Geschlechter
sind nun, nach der Ordnung des ABC:

Aicher 1612.

Aigner 1443. 1505.

Altdorfer, Hans 1439. Stammten wol von dem nahen
Altdorf. Das Wappen hat einen Schild, welcher von
Silber, Blau und Rot schneckenförmig gedeichselt
ist. Diese A. kommen auch unter den regensburger
Geschlechtern vor. Des Hansen Son, Georg A., war
Bischof zu Kiemsee, starb 1495.

In des Ratsherrn Altorfer, genannten Bischofs
Brubers, Haus feierte eine der schönsten Prinzessinen,
Hedwig von Polen, ire Brautnacht mit dem lezten
Herzoge von Bayern-Landshut, Georg, anno 1475. —
Sie selbst hatte wärend der Hochzeitsfeierlichkeiten bei
Tag ire Herberge in Peter Oberndorfer's Haus,
der Bräutigam aber wonte in des Altdorfer's Haus,
das an das Tanzhaus anstieß.

Am Hochzeitabend „tat der Kaiser (Friedrich III.)
den ersten Tanz mit der Königin (so nannte man die
Prinzessin, weil ir Vater König von Polen war), darnach Herzog Jörig, und als ein Weil' getanzt ward,
da fürt' der Kaiser die Königin in des Altdorfer's
Haus durch ein Tür, die von dem Tanzhaus hindurch
gebrochen war, zu dem Beiliegen, und mit ihm giengen
Markgraf Albrecht von Brandenburg und sein Ge-

maßel, die alte Frau von Sachsen, Herzog Lud=
wig's Gemaßel (die Mutter des Bräutigams), die all
bei solchem Beiliegen waren, damit war der Tag
vollbracht."

Die Hochzeit dauerte übrigens noch 14 Tage und
war die prachtvollste, die je von einem bayerischen
Herzog gehalten wurde. Westenrieder hat im II. Bde.
seiner „Beiträge" eine gleichzeitige ausfürliche Beschrei=
bung veröffentlicht. —

Wenige Jare darnach starb der alte Herzog Ludwig,
Herzog Jörg gelangte zur Regierung und es war
eine seiner ersten Handlungen, daß er die schöne
Hedwig in das Schloß nach Burghausen ver=
bannte, um ungehindert seinen Lüsten nachgehen zu
können. Am 19. Februar 1502 ist die arme Frau in
irer Verbannung gestorben. Sie hatte diesen Ausgang
wol nicht geant, als sie, eine 17järige allbewunderte
Schönheit, in des Altdorfer's Haus zu Landshut ge=
fürt ward.

*Asch, auch vor'm Asch. Das Geschlecht fürt einen
Eschenbaum im Schilde, später durch eine Krone ge=
steckt. Ein anderes Geschlecht gleichen Namens fürte
drei silberne Sparren in Rot. Die landshuter Asch
haben es, als sie 1727 den Freiherrnstand erlangt, mit
dem iren quadrirt. Vor der Stadt Mosburg,
hart am jezigen Banhof, liegt ein altes ziemlich ver=
wittertes großes Haus, Schloß Asch genannt, gehört
seit dem XVI. Jarhunderte wieder den landshuter Asch.
Ob's aber ire eigentliche Heimat sei, nescio. Ueber
dem Eingang des Schlosses sind zwei Wäpplein im
Stile der Renaissance, Asch und Schwäbel. Anno

1519 hat sich übrigens Wolf Leitgeb „von Asch“ geschrieben.

Zu Landshut kommt Ott von Asch 1331 vor. Heinrich der jung Asch, beigenannt der Tülbeck, siegelt mit der Esche anno 1374. Anno 1865 am 18. Januar starb in München der Generalmajor Freiherr von Asch, der eines der entsezlichsten Leiden hatte, das über einen Menschen nur verfügt werden mag. Sein Körper soll buchstäblich von den Zehen aufwärts nach und nach weggefault sein, bis in den lezten Wochen noch der Oberkörper allein im Bette gelegen, der erst sein Leben aushauchte, als der Schrecken an's Herz trat. — Zu Landshut in der St. Martinskirche haben die v. Asch ir Erbbegräbniß gehabt.

- Arthalb von Häblspach. 1756. Sie waren Bürgersleute zu Aibling, wo Leonhard Arthalb bereits 1577 urkundet. Josef Anton A. wurde 1756 Bürgermeister und 1776 in den Reichsritterstand erhoben. Ir Stammwappen zeigt einen Löwen mit einer Art.

Baumgartner 1495. Ob der berümte Kanzler Albrechts V. und Gesandter zum Concilium in Trient, Dr. August B., dieß Geschlechts war, stet zu erweisen. Dieser hat übrigens ein prachtvolles Monument bei St. Martin in Landshut, wo er in lebensgroßer Figur in Stein gehauen ist, mit einem großen langen Barte, einem Pirette auf dem Haupt und seine Handschuhe in der Rechten haltend. Er starb 18. April 1593. Seine Frau war eine Friesenhamerin. Sein Wappen hat einen gespaltenen Schild, in dem ein Hund und ein Wolf gegeneinander aufspringen.

Closenberger. Ir Stammwappen zeigt fünf, 2.1.2,
goldene Ballen in Schwarz. Vielleicht sind's Klöße?
Die v. Closen haben bekanntlich den Hut auf irem
Helm auch mit solchen Ballen besät gehabt und mit der
Zeit zu irem Stammwappen, der Uttenschwalbe, ein
goldenes Feld mit 9 schwarzen Kugeln quadrirt. Viel=
leicht mögen auch diese Figuren ursprünglich Klöße
gewesen sein und auf den Namen angespielt haben.
Die Alten waren in irer Heraldik mitunter recht naiv.

„Der edl vnd vest Cristoff Closenberger", Pfleger
zu Gern, Barbara Pruckmayrin sein Hausfrau.
Cristoff, sein Son, war des innern Rats Burgermeister
zu Landshut und ist den 3. Februarj 1611 gestorben.
Sidonia Airnschmalzin uxor starb 1644 am 29. Juni.
Georg Cristof Closenberger, beider Son, hat die Hof=
mark Vilsheim an der Vils erworben und hat circa
1620 den Adelstand erlangt und der abgegangenen
Pusch von Vilsheim Wappen — einen hohen Stulp=
hut — mit dem seinen geviertet.

Aus seinem Testament, welches er zu Landshut
am 20. Februar 1645 fertigte, get hervor, daß er der
einzige seines Stammes war und nur „ein freunblich
liebes Freulen Töchterl" Maria Theresa, hatte und eine
„freinblich liebe Freule Schwester" Anna Christina. Für
den Fall diese beiden ihn nicht überleben sollten, sezt er
seine lieben Vettern, die Schleichen zu Harbach und
Vilsöl und die Kinder Georg Egids von Sickenhausen,
zu Erben. Auch vermacht er 5000 fl. der Universität
Ingolstabt zur Aufrichtung eines Stipendii und be=
dingt sich, daß die loblich Universität dafür sein Wap=

pen in ober auſſer bes Gebäubes ſolle zu einem An=
gebenken malen laſſen.

Neben bieſen Legaten verſchaffte Cloſenberger
ben Kirchen in Vilsheim, Gunbihauſen, Kematen, Al=
tenburg, Geſſenborf, St. Jobok in Lanbshut u. ſ. w.
anſenliche Summen, teils in baarem Gelb, teils in
Silbergeſchirr und Pretioſen.

So bem Gotteshaus St. Nikolaus zu Alten=
burg ſeine perlene Hutſchnur, „ein Schlang'
mit einem ganz gulben geſchmölzten Schlangenkopff",
ober, falls ſie bie Erben auslöſen wollen, ſo viel Gelb
bafür.

Dem Gottshaus St. Leonharb zu Kematen ver=
macht er ſeinen Brautring ober ſoviel Gelbs.

Dem Gottshaus U. L. Frauen zu Gunbihauſen
„zu einem Meßgewanb, barauf mein Wappen ſoll
geſtickt werben", ſeinen veilchenblauen favor
(Staatsrock).

Der St. Anna=Kapelle zu Vilsheim von ben
Hochzeitgeſchenken zwei ſilberne vergolbete Becher.

Seinen Brautkranz legirt er bem St. Caſtu=
lus=Gottshaus zu Vilsheim „zu einer Coron auf
bas höchſte Guet".

Den Armen, welche ſeinem Begräbniß beiwonen,
ſoll ſo viel Gelbs ausgeteilt werben, als ein Schaff
Korn zu ber Zeit auf ber Erbinger=Schranne gelten wirb.

Er ſelbſt will in ber Puſchen Begräbniß in ber
Pfarrkirche zu Vilsheim beerbigt werben und an ber
Stelle ſoll ein „marmorſteinernes ober glockſpeiſenes
Plätl mit meinem unb ber vier Anen wappen, ſamt
einer Grabſchrift eingemauert werben", ſonſt aber „alle

hoffart vnd vberflüssigkeit vermieden, schlecht vnd gerecht doch mit einer Leichenpredigt" die Beerdigung gehalten werden.

Nach dem Dreißigsten (dem lezten Gottesdienst) „soll ein Schildt mit meinem Wappen, außgeschriebenen Namen vnd Jahrzal zu ewiger Gedächtniß, und darzue mein silber vnd vergulter Degen oder Rapier, nächst dem Fenster in der höch bei der Hl. Drey König Altar aufgehängt werden".

Die Zeugen und Mitsiegler dieses lezten Willens waren: Gabriel Küpferle, SS. Theol. Licentiatus, Ferdinand Glabsperger, Stanislaus Grembs, U. J. Doctor, Johann Ulrich Fachner, Doctor, Jacob Thalhamer, Dr., Baltasar Ernst, Med. Doctor und Landschafts Physicus, Georg Cristoph Pentenrieder, churfstl. Regiments Aduocat. endlich der Notar: Bernhard Bogl, Jurium Doctor. (Das Originaltestament findet sich in den Sammlungen des Antiquarius.)

Diener. Wilhelm Diener 1486 zuerst im innern Rat. Ob sie mit den oben S. 152 genannten Dienern zu München eines Stammes, stet zu bezweifeln. Das Wappen müßte entscheiden.

Echart 1505.

Ernst von Hagstorf. Kristof E. zu H. siegelt 1580 mit offenem Helm. Im Schild ein gekrönter Löwe aus einem Ballen hervorbrechend. — Ludwig Ernst von Hagstorf, „so den 9. Novembris 1619 in der Bayerischen vnd Behaimischen Vnruhe unter Don Baltasar Maradas Regiment zu Pferdt als ein Generalfurier bei Haimburg umkhommen", hat einen prachtvollen

13

Grabstein zu St. Jobst in Landshut in der Oberndorfer
Kapelle. Darauf ist der Verstorbene als ein junger
Mann in der Tracht seiner Zeit hautrelief und vortrefflich
gearbeitet, dargestellt.

Ettenharter, Jobst 1458. Vielleicht sind's die Eitten-
harter mit der Egge, welche sonst auch unter dem
Landadel vorkommen?

Ettlinger. Andre E. im innern Rat 1443. Bei
St. Jobst außen an der Wetterseite ein ser beschädigter
Stein aus dem XV. Säkulum, darauf der Ettlinger
Wappen, welches im silbernen Schild einen abgeschnit-
tenen Zweig mit einem herabhängenden roten Linden-
blatte zeigt. Diese E. waren auch landgesessen zu
Haimhof u. s. w.

Fantner 1572.

Freinhuber zu Dornwang. Martin 1649. Jobst
Ernst 1681. Des Martin Son, auch Martin, warb
kurfürstlicher Regierungsrat zu Landshut und nobilitirt,
dessen Son, abermals Martin, starb zu München 1752,
seine Tochter Franziska wurde 1712 dem Bürgermeister
von München, Anton von Bart, vermält.

Fürbaß 1635. Georg Fürbaß, patricii ordinis, heuratet
in diesem Jar Marie Jakobe Pfundmerin.

Glabsperger, auch Glocksperger, fürten ein schwarzes
Roch oder auch die obere Hälfte einer Lilie im silbernen
Feld. Peter G. 1439 im innern Rat. Ferdinand G.,
Bürgermeister 1645, ist bereits oben genannt. Sig-
mund G. war kaiserl. Majestät Reichshofrat, Margreta
Krimml uxor.

*Gugler von Zeilhofen. Ir Stammschild zeigt einen
Löwen, der eine Kugel hält. Georg und Franz Gugler,

Kaufleute zu München, wurden 1660, 23. Juni, ge=
abelt. Franz erscheint 1681 als Bürgermeister zu
Landshut und 1700 zuerst mit dem Prädikat „von
Zeilhofen". Georg G. v. Z. ist 1698 von K. Leopold I.
in den Freiherrnstand erhoben worden.

Hagn auf Aicholbing. Johann Georg H. auf A. Bürger=
meister 1716. Das Geschlecht ist circa 1745 gefreit
worden, und war ein Baron von H. Regierungskanzler
zu Landshut, es fürte einen Angelhaken quadrirt mit
einem Hirsch.

Haibpeck 1467.

Hammerpeck 1467.

Hasselpeck, Dietrich 1331. Glaublich eines Stammes
mit den Hasselpecken von Haselbach bei Kelheim, welche
ein ansenliches Geschlecht waren.

Hellmaister. Hans H. 1439 im innern Rat. Eine
Höllmeisterin war des ersten Donnersbergs Hausfrau,
s. oben S. 172. Ir Wappenschild soll eine Kaze ent=
halten haben.

Ingolstätter, oder von Ingolstatt. Jobst v. J.
1460 im innern Rat. Des Namens gab es in Re=
gensburg auch ein altes Geschlecht, fürte einen ge=
ästeten Balken im Schilde. Weiß nicht, ob die lands=
huter davon herkommen.

Inkhofer, Hans 1458. Auch dieses Namens gab es ein
landgesessenes Geschlecht.

Jordan 1710.

Karl. 1612 erscheint Willibald K. zuerst als Bürgermeister.

Khölner 1356.

Kirchmair 1529.

13 *

Kray von Klähamb. Diese Familie ist 1680 von Kaiser
Leopold I. nobilitirt worden und zwar Georg Kray,
welcher 1667 Bürgermeister zu Landshut wurde. Dessen
Söne Johann Adrian, Hofrat, und Johann Ferdinand,
ebenfalls Bürgermeister (1681), haben 1698 von Kurbayern die Ausschreibung und das Prädikat „von Klä-
haimb" erlangt.

Kreidenweis. Franz erscheint 1513 und Urban 1531
im Bürgermeisteramt. Susanna war des edelvesten
Sebastian Igel's, salzburgischen Pflegers zu Alten-
thann, Hausfrau und starb 1598. Das Wappen der
K. hatte in Schwarz eine silberne Spize und darin
einen schwarzgekleibeten Mannsrumpf.

Kurzpeck, Leonhard 1482.

Lederer 1439.

Leschenprant 1331. 1493. Haben iren Namen von dem
Weiler L. bei Altdorf. Ir Wappen wie Schildhack. s. d.

Leutgeb, ist ein alter Name statt Wirt, daher das
Wappenbild, ein goldenes Weinglas in Rot, sprechend.
Hans L. 1439 im innern Rat. Cristan und Hans
zugleich 1496.

„Der Edl und vest Wolf Leitgeb, der lezt des
Namens vnd Stammes, allhier gewohnt, starb den
14. Tag monaths Juni im 46. Jahr." So stet auf
einer gemalten Tafel in Mosburg, mit des Leutgeb
und seiner vier Anen Wappen: Leitgöb (Großvater),
Morhart (mütterlicher Großvater), Praitenstain
(Großmutter) und Asch (mütterliche Großmutter).

Wir haben oben gehört, daß Wolf Leitgeb das
Schloß Asch besaß, von ihm also wird es nach seinem

Tode 1546 an die iezigen von Aſch gekommen ſein,
was zu dem Stile der Wappen überm Tor auch paßt.

Leyttner, Leonhart 1439. Ein Gabriel L. hat um 1500
gelebt und im Wappen ein geſtürztes ſchwarzes Bods=
horn in Gold geſürt. Weiß nicht, ob er zu den Lands=
hutern gehörte.

Lorber 1439. J. J. 1824 war wieder ein Lorber
Bürgermeiſter zu Landshut, glaublich aber wol nicht
vom ſelben Geſchlecht.

Mamminger 1518.

Manperger 1482.

Miltenberg, Jakob von, 1443. M. ſcheint kein adeliches
Prädikat, ſondern die Heimatsſtadt des Betreffenden
zu bedeuten.

Neumair 1486. Dieß Namens gab es in Niederbayern
ein adeliches Geſchlecht, das einen roten Hut in Silber
ſürte. Vielleicht waren die Landshuter dieſes Stammes?

Oberndorfer. Kamen von Oberndorf bei Rottenburg,
das ſpäter die v. Aſch erbten. Ir Schild zeigt in
Schwarz einen ſilbernen Staffelgiebel. Heinrich O.
1331. Peter der O. 1423 Kammerer. Conrad O. 1439
im innern Rat. Ire Gräbniß war zu St. Jodok. Von
des lezteren Son, auch Conrad, ſchreibt der Stadtſchreiber
Hans Vetter in der landshuter Cronik: „1503. Dieß
Jar iſt auch geſtorben Conrad Oberndorffer, ein
junger, frommer, verſtändiger Mann, wär' erſt nuß
worden, hat ſonder guten Willen gehabt.“ 1761 kommt
mit Anton O. der Lezte dieſes Namens als Bürger=
meiſter vor.

Pachmair, Werner 1439 im innern Rat.

Pötzinger zu Schermau. Heinrich 1530. Jr Stamm-wappen hat drei keilweise gestellte silberne Nägel in Rot.

Peisser 1601.

Perger 1505. 1558.

Perntaler 1505.

Pettenkofen. Joh. Michael 1717. Derselbe wurde 1742 von K. Karl VII. geabelt. Die Familie ist in diesem Jarhundert ausgestorben.

Pfundmer, Pfundtner. Von dieser bereits beim Münch-ner Patriziat genannten Familie kam Marx, geb. 1532, durch Heurat mit einer reichen Bürgerstochter, Afra Bluetmillerin nach Landshut, dort in den innern Rat und 1612 zum Bürgermeisteramt. Anno 1612 ist er gestorben. Die Familiencronik sagt von ihm die erenden Worte: „er war ein aufrechter (d. h. gerader) erlicher Teutscher". Er hatte 12 Kinder, unter denen Tobias auch Bürgermeister wurde. Marx Hein-rich erscheint 1704 noch in dieser Würde.

Plaichshirn. Kommen in Ingolstadt, Wasser-burg und Landshut zu gleicher Zeit (Ende des XVI. Jarhunderts) als Geschlechter vor. Weiß nicht, wo sie ursprünglich zu Hause waren, glaublich in In-golstadt. Jr Wappen hat im schräggeteilten Schilde ein Einhorn mit verwechselten Tinkturen.

Plank. 1466 Bernhart Plankh im innern Rat. Es gab in Niederbayern und in Rosenheim am Inn ein Ge-schlecht dieses Namens, fürte eine silberne Planke auf grünem Dreiberg in Rot. Die jezigen Herrn von Plankh zu Haidenkofen wollen von diesen abstammen, sie sind jedoch erst 1685 wappengenossen und 1733 Edelleute geworden.

Pollner 1440.

Praitenwieser, Jörg 1490, starb 1503.

Praitschebl 1496. Des Namens gab es ein oberpfäl=
zisches Abelsgeschlecht, das oben S. 111 bereits genannt
worden, und das um 1690 mit Wilhelm, dem blöd=
sinnigen Sone des Johann Reinhard P. auf Pielen=
hofen, Commandanten zu Regenstauf (gest. 1668)
erloschen ist. Ob die landshuter Praitschebl mit diesen
etwa stammgenossen waren, müßte das Wappen
entscheiden.

Pucher. 1584 starb Kristof Pucher des innern Rats.

Rabenkopf. 1331 war Friedrich der R. ein reicher und
angesehener Bürger zu Landshut, dem neben einem
Staubacher die Einkünfte des Vizedomamts ver=
pfändet waren.

Rampllofer 1440.

Rorer, Cristof 1528. Hans 1532.

Scharsacher. Ruger der Sch. und Helein seine Hausfrau
1331. Hans Sch. 1439. Vinzenz 1505. Des oben S. 161
genannten jungen Lorenz Schrenk in Polen Mutter
war Gottfried Scharsacher's zu Landshut Tochter.

Schildhack, fürten einen schräggeteilten Schild mit zwei
voneinandergekerten Feuerhaken. Hans Sch. 1480 im
innern Rat.

Schiltl 1439. Ob sie mit den regensburger Schiltl
eines Stammes gewesen, müßte das Wappen erweisen.

*Schleich von Harbach. Sind origine Landshuter.
Georg Schleich starb 1376, Pongraz 1413. Kaspar
Schleich erscheint 1494 zum erstenmal im Rat. Ihm
ward 1503 von einem Weinzierl (Winzer), dessen Wein=
berg er betreten, die rechte Hand abgehauen, wie man

in der Cronik liest. Herzog Wilhelm V. von Bayern
bestätigt 1581, 21. Dezember, dem Stefan Schleich,
fürstl. Rat und Rentmeister zu Landshut, nachdem er
ein Adelsdiplom von Kaiser Rudolf II. vorgewiesen,
den Adel und erteilt ihm Landsassen-Rechte. Zu Wien
am 2. März 1583 vermerte gedachter Kaiser Rudolf
demselben Stefan Schleich und seinen Erben das Stammwappen (welches in einer gestürzten roten Spize in
Silber bestanden) mit zwei Quartieren. „Drei weisse
Seepletter in einem rotten Feld". —

Das Geschlecht blüt noch in freiherrlichen Würden
(seit 1720). Einem nichtimmatrikulirten Zweige gehört
unseres Wissens der durch seine humoristischen Schriften
bekannte Martin Schleich, Herausgeber des Münchener
„Punsch", an. —

Schreiber. Wernhart 1331. Jörg 1458 im innern Rat.

Schwarz. Paul 1585, Wolf 1657, Dominik 1668,
Sigmund gest. 1703.

Schweibermair, auch Schweiblmair. Konrad gest.
1440. Heinrich 1460. Hans, gest. 1491. Ir Schild
zwei gestürzte voneinander gekerte Sensenblätter.

Seetaler waren ein reiches Bürgergeschlecht zu Landshut.
Ob sie je zu Rate gegangen, kann ich nicht sagen. Hug
Seetaler hat eine Staubacherin zur Frau gehabt, ist
in Ungnad' kommen, wurden ihm seine Lehen von den
Herzogen eingezogen, doch daß die damit gestiftete Messe
zu St. Jobst iren Fortgang habe, 1377. „Die Ursach
der Verwirkung", schreibt Hundt, „wird nicht angefürt.
Meiner Zeit, vmb das Jar 1550, hat noch ein See-
taler in Landshut gelebt, ein gar alter 90jariger
Mann, wie ich vermeyn, der letst dieß Namens."

Spanagl von Schierling. Asm Sp. 1439. Fürten
einen Arm im Schild, der einen Nagel hält.

Spitzelberger. Hieronimus war 1624 Bürgermeister.

Stainhart, Georg Josef 1711.

Staubach, ein gar ansenliches adeliches Geschlecht, das
bis zu seinem Aussterben neben vielen Gütern auch sein
Stammhaus in der Stadt Landshut aufrechthielt. „Sie
waren bei den Fürsten von Bayern wol daran, hetten
vil Pfandschaften an Gerichtszöllen, vnder andern die
beiden Vesten Saulburg vnd Staubach, von der
sie vermutlich iren Namen."

Conrad v. Staubach 1298. Wernher 1317. „Al=
brecht v. Staubach, Burger zu Landshut, war ein statt=
hafter Mann, hett mit Herzog Heinrich von Nieder=
bayern viel zu tun rc."

Sie fürten erst eine Staude im Schild, später,
circa 1380, haben sie das Wappen geändert, einen ge=
zinnten Balken über einen Sparren gefürt. Otto
v. St., Ritter, gest. 1452, liegt zu Freising im Dom=
kreuzgang, hat diesen Schild und einen Spangenhelm,
darauf ein Mannsrumpf mit Hirschgeweien.

Heinrich v. Staubach, Ritter, der Lezt' seines
Namens, starb anno 1483, liegt zu St. Jodock in
der Gruft unten, bei seiner Voreltern Begräbniß. Auf
einem großen Marmorstein ist Herr Heinrich in voller
Rüstung gar schön ausgehauen.

Sturr 1460.

Sunner, alias Summer und Sonner. Els die
Summerin 1331. Friedrich Sunner 1460 im innern Rat.

Taurer, Jörg 1439.

Teisenhofer 1505.

Teuffenpeck, 1480, Jörg T. des innern Rats, Hans und Leonhard 1505.

Bilser 1496.

Voglstetter 1458.

Wämpl. Die Wämpl, oder wie sie gesprochen wurden, Wampl (mit dem breiten altbayerischen a) waren Anfangs der 1600er Jare noch Müller auf der Wampl= müle in der Jsarau bei Landshut. Johann Kristof W. studiert zu Ingolstadt 1631, war schon wappengenoß. Peter W. ist in gedachter Stadt Bürger geworden und kam 1610 im innern Rat, 1649 als Bürgermeister vor. Sein Son Peter folgte ihm in diesen Würden. Des Peter des jüngern Son Johann, geheimer Rat, hat 1694 den Adel erlangt und ist 1. August 1695 als geh. Rats=Kanzler in den Freiherrnstand erhoben worden. Seine Vettern, der Domstift regensburgische Kapitular Franz Peter v. W. und der Landschaftskanzler Seba= stian v. W., haben 1697, 25. März, ein besonderes Freiherrndiplom erworben. — Jr Stammwappen war in Rot ein silberner Löwe mit einem blauen Halskragen.

v. Wattenbach. 1331 adeliche Bürger.

Wildt 1467.

Ziegler, Andre des innern Rats 1496.

Zirngast. Niclas Zerngast 1439, Hans 1458. Sie blüten noch im XVII. Jarhundert. Schon um die Mitte des XV. Säkulums fürten sie ein quadrirtes Wappen, 1. und 4. in Gold ein Morenrumpf, 2. und 3. in Schwarz ein goldener Balken. Ein schön stili= sirtes Monument von circa 1460 mit diesem Wappen und 4 Ortschilden, leider ser abgetreten, liegt in der Vorhalle von St. Martin in Landshut.

––––––––––   ––

10. Das Patriziat zu Ingolstabt, der einstmaligen Residenz einer herzoglichen Linie, aus welcher Herzog Ludwig der Bärtling, Graf zu Mortany, der bekannteste war und von welchem der Antiquarius bereits im I. Bd. S. 99 und 354 erzält hat.

Obwol das Land bald nach des Bärtlings Tode an Niederbayern fiel und also die Residenz verlor, behauptete es doch sein Patriziat.

Herzog Ludwig der Reiche von Landshut hat 1459 den Entschluß gefaßt, zu Ingolstadt eine Universität zu gründen, welche 1472 wirklich eröffnet wurde und in diesem Jare bereits 489 Schüler zälte. Kristof Mendl von Steinfels, aus dem oberpfälzischen noch blüenden Geschlechte war der erste weltliche Rektor.

Es haben dort wärend 328 Jaren eine unzälbare Menge von Edelleuten aus allen Ländern ire Studien gemacht und es würde ein Buch füllen, wollte man allein von diesen, irem Herkommen und irem Schicksale erzälen. Die Söne des ingolstädter Patriziats waren die ersten unter den akademischen Bürgern.

Die Anwesenheit einer so frequentirten Universität hat der Stadt Ingolstadt viele geistige und materielle Vorteile gebracht, welche nur durch die Festungseigenschaft und deren Folgen etwas beeinträchtigt wurden, daher die Hochschule anno 1800 nach Landshut verlegt ward, von wo sie 1826 nach

München übersiedelte. Die Garnison und die Studenten zu Ingolstadt waren übrigens oft genug „zusammengewachsen" und es hatte von Zeit zu Zeit große Tumulte gegeben, so 1579, 1642, 1668, zulezt 1764, so daß dieß auch ein Mitgrund der Verlegung der Hochschule gewesen sein mag. Studenten und Soldaten vertragen sich übrigens bis auf den heutigen Tag noch nicht, doch haben sich die eigentlichen großen „Hezen" mit dem Fortschritt der Zeit und des gesezlichen Sinnes allmälig verloren und werden nur kleinere Reibereien noch in usum Delphini für zweckdienlich erachtet.

Die Patriziatsfamilien zu Ingolstadt haben natürlich auch mit den Jarhunderten gewechselt, alte sind abgegangen und neue an deren Stelle getreten. Der Antiquarius hat durch Hinzufügung der Jarzal des ersten Auftretens die alfabetische Ordnung zugleich auch in dieser Richtung nach Tunlichkeit vervollständigt. — Wie bei Landshut, so gilt auch hier die Bemerkung, daß nicht alle im innern Rate gesessenen Geschlechter adelich, jedoch durchgehends wappengenossen waren.

Die ingolstädter Geschlechter, von denen alle bis auf eines (wie gewönlich mit einem * bezeichnet) im Mannstamme erloschen sind, folgen hier:

Angermüller. Georg A. des innern Rats, gest. 1500.

Baggenreiter. Michael, d. i. R. und Oberbaumeister, gest. 1646. Sein Schild: Schräggeviertet, 1. und 4. drei Pfäle, 2. und 3. eine Lilie.

Brandtner. Kristof, Bürgermeister, gest. 1694.

Breitenhiller. Leonhard, d. i. R., 1540.

Crollolanza, waren ursprünglich Handelsleute in der Lombardei, von wo Claudius C. nach Graz in Steiermark kam und von Kaiser Ferdinand 1632 den Abelstand erhielt. 1664 sind die v. C. in die steierische

Landmannschaft aufgenommen worden und sollen noch daselbst blüen. Das Stammwappen zeigt in Blau einen goldenen Löwen, der eine Lanze hält.

Franz Ignaz v. Crollolanza kam nach Ingolstadt und starb daselbst als Professor juris 1683, den 8. April. Mit seiner (1671) verstorbenen Hausfrau Helena Bayrin hatte er einen Son Ignaz erworben, welcher 1702 Bürgermeister zu Ingolstadt wurde.

Demel von Demling, origine Ingolstädter, schrieben sich auch Dämel. Martin D., Bürger daselbst, gest. 1561, war bereits wappengenoß. Im silbernen Schilde eine halbe rote Kaze, aus der später ein eben solcher Löwe geworden. Oswald D. v. D. ward fürstbischöfl. regensburgischer Rat und Pfleger zu Hohenburg am Inn, wo er 1616 starb. Fürte einen quadrirten Schild, 1. und 4. ein Fallgitter, 2. und 3. ein halber Löwe. — Joh. Georg D. war 1636 Bürgermeister zu Ingolstadt:

Döbritsch zu Haunstätt. Wol Freimann sagt in seiner Hauskronik, „die Döbritschen sind alte erliche gute Leut' zu Ingolstatt gewesen, wie dann ire Namen und Wappen hin und wieder in Kirchen, auf Grabsteinen und in alten Ratsbüchern zu finden": Das Wappen zeigt in Silber zwei geschrägte schwarze Wurfpfeile unten mit einem Riemen verbunden: Dieß Wappen scheint jedoch eben so wenig als der Name bayerischen Ursprunges, und würde man dessen Heimat eher in Polen oder Schlesien suchen: Im alten Siebmacher I. 68 findet sich sub Dobritsch auch wirklich ein Wappen unter den „Schlesischen", was obiger Vermutung einige Warscheinlichkeit gäbe, allein der Schild

dieſer Dobritſchen zeigt in Rot ein verkertes ſilbernes
S und iſt alſo jedenfalls eines andern Geſchlechts:
Jedenfalls ſind die Döbritſchen ſchon ſer frühzeitig
nach Ingolſtadt gekommen, denn Hans D. ging daſelbſt
ſchon 1453 zu Rat. Seine Frau, deren Name unbe=
wußt, fürte ein Wappen, das gleichfalls eher polniſch
als deutſch ausſiet, nemlich in rotem Schilde eine drei=
zackige goldene Gabel, wie ein Fiſchſper, doch one
Widerhaken. Vielleicht ſind die beiden Eheleute die
erſten ires Geſchlechtes in unſerem Ingolſtadt geweſen?

Des Hanſen Son Kaſpar war einer der erſten
Studenten, der ſich auf der neuen Hochſchule immatri=
kuliren ließ, er iſt 1477 Pfarrer im Spital, ſpäter
Weibiſchof zu Eichſtätt und Biſchof zu Phila=
delphia in partibus infidelium geworden. Dieſes
ſchon damals (Ende des XV. Jarhunderts) eingegan=
gene kriſtliche Bistum lag, wie ich gef. Mitteilungen des
Herrn P. Gambs O. S. B. verdanke, in Arabia petrea
und wird heutzutage noch in partibus verlieen, wie denn
gegenwärtig ein Engländer, Daniel Murphy, davon
den Namen fürt.

Biſchof Kaſpar Döbritſch ſtarb 1515. Gleich
nach ſeines Vaters Tode, 1474, hat er das von dieſem
ererbte eichſtättiſche Lehen Haunſtätt aufgetragen.

Eraſm D., des Biſchofs Bruder, ſtarb als Bürger=
meiſter 1491: Mit ihm oder ſeinen Kindern ſcheint
das Geſchlecht in Ingolſtadt ſein Ende erreicht zu
haben: Das Lehen fiel durch Erbheirat an die Kö=
nigsfelber (ſ. u.) und von dieſen an die Freimann.

Feurer, alias Feuer. Hans Feurer der Reiche, Bürger
und des Rats o. 1470. Er hat das „reiche Almoſen"

daselbst gestiftet; seine Tochter ward Georg Lerchen=
felber's zu Straubing (s. Antiq. I. Bd. S. 109 ff.)
erste Haußfrau. — Das Wappen dieser Feurer hatte
einen von Rot und Silber wellenweise sechsmal gestän=
derten Schild und dadurch unterschieden sie sich von dem
gleichnamigen altbayerischen Geschlechte der Feurer
von Pfetrach, welche zu Pf. bei Landshut beheimatet
waren, im Kloster Seligental ir Erbbegräbniß
hatten und 1597, den 21. April zwischen 3 und 4 Ur
Vormittags, mit Ulrich Feurer v. Pf. im Mannstamme
erloschen sind. Dieser Wappen zeigte im silbernen
Schild eine gestürzte rote Kleeblattspize und auf dem
Helm einen Eselsrumpf.

Fischer, auch Bischer, von Teichstett: Hans Bischer
1468 Bürgermeister; 1571 starben Hans, 1605 Ulrich,
beide Bürgermeister gewesen. Teichstett haben die
F. um 1550 erworben. Ir Schild hatte in Blau zwei
geschrägte goldene Handruder von zwei roten Rosen
beseitet.

Fragner, ein eingebornes Stadtgeschlecht, das seinen
Namen jedenfalls vom Gewerbe hat. Fragner heißt
in manchen altbayerischen Gegenden: Krämer, wol deß=
halb, weil man darin nach allem fragen kann, one
natürlich es deßhalb auch dort finden zu müssen. Die
Fragnerei muß übrigens unser vorliegendes Geschlecht
bald zu Reichtümern und Ansehen gebracht haben, denn
anno 1410 war Gottfried Fragner schon im Rat
der Stadt.

   „Georg Fragner, der Studenten einer, so gleich
anfangs der Schul' eingeschrieben worden, starb
daselbst anno 1483." Ulrich war 1475 Bürgermeister.

Ursula war des edlen Wolf von Trugenhofen, eich=
stättischen Adels, erste Hausfrau, starb 1512, er 1519.
Der Fragner Wappen hat drei goldene Schlägel in
Schwarz und auf dem Helm einen solchen zwischen zwei
Hörnern.

Fürholzer, Sirtus, des innern Rats, starb 1575, aetatis 68; Kristina Wennigin uxor starb 1593, ires
Alters 93.

Hahnenkamp, Georg, Bürgermeister 1499. Ob die
v. Hanakamp auf Schirmitz in der Oberpfalz,
deren Adel 1746 renovirt oder anerkannt wurde, mit
dem ingolstädtischen Geschlechte zusammenhängen, stet
zu beweisen.

Hurner. 1407 war Hans H. Bürgermeister.

Karl von Gamersheim. Martin Karl, des Rats zu
J., starb 1543, „hat eine einzige Tochter hinterlassen,
Anna genannt, welche Vater, Mutter und Bruder
beerbt und darüber noch einen stattlichen Bürger zu
Ingolstadt, Kaspar Raybt genannt, geheirat't, dessen
Gut sie auch bekommen, als eine Wittib unter vielen
Werbern einen schönen jungen Studenten,
Bernhard Rehlinger von Augsburg, zur Ehe
genommen, der hat mit irem Gut Berghausen bei
Aiglspach erworben, und seine Frau, so alda verstor-
ben, ihm an die 20.000 Gulden vertestiert."

Der Karl Wappenschild zeigte in Blau auf gol=
denem Dreiberg einen Falken, der einen Zweig in der
rechten Kralle hält.

Königsfelder, auch Kinigsfelder und Kindsfelber ge=
nannt. Ludwig K. kam von Neuburg, wo er Pfalz=
graf Ottheinrichs „Rat von Haus aus" war, nach

Ingolstadt, dort 1504 in den außern und 1513 in den
innern Rat, starb als Bürgermeister 1527, hatte zur
Hausfrau Anna Döbritschin, mit welcher er das
Lehen Haunstätt erheuratet; erzeugt mit ir 17
Kinder. Von diesen war Joachim, so zu Ingolstadt
studirte, „gar eine schöne sittsame Person, wär' ein
herrlicher Mann aus ihm worden, wann er nit in eine
unzeitige Lieb und Heirat geraten wäre mit
Rosina, Wilhelm von Sandizell's Wittib. Diese
war Hansen Schreyer's, Herzog Georgen zu Landshut Rats und Secretarii, Tochter, hauset übel, lief
irem Mann darvon gen Ingolstadt, hängt sich an
die Studenten ꝛc. Leztlich ist sie auch von dem
Joachim gezogen nach Meißen, allda übel umkommen."

Mit diesem Joachim ist das Geschlecht der Königsfelder im Mannstamme gar abgegangen. Von den
Töchtern war Barbara „ein schönes gerades Weib",
dem Wolf Steinauer verheuratet; „sie ward blind
und lebt als blinder noch 7 Jar, starb 1562". Margret ward eine Klosterfrau zu Ingolstadt, „ist lange
Jare in einm Stübel, wegen des Podagrams, so ir
alle Glieder verderbt, allein gesessen, hat doch ir Leben-
lang kein Wein trunken". Anna ward Ludwigen
Burger verheuratet, hat einen Son Ludwig, „der kam
in solmßische Dienst an den Rhein, ward Rentmeister
zu Lich, hat viele schöner und feiner Kinder"; Sabina
ward Melchior Huebern, einem fürnemen Soldaten,
Ritter und Hauptmann, von Aichach bürtig, vermälet
und Ursula nam des alten Obrist Schertl von Burtenbach Bruders-Son, Ludwig Schertl, die hatten
nur einen Son, Ludwig, starb in studiis zu Tübingen.

Die andern Kinder des alten Ludwig starben jung, und
so ist diese kurze Familiengeschichte wol geeignet, wenn
nötig, den Beweis zu liefern, daß auch 17 Kinder noch
keine Bürgschaft für das Fortblüen eines Geschlechtes
seien!

Das Wappen dieser ingolstädter Königsfelder,
wie inen solches von Kaiser Max I. anno 1513 verbessert worden, zeigt in Blau einen goldenen Schrägbalken von zwei goldenen Kränzen beseitet. Es gab
noch ein bayerisches uradeliches Geschlecht gleichen Namens, dessen Heimat Königsfeld an der Ilm war;
diese fürten den Rumpf eines Mannes mit einer königlichen Krone auf dem Haupt, sind 1654 gefreit, 1685
gegraft worden und 1815 am 19. Januar mit dem
25järigen Lieutenant Karl Grafen von K. im Mannstamme erloschen.

Krafft, Hans, Bürgermeister 1574, starb 1602. Der
Schild zeigt einen laubbekränzten und beschürzten Mann,
ein ebenfalls geschmücktes Ruder haltend.

Kuefer. Kaspar K., des innern Rats, starb 1574, seines
Alters 79. Der Schild ist gespalten mit einer Kufe
in verwechselten Tinkturen.

Miller von Zweyraden. Iren Beinamen haben sie
(wie dieß bei vielen adelichen Geschlechtern der Fall
war und noch ist) von dem Wappen, welches einen
von Gold und Blau schräggeteilten Schild zeigt mit
zwei Mülrädern (in verwechselten Tinkturen). Sie
sind um die Mitte des XVI. Jarhunderts, wie es
scheint, erst zu adelichen Würden gekommen und hundert Jare darauf verschwinden sie schon wieder. Willi-
wald M. v. Z. war 1578 Bürgermeister zu Ingolstadt.

Jonas ist 1617, Jakob 1620 daselbst gestorben. Gebold M. v. Z. (mit vermertem Wappen) war fürstl. bayer. Rat, Küchen= und Stabelmeister zu München, starb 1584 daselbst. 1659 schreibt Antoni M. v. Z., juris candidatus, „sein Vater und Mutter ernärten sich kümmerlich, lebten one Dienst, können im nicht unter die Arm' greifen".

Peisser. Wolf P., fürstlicher Zollner und Rat, stirbt 1549. Sein Son Hilarius P., Bürgermeister 1564, stirbt 8. Januar 1573. Das Wappen hat einen roten, alias goldenen Schild, darin ein schwazer Sparren, mit drei goldenen Lindenblättern belegt.

Plaichshiern, wurden bereits oben S. 206 beim lands= huter Patriziat genannt.

* Reichel von Knodorf, sind, wie ich glaube, origine Ingolstädter und haben schon 1720 Knodorf bei Irsching unweit Ingolstadt besessen. In gedachtem Jar war Kaspar Reichel Bürgermeister, ebenso 1776 Johann Edler v. R. auf Knodorf. Der Landschaftskassier und kaiserl. Rat Johann Sebastian Reichel, Herr der Hof= mark K. (geb. 1694, † 1756), war 1743 nobilitirt worden. Von seinen Sönen war Johann Josef Land= schafts=Kanzlei=Verwandter. So nannte man seit dem XVI. Jarhundert die Beamten, welche bei der Land= schaft angestellt waren, da ire Aemter und Bedien= stungen nicht selten vom Vater auf den Son und Enkel übergingen, also gleichsam eine Verwandtschaft zur Land= schaft prätendiren ließen.

Dieser Johann Josef v. Reichel hatte wieder me= rere Söne und Töchter, deren lezterer die älteste an den Schwiegervater des Antiquarius, den Hofrat und

14 *

Hofmarksherrn Judas Thaddäus v. Ziegler auf
Pürgen vermält war. Es haben sich unter den Familienpapieren zufällig die Aufschreibungen des Herrn
Vaters erhalten, über die Ausgaben, welche ihm die
Taufe seines erstgebornen Töchterleins verursachte, und
ich lasse sie hier als einen kleinen Beitrag zu den damaligen Sitten und Gewohnheiten des kleinen Adels
folgen. — Außen stet:

„Kinds Tauf Uncostens Zetl meiner Donnerl
betreffent, Frau v. Ziegler ist gebohrn den 12. Octobris 1761." — Inseito aber:

„Anzaig Was ich zerschibenes bei Kinds Tauff
Meiner Tochter Maria Anna Antonia außgelegt habe:

„Erstlich dem geistl. Herrn 1 fl. — yberhaubts in
die Sacristey fl. — 35 kr. — Mösner — 30 kr. —
Lechenressler (Conkutscher) 1 fl. — Knecht — 18 kr. —
der Höbam 5 fl. — der Beysitzerin 1 fl. — 4 Poutellen
Burgunder 3 fl. 12 kr. — 1 detto Elsaßer — 30 kr. —
24 Dörtln 1 fl. 5 kr. — Käß — 49 kr. — Zuckher-
werth zerschübenes — 30 kr. — Hollippen — 10 kr. —
Piscoten — 30 kr. — Brod — 10 kr. — Summo
fl. 16. 19 kr."

Etwas größere Depenjen machte der Papa bei der
Geburt eines Knaben, weßhalb ich zum Vergleich auch
einen solchen Taufzettel folgen lasse.

„Der Uncosten so mittels der geburtt und heil.
Tauff meines Söhnls Franz Xaueri Michael erloffen
ist den 15. Juli 1775."

„Dem Herrn Cooperator Schmid fl. 2. 24 kr. —
dem Mesner — 48 kr. — dem Kirchendiener — 24 kr. —
Schranckengeld sonst 11 kr. jeczt weil sich niemand

fechen laſſn — — denen Wächtern ſonſt 11 kr. diſes=
mal — — denen Miniſtranten ſonſt 11 kr. jeßt — —
Opfer in den Stock — 12 kr. — dem landſchafft
gutſcher 1 fl. 12 kr. — der Madame 4 Thaler oder
9 fl. 36 kr. — der Beyſizerin — 24 kr. — dem Menſch
(der Magd) von der Madame — 24 kr. — 8 Boutellein
frontinac à 48 kr., dann 3 Pfd. Käß 7 fl. 54 kr. —
Dorten dann confect zuſam 5 fl. — der Frau Re=
giſtrator Mayrin 3 fl. 40 kr. — dem Bedienten Antoni
vor das anſagen bey den Frauen — 48 kr. — Summa
32 fl. 46 kr."

Nach dieſen beiden Rechnungen zu ſchließen, war
der Xaueri gerade noch einmal ſo viel wert als das
Donnerl, oder es hatten ſich die Anſprüche im Verlaufe
von 14 Jaren ſo bedeutend geſteigert. Eine Andeutung
dürfte übrigens darin gefunden werden, daß die Hebamme
bereits M a d a m e genannt wird und ſtatt in einem
gewönlichen Lonwagen in der L a n d ſ c h a f t s = K u t ſ c h e
zur Kirche färt. —

Das Wappen der R e i c h e l zeigt einen von Blau
und Gold geteilten Schild, darin ein Löwe in verwech=
ſelten Tinkturen, eine Sichel haltend. Es iſt offenbar
dem Wappen der breslauer R e i c h l (1554 nobilitirt)
nachgebildet, welche 1790 erloſchen und von denen
v. T ſ c h i r ſ k y = R e i c h e l l, die heutzutage in Preußen
noch blüen, beerbt wurden.

Von u n ſ e r e n Reichel lebten um 1820 noch 10
erwachſene Mannsſproſſen, welche bis auf einen gleich=
falls kinderloſen älteren Herrn alle abgeſtorben ſind.

R u e p p. Das oben S. 177 ff. unter den münchner Patri=
ziern erwänte Geſchlecht. Aus ihm war Johann Sig=

mund 1636 Bürgermeister zu J. und starb daselbst
24. Februar 1647.

Scheibl von Thurnstein. Waren ein Geschlecht des
kleinen altbayerischen Abels. Paul Sch. v. Th. auf
Postminster und Afterghausen erscheint zuerst
1638, ist 1657 zu Thurnstein gestorben. Johann Sch.
v. Th. war 1702 Bürgermeister zu Ingolstadt, Franz
Ignaz, kurfstl. Hofkammersekretarius, starb 1721 zu
München.

Das Wappen hat einen gold und schwarz schräggeteilten Schild, darin ein silberner Ring und innerhalb dessen ein halber natürlicher Hirsch.

Schmid. Hans Bürgermeister 1511, uxor Elisabet Kö-
nigsfelberin.

Schober von Lachenstein. Andrä Sch. ist 1485 zu
Rat gegangen. Er hatte eine aus dem noch blüenden
Geschlechte der Lachenmayer zur Hausfrau. Georg,
des vorigen Son, war von 1505 an 40 Jare im innern
Rat. Thomas, des Georg Son, ward kaiserlicher Rat.
Er hat glaublich von Kaiser Karl V. den Adelstand
erhalten. Veit, Professor institutionum zu Ingolstadt,
lebte noch 1599.

Der Schober Wappen ist etwas seltsam: von
Blau, Silber und Rot sparrenweise geteilt, auf jeder
Teilungslinie zwei Lilien (im Ganzen also 8) in ver-
wechselten Tinkturen.

Schramm „sind gute alte Leut' und Ratsfreund' zu Ingolstadt gewesen". Hans Sch., des innern Rats, anno
1450, item Wolf 1485, Martin 1512 vielleicht der
Lezte. Der Schild ist von Gold und Blau schräggeteilt mit einem Stern in verwechselten Tinkturen.

Seitz, Mathias, Bürgermeister, starb 13. Juli 1713, aetatis 87.

Siebenhärl von Schorn. Johann war kurfstl. Rat, Landschaftsverordneter von Ingolstadt und 42 Jare lang Bürgermeister der Stadt, starb 5. Juni 1718, seines Alters 70. Sein Wappen hat einen gevierten Schild, 1. und 4. in Rot ein goldener Triangel über einem halben Mülrad, 2. und 3. in Blau ein goldener Löwe, der 7 Pfeile hält.

Steinauer, stammen ursprünglich aus Weilheim, kamen zuerst nach München und von dort im XVI. nach Ingolstadt. Ir ältestes Wappen (welches die münchener Steinauer auch immer beibehielten) war eine Handelsmarke, wie ein Pfeil geformt, rot in Silber. Die ingolstädter haben sich 1548 vom Kaiser ein neues Wappen erbeten: schräggeteilt von Gold und Blau mit einem Einhorn in verwechselten Tinkturen. Es ist im Schild wie Plaichshiern, das Kleinod kenne ich z. Z. nicht, wird aber wol verschieden sein von dem des lezteren Wappens, außerdem man eine Wappen=genossenschaft der St. und P. annemen müßte.

Wolf Steinauer, uxor Brigitta Hundert=pfundin, kam 1558 in den außern, 1573 in den innern Rat z. J., ward 1574 Bürgermeister. Von dessen Sönen war Michael (geboren 1562) „ein frommer, stiller, gottesfürchtiger Gesell". Er stand 4 Jare bei dem oftgenannten Dr. Wolf Freimann in Diensten und hat „merer teils mein Haus=Cronica geschrieben". Susanna, des Michael Schwester, war an Erzherzog Ferdinand's des jüngern zu Graz Zergadner, Ulrich Empel verheuratet 1593, und Philipp St. war

K. Ferdinand's und Maximilian's II. langjähriger Kammerdiener, „hatt eine Orientalerin zur Hausfrau, war eine schöne junge Frau, die gleichwol ander Leut' auch lieb gehabt". — Franz Steinauer, kurfürstl. Rat und Stadtoberrichter zu Ingolstadt 1655. Seine Tochter Anna Maria Rottin starb 1699. Damit enden sich die Nachrichten über unser Geschlecht.

Strobl. Diese Strobl, deren Wappenbild ein Knabe ist mit einem Pfeil in der Rechten, stammen aus Rosenheim, wo Jörg St. schon 1551 Kämmerer war. Johann St., des innern Rats und Bürgermeister zu Ingolstadt, starb daselbst 18. Februar 1670.

Untersteiner, Untensteiner. Balthasar U., Bürgermeister und Sindikus, starb 17. April 1691. Der Schild: geviertet mit einem Greifen und zwei Schrägbalken.

Wolf, Sebastian war Bürgermeister 1631.

Zierer, Hans, Bürgermeister 1568. Ein Michael Z., Bürger zu Ingolstadt, starb 1611, fürte einen geteilten Schild, blau-gold, mit einem Luchs in verwechselten Tinkturen; weiß nicht, ob er desselben Stammes.

Zöpfl, Georg, Bürgermeister 1636. Maria Dorothea Zöpflin, geb. Dormorin, geweste Bürgermeisterin, starb 9. März 1717, ires Alters 70 Jare.

11. Der Antiquarius kommt nun zur Beschreibung des Patriziats der ehemaligen Haupt- und Regierungsstadt Straubing an der Donau, desselben Straubing, das durch den Justizmord der unglücklichen Agnes Bernauerin (1435) eine traurige Berümtheit erlangt, sich aber auch durch eine wackere Haltung irer Bürgerschaft bei der mermaligen Belagerung der Stadt durch die Schweden (1633) und die Oesterreicher (1704 und 1742) einen Namen gemacht hat.

Wie zu Landshut und Ingolstadt zälten auch in Straubing die Geschlechter, aus denen der innere Rat, Bürgermeister und Stadtkammerer gewält wurden, von Alters her bis etwa in die Mitte des vorigen Jarhunderts teils zum Uradel, teils (in späteren Jaren) zum Briefadel. Etwa die Hälfte der Ratsgeschlechter war jedoch nur wappengenoß, one eigentlich das Adelsprädikat zu füren. Nichtsdestoweniger behaupteten sämmtliche innere Ratsverwandte, seien ire Familien dem Buchstaben nach adelich gewesen oder nicht, vom XVII. Jarhundert an den Titel „edel" oder „edelvest".

Kaiser Karl VII. hat 1743 den jeweiligen 4 Bürgermeistern ausdrücklich das Patriziat erteilt.

Es sind im Ganzen gerade hundert Geschlechter, welche in den fünfhundert Jaren vor 1800 im Rate vertreten waren. Darunter befinden sich viele, jezt ganz verschollene Namen, wie Alram, Gölß, Knalling, Reuberstorf, Zinzenzeller u. a., welche da und dort in Stiftbriefen als Zeugen auftreten, aber lediglich für die Lokalgeschichte von Straubing nennenswert sind; andere Familien, wie die Glabsperger, Hundertpfund, Reindl u. s. w. wurden bereits bei den vorhergehenden Städten erwänt. Der Antiquarius wird daher entschuldigt werden, wenn er hier mit einigen und dreißig der bekannteren Familien dem Straubinger Pa-

triziat Rechnung trägt, um so mer, als der Raum des
Buches sich maßgebend macht. Ein Verzeichniß straubingischer
Geschlechter bis zum Jare 1600 hat übrigens der oftgenannte
Dr. Wolf Freimann hinterlassen und man findet davon
einen Abbruck in Siegharts Gesch. v. Straubing II. 190 ff. —
    Die Namen dieser 36 Familien, von denen 8 noch unter
dem bayerischen Adel blüen, nun sind:

Amman. Hans A., des innern Rats zu Straubing 1533,
    gest. 1540. Wappen: in Blau ein silberner Flügel.
*Dürnizl zum Hienhart und der Azelburg, heutzu-
    tage und seit 1689 Freiherrn von Dürniz, kommen
    mit Thoman Dyrnizl dem älteren 1519 zuerst im
    Rat vor. Georg D. war 1563—81, Thoman der
    jüngere 1594—1624 und Kristof 1616—51 Bürger-
    meister. Leztgenannter Thoman hat 1596 die Azel-
    burg, einen gefreiten Herrensiz in der Stadt Strau-
    bing und 1604 die Hofmark Hienhart oder Henhart
    unweit dieser Stadt erworben. Den Namen Azlburg
    wollen einige, darunter Aventin, von einem römischen
    Castrum Augusta Acilia, andere von Etzel oder
    Attila ableiten, der Antiquarius seinerseits erlaubt
    sich zu fragen, ob er nicht auch von dem Vogel Elster,
    welcher altbayerisch Azl heißt, benannt worden sein
    könnte? Die Azlburg kommt übrigens 1325 als hoch-
    stift regensburgisches Lehen zuerst urkundlich vor, war
    im XV. Jarhundert im Besize des Geschlechtes Schmibl
    (s. unten), nach diesen saßen die Preu (s. b.) darauf
    und von diesen erwarben es die Dürnizl, aus deren
    Händen es 1659 an die Stadt kam. Schlüßlich ver-
    fiel die Azlburg irem Schicksal und wurde 1748 ein
    Nonnenkloster, was sie, soviel bekannt, noch ist.

Anno 1606 hat schon gedachter Thoman von K.
Rudolf II. den Adelstand erhalten. 1678 wurde
Jos. Thoman Dürnizl von Kurbayern als ein Patrizius von Straubing auch für adelich mit dem Prädikat
„zum Hienhardt auf Oberschneiding" anerkannt und
1687 erhielt Johann Dürnizl die Aenderung seines
Namens in v. Dürniz, endlich 1689, wie oben erwänt, den Freiherrnstand. Das Stammwappen der
Dürnizl hat im Schild einen wachsenden Mann mit
einer Salzkufe und einem Schwert.

Förstl von Reuberstorff blüten noch 1628. Im roten
Schild ein silbernes halbes Roß.

Further von Peizkofen. Kaspar kommt als Bürgermeister 1642—71 vor. Anno 1693 wurde ein Johann
Bapt. Furthner zu Straubing mit dem Prädikat
„von" begnadet. Ob er zu dieser Familie gehörte, ist
ungewiß.

Gabmair. Hans G. 1572 Bürgermeister.

*Gmainer. Kaiser Friedrich III. verleit den Gebrüdern
Johannes, Anton und Hans (sic) den Gmainern dd.
Regensburg Montag nach Margreten 1471 ein Wappen
„sechs zwichel, die zwerch in ainander gestoßen und
gleich außgethailt, die an der ainen seiten gelb, die
anderen rott". Diese für einen Herold damaliger Zeit
wenig kunstmäßige Blasirung würde man etwa besser
versinnlichen, wenn man sagte, von Gold und Rot
fünfmal hin und her gespizt. Der gedachte Johannes
Gmainer war Stadtpfarrer zu Straubing und starb
1482. Sein Monument ist noch dort zu sehen. Die
G. sind später in die Oberpfalz gezogen, wo sie 1571
Schönstein und Wezelsburg besaßen. Am 1. De-

zember 1746 haben 4 Gebrüder G. vom Pfalzgrafen
Truchseß ein Adelserneuerungsdiplom erhalten, das
1753 von Bayern anerkannt wurde. Der lezte Sproße
dieser Familie, dem der Antiquarius auch obige Daten
verdankt, ist Adjutant des Königs Ludwig I.

Grießmair zu Inkhofen. Hans Heinrich G. war
1612 Bürgermeister. Seine Frau war Susanna Eben=
hoferin. Die Grießmair gehörten zum kleinen Adel
und fürten im goldenen Schild einen halben, blau=
gekleibeten Mann mit einem halben Mülrad in der
Linken.

Hainspeck von Sallach, ein auch landgesessenes Ge=
schlecht, das den Schild von Schwarz und Silber mit
Schuppen gespalten fürte.

Harter von Hartenstein. Servatius Harter, Bürger=
meister zu Straubing, erhielt 1688, 29. Mai, ein
Adelsdiplom von Kaiser Leopold I. 1691 bestätigte
Kurbayern den Adelstand unter Erteilung des Prädikats
„von Hartenstein“ den Sönen des Bürgermeisters:
Johann Bapt. und Servatius, Regierungsräten zu
Amberg und Burghausen. In den Sammlungen
des Antiquarius findet sich die Copie eines Grabsteins
in Straubing der M. Ursula Reglerin, geb. Harb=
terin v. Hartenstein, verwittibten Burgermeisterin,
geb. 1647, gest. 1732, darüber ein Wappen mit ge=
teiltem Schild, darin von vier Rosen beseitet eine durch=
brochene Raute. Ich weiß nicht, ob dieß das reglerische
oder harterische Wappen; ersteres ist zu vermuten.

Gelegentlich berichtet der Antiquarius noch von
einem Abel gleichen Namens, dessen Ursprung etwas
ungewönlich klingt. Herzog Wilhelm V. baute gegen

Ende des XVI. Jarhunderts das Schloß und die Klause zu Schleißheim, wo später durch Ferdinand Maria das noch stehende große Lustschloß errichtet worden ist. Bei dieser Gelegenheit soll Herzog Wilhelm auch eines gewissen Mülleranwesens nächst Schleißheim zur Erweiterung des Lustgartens bedurft haben. Dieses Gut gehörte dreien Gebrüdern Harter oder Harder, welche, so wird erzält, um Geld nicht zur Abtretung ires väterlich ererbten Anwesens zu bewegen waren. Endlich habe der Herzog ein Auskunftsmittel gefunden, dadurch, daß er die drei Harder zur Tafel lud und inen nach Schluß derselben ein Diplom überreichen ließ, worin sie als „Harder von Hardenstein" seien nobilitirt geworden. Das Wappen soll nach Lipowski (Urgesch. v. Mchn. II, 462) zwei Tauben, die einen Ring halten, gezeigt haben. — Der Antiquarius hat diese Erzälung auch II, 109 des „Stammbuchs deutschen Adels" aufgenommen, insbesondere bestärkt dadurch, daß sich in seiner eigenen Sammlung ein Originalwappen aus jener Zeit fand, welches eine Elster mit einem Ring im Schnabel und die Unterschrift Cristoff Hartter zeigt: allein neuerliche Forschungen haben ihm die ganze Nobilitirungsgeschichte etwas in Zweifel gestellt, was er hiemit der historischen Warheit zu Liebe bekennen muß. —

Hofmeister. Kristof H. 1547—62 Bürgermeister. Ir Wappen zeigt in Schwarz zwei geschrägte und gestürzte goldene Pfriemen.

*Hofstetten. Josef Martin Hofstetter, Bürgermeister zu Straubing, ist 28. September 1748 von Kurfürst Max III. nobilitirt worden. Die Familie blüt noch zalreich, besaß 1860 Altenburg am Ausgang der Teufelsgrube bei Westerham und schreibt sich wie Eingangs. Franz Xav. v. H. ist ein bekannter, lebender Künstler.

Der Schild hat eine Palme in einer Spiße, die von einem Kreuz und einem Mond beseitet ist.

Höller von Aiterhofen. Aus dieser Familie hat sich der Bürger und nachherige Bürgermeister Simon H. bei der Belagerung und Einname der Stadt durch die Schweden 1633 in besonderer Umsicht und Tapferkeit ausgezeichnet, wie er denn persönlich immer auf den Mauern stand und sich die schwedischen Offiziere als Scheibe aussuchte, auch 36 derselben niederschoß. Kaiser Ferdinand III. hat ihn beßhalb 11. Sept. 1641 zu Regensburg in den Reichs-Adelstand erhoben. Höller besaß außer Aiterhofen noch Metting und Herrenfelburg und starb 1675. Das Wappen soll an die v. Hofstetten übergegangen sein.

Hunger, stammten aus Ingolstadt, wo Dr. Wolfgang Hunger Professor war und endlich Kanzler zu Freising wurde. Er starb 1555. Von ihm kommen alle Hunger her, welche zu Wasserburg und Straubing in Ratswürden saßen. An lezterem Orte war Andrä H. 1615 und Hans H. 1631 Bürgermeister. Das Wappen hatte einen gespaltenen Schild, rot und filber, darin ein wachsender Mann in verwechselten Tinkturen, in jeder Hand einen Moskolben haltend. Die wasserburger Familie Kolbinger war mit diesen H. wappengenossen, qua ratione nescio.

Kastner zu Mausheim. Sigmund K. v. M., Bürgermeister 1635 ff., starb 1657. Franz K., gleichfalls Bür-

germeiſter zu Straubing, wird 28. Juni 1692 von
Kurfürſt Max Emanuel als Patrizius anerkannt.

Kaſtnmayr kommen im Geſchlechterverzeichniß v. J. 1600
als noch blüend vor. Ulrich war 1417 Stadtkammerer.
Ir Schild war geteilt, oben wachſend ein Bär oder Wolf.

Labermayr zum Findelſtein. Ein Zweig des gleich=
namigen Adelsgeſchlechtes, welches in Rot einen ſilber=
nen Schrägbalken und darin einen gekrönten blauen
Fiſch fürte. Den Findelſtein haben die Preu ge=
erbt (ſ. d.).

*Lerchenfelder ſind die heutigen Grafen und Freiherren
von Lerchenfeld, von denen der Antiquarius bereits
im I. Bd. S. 107 ff. ausfürlich berichtet hat.

*Limpöck zu Richofen. Wolfgang Limpeck zu R., des
innern Rats und Landſchaftsverordneter zu Straubing,
ſtarb 1866, ſeines Alters 59 auf einer Reiſe in Lands=
hut. Er war 1636 nobilitirt worden. 1721 hat die
Familie den Freiherrnſtand erhalten und blüt noch.
Der Schild iſt ſchräggeteilt von Schwarz und Gold
mit einem Bock in verwechſelten Tinkturen, ein Klee=
blatt haltend.

Neumair zu Ettmanſtorf, auch Naimer. Hans war
1568 Bürgermeiſter. Das Geſchlecht beſaß auch Mirs=
kofen und fürte ein Schild wie die v. Dobenek,
nemlich in Silber einen roten Edelmannshut mit ver=
ſchlungenen Schnüren und Quaſten.

*Ridermayr von Altenburg ſind ein wappengenoſſenes
Bürgergeſchlecht zu St. geweſen. Johann R. iſt 1666
nobilitirt und Franz Sigmund R. v. A., Hofkammer=
direktor, 1734 gefreit worden. Das Altenburg iſt
daſſelbe, welches oben bei den v. Hofſtetten erwänt

wurde. Das Stammwappen hat im quadrirten Schild 1. und 4. einen wachsenden Türken mit Säbel, 2. und 3. zwei Pfäle.

Oberhofer. Ulrich O. Bürgermeister 1710. Das Wappen hat im Schild eine Spize, belegt mit einer und beseitet von zwei Rosen, und auf dem Helm eine Rose zwischen zwei Hörnern.

Ostertag. Michael, des innern Rats, starb 20. Febr. 1678, aetatis 64. Das Wappen auf dem Grabstein zeigt im roten Schild ein Osterlamm, auf dem Helm eine Sonne zwischen Hörnern. Es gab auch ein Geschlecht der Ostertag in Nördlingen, welches das Osterlamm in Blau fürte. Von unseren straubinger O. ist ein Zweig 1687 mit dem Beinamen v. Osterau nobilitirt, 1695 gefreit und ir Wappen ansenlich vermert worden.

Peringer. Schild geteilt von Rot und Blau, oben ein silberner Bärenrumpf. Hans P., Ratsbürger zu St., kommt als mütterlicher Großvater unter den 4 Anen des obgenannten Hans Heinrich Grießmair vor.

Prennberg — waren nicht die v. Prennberg, welche bei dem lerchenfeldischen Stamm genannt sind, sondern ein Bürgergeschlecht zu Straubing, das ursprünglich Prenner hieß und einen wachsenden Mann mit einer Fackel in der Hand fürte. Sie sind 1623 mit „von Prenn= berg" geadelt worden und haben eine Wappenvermerung erhalten. Anno 1675 starb Sigmund P. v. P. zu Klainaigen, als kurbayerischer Hauptmann, aetatis 75, und 1677 Johann Stefan P. v. P., aetatis 63, kurfürstl. Rat.

Preu von Findelstein. Ein beggendorfer Geschlecht. Ir Namen wird auch Prey geschrieben und hängt un=

zweifelhaft mit Brau oder Brauer zusammen. Peter P. war 1395 Landrichter zu Deggendorf. Gabriel P. ist mit Herzog Johann von Straubing nach Niederland gezogen und anno 1430 zu Brüssel verstorben, wo er im Kreuzgange der Domkirche begraben wurde. Wolf P. hatte Magdalena Zellerin von Straubing zur Frau und mit ihm scheint ein Zweig des Geschlechtes dorthin gekommen zu sein. Dieser Wolf oder ein gleichnamiger Son war 1507 Bürgermeister daselbst, hat 1521 den Findelstein bei Deggendorf erlangt, Sebastian erwarb 1564 die Aßlburg. Das Geschlecht hat sich viel verzweigt, ist zu ansenlichen Gütern und Heuraten gekommen und anno 1747 im Mannstamm erloschen. Der lezte Herr von Prey, Michael Wilhelm, zu Straßkirchen und Findelstein war fürstlich freisingischer Rat und Kammerdirektor. Er hat mit Unterstüzung seines gleichgesinnten Herrn des Bischofs Franz, aus dem Geschlechte der Ecker von Kapfing, die größte genealogische Sammlung über den bayerischen Abel angelegt und in 18 Bänden als Manuskript hinterlassen. Dieses kostbare Quellwerk wird auf der kgl. Staatsbibliothek in München verwart. Außerdem hat Prey im Auftrage der Familie von Törring auch noch eine ausfürliche reichillustrirte Geschichte dieses Geschlechtes geschrieben, deren Manuskript sich in Seefeld findet.

Der hochverdiente Mann starb am 22. Febr. 1747, seines Alters 56 Jare, und liegt in der St. Georgenkirche zu Freising begraben unter dem gestürzten Wappen seines alten Geschlechts. Dieß Wappen hat in Rot einen geharnischten Arm, der einen Fisch, mit einem Ring im Rachen, trägt.

15

*Prielmair. Hans P. war 1538 und 39 Bürgermeister.
Er wird der Anherr der noch blüenden Freiherrn von
Prielmayer gewesen sein. Anno 1563 soll ein Lam-
pert P. den Adelstand erlangt haben. Sicher ist, daß
Korbinian Prielmayr, geh. Rat bei Kurfürst Mar
Emanuel und bei demselben hoch in Gunsten stehend,
unter dem 3. Mai 1692 das Prädikat „von“ gnädigst
erteilt erhielt.

Anno 1694 wurde Corbinian v. P. vom Kaiser
in den Freiherrnstand erhoben, das Diplom aber nicht
ausgelöst, daher 1792 im bayerischen Vikariat eine
abermalige Erhebung und bezieungsweise Erneuerung
statthatte.

Gedachter Korbinian v. Prielmayr war unstreitig
der hervorragendste in dieser Familie. Wärend der
österreichischen Occupation und Verbannung Mar Emanuels fürte er mit dem Kanzler v. Unertl (s. oben
S. 189) als geh. Rats-Präsident die Geschäfte im Interesse Bayerns, wurde aber gleich seinem Collegen vielfach mißkannt. Es ist sein Tagebuch von 1701—3 noch
handschriftlich aufbewart, es ist aber daraus, wie aus
dem gleichzeitigen Tagebuche des Bürgermeisters v.
Vachieri (s. oben S. 193) nichts wesentlich Inter-
essantes zu entnemen. Vielleicht fürchtete er Verrat
oder Spionage, es dürfte aber hiezu wenig Grund
vorhanden gewesen sein, weil das Tagebuch noch in
die Jare vor der feindlichen Besizname des Landes
fällt. Gleich Vachieri notirt er fleißig, wo er die Messe
jeden Tag gehört, bei wem er Visite gemacht, wann er
seine Schweine schlachten ließ und wem er Würste zum
Präsent geschickt habe.

Die gelungenste seiner Verordnungen war aber die, daß er eines Tages den Befel an alle in den kurfürst- lichen Kanzleien angestellte Beamte und Schreiber erließ, „ire Handschrift binnen Jaresfrist nach dem, zu solchem Ende in Kupfer gestochenen Muster zu än- dern, widrigenfalls sie auf ire Kosten Substituten er- halten oder gar irer Dienste entlassen würden, daß auch künftig Niemand mer in solche Dienste aufgenommen werden solle, der nicht die vorschriftsmäßige bayerische Kanzleihand schreibe".

Die Absicht der Verordnung war diese: Der Kur- fürst pflegte sich, um die verschiedenen ihm vorgelegten Eingaben nicht lesen zu müssen, zu beschweren, sie seien zu schlecht geschrieben und strengten seine Augen an. Den Grund dieser Beschwerde wollte nun Prielmayr für immer beseitigen. —

Innerhalb Jaresfrist schrieb, was schrei- ben konnte, im ganzen Lande die bayerische Kanz- leihand. Ein Augenzeuge berichtet, daß die Hand- schrift 70järiger Greise damals noch so schön gewesen sei, als wäre sie in Kupfer gestochen.

Vielleicht wäre es vielen nicht unerwünscht, wenn ein Nachfolger unseres Prielmayr dieß Experiment einmal wiederholen wollte.

Regler. Georg R. erscheint 1691 als Bürgermeister. Er starb 1703, seine Wittwe 1732. S. o. bei Hartter.

Rinkhammer, werden unter den i. J. 1600 noch blü- enden Patriziern aufgefürt. Ir Schild zeigte in Silber ein schwarzes Hirschgewei.

*Romayer. Der lezte Bürgermeister des vorigen Jar- hunderts war aus diesem Geschlecht, welches 1685 einen

Wappen- und 1790 einen Adelsbrief erhielt. Eine Therese v. Romaier lebte noch 1864 als Stiftsdame in München, vielleicht die Lezte irer Familie. Der Schild hat in 1. und 4. einen Mann mit Maiblumen in der Rechten, in 2. und 3. zwei gegeneinander aufstehende Löwen.

Rosenkranz von Scheibelsgrueb. Der „ebel vest Niklas Rosengranz Burgermeister", starb 1634. Sein Son Niklas war 1637—48 im selben Amt. Das Wappen hat einen geteilten Schild, unten ein Sparren, oben zwei wachsende Knaben, die einen Rosenkranz halten.

Scherhueber, Georg Bürgermeister 1621. Der Schild ist schwarz mit golbenem Schrägbalken, darin eine Schermaus aufwärts läuft.

Schmidl, waren neben ben Zellern (s. u.) das älteste Ratsgeschlecht zu Straubing. Peter starb anno 1364. Erhard war 1449 Stabtkämmerer. Der Schild der Sch. zeigt in Silber einen halben schwarzen Stier, der die Füße übereinander schlägt.

Am berümtesten wurde Ulrich, der Son des Bürgermeisters Mathias Schmidl, der küne Reisende nach dem damals neuentdeckten Weltteil Amerika, insbesondere dem 1515 erst aufgefundenen Brasilien. Die noch blüende Stadt Buenosayres am Rio be la Plata wurde damals von deutschen Kriegsleuten gegründet; da aber ein Spanier, Peter von Menboza, an der Spize der Expedition stand, so hat natürlich dieser die Ere davon getragen.

Von der merkwürdigen, höchst abenteuerlichen Reise unseres „Bruders Straubinger" existirt eine Handschrift

— wenn auch nicht die Originalaufzeichnung Ulrichs, so doch
sicher eine von derselben gefertigte Copie — in der Münchner
Staatsbibliothek als Cod. bav. 1300. Dieselbe enthält 69 Blätter in Quart und trägt auf dem ersten folgenden Titel:

„Anno Als Mann zellt nach Christi Vnnsers Lieben Herren
vnd Seligmachers Gepurdt Tausset Jünffhundert vier vnd Dreißig
hab ich Blerich Schmidel von Straubing diese nachfolgende
Nacionn vnnd Lenber von Anborff aus perahare (sic) als Hispa-
niam, Jnbiam vnd mancherley Jnnsell gesehen.“

„Mit sunberer gefar Jhnn Kriegsleissen durchgereist vnnd durch-
gezogenn, welche Reiß (so vom obernentem Jhar aus) biß auf bas
vier vnnd sunfzigste, do mir Gott der almechtig wieder zu lanndt
geholffen gewert hatt.“

Der Schluß der Reisebeschreibung auf Blatt 69 lautet:

„Vnd seinbt ben 26. Zenner alda (Jn Antorff) ankhumen
anno 1554 Jar. Gott sey gelobt vnnd gepriesen in Ewikeit, ber
mir solch glückselige Reiß so genebiglich hat beschertt. Amen. finis.“

Schmidl's Reisebeschreibung ist mermals im Drucke erschienen, ob nach vorliegendem oder einem anberen Originale
(es befand sich auch eines in der v. imhof-ebner'schen
Bibliothek zu Nürnberg), hatten wir nicht Zeit zu untersuchen.
Die erste Ausgabe ist in der bekannten Collection von Reise-
berichten, welche der tätige Sebastian Frank in seinem „Welt-
buch“ veröffentlichte 1567. Dort ist der Titel jedoch:

„Warhafftige vnd liebliche Beschreibung etlicher Jnblani-
scher Lanbtschafften vnb Jnsulen, die vormals in keiner Chro-
niden gebacht, vnb erstlich in der Schiffart Vlrici Schmidts (sic)
von Straubingen mit großer gesahr erkündigt, vnb von ihm
selber auffs fleißigst beschriben vnb bargethan.“

Schmidl's Reisebericht ist ferner 1599, 1612 und 1617
neu aufgelegt worden, barunter auch einmal in lateinischer

Ueberſetzung. In den 30er Jaren unſerer Zeit verſuchte ein pa=
triotiſcher Straubinger einen wiederholten Abdruck durch Sub=
ſkription zu decken, und erließ deßhalb einen Aufruf, deſſen
Erfolg unbekannt iſt.

Der Antiquarius gibt aus dem Abdrucke von 1567 einen
kurzen Auszug.

Von Antorff (Antwerpen) aus ſegelt Schmidel nach
Calles (Calais), wo bereits eine wolgerüſtete Flotille nach
Riodelaplata bereit liegt. Unter den 14 Schiffen gehört
eines den reichen nürnberger Patriziern und Großhändlern
Sebaſtian Neidhart und Jacob Welſer, welche iren
Faktor Heinrich Paime mit Kaufmannſchaft (Waaren) aus=
ſandten. „Mit denen bin ich vnd andere als Hochteutſche vnd
Niderlender vngefehrlich biß in die 80 Mann, wolgerüſt, mit
Büchſen vnnd gewehr, nach Riodellaplata gefaren.“

Am St. Bartolomäustag 1534 ſegelt die Flottille unter
Commando des ſpaniſchen Hauptmannes Peter Mendoza
(Schmidl ſchreibt: Petrus Manchoſſa) aus dem Hafen von
Calais, und kommt nach dreimonatlicher Reiſe mit mannig=
fachen Stürmen und Erlebniſſen — die Schiffe landeten an
allen Inſeln — anno 1535 nach Riodelaplata.

Nachdem ſie gelandet, ſahen ſie „die Ungelegenheit des
Ortes“. Der Obriſt befal alſo, das Volk zu Schiff wiederum
und auf das andere Ufer des Fluſſes, ſo 8 Meilen breit, zu
bringen.

„Da haben wir eine Stadt Gebawet, ſie geheißen
Bonas Aeiers, das iſt auff teutſch guter Wind.“

Von hier aus ging die Reiſe zu Waſſer und zu Land
einwärts, viele tauſend Meilen, durch viele Indianerſtämme,
mit denen zuweilen Friede, in der Regel aber blutige Fede
herrſchte, unter Entberungen und Drangſalen aller Art. Da

und dort wird eine Stadt gegründet, dient zum jarelangen
Aufenthalt, um eines Tages wieder verlassen und von den
Indianern zerstört zu werden. Der Verlurst an Menschen
durch die Eingebornen war ein erheblicher, obwol die Euro=
päer, insbesondere die deutschen Landsknechte, es mit iren
Büchsen in der Regel 1 gegen 10 aufnamen.

Trozdem daß Schmidl die ganze Reise in Tagebuchs=
Art gewissenhaft erzält, konnte der Antiquarius einen eigent=
lichen reellen Zweck dieser spanischen Expeditionen nicht heraus=
finden; dieselben hinterlassen vielmer den Eindruck sogenannter
Abenteurerei mit ziemlich weitem Gewissen in Bezug auf
Menschenleben oder Mein und Dein.

Nach nahezu 20järiger Irrfart erreicht unsern Schmidl
ein Brief aus Straubing von seinem Bruder Thomas durch
den neidhart'schen Faktor Kristof Reiser. Am 25. Juli
1552, an St. Jakobstag, empfängt er die Zuschrift seines
Bruders, die den senlichen Wunsch ausspricht, „ob es müglich
were, daß er wieder zu Landt komme".

„Nachdem ich diesen Briff verlesen, von stund an hab ich
von unserem Hauptmann Eyolla vrlaub begert, aber er
wollt es erstlich nit thun, doch hienach must er ansehen meine
langwerende Dienst, daß ich so viel Jar Kay. Mayestät im
Land trewlich gedient, manchmal mein Leib vnd Leben für
ihn (Hauptmann Eyolla) fürgestreckt vnd ihn nie verlassen
habe, das muste er bedenken, vnd gab mir vrlaub, stellet mir
auch Brief zu an Kay. May., darin er seiner May. zu wissen
gethan, wie es im Landt Riobellaplata stünde rc. Solche
Brieff hab ich an Kay. May. Räte in Seuilla vberantwortet,
denen ich auch mündtliche relation vom Landt vnd guten be=
scheid habe angezeigt."

So tritt Schmidl den Rückweg an mit 20 Carlos-Indianern, und zwar nach „Presilia", 476 Meilen südlich, weil er Nachricht hatte, daß dort ein Schiff, dem Kaufmann Erasmus Schetz von Antorff gehörig, eingelaufen sei und befrachtet werde. Am 13. Juli 1553 (nach 6 Monaten) kommt Schmidl in St. Vicenda an und findet dort wirklich das Schiff des Schetzen, „welches Zucker, Presilienholz vnd Baumwollen geladen". Am 30. September 1553 färt das Schiff in den Hafen von Lissabon. Dort starben ihm zwei seiner Indianer. In Sevilla überliefert er seine Schreiben und dann wendet er sich nach Calais.

Hier hatte sich bereits eine Flotte von 25 Schiffen aus Indien gesammelt, die alle nach Antwerpen wollten. Unter diesen war eines, „das war ein schön groß new Schiff, welches nur ein Reyß von Antorff auß in Hispania gethan". Auf den Rat der Kaufleute vertraut Ulrich seine ganze Habe, sein „Plunderwerk", wie er es nennt, darunter auch seine Indianer, Papageien und andere Schäze, die er aus Indien gebracht, begriffen, und zulezt sich selbst diesem neuen Schiffe an. Durch einen Zufall verschläft er aber die Abfartsstunde, und der Kapitän des Schiffes, der sich zum Abschied einen „guten Rausch" angetrunken hatte, vergißt auf seinen Passagier. Es bleibt dem Verlassenen nichts übrig, als auf einem der andern Schiffe Passage zu nemen. In der ersten Nacht aber entstet ein gräulicher Sturm, zerstreut die Schiffe und ein Teil derselben kommt wieder nach Calais zurück. Das neue Schiff aber war, wie man bald erfur, irregeleitet durch ein Leuchtfeuer am Lande, welches der Hauptmann für die Laterne des vorausfarenden Admiralschiffes hielt, an die Felsen gefaren „und in hundert tausent stück zerbrochen; ehe daß eine halbe viertel stund verschien, blieb kein stück bey dem

andern, und gingen 22 personen vnter, nur allein der
Schiffer kam davon vnd der Stewrmann auf einem
großen Baum." Außer 6 Truhen voll Gold vnd Silber, welche für Kaif. Majestet bestimmt waren und anderer Kaufmannschaft gieng auch Hab' vnd Gut vnseres
Ulrich Schmidl in die Tiefe.

Als er am 26. Januar 1554 zu Antwerpen ein-
fur, war er an Gütern genau so arm, als er ausge-
zogen, aber an Erfarungen reich kerte er nach zwanzig-
järiger Abwesenheit in seine Heimat zurück.

Schmidl hat die Publikation seiner Reise wol selbst
veranlaßt, denn er lebte nach seiner Rückkunft noch 27
Jare und starb in seiner Vaterstadt anno 1581. —

Sigersreiter. Paul kommt 1553—87, Kristof 1612—31,
Virgil 1631—33 als Bürgermeister vor. Das Wappen
zeigt in Rot einen golb. Balken, darin ein springendes
lediges blaues Roß.

Stadelдorfer. Erasm St. 1415. Das Wappen zeigt
in Rot eine golb. Müze mit silbernem Stulp.

Stainhauff, waren origine Straubinger, später auch
landgesessen zu Schmichendorf und Schönbrunn. Albrecht St. stiftete das obere Seelhaus 1364. Das
Wappen zeigt in Rot einen Haufen weißer Steine.
Der ebel vnd vest Hans St. z. Sch. u. Sch. gest. 1575.

Straubinger, sie fürten ein Wappen wie die Stadt
St., nemlich einen silbernen Pflug in Rot. Die Gaft-
knecht waren stamm- und wappengenossen derselben,
fürten den Pflug in Blau. Dominus Johannes de
Straubinga starb 1367.

Zeller, ein ansehliches, auch landgesessenes Adelsgeschlecht,
das in Straubing selbst seinen Ursprung hatte. Es
fürte den Schild geteilt von Silber und Rot, unten
drei silberne Ballen. Der ersam vnd weis Wilhalm
Zeller starb 1401, seine Frau war eine Margret Rue=
dolfin von München. Hermann Z., Stadtkämmerer
1452, Kaspar 1452 (starb 1472). Haug Zeller starb 1515.

––––––––––

12. Der Antiquarius kommt nun zum Patriziat der
fünften und lezten der altbayerischen Regierungsstädte, nemlich
Burghausen.

Bonifaz Huber fürt in seiner Geschichte dieser Stadt
(S. 148) dreiundzwanzig Familien als „die angesehensten und
ältesten Geschlechter Burghausens" auf, denen er das in ge=
wisser Richtung wenig schmeichelhafte Kompliment macht, es
seien „deren adeliche Wappenschilder durch keinen Tropfen bür=
gerliches Blut befleckt worden".

Die Namen der Familien sind: Kalb, Walch, Puchsinger,
Ainweich, Haller, Schnizer, Abt, Rudlein, Mautner, Zink,
Beldner, Schreiber, Rauchenberger, Zach, Straßwalcher,
Kirschner, Amsteg, Pfunzner, Guglmair, Jungwirt, Kreyden=
huber, Zächenperger und Möringer.

Unter diesen haben sich auch anderwärts bekannt gemacht
die Mautner, welche früer „Aus dem Holz" hießen
und iren späteren Namen von der Maut in Burghausen er=
hielten, welche sie nebst vielen andern Zöllen und Mauten im
Lande von Kaiser Ludwig IV. gepachtet hatten. Sie waren
im XIV. und XV. Jarhundert vielleicht das wolhabendste

Abelsgeschlecht im ganzen Lande und nur „die reichen Maut=
ner" genannt. Ir Schild enthielt in Rot schräg hintereinander
drei silberne Rosen und ist von den Taufkirchern von
Gutenburg nebst den Gütern ererbt worden.

Die Zächenperger waren kleinen Abels, auch sonst
hin und wieder in Städten und am Lande gesessen, fürten
einen Rosenstock im Schild.

Die Guglmaier kommen auch in herzoglichen Dien=
sten vor; ir Schild zeigte eine gestürzte Ofengabel.

Die Jungwirt, mit dem Feuerkessel im Schild, sind
von dem, gleichfalls burghausen'schen Geschlechte der Kern
beerbt worden. Diese Kern sind in Wasserburg zu hohen
Würden gekommen, haben Zellerreit unweit dieser Stadt
ein paar Jarhunderte innegehabt und sind erst 1848 mit Jo=
sef Freiherrn v. Kern auf Z. abgestorben. Ir Stammwappen
war ein goldener Löwe in Schwarz. Zellerreit haben die
v. Mußinan geerbt, welche aber anno 1865 mit Josef Ritter
v. M. auf Z. im Mannstamm gleichfalls wieder abgegangen
sind. —

Die Kreidenhuber waren später landgesessen zu Leu=
berstorf. Paulus K. v. L. kam durch Heurat mit einer
v. Pilbiß nach Sigenburg, starb dort 1602. Sein Schild
war von Silber und Rot dreimal schräggeteilt. —

Außer diesen wären etwa noch zu erwänen die Höchen=
perger, wovon noch 1635 Georg als Ratsherr vorkommt.
Sie fürten ein Ungeheuer im Schild, eine aus einem Berge
wachsende Kaze mit Menschenkopf. Hans H., dieß Wappens,
gest. 1519 als Pfleger zu Mosburg. Frießhammer, welche
gleichfalls unter dem kleinen Abel vorkommen, von deren Ge=
schlecht die Gemalin des berümten landshuter Kanzlers Baum=

gartner (f. o. S. 198) war, und von welchen Ulrich noch 1637 als Ratsherr zu Burghausen erscheint.

Obwol anno 1688 Kurfürst Max Emanuel den Burg=hausern die Ere antat, ire Stadt feierlich als eine Haupt=stadt und ire Bürgermeister als Patrizier zu erklären, so finden wir doch unter den Ratsgenossen jener Zeit und weiter herauf keine Namen mer, die wir zum Adel zälen könnten. Von den Bürgermeistern aus den Familien Emersperger, Fiening, Gröbmayr, Haidenthaler, Parrach, Perger, Sel=hamer u. s. w. läßt sich durchaus nicht behaupten, daß ire Familien adelich je gewesen wären, doch ist zu vermuten, daß sie alle Wappengenossen gewesen seien, wie denn z. B. von einer der Familien, der gröbmayr'schen, welche noch blüt, der Antiquarius den Originalwappenbrief in Handen gehabt hat. Er ist von dem bereits genannten Obristkanzler Joachim Donnersperger als comes palatinus ausgefertigt dd. München 19. Mai 1604 und zwar für den „ernhaften vnd fürnemen Paulus Gröbmair, die Zeit des eblen vnd vesten Sigmund von Pfeffenhausen Schreiber zu Reicherz=hausen“. Das Wappen hat einen schwarz=gold hinten schräg geteilten Schild, darin ein Greif in verwechselten Tinkturen, einen Streitkolben in der Kralle haltend.

In dem obenerwänten Dekrete Max Emanuels ist auch die, lange streitig gewesene Rangordnung der städtischen und kurfürstl. Beamten zu Burghausen festgestellt worden und zwar gleichlautend mit der landshuter Präzedenz, daß nemlich bei Festlichkeiten, Prozessionen und anderen feierlichen Gele=genheiten die einzelnen Klassen derart aufeinanderfolgen sollen: 1) die kurfstl. Regierungsräte, 2) die Titular=Räte, 3) die Bürgermeister, 4) die Rggs.=Sekretarii, 5) „die doctores, advocaten vnd medici nach dem älter“, 6) der innere Rat,

7) der Lehenrat, Rentschreiber, Zollner, Schloßpfleger und Landschafts-secretarius „vndermischt", nach diesen 8) die Kasten-, Richteramts-, Zoll- und Gerichts-Gegenschreiber (nach heutigem Ausdruck Kontrolleure), 9) der äußere Rat, 10) der Ratdiener und 11) zum Schlusse „gemaine Burgerschaft". Hierauf folgen die „Frauen und Eheweiber in ebensolcher Ordnung als ihre Herrn vnd Männer obverstandtnermaßen". —

13. Als Anhang zu den Geschlechtern der fünf Regierungsstädte gibt der Antiquarius nachfolgend die Namen von Ratsfamilien in einigen Landstädten Altbayerns, so weit ihm bei seinen Forschungen begegnet, in der Ueberzeugung, daß er dadurch Manchem, der auf dieser bis jetzt ziemlich unbebauten Gegend Auskunft sucht, einen Gefallen erweise. Der Antiquarius bemerkt wiederholt, daß die meisten dieser Geschlechter keinen Anspruch auf adeliche Würden machen konnten (diejenigen, welche wirklich zum Adel gerechnet werden dürfen, sind mit gesperrten Lettern gegeben, die noch blühenden, wie immer, mit einem *), daß sie aber doch durchgehends wappengenossen waren und daß sich ire Schilde in adelichen Stammtafeln deßhalb nicht übler ausnemen dürften als adeliche Schilde.

Zu Landsberg am Lech erscheinen folgende Geschlechter: Böck 1732, Christinet 1659, Funba 1548, Hofstetter 1604, Hueber 1572 (im Schild ein halber Mann einen Säbel schwingend), Huepherr von Pürgen, wappengenossen durch K. Max I. 1500, geadelt 1537 von K. Rudolf II. Jr Schild

zeigt einen auffliegenden gekrönten Geier. In der Kirche zu
Bürgen haben sie ir Gedächtniß. * Pfetten, die jezigen
Freiherren, Probst 1609, Schmalholz zu Kaufring 1398,
Schönmesser 1777, Soiter von Windach 1550, Wagner 1713.

Zu Oetting (Neu-Oetting) am Inn erscheinen folgende
Ratsgeschlechter:

Castermann 1670, Farnbacher 1760, Jetzinger 1650,
Lohner 1652, Mittermair 1700, Münchsdorfer 1580, Nieder-
maier 1705.

Zu Pfaffenhofen an der Ilm finde ich folgende sie-
gelmäßige Ratsgeschlechter:

Adler 1531, Brunner 1484, Finkenzeller 1631, Grie-
stetter 1441, Hautetter 1464, Herzog 1539, Hörl 1676, s.
München, Hosch 1567, Kölbl 1539, Milhaimer 1585, Mörtl
1456, Münster 1445, im Schild zwei Fische aufrecht,
Ostermair 1465, Resch 1555, Siebenaicher 1550, Schießl
1580, Seel 1676, Stolz 1517 und Suttner 1569.

Zu Rosenheim am Inn war ein zalreiches Geschlechtertum und kommen daselbst viele auch anderweit land- und
stadtgesessene Familien im Rate vor. In des Antiquarius
„Chronik von Rosenheim 1860“, S. 33 und 176 ff. findet
der Leser die Namen aller dieser Ratsgeschlechter.

Handel und Schiffart auf dem Inn gab Gelegenheit, sich
Reichtum und Ansehen zu verschaffen, und Rosenheim war
Jarhunderte lang als der „größte und reichste Markt im
Bayerland“ sprichwörtlich geworden. Erst in allerneuester
Zeit hat es auf seinen Wunsch den Titel einer Stadt
bekommen.

Die Namen der bekanntesten Ratsgeschlechter sind:

* Amann 1560, Ayrnschmalz 1550, * Bernrieder
1561, * Cronast 1540, Freudenreich 1467, Frölich 1525,

Geiger, aus Ueberlingen am Bodensee stammend, 1580, Hopf=
auer 1467, Hoppenbichler, später geadelt als v. Hoppen=
bichl 1680, Hupfauf 1670, Papin, aus Italien stammend,
nur in einem einzigen Manne vertreten, dessen Biografie
höchst interessant und a. a. O. S. 188 zu lesen ist, Peer
1600, Pernauer 1467, Pichlmayer 1649, Plank 1405, Pür=
chinger 1520, aus Mittersill stammend, * Rieber 1660,
* Rueborffer, aus Kitzbühel stammend, später, 1808, no=
bilitirt, Scheichenstuel von Rain 1417, Schweindl 1600,
Stier 1414, Stockhamer 1695, später Freiherren und
Grafen, ursprünglich Bräuer zu R., Stockinger 1595, Wei=
dacher 1655, Wiber 1520 (s. auch bei Wasserburg), Zächen=
perger zu Kirchtambach 1560 (s. o. bei Burghausen)
und * Zweckstetter 1686. —

Zu Wasserburg am Inn waren eine Anzal guter
Geschlechter gesessen, welche in der Merzal dem Adel zuzuzälen
sind, und zwar teils dem kleinen Urabel, teils dem Briefadel.

Angermair 1594. Jr Wappen haben die 1688 nobili=
tirten jezigen Freiherrn v. Hoffmihln geerbt. Alters=
hamer 1547, später auch in München, * Delling, s. gleich=
falls unter München, Frölich 1499 (s. a. Rosenheim), Fröschl
1400 (s. I. 188), Gumpelzhaimer 1514, ein Zweig der
regensburger Patrizier, Heller von Zellerreit 1554, Kern
v. Zellerreit (s. oben S. 243), Kolbinger 1532, Kopauer
1730, Laiblinger 1600, Martein 1413, Ostermann 1500,
Pfundmer 1599 (s. bei München und Landshut), Plaichs=
hiern 1675 s. Landshut, Praidloner 1694, als Freiherren
1757 erloschen, Reitter von Eisendorf 1620, Strähl 1524,
* Surauer 1605, Wiber 1460. —

14. In der Haupt= und Residenzstadt des Fürstbischofs von Passau findet sich eine Reie von Geschlechtern, die größtenteils dem Adel zugezält werden müssen. Erhard hat in seiner Geschichte der Stadt Passau, 1862, II. 156 ein Verzeichniß der Bürgermeister von 1268—1797 mitgeteilt, aus welchem der Antiquarius, sowie aus seiner eigenen Sammlung passauischer Urkunden und Regesten nachfolgende Liste zusammengestellt hat.

Amelstorfer 1437. — Closen 1241. Der Anherr dieses späteren Turnier=Geschlechtes war ein passauer Bürger. Otto genannt der Closner stiftet 1241, zum Heile seiner und Irmgards, seiner Hausfrau, und seiner Voreltern Seelen einen Jartag im Kloster Osterhofen mit einem Hause zu Passau. Der Bischof Ruediger nennt den Closner in seiner Bestätigungsurkunde fidelem suum civem pataviensem. Das Siegel des Stifters zeigt einen Schild mit dem bekannten Wappenbild der Closen, der Uttenschwalbe. — Ecker, Hans 1423. Ein Zweig dieser Ecker hat Intobl erworben und sich später Intobler genannt, sind auch als solche von den Trenbecken beerbt worden. Der Schild war silber mit einem schwarzen Haupt, darin drei silberne Rauten. Die Intobler haben die Farben geändert und Gold statt Silber angenommen. — Fürholzer 1530. — Geblstorfer 1370. — Haller, Urban 1322, fürt im Schild eine Lilie. Das Geschlecht scheint mit dem „vom Hof", aus welchem Ulrich 1324 gleichfalls mit einer Lilie siegelt, stammgenossen gewesen zu sein. — Hantschuster, alias Hanthofer 1430. — Hauzenberger. Ilsung H., Bürgermeister 1423. Das Geschlecht soll übrigens schon 1254 vorkommen und nach der ausdrücklichen Behauptung Erhards, gegen die bisherige Anname und natürliche Ableitung nicht von dem passauischen Markte

Hauzenberg, ſondern von Biberegg bei Grafenau ab=
ſtammen. Dieß laſſe ich bei ſeinen Würden. Brigitta von H.
war 1634 Abtiſſin zu Niederburg in Paſſau. Friedrich
v. H. ſtarb als der Lezte ſeines Stammes 1636. Das
Wappen zeigt zwei abgekerte ſchwarze Monde in Silber.
Stamm= und Wappengenoſſen der Hauzenberger ſcheinen die
Herleinsberger, von denen Andreas 1399 Kanzler zu
Paſſau war, geweſen zu ſein. — Holzhajmer 1398. —
Jagnreuter 1371. Im Schild eine ledige Vierung wie die
Oſl von Oberndorf, ſo gleichfalls paſſauiſcher Adel geweſen
und 1609 erloſchen ſind. — Kraft, ein gar altes Geſchlecht.
Friedrich 1368. Im Schild eine geſtürzte Schrägſpize. Sie
trugen die Veſte Marſpach zu Lehen bis zu irem Aus=
ſterben mit Jorg K. v. M. 1490. — Kunſtmann 1420. —
Oeder 1466, auch landgeſeſſen. Wappen: rot mit ſchwar=
zem Haupt, darin 3 golb. Sterne. — Peugl, Jorg, Bürger
zu P. 1467, Lienhart des Rats 1489, Balthaſar Stadtſchreiber
1527, Jorg, fürſtl. Anwalt im Stadtrat, geſt. 1569. Hiero=
nimus Bürgermeiſter 1625, ſcheint der Lezte geweſen zu ſein.
Der Schild hat zwei abgekerte Fiſchangeln. — Puechleiter
zu Sünzing. Das Stammwappen dieſes ſpäter nobilitirten
und 1656 gefreiten Geſchlectes iſt ein Buchenbaum im
ſchwarzen Felde. Nach Abſterben der Sünzinger haben
ſie deren Wappen, einen Mannsrumpf, mit dem irigen qua=
brirt. Primus: der erſam, ernveſt und weis Sebaſtian P.,
Bürger zu Paſſau 1538, ultimus: Gentiflor Freih. v. Puech=
leitnern, geſt. 1705. — * Schachy, kamen aus Scher=
bing nach Paſſau, wo Johann V. Schachy 1730 Bürgermeiſter
wurde. Nach Angabe der Familie ſoll ſie früer Sacco ge=
heißen haben und aus dem Venediſchen ſtammen, auch ſoll
Jakob Sacco, Handelsmann in Scherding, 1677 ein Abels=

16

diplom als „Schach von Schönfelb" erhalten haben. 1790 wurde im bayeriſchen Vikariate der Kanzler zu Burghauſen, Andreas v. Sch., gefreit, wärenb ein J. Ant. Schäcki als Regierungsrat daſelbſt noch 1763 one Adelspräbikat erſcheint. — Schelnacher 1498. Saßen ſpäter zu Ablborf, fürten in Blau einen Pfeil, ſchräg durch einen ſilbernen Ring geſteckt. — Stainhauf 1535, Hans, des Rats zu Paſſau (ſ. bei Strau= bing unb Waſſerburg). Das Wappen der St. haben bie Sinzl von Weitteneck in Hieronimus S., fürſtl. paſſ. Rat, welcher bie lezte Stainhauſin zur Ehe hatte unb 1536 ſtarb, erheuratet unb mit irem Schilbe, welcher einen Panter enthält, quabrirt. — Stockhamer. Heinrich 1410 Lanb= richter zu Rieb. Jörg 1448 Bürgermeiſter zu Paſſau. Nach Ausſterben der v. Leberskirchen (welche Stamm= unb Wappengenoſſen der Ecker, Jntobler ꝛc. waren) haben ſie beren Güter unb Wappen ererbt. — Stubmer 1474. Jm Schilb ein Arm mit Hammer. — Thuemer, auch Thaimer — Stamm= unb Wappengenoſſen der Oeber, ſinb früzeitig lanb= geſeſſen worden unb waren gegen Enbe des XV. Jarhunberts ſchon ein ſer anſenliches Geſchlecht. Eraſm Tuemayr zu Mülheim fürt 1479 ſchon einen offenen Helm, was für ben nieberen Abel außergewönlich frü iſt. — Wenbelſtein 1461. — Weſterburger. Ortlieb W., Bürgermeiſter 1372, 80—88. Stefan b. ä. 1417. Der Schilb wie Ebran v. Wildenberg. — Weſterkircher, gleichfalls zu bem Wappen mit ben brei Rauten gehörig, wie Ecker, vorbem aber ſollen ſie ein an= beres geführt haben. Wolf 1448, hat 3 Söne, hievon Stefan Domherr, Georg unb Peter aber beibe Bürgermeiſter ge= weſen. — Zachreiſer. Konrab, ein reicher Bürger zu Paſſau, hat 7 Häuſer 1407. Das Wappen, von Silber unb Rot breimal geſpalten, haben bie Zeller von Riebau

(s. oben S. 134) geerbt. Es gab noch ein anderes Geschlecht
Zachreis in Bayern, waren Stammgenossen der Loitzen=
kircher, fürten beide das Wort LIEB auf silbernem Balken
im schwarzen Schilde. — Zeller, eines anderen Stammes
und Wappens als alle bisher genannten Zeller. Im Schild
eine halbe Wildsau wie Kammerau. Lienhard Z. Bürger
zu Passau 1403. Niclas 1427. Beiden Vater Niclas war
Stadtrichter 1397—1409. —

15. Das nachfolgende Kapitel wird sich mit dem
adelichen Frauenzimmer beschäftigen.

Es dürfte wol mancher der Leser sich schon gefragt haben,
wie so denn der schönere Teil des Menschengeschlechtes bei uns
in Deutschland zu dem absonderlichen Namen Frauenzimmer
gelangt sei, wärend doch der Name Herrenzimmer unserer
Sprache felt? Die Franzosen nennen und nannten die weib=
liche Hälfte besseren Standes immer Dame oder Damoiselle,
Damchen, die Engländer kennen nur lady (im Gegensaze zu
lad, Junge), die Deutschen sagen im concreto wol auch Frau
und Fräulein, im genere nennen sie aber das weibliche Ge=
schlecht: ein Frauenzimmer.

Der Ursprung dieses Namens hängt mit der Geschichte
des Abels und der Höfe enge zusammen.

Von Beginn der Zeit, in welcher der Erbadel in Deutsch=
land überhaupt als Stand auftritt, erscheint an den Höfen
der Fürsten auch das Institut der Frauenzimmer und
verschwindet, wenigstens in Altbayern, erst mit dem Ende des
XVII. Jarhunderts. Anfangs nur zur Beherbergung der

16 *

Frauen des Gefolges der Fürstin bestimmt, wurde es allmälig zugleich eine Erziehungsanstalt für die Töchter des Adels,
mit dem Zwecke, diesen die irer Geburt entsprechende gesellschaftliche Bildung und andere weibliche Kunstfertigkeiten anzueignen. Man pflegte daher von einem adelichen Fräulein
zu sagen, sie sei „im Frauenzimmer“, woraus sich im XVI.
Jarhundert bereits der Sprachgebrauch bildete, ein adeliches
Fräulein überhaupt ein „Frauenzimmer“ zu nennen. Mit
der Zeit ist, wie in allen übrigen Stücken, auch hier das anfangs nur den höeren Klassen angehörige auch auf die niedern übergegangen. Den Namen Frauenzimmer hat mit den
adelichen Damen fast jedes Individuum weiblichen Geschlechtes
(mit Ausname der ganz orbinären Sorte, welche man „Weibs-
bilder“ nennt) gemein, und wärend man noch im XVI. Jarhundert von Seite der Herzoge in Bayern dem niedern Adel
ernstlich verbot, seine Töchter mit dem, nur fürstlichen und
reichsgräflichen Jungfrauen zuständigen, Titel Fräulein zu be-
eren, beansprucht heutzutage schon jede Kellnerin und Köchin
so angeredet zu werden, änlich wie das als Adelsprädikat die-
nende „von“ schon seit mereren Generationen bei uns aus
Artigkeit jedem zum Mittelstande gehörenden Individuum gegeben
(ja von den Frauen dieser Kategorie sogar beansprucht) wird, wobei als Grund dieses Ge- oder Mißbrauches in naivster Weise
geltend gemacht wird, es wäre doch zu ungebildet, einen „anständigen Menschen“ anders als per „Herr von“ oder „Frau von“
zu tituliren. Dafür muß sich dann auch der wirkliche „Herr
von“ gefallen lassen, „Baron“, der Baron „Graf“, der Graf
„Erlaucht“ und die Erlaucht „Durchlaucht“, die Durchlaucht
aber „Hoheit“ genannt zu werden.

Um wieder auf das Frauenzimmer (in lateinischen
Briefen gynaeceum genannt) zu kommen, so bestand dasselbe

aus einer an Zal wechſelnden Gemeinſchaft adelicher Mädchen, welche unter Aufſicht einer Hofmeiſterin in einer eigenen Ab= teilung der Reſidenz wonten, gemeinſchaftlich aßen, arbeiteten und ſchliefen. Zu der Stelle einer Frauenzimmer=Hofmeiſterin wälte man in der Regel eine adeliche Wittwe. Ser bald ſcheint ſich die Notwendigkeit ſtrenger Aufſicht über das junge Volk ergeben zu haben, denn eine „Ordnung im fürſtlichen Frauenzimmer zu Landshut“, ungefär um 1460, beſagt, daß keine Jungfrau one Erlaubniß der Hofmeiſterin aus dem Frauenzimmer gehen, keine ein Geſchenk noch einen Brief annemen ſoll, weder von Verwandten noch Fremden, daß ſie alle one Ausname auf Heißen der Hofmeiſterin zu Bette gehen, auch die von ir verhängten Strafen mit Dank auf= nemen ſollen. Die Honneurs der Damen beſtanden darin, daß ſie die „gnädige Frau“ (ſo nannte man damals die Her= zogin, heutzutage läßt ſich jede Beamtens= oder Kaufmanns= frau ſo tituliren) gen Kirche, in den Garten, zu Spazierritten und zur Jagd begleiteten, wogegen bei Feſtlichkeiten, Fackel= tänzen, Turnieren und dergl. den Jungfrauen auch wieder die beſten Pläze und die jungen Cavaliere als Tänzer und Courmacher zufielen.

Die Bedienung der edlen Jungfrauen geſcha noch im XV. Jarhundert, altritterlicher Sitte gemäß, durch Pagen oder edle Knaben von 10 bis 15 Jaren. Dieſe mußten auch bei Tafel aufwarten und Speiſen tragen, und es mag ſich mancher zarte Liebesfaden bei dieſer Jugend angeſponnen haben.

Im Ob. Archiv hat Bibliothekar Föriger merere „Hof= ordnungen von München veröffentlicht. Wir entnemen daraus, daß man i. J. 1589 die adelichen Damen an zwei Tiſchen ſpeiſte, nemlich am erſten Tiſch 12 Perſonen: vier Hofmei= ſterinen, welchen man zur Geſellſchaft „etliche vom Adl“ gab.

Sie erhielten 16 warme Speisen in Silber angerichtet und jede Person ¹/₂ Maß Wein, sammt 1¹/₂ Maß „Ehrwein" zum Vortrinken „und was ferner von den Frauen noch begert wird". Am zweiten Tisch saßen die Kammerjungfrauen sammt etlichen Cavalieren, im Ganzen 14 Personen. Sie erhielten 12 warme Speisen sammt Obst und Käse, dann jede Person ¹/₂ Maß Wein, ferner 1¹/₂ Maß Erwein und „pier, wann sie's begern". Die Jungfrauen damaliger Zeit scheinen, was das Trinken anbetrifft, weniger prüde oder zimperlich gewesen zu sein, als die unsern.

Die Arbeit der adelichen Jungfrauen bestand wol dazumal wie noch heutzutage in Herstellung von jenen zierlichen, mitunter müevollen, petites choses des Luxus, wie solche die jedesmalige Mode mitbrachte. Eine derlei Arbeit, welche Jungfrau Johanna Pernerin von Gottenrab (holsteinischen Adels) im münchener Frauenzimmer fertigte, scheint besonders kostbar und kunstreich gewesen zu sein, weil man sie wert hielt, in der fürstlichen Kunstkammer aufbewart zu werden. Das Verzeichniß der Sammlung v. J. 1598 beschreibt dieß Stück in folgenden Worten: „ein hülzen bretspiel Innen vnd außen mit gewirfelter Arbeit, von goldt vnd weiß, die bretstain von gleicher Arbeit."

Eine andere dort aufgefürte Frauenzimmer=Arbeit, deren Urheberin jedoch nicht benannt ist, beschreibt das Inventar als „ein Feuerschirm, welchen die zarten frawen für sich nemen, wenn sie vor dem Herdt stehen, damit inen die hitz von dem fewr das subtil gesicht nit verderb". Dieser Artikel dürfte in unseren Zeiten unbekannt sein, hätte wol auch keinen Zweck, da sich unsere adelichen Damen mit dem Heerde onedieß nicht mer befassen. —

Der Herzog in München sorgte auch dafür, daß die jun=
gen Blüten in seinem Frauenzimmer nicht unvermerkt ver=
welkten. Deßhalb ließ er von seinen Hofmalern die Jung=
frauen abkonterfeien und diese Bildnisse aufbewaren. Der
Antiquarius teilt nachfolgend ein Verzeichniß solcher Porträte
aus dem adelichen Frauenzimmer mit, welche sich anno 1598
in der herzoglichen Kunstkammer fanden. Es ist damit zugleich
auch eine ungefäre Liste der eblen Jungfrauen und irer Hei=
mat gegeben. Es sind:

Corbula v. Althaus, J. M. Botschin (tiroler Adels),
Caritas v. Breidenbach, „gar ein schöne Jungfrau, hat
darnach Hans Wilhelm Hundt genommen", Regina Eisen=
reichin, Elisabet und Felicitas v. Fels (ebenfalls tiroler
Adels), * Anna und Anastasia v. Fraunberg, Heleonora
v. Glöß, * Susanna v. Gumppenberg, * Elisabet Gräfin
v. Harbeck (steierischen Adels) und Fräulein Katharina
Gräfin v. Helfenstein, Judit Höhenkircherin, * Jakobe
Hundtin, Sofia v. Kaindorf (österreichisch), * Anna
Maria Kbuenin (v. Belasy, salzburgisch), Helena v. Kö=
nigstein, Benigna Freiin von Lamberg, * Anna Jakobe
Löschin, * Elisabet, Jakobe und Ursula Nothaftin, Ka=
tharina v. Oberheim, * Eufrosina Gräfin zu Oettingen,
* Jacobe v. Pappenheim, Sophia Freiin v. Parsperg,
Johanna Pernerin (die schon genannte, später Gemalin des
Hofmarschalls Wolf Wilhelm v. Marlrain), Frau Corbula
v. Pienzenau, Hofmeisterin, Eufrosina und Rosina v.
Ramming, Sofia Rudolfin (später Karl Eisenreich's
Hausfrau), Anna, Judit und Walburg v. Schellen=
berg, Johanna Gräfin zu Sulz (schwäbisch), Maria von
Trennbach und Agnes von Weitingen (schwäbischen
Adels).

Selbstverständlich war die Aufname ins fürstliche Frauenzimmer lediglich Gnadensache, und wenn die Jungfrau (was
sich gleichfalls von selbst verstet) heuratete, so erhielt sie
sogar eine fürstliche Beisteuer zum Heuratgut, welche man die
Hofgab' nannte. Sie betrug ein- bis dreihundert Gulden,
der Bräutigam empfing außerdem noch vom Hof ein Geschenk,
in einem silbernen Becher, Erenpfennig u. dgl. bestehend, im
Werte von 100 und mer Gulden. Dieß zusammen bildete in
damaligen Zeiten einen artigen Einstand zur Ehe, wenn man
bedenkt, daß noch Ende des XV. Jarhunderts das gewön-
liche Heuratgut einer adelichen Jungfrau nur 1500 Gulden
betrug, und daß Prinzessinen in jener Zeit noch mit 10,000
Gulden fürstlich ausgefertigt waren. Noch anno 1613 betrug
das Heuratgut einer neuburgischen Prinzessin nicht mer als
14,000 fl., wärend 1604 es bereits als eine „vermögliche
Heirat" galt, daß der edel veste Sigmund von und zu Sandizell, Lunzenberg, Edlzhausen und Büchel, seiner Tochter, der
eblen Jungfrau Anna, bei irer Hochzeit mit dem Freiherrn
Hans von Alt- und Neu-Fraunhofen 3000 fl. gleich mit
gab und 2000 fl. nach des Vaters Tod verschrieb. Heutzutage sind unsere Cavaliere nicht mer so genügsam, sie verlangen nicht unter 40—50,000 fl. Mitgift, und da es wenige
adeliche Väter gibt, die, zumal bei mereren Kindern, solches
zu prästiren vermöchten, so heuraten unsere Cavaliers eben
lieber Bräuers-, Bankiers- oder Pferdehändlers-Töchter, wogegen die wolerzogenen adelichen Fräuleins entweder zu bürgerlichen Heuraten greifen oder alte Jungfern werden müssen. —
Es ist traurig, wenn man in den Heuratsregistern der Neuzeit findet, daß ein Fräulein v. S. (altfranzösischen Adels)
eine Lakirergehilfens-, eine Freiin v. H. Bierwirtsgattin, ein
Fräulein v. Sch. (aus einer alten oberpfälzischen Familie)

die Frau eines Möbelreinigers, eine Freiin v. R. (aus ur=
altem hessischen Adel) die Frau eines Schäfflers geworden,
daß zwei Freiinen v. A. (gleichfalls alten Adels) als Stuben=
mädchen, oder daß ein Fräulein v. O. als Pfründnerin im
Armenhause gestorben seien — derlei Notizen können jeden
wirklichen Edelmann nur zu unangenemen Reflerionen füren,
wenn er auch immerhin zugeben muß, daß die Mädchen in
den meisten Fällen wol der minbeste Tabel zu treffen habe;
geradezu verhönend aber klingt es für den Abel, wenn man
liest, daß der Herr Graf von S. eine Bräuers=, der Freiherr
von R. eine Bäckers=, der Freiherr v. K. eine Tapezierers=
Tochter geheuratet, oder daß der Baron v. A. die Tochter
seines eigenen Dieners zur Baronin gemacht habe.   Dieß
sind die eigentlichen Mesalliancen.   Sie werden in der
übergroßen Merzal von Cavalieren aus solchen Familien be=
gangen, welche sich gern zum „hohen" Abel rechnen und es
énorme finden würden, wenn man inen eine Heurat mit
einer Tochter des kleinen Abels oder des Beamtenstandes in
Vorschlag brächte.

　　Daß es auch in alten Zeiten an Mißheuraten nicht ge=
felt habe, gibt der Augenschein, wenn man die Geschichte der
abelichen Geschlechter genau durchget.   Hundius fürt Beispiele
genug davon auf, und zwar von Männern wie von Frauen=
zimmern.   „Erntraud Auerin von Winkel (von dem erst
1836 ausgestorbenen, uralt bayerischen, zulezt freiherlichen
Geschlechte) hat sich selbst zu einem Roßknecht verhei=
rat" — „Kathrein von Sazenhoven, verheirat't sich irem
Stand ungemäß zu Nikel Ploch" — „Barbara v. Aham,
uxor Wolf Rablkofer's (ultimi stirpis, gest. 1564) hat
sich übel verhalten, derhalb in ires Bruders, des Pflegers zu
Marquartstein, Gefängniß geschafft, etlich Jar gelegen,

und eben des Tags da ir Mann gestorben, ist sie aus=
kommen, sich nach Wien geflücht', daselbst irem Herkommen
ungemäß verheurat". — Die Mißheuraten der Männer
waren in frueren Zeiten von unangenemeren Folgen als heut=
zutage, und doch dürften sie selten in so großen Distanzen
geschlossen worden sein, wie jezt. Wenn Wolfgang Tauf=
kircher von Guttenburg sich verleiten ließ, die schöne Martha
Ziernbergerin von Traunstein zu ehelichen, so mußte da=
für sein Son Georg büßen, denn als dieser anno 1487 zu
Regensburg auf dem Turnier einritt, wurde er „geschlagen",
d. h. vom Ritterspiele ausgeschlossen, „weil seine Mutter eine
Burgerstochter gewesen" — und dennoch waren diese
Ziernberger damals schon ein lehen= und wappengenossenes
Geschlecht, eine Familie, welche heutzutage unbedenklich in
einer Georgi=Ritter=Ordensprobe als adelich passiren würde.
Ir Wappen, welches man auf dem prächtigen Grabsteine
Georgs v. Taufkirchen zu Kloster Baumburg unter den vier
Anen findet, zeigt in Schwarz eine silberne Gans mit drei
gekrönten Köpfen. — Am gefärlichsten scheinen den alten
Herren aber jederzeit ire eigenen Haushälterinen oder Stuben=
mädchen geworben zu sein, wie davon Beispiele aus den ritter=
lichen Geschlechtern der v. Puechperg, Waller v. Wild=
turn, Keuzl v. Amerang, Mandl, Hohenhausen u. a.
zu erzälen wären. — Auch die Schauspielerinen haben einen
bedeutenden Zuschuß in die adeligen Stammbäume jederzeit
geliefert und schon im XVI. Jarhundert lautete die Warnung
eines Edelmannes gegen seinen Son hierüber höchst erbaulich.
„So will ich dich auch hiemit fleißig und väterlich ermant
und gebeten haben", schreibt der alte Cavalier, „du wollest
dich vor den comödiantischen Weibern hüten und be=
waren, weilen sie gemeiniglich geil sind und ire Erbarkeit

fruzeitig verkauft haben. So pflegen sie mit Gebärden und Bewegung des ganzen Leibs, mit süßer lieblicher Stimm', mit zierlichen Kleidern gleichwie Melusinen die Männer zu verzaubern, daß diesen gar bald die Vernunft in Abgang kommet." — —

Wer erinnert sich nicht aus unsern Tagen der Eroberungen, welche Thalia's Töchter mit Grafen, Fürsten und Prinzen gemacht haben? Der Antiquarius glaubt die Anführung von Beispielen solcher Allianzen und Liaisonen der geheimen Familiengeschichte oder nach Verhältnissen auch dem Schreiber einer chronique scandaleuse überlassen zu dürfen. —

Die Hofgab' hat sich auch nach Aufhebung des Frauenzimmers noch längere Zeit erhalten, in der Weise, daß die adelichen Fräuleins bei der Kurfürstin um die Erlaubniß baten, diesen oder jenen ehelichen zu dürfen. Mit der Bitte und der Bewilligung, die beide rein formeller Natur gewesen zu sein scheinen, war denn auch die Aussicht und Erteilung einer Hofgabe verbunden, und der Bräutigam versäumte dann pflichtschuldigst nicht, den Kurfürsten zur Hochzeit zu laden. Dieser erschien entweder selbst, oder er ließ sich wenigstens durch einen vom Abel vertreten und das Hochzeitsgeschenk überbringen. Derlei Hochzeitladschreiben habe ich eine Menge in Handen gehabt. Die kurfürstliche Antwort ist immer mit einem „gnädigsten Danke" für die Einladung begleitet und hinzugefügt, daß „wir unsern lieben N. N. abgeordnet Unser Stell' bei angeregter Hochzeit zu vertreten, auch anderes mehr wie gebräuchig zu verrichten".

Was das Heuraten betrifft, so darf der Antiquarius nicht unterlassen zu erwänen, daß unsere adelichen Mädchen in früeren Zeiten weit eher mannbar gewesen sein müssen als heutzutage, oder daß überhaupt das Menschengeschlecht mit

der Zeit betrepider geworden sein mag, denn wir finden in
alten Heuratsbriefen Angaben, die uns jezt fast unglaublich
scheinen. So hat Herzog Heinrich von Niederbayern i. J.
1414 eine Heuratsabrede getroffen zwischen Konrad Kuchler
von Friedberg und dem Töchterlein Wernarts Grans von
Uttendorf, Barbara genannt, „daß die Braut beiliegen soll,
wann sie dreizen Jare alt", und der Antiquarius fügt
hinzu, daß Frau Barbara Kuchlerin in der Tat mit irem 14ten
Lebensjare eine Tochter, und dann noch weitere zwei Töchter
geboren, welche alle wieder früzeitig an Edelleute verheuratet
worden sind. — Ein Beispiel noch geringeren Alters der
Braut liefert die Heuratsabrede zwischen Otto v. Aschau
und Herrn Friedrich dem reichen Mautner v. J. 1326,
daß des ersteren Son, Alhart, des lezteren Tochter Anna
ehelichen, „doch das Beiliegen nit gehalten werden solle vor
dem zwölften Jar ires Alters".

Als Gegenstück dieser kindlichen Bräute mag hier erwänt
werden, daß Magdalena, geborne Auerin von Gessenberg,
nachdem sie zwei Männer (den Hans Keutzel, gest. 1580,
und den Adam Stockhamer, gest. 1585) überlebt hatte,
anno 1620 als eine 63järige Braut mit irem dritten Manne,
Hans Kaspar Schweithart von Högling, Hochzeit hielt,
dem sie noch eine Tochter gebar. Sie starb 74 Jare alt zur
Zeit des Schwedenkrieges, anno 1632. — Es ließen sich noch
weitere Beispiele langlebiger Frauen mit 3 und 4 Männern
auffüren, die Gerechtigkeit erfordert aber, daß wir auch von
einem langlebigen Manne berichten (allerdings dem einzigen
Beispiele, das wir fanden), nemlich von dem Ritter Ulrich
Stumpf von Büchel, welcher sechs Frauen überlebte
nnd mit allen sechsen gemeinschaftlich im Kreuzgang zu Inder-
storf rut. —

Es war ein altes Herkommen, daß der Braütigam seiner Braut am Morgen nach dem Beiliegen ein Geschenk machte, gleichsam als Anerkennung irer Virginität. Dieß Geschenk wurde später schon in den Heuratsbriefen förmlich und ausdrücklich festgestellt, und zwar in der Regel als ein Dritteil derjenigen Summe, welche von der Braut als Heuratgut eingebracht war. Der bekannte Eremit von Gauting (Freiherr von Hallberg) sagt in seinen pikanten Reisebeschreibungen einmal bei Gelegenheit der Schilderung gewisser Gebräuche in Persien, man dürfe von solchen Dingen in guter Gesellschaft nicht sprechen, obwol Jedermann fortwärend daran denke — änlich wollte dem Antiquarius bei Durchlesung der zalreichen Heuratsbriefe, welche ihm unter die Hand kamen, immer der Passus vorkommen, welcher in Gegenwart der jungfraülichen Braut, vor Braütigam, Gezeugen und Notar ausrechnet, wieviel die Morgengabe zu betragen habe. Die komische Seite aber dürfte darin liegen, daß der Wert der Virginität so verschieden war, als das Heuratgut. Bei der schon genannten Anna von Sandizell z. B. war „die jungfraüliche Ehr" auf 1000 fl. tarirt, wärend die „hochfreyherrlich jungferliche Ehr" des Fraüleins Salome Hundtin (anno 1697) nicht mer als 767 fl. 20 kr. wert war.

Daß die Jungfrauen in den Frauenzimmern troz der hofmeisterlichen Strenge unter Klausur gewesen seien, läßt sich kaum glauben, denn nicht nur, daß wir Beispiele von Entfürungen aus demselben finden, so hat auch manches adeliche Fraülein dem Gott der Liebe iren Zoll bezalt. Freilich war dann auch die „Ere" nicht zu gering für das dargebrachte Opfer (s. I. Bd. S. 103).

Herzog Sigmund, der von sich selbst sagt, daß er „zu Zeiten oft und dick in seinem Gemüte betrachtet", daß er keine

Anlage zum Regieren habe, „nicht gern Müe und Arbeit trage, sondern vielmer geneigt sei, ein ruhiges Leben on' alle Bekümmerniß zu füren", und von dem die Cronik erzält: „ihm war wol mit schönen Frauen, mit weißen Tauben, Pfauen, Meerschweinlein und allen seltsamen Tierlein, auch mit Singen und Saitenspiel" — dieser praktische Herzog hat nie geheuratet, aber viel geliebt, unter anderen auch die schöne Margret von Freiberg, aus dem Frauenzimmer zu München. Sie erhielt von ihm eine Tochter, genannt wie die Mutter, welche, als sie zu iren Jaren gelangt, dem Hansen Hundt verheuratet worden, aber übel mit ihm hauste, darnach als zweiten Mann anno 1496 den Kristof Pienzenauer nam und 1506 starb. Sie fürte der Mutter Namen und Wappen.

Gelegentlich sei hier noch (nachdem bereits im 1. Bde. S. 103 ff. die wilden Prinzen der Kurfürsten aufgezält wurden) einiger anderer Kinder der Liebe erwänt, welche von bayerischen Fürsten älterer Zeit herkamen, von deren Müttern aber nichts Genaueres bekannt ist. Von Herzog Ludwig, später Kaiser, stammte u. a. Ludwig v. Riggershoven. Kaiser Ludwig, der ein schöner Mann war, hat auf dem Felde der Liebe überhaupt ziemliches geleistet, und er machte daraus kein Hel, wie die zalreichen Vergabungen, mit denen er Frauen bedachte, „die Uns oft mit iren Diensten sind gefällig gewesen", urkundlich erweisen dürften. Von Herzog Ludwig im Bart und einer Schwelcherin stammte Wieland v. Freiberg, der später die reiche Gräfin von Wertheim heuratete; von Herzog Wilhelm III. und einem Hoffräulein Konrad v. Egenhofen; von Albrecht III. Albert von Hof oder de Curia genannt und Johann Neuhauser, dessen Mutter ires Geschlechts eine von Ligsalz (s. o. S. 156) gewesen sein soll.

Auch von einem natürlichen Sone Herzog Wilhelms IV., Georg Dur, weiß man nur, daß die Mutter im fürstlichen Frauenzimmer war, nicht aber mit Bestimmtheit iren Namen. Als Georg im Jare 1542 auch eine aus dem Frauenzimmer, Wandula von Paulstorf, heuratete, schenkte ihm sein Vater das Schloß Hegnenberg, welches noch heutzutage im Besiz der Familie ist und an der Eisenban zwischen München und Augsburg, unfern der Station Althegnenberg auf der Höe liegt.

Dieser Georg, in dessen Zunamen Dur, zu deutsch: Herzog, wol schon eine Andeutung seines väterlichen Ursprunges liegen sollte, hat auch einen Teil des herzoglich bayerischen Wappens, nemlich den halben pfälzischen Löwen in Schwarz, erhalten, und sich durch seine ritterlichen Taten des wittelsbachischen Blutes würdig gezeigt. Schon als 20järiger Jüngling kämpft er unter Georg von Frondsberg in der Schlacht von Pavia (s. I. Bd. S. 272) und war derjenige, der den König Franz von Frankreich, „den er an seinem Armband erkannt", zwang, sich zu ergeben. Es wird zwar in den Berichten über die Schlacht am Tiergarten erzält, daß der Graf Niklas von Salm es gewesen sei, der den ritterlichen König, welcher in verzweifelter Tapferkeit um sich stieß, gezwungen habe, sich gefangen zu geben, allein abgesehen davon, daß in der Hize des Streites die einzelnen Persönlichkeiten der sich um den König drängenden Hauptleute und Knechte wol nicht so genau unterschieden worden sein möchten, wie es denn z. B. ausdrücklich heißt, daß der König „einen Spanier", der ihn vom Pferde reißen wollte und schon beim Helmbusch erwischt hatte, niederstieß, so daß dieser mit einem Teil der Helmfedern und des Aermels in den Händen todt hinfiel — abgesehen davon also mag eben, wie so oft in der Welt, der Vornemere die Ere erlangt haben, genannt zu werden, wärend man den Geringeren zu notiren vergaß. So viel ist gewiß, daß D u r zunächst um den König bei deſſen Gefangennemung geweſen ſein muß, denn Kaiſer K a r l, der doch um die Tatſachen genauen Bericht wiſſen konnte, hätte ihm ſonſt kaum die Auszeichnung angetan, ſein Wappen mit den ſchwarzen L i l i e n zu zieren, „in Anſehung, daß er, Dur, im Tiergarten bei Pavia ein' Haupturſach' der Gefangennemung König Franzisci von Frankreich geweſen".

„Die Hiſpanier und Teutſchen haben ſich um des Königs Kleider und Kriegsröck geriſſen, etliche die Gürtel, andere die Sporn davon gebracht, ein jeder hat was vom König wöllen haben."

Dem Georg D u r wurde der Leibrock des gefangenen Königs und ein Beidenhander = Schwert deßſelben zu Teil, welche er mit nach Hauſe brachte und dem Herzog W i l h e l m vererte, der ſie wolbewaren ließ. Noch lange Zeit darnach waren ſie in der fürſtlichen Kunſtkammer zu ſehen, und werden in dem Kataloge derſelben ſo beſchrieben: „Ein Sammater Leibrock oder Chaſara mit geſtichter arbait verbrämbt, welchen K ö n i g F r a n c i s c u s am Leib getragen, als er vor Pavia in der Schlacht gefangen worden. — Ein wehr zu baid'n handen mit vergultem Creutz vnd knopf auch ſammaten hefft vnd ſchaiben, ſo hochgedachter K ö n i g bey ſich in gemelter ſchlacht gehabt." —

Bei dem Zuge Kaiſer Karl's nach Afrika 1535 (ſ. I. Bb. S. 307) war unſer D u r gleichfalls unter den Hauptleuten der deutſchen Knechte, und hier ſoll er den König von Tunis, Dſcherebbin B a r b a r o ſ ſ a, mit eigener Hand gefangen haben, weßhalb ihm der Kaiſer eine goldene Kette und einen Gnadenpfennig vererte, auf deſſen einer Seite Karl's Bildniß, auf

der andern aber das bekannte burgundische Kreuz mit den
4 Silben des Wortes BARBARIA in den 4 Ecken sich zeigte.
Aus lezterem Bilde scheint später bei der Erhebung des Geschlechtes in den Freiherrnstand (1654) unter Zugabe eines
kaiserlichen Adlers der Herzschild des Wappens formirt worden zu sein. Georg Dur wenigstens fürte diesen Herzschild
noch nicht, sondern nur einen mit dem Wappen der Hai-
becken von Wiesenfeld (einem schwarzen, gezäumten Roßkopf
in Gold) quadrirten Schild.

Dur hat anno 1546 im schmalkalbischen Krieg als Oberst
eines bayerischen Regiments, welches Herzog Wilhelm dem
Kaiser zu Hilfe schickte, sich bei Ingolstadt wol gebrauchen
lassen, und ist im selben Jare auch vom Herzoge zum ersten
Statthalter und Kommandanten dieser Festung ernannt worden.

Der schmalkalbische Zug scheint noch nicht der lezte
Waffengang unseres Dur gewesen zu sein, wenigstens schreibt
Hundt, daß er nachmals noch in Italien gedient habe, allein
Näeres ist nicht bekannt.

Die Cronik des Barfüßerkloiters zu München schreibt
über ihn:

„Hr. Georg Dur von Hegnenberg, zu Wiesenfeld und
Oberhaunstatt hat anno 1557 für sich und seine Erben eine
zierliche Capell aufgericht'. Dieser Herr Stifter wird unter
den vornemsten Soldaten seiner Zeit gerümt. Unter dem sieg-
reichen Kaiser Carolo V. war er ein capitan und von ihm
wegen seiner hochen und ansehnlichen Kriegsdienst' ein Ritter
des goldenen Bließ ernennt worden. Er war ein großer
statthafter Herr, seinen Bart hat er so lang gezügelt, daß er
darauf hat stehen können, doch ihn fast allweg in einem schönen roten Beutel auf der Brust getragen. Endlich hat er zu
Ingolstatt als Statthalter sein Leben mit Helbenzierden be-

schloffen. In seinem Testament de dato 29. Aug. 1587 hat
er verordnet, daß sein Corpus in der gestiften' Kapell zu
München mit schuldigen Ern solle der Erb' übergeben werden.
Seine erste Hausfrau war Wandula von Paulstorf, und
er hat sie als Pfleger zu Abensberg geheurat', die andere
war Sybilla von Buchwyl."

Der Grabstein unseres Helden war von rotem Marmor
und zeigte die Figur desselben in Lebensgröße prachtvoll gearbeitet. Auf dem Haupte trug er ein mit goldenen Fäden
durchzogenes Biret mit einer goldenen Feder, sonst war er
ganz geharnischt. Die Rüstung ebenfalls stellenweise vergoldet.
Ueber der linken Schulter hing eine goldene Kette mit einem
goldenen Medaillon, darauf Karl's V. Bildniß, und über der
rechten Schulter war eine rote Binde, auf der linken Hüfte in
einem Knoten geschürzt. Das Schwert, in dessen Griff die
linke Hand rute, hing an goldenem Gürtel und an der entgegengesezten Seite trug er an grünem Bande den Dolch.
Mit der Rechten hielt er aufgestüzt einen Feldherrnstab. Das
Haupt mit einem bis zur Brust reichenden, in zwei Spizen
gespaltenen Bart war etwas nach der Seite geneigt.

Zu den Füßen des Ritters rechts stand ein antiker goldener Dreieck-Schild und in diesem von rotem Marmor der
Wappenschild, bestedt mit den 4 Lilien. —

Dieß Denkmal hatte sich Dur noch zu seinen Lebzeiten
sezen lassen und es trug keine Inschrift. Das Todesjar ist
nicht sicher bekannt, es muß aber, da Georg 85 Jare alt geworden, ungefär in das Jar 1590 fallen. —

Als das Franziskanerkloster aufgehoben wurde (s. oben
S. 192) ließ die Familie diesen Grabstein nach dem schon
erwänten Hegnenberg bringen, wo er noch zu sehen ist.
Sie heißt seit 1673 offiziell Hegnenberg genannt Dur

und ist 1790 in den Grafenstand erhoben worden. Friedrich
Graf v. H. g. D. ist von 1847 an fast 20 Jare lang erster
Präsident der Kammer der Abgeordneten gewesen und hat
sich als solcher allseitiger Achtung erfreut. —

Von ungleichen Heuraten sind in der Genealogie
der altbayerischen Herzoge nur zwei bekannt, die eine des
jungen Herzogs Albrecht III. mit der schönen und tugend-
haften Agnes Bernauer, einer Baderstochter von Augsburg, welche der gestrenge Vater Herzog Ernst auf eine nur
im Geiste seiner Zeit begreifbare, brutale Weise trennte, dadurch, daß er in Abwesenheit des Gemals die junge Frau
ergreifen und nach einem kurzen formellen Prozeß, der sie
überweisen sollte, sie habe durch Zauberei den jungen Herzog
an sich gezogen, brevi manu in der Donau zu Straubing
durch Henkershand ertränken ließ, am 12. Okt. 1435 . . . :
Ein loyaler Biograf kleidet diesen Mord in die staatsmänni-
schen Worte: „So starb, so fiel Agnes, als ein Opfer für
Bayerns Wohl", was lebhaft an eine gewisse Inschrift in
München erinnert, welche besagt, daß 30,000 Bayern in Ruß-
land „für des Vaterlands Errettung" gestorben seien.

Die zweite ungleiche Ehe, welche glücklicherweise nicht so
tragisch endete, schloß Herzog Ferdinand, Albrecht V. nach-
geborner Son, mit Maria Pettenpeck, aus einer Familie
des kleinen altbayerischen Adels, die in und um Dachau zu
Hause und begütert war und anno 1474 von Kaiser Friedrich III. einen Adels- und Wappenvermerungsbrief erhalten
hatte. Ir Stammschild ist gespalten von Rot und Silber
mit zwei Holziegeln oder Preißen in verwechselten Tinkturen.

Maria war geboren anno 1564 (somit 14 Jare nach
irem Gemal) als die Tochter Georg Pettenpecks, Rentmeisters
zu München, später fürstlichen Rats und Landrichters, der dem

Herzog Ferdinand u. a. als Appanage zugewiesenen Graf=
schaft Hag, welche nach Absterben des lezten Grafen von
Hag (s. o. S. 102) an Bayern gekommen war. Jre Mutter
hieß Felizitas Simon.

Maria hatte noch 7 Geschwister; Dorothea starb ledig,
Sidonia uxor Hans Rempen's, später Landrichters zu Hag,
Anna, Hans Joachim Westachers zu Arnstorf, Pflegers zu
Schongau, Hausfrau, Veronica, dem Adrian von Sittich=
hausen, Obrist eines Regiments deutscher Landsknechte im
Dienste der Republik Genua, vermält, Maria Jacobe, Klo=
sterfrau zu Kübach, Michael, fiel als Reiterfändrich zu Jewa
in Siebenbürgen anno 1603, und Baltasar, Landrichter zu
Viechtach.

Unter diesen 8 Kindern Georg Pettenbecks war Maria
an Schönheit und Herzensgüte ausgezeichnet. Die Familien=
kronik schreibt von ir:

„Maria, diese haben Jre fürstl. Durchlaucht Herzog
Ferdinand in Bayern zu einer ehelichen Gemalin gewür=
digt, anno 1588, 17. Septembris, ist die Hochzeit gewesen.
Beide Eheleut' haben 16 Kinder erworben." Dann folgt la=
teinisch, was ich hier verdeutsche: „Sie war die Zierde und
der Schmuck unserer Familie, irer Mutter an Frömmig=
keit, Klugheit, Geduld und Woltätigkeit nicht unänlich, an
Schönheit aber ausgezeichnet."

Anfangs wollte der regierende Bruder Herzog Wil=
helm V. diese Heurat nicht zugeben, willigte aber doch ein,
als Ferdinand einen Vertrag eingegangen hatte, daß die
Kinder aus dieser Ehe den fürstlichen Titel und das bayerische
Wappen nicht füren und erst nach Abgang der männlichen
Nachkommenschaft Herzog Wilhelm's einen Anspruch auf Erb=
folge im Herzogtume Bayern haben sollten. Dagegen wurden

den Nachkommen 6000 Gulden järliche Apanage (Deputat)
und einige Lehengüter gewärleistet.

Herzog Ferdinand hatte sich in der Stadt München
ein schönes großes Haus am Rindermarkt — der damaligen
aristokratischen Straße der Stadt, denn es lagen an ir die
Häuser der meisten Patrizier — nebst einer Hauskapelle zum
hl. Sebastian und einem Erbbegräbniß darunter gebaut und
lebte in gesegneter glücklicher Ehe mit seiner Maria bis zum
Jare 1608. Sieben Jare nach ihm starb die Wittwe. Er
wurde in der Michaelskirche, sie in der Gruft irer Haus=
kapelle begraben.

Von den Kindern dieser Ehe, welche vom Kaiser den
Grafenstand mit dem Titel von Wartenberg erhalten
hatten, starben 8 Töchter unverheuratet, Franz Wilhelm
wurde Bischof zu Osnabrück, Minden, Werden und
Regensburg und zulezt auch Kardinal. — Albert hat
sich in früer Jugend dem Soldatenstande gewidmet und als
Obristlieutenant der Schlacht am weißen Berge beigewont
(s. I. Bd. S. 211), von wo zurückgekert, er in einem Alter
von 19 Jaren zu München starb. — Ernst Benno und Fer=
dinand haben den Stamm fortgesezt, welcher mit Max Ema=
nuel Graf von Wartenberg ein Jarhundert später auf
eine tragische Weise erlosch. Der junge Graf, der einzige und
die Hoffnung seiner Familie, studirte auf der damals hoch=
berümten Ritterakademie zu Kloster Ettal und fand dort
einen früen unerwarteten Tod, indem er bei Gelegenheit eines
Wettspieles mit seinen Genossen eine Pfirsiche verzerte, deren
Kern er hinunterschlucken wollte, aber daran erstickte. — Hätte
das Geschlecht der Wartenberge nur eine Generation
länger gewärt, so würde es den Abgang des ludwig'schen
Mannsstammes überlebt haben und es wäre ein Graf von

Wartenberg statt eines Herzogs von Zweibrücken auf
den bayerischen Tron gelangt! — —

Das wartenbergische Haus kam darnach an den Freiherrn
Xaver Benno von Haslang, welcher eine Gräfin v. W. zur
Frau hatte, von diesem an einen unehelichen Son, den Xaver
Haslinger und schlüßlich an einen Herrn Pellet, welcher
nach Aufhebung der Kapelle i. J. 1806 dieselbe demolirte.
Bei dieser Gelegenheit ließ er die zinnernen Särge der in der
Gruft liegenden Wartenberge einschmelzen, die Leichen selbst
aber sollen auf dem allgemeinen Kirchhof verscharrt worden
sein. — Durch Zufall wurden damals von einem Liebhaber
in alten Dingen die Tafeln gerettet, welche an zweien der
Särge angebracht waren. Diese Tafeln sind jetzt im Besize
des Antiquarius und er teilt deren Inschriften nachfolgend mit.
Die eine lautet:

> Herinnen ligt begraben der Hoch vnndt Wolgebor
> ne Herr Herr Albertus Graf zue Wartenberg vnd
> Herr zue Waldt Romischer Khay. Mailstett Ferdi
> nandi II auch Jhr frl Drchl. in Beyren Herzog
> Maximiliani I Cammerer vnnd bestellter Obrister
> Leittenambt vber 500 Pferdt welcher nach eroberung
> des Königreichs Behaim zue Münichen selig in
> Gott verschiben den 6. Xbris 1620 seines
> alters 19 Jar 7 Monat 3 Dag
> Genade ihm gott.

Darunter befindet sich der gekrönte wartenbergische
Wappenschild: Bayern, überzogen mit dem pfälzischen Löwen.
Die andere Tafel war an dem Sarge des i. J. 1675 zu
Passau verstorbenen Grafen Ferdinand Ernst angebracht
und lautet:

> HIC REQUIESCIT
> illmus Dns. Dns. Ferdinandus Ernestus

Comes de Wartenberg Dns in Waldl
Dissling et Aspach Serenissimi Electoris
Ducis Bauariae Cammerarius qui
Pijssime obijt Passauij 1 Septemb
Anno MDCLXXV Aetatis Verò
Suae 42
Cuius anima Deo viuat.

Hierunter gleichfalls der wartenbergische Schild mit einem Helme, darauf der gekrönte Löwe zwischen einem gewecten Fluge sizt. —

————— ——

16. Dem Kapitel über das Frauenzimmer schließt der Antiquarius einige Nachrichten über den Hof und Hofadel zu München an.

Wie schon früer (1. Bd. S. 247) erläutert wurde, verdankt der Hofadel seine Entstehung zunächst der Prunksucht der Fürsten, dann aber auch der Servilität eines Teiles des Adels selbst, welcher es für ein Glück hielt, den Höchstgebornen des Landes möglichst nahe sein zu dürfen. Es war nur konsequent, daß je näer die Berürung dieses Dieners mit dem Herrn, desto größer die Auszeichnung und Ere. So begnügte man sich denn zulezt nicht mer mit dem bloßen Aufwarten bei Tisch u. dgl., sondern man drängte sich förmlich in die Schlafkammer des Fürsten, wie denn der lateinische Ausdruck für „Kammerherr" dieß am greifbarsten gibt, denn cubicularius nannte man in Rom den Sklaven, der seinen Herrn beim Aufstehen und Niederlegen im cubiculum oder Schlafgemach bediente. Ob der römische Sklave auch den Schlüssel zu seines Herrn

Schlafkabinet angehängt mit sich herumtrug, wie dieß unsere Kammerherrn tun, oder ob dieß blos deutsche Erfindung sei, wäre noch zu erweisen.

Daß es adeliches Hofgesinde (familiares) schon in ältesten Zeiten an deutschen Höfen gab, ist urkundlich bekannt. Die Marschalken, Truchseße, Schenken und Kämmerer waren die vorzüglichsten derselben. Das Amt des lezteren war aber ein anderes, als das der späteren Kammerherren und Kammer=junker, welche man insgemein auch Kämmerer zu nennen pflegt. Die alten Kämmerer waren lediglich Beamte für den Schaz und die fürstliche Kasse.

Erst Anfang des XVI. Jarhunderts finde ich in Alt=bayern das, was wir heutzutage unter einem Kämmerer be=greifen, am münchner Hofe erwänt. Es heißt nemlich in der Landtagsverhandlung zum Jare 1514, daß die Landschaft den fürstlichen Rat und Obristkammerer, Graf Kristof von Ortenburg, verordnet habe, auf beider Fürsten (Gebrüder Wilhelm und Ludwig) Leib zu warten und ein Oberer zu sein derer, so zu Irer Gnaden Leib verordnet sind.

Unter Albrecht V. (1550—79) und Wilhelm V. (1569—98) war das adeliche Hofdiener=Wesen schon voll=ständig geordnet. Es gab namentlich schon Kämmerer, Hof=junker und Edelknaben mit regelmäßigem Dienste und ire Funktionen waren in der Kammerordnung vom J. 1581 schon eingehend bestimmt.

„Wir legen inen allen (heißt es darin) so zu Unser Cammer Schlüßl haben, hiemit ernstlich auf und wöllen, daß sie dieselben bei Tag und Nacht fleißig und wie iren eignen Leib bewaren, stetigs tragen und da einer unser Cammerer mit unser gnädigsten Erlaubniß verreiset oder krank läge, soll er solchen Schlüssel Unserem Obristen

Cammerer ehrerbietlich zustellen . . . . sollen auch mit dem
Zutritt sich bescheidentlich halten, sonderlich so unser Gemalin
bei uns, nicht one Notdurft eintreten und zum wenigsten an
die Thür' klopfen."

Beim Aufstehen soll ein Kammerer die Pantoffel, der
Obristkammerer den Schlafpelz reichen, alsdann derselbig Kam=
merer „infalles Winterszeiten oder sonst frue und dunkel mit
einem Lichte uns vorleuchten bis auf den Abtritt, bei welchem
sonst Niemand als der Obristkammerer zu bleiben, und nach
Verrichtung mögen unsere anderen Kammerer eintreten und
uns zur Kammer vorangehen, und in der Vorkammer, bis
man sie zum Ankleiden ruft, warten, sobald sie aber gerufen,
sollen sie ire Röck, Mäntl in der Vorkammer von sich legen,
und also in den Gollern und Wamsen mit anhangenden iren
Rapieren eintreten und nach vorgehender Reverenz zu dienen
anfangen."

Nun beginnt die Toilette des Fürsten zuerst mit Aus=
ziehen des Schlafhembdes, welches der O. Kammerer in
Empfang nimmt und ihm dafür den Kamm reicht „damit wir
uns selbst die Haar' und den Bart kämpen. — Sodann soll
einer aus den Kammerern, an dem die Wochen ist, uns die
leinenen Socken und die Hosen anlegen, hernach die Pan=
toffel." Der O. Kammerer darf dem Herzog das Wams an=
zieen, 2 Kammerer ihn einnesteln. Beim Waschen hält ein
Kammerer das Becken, der andere die Kanne, der O. Kammerer
aber das Tuch. Darauf bringt lezterer das Zanpulver und
die Handseife, endlich wird Seine Durchlaucht mit der Seiten=
wehre umgürtet u. s. w.

Die Edelknaben betreffend, so wird inen das Helfen
und Zuspringen, Wasser zutragen beim Ankleiden, das Nach=
tragen der „facelets" oder Schnupftücher, Hüte, Regenmäntel,

über Land auch das Versorgen der Leib-Harnische, Büchsen,
langen Weren und Spieße, endlich das Aufwarten bei Tafel
als Beschäftigung zugeteilt.

Ich füre nachstehend einige Namen an, welche ich in Urkunden dasiger Zeit in solchen Würden sinde, bemerke jedoch,
daß sich, wollte man den Gegenstand einer besondern Forschung und Bearbeitung unterwerfen, natürlich weit Ausfürlicheres geben ließe.

Obristkämmerer war Wolf Konrad Frhr. v. Rech-
berg, zugleich Landhofmeister in Bayern noch 1606.

Kämmerer waren: Hans Thoman Stöckl (tirolischen
Adels) 1568 und 76; Stenek Berka (böhmisch) Frhr. v.
der Leipa 1590, zugleich fürstl. bayer. Rat und Obriststall-
meister; Hans Wilhelm Hundt von Lauterbach, Pfleger zu
Dachau; Joh. Bapt. v Raitenbuch (eines anderen Wappens als die altbayerischen Turnierer dieses Namens); Heinrich v. Plettenberg (westfälisch), zugleich Rittmeister; Julio Cesare Crivelli (römischen Adels) 1599; N. Armans-
perger, Raimundus Fugger, Philipp Kurtz, lezterer zugleich Kriegsrat, alle drei 1599; Jakob v. Danorff,
Pfleger zu Donaustauf, zugleich Hofmeister 1582; Wolf
Wilh. v. Marlrain 1574, zugleich Marschall; Joh. Kem-
pinski (Pole) Falkenmeister; Wolf Wilh. Frhr. v. Her-
berstein (österr.) Stallmeister 1585. —

Hofjunker waren 1576: Der Herr v. Dona (thü-
ringisch), Hans Grebner v. Neuhaus, Ferdinand Georg v.
Hörmanstein (nannten sich später v. Frohberg), der
Gideman, der Leonrober, der Thürheimer, der
Garhamer, der Berndorfer, Wilhelm Löw (später
Stallmeister; er hat einen schönen Stein bei U. L. Frau,
darauf er in ganzem Harnisch ausgehauen), Jörg Weg-

macher, auch Stallmeister, Hilpolt von Neuhaus zum
Greifenfels (von der Familie, welche aus Dietfurt stammte
und einen Schild fürte, der unter dem Haupte schräg geteilt
war. Primus dieser Familie war „der Erbar Hans Neu=
hauser, gesessen zu Dietfurt", gest. 1536; von ihm bemerkt
die Urkunde, daß er ein alter Mann gewesen und „abelich
aufgezogen" sei, d. h. sich als Edelmann gerirt habe); der
v. Peilenstein; Hans Sigmund Freiherr von Degen=
berg; Hans Wernhart Rieberer v. Paar und Wolf
Gremling. — Anno 1590 kommen Oktavian v. Taris,
Heinrich Mum von Zelnen (braunschweigisch), dann drei
lothringer Edelleute, welche warscheinlich durch die Herzogin
Renata, eine lothringische Prinzessin, an den Hof gekom=
men waren, mit Namen Brialmoit, Argendanse und
Gelods, als Hofjunker vor. „1594, den 17 Tag Octobris,
sind die von Abel und Hofjunker gemustert worden,
hat Kristof von Gözengrien an der Musterung den bai=
rischen Fanen gefürt und ist Fändrich gewesen." —

Als Edelknaben erscheinen: 1576 N. Widerspacher;
1596 Hans Bernhard Gober von Kriegstorf (bei Herzog
Ferdinand); 1598 Hans Wierzwienta, ein Pole (wurde
am 24. Februar desselben Jares werhaft gemacht, d. h. feier=
lich mit dem Degen umgürtet und der Knabenschaft entlassen)
und Kristof von Parsberg; 1600 Johannes Thumer v.
Bruckberg und Bernhard von Hocheneck zu Vilseck, beide
werhaft gemacht; 1603 Herman Quad von Landskron, ein
Niederländer. —

Bei Erziung der männlichen Jugend war es unter dem
Adel älterer Zeit Grundsaz, die Knaben an fremde Höfe zu
schiken, um sie frützeitiger selbstständig zu machen. Bei dieser
Gelegenheit ist denn Mancher nicht wieder heimgekommen,

sondern hat sich im fremden Lande häuslich niedergelassen, und
dieß ist eine der Hauptursachen, warum wir hin und wieder
in den entferntesten Ländern Familien finden, deren Herkunft,
Stamm und Wappen vergeblich in den einheimischen Urkunden
gesucht wird. Ein Beispiel derart waren die v. Baumbach in
Bayern, welche mit Hans v. B. zu Anfang des XVI. Jar=
hunderts aus Hessen zu uns, und ebenso etwa 60 Jare später
mit Helmbrecht v. B., welcher knabenweise an den braun=
schweigischen Hof geschickt wurde, wieder aus dem Lande
kamen, denn dieser Helmbrecht erhielt nach seiner Werhaftmachung
die Stelle eines Jägermeisters am kursächsischen Hofe und
pflanzte sein Geschlecht dort fort. Aus der altbayerischen Fa=
milie der Kuttenauer kam Hans knabenweise an den Hof
des Herzogs von Mecklenburg, der ihn nach einigen Jaren
an den dänischen Hof beförderte, wo er Gelegenheit hatte,
als Page des dänischen Admirals durch Schweden, Norwegen
und England zu peregriren. Als er anno 1589 werhaft ge=
macht worden war, reiste er über Frankreich nach Italien und
erhielt 1590 in Genua durch den oben (S. 268) genannten
v. Sittichhausen eine Fändrichsstelle bei der Leibquardia
des Dogen. Wenige Tage darauf starb er aber plötzlichen
Todes und ward bei St. Stefan zu Genua begraben. —
Kristof Hundt ist am kurpfälzischen Hof auferzogen, daselbst
das Hündl genannt worden. Georg von Asch ist knabenweis
zum Kurfürsten von Köln gekommen u. s. w.

Ein besonderer Titel der adelichen Hofbedienung war der
eines fürstlichen Truchseßen. Seine Würde bestand in der
Befugniß, bei feierlichen Gelegenheiten statt der Edelknaben
das Essen auf die Hoftafel tragen zu dürfen. Die Kandidaten
dieser hohen Würde mußten, bis sie dazu gelangten, sich ge=
fallen lassen, am untern Ende der Tafel zu stehen und zuzusehen.

Hören wir die Beschreibung einer gewönlichen und alltäglichen Hoftafel Herzog Maximilians von einem Augenzeugen.

Der schon (I. Bd. S. 219) erwänte augsburger Patrizier Philipp Hainhofer schildert in einem Berichte an seinen Herrn, den Herzog Philipp von Pommern, seinen Besuch bei dem alten Herzog Wilhelm V. zu München (im Mai 1613, also wenige Jare vor Beginn des 30järigen Krieges) und beschreibt u. a. eine Hoftafel in der Residenz:

„Am britten Tag meines Aufenthalts hab' ich Ihre Durchl. ben regierenden Herzog Maximilianum mit seiner Gemalin (Elisabet), bann dem Herrn Bruder Albrecht und deren Fraülein Schwester Magdalena, sehen Tafel halten.

„Im innern Hof haben 12 Trompeter und 2 Heerpaucker zur Tafel geblasen. Im Zimmer auf zwei Seiten der Tafel stehen etlich Trabanten, zu unterst vor der Tafel aber 3 von Adel, die auf Gnad' warten, bis man sie zu Truchseßen macht.

„Jede fürstliche Person hat iren besonderen Mundschenken, gehet Alles gar still zu.

„Die Edelknaben, so Speiß auftragen, gehen in geschürzten Hosen blau und weiß, blaue Ermeln und schwarzsammtne Röcklin mit fliegenden Ueberermeln. Unten an der Tafel auf einem gemalten Stülein sizt der Wölflin, ein alter geborner Narr, der hat einen silbernen Hofbecher; weil man ihm aber nur einmal einschenkt, dann er dem Wein gar Gefahr ist, so sagt er oft zum Herzog, er wollte lieber, Er gäb' ihm einen hölzernen Becher, aber nochmal so groß als der silberne.

„Wann ihm die Herzogin zuspricht und ihn veriert, was er essen soll, so darf er sie wol eine grüne Merch (Märe)

heißen, Sie solle für sich fressen! Wann ihm etwa jemand
heimlich zu trinken gibt und man's merkt, auch fragt, wer
ihm's gegeben, so ließ' er sich eh' umbringen, eh' er's verra=
tete, dann sagt er, ein andermal würd' ihm dieser nichts mer
geben, und wann er einen siet mit einem r o t e n A n g e=
s i ch t, sagt er zu ihm: Du bist so versoffen als ich, wenn ich
dich anseh' so bürstet mich."

Im Verlaufe des Berichts erzält Hainhofer auch noch,
daß Herzog M a x i m i l i a n durch weise Sparsamkeit die ihm
von seinem Vater (Wilhelm V.) aufgebürdete Schuldenlast
allmälig tilge und daß „ein Zeither der bayerische Hof wieder
die Zinsen ordentlich bezale", was demnach „ein Zeither" nicht
geschehen zu sein schien. In Folge dieser Sparsamkeit hatte
der Herzog auch die bis auf Antritt seiner Regierung üblich
gewesene S p e i s u n g d e s H o f g e s i n d e s und der Räte und
Offiziere aufgegeben und inen ein järliches Kostgeld ausge=
sprochen „und ist alles auf d i e i t a l i e n i s ch F ü r s t e n a r t
eingerichtet, dabei viel 1000 Gulden järlich erspart und avan=
ziert werden".

Mit der Regierung Wilhelms V. hatte auch die „H o f=
t r a ch t" so ziemlich ein Ende genommen, d. h. die von Hof
aus befolene g l e i ch m ä ß i g e Kleidung der adelichen und an=
deren Hofbedienten. Schon unter Herzog Albrecht III. war
es Sitte gewesen, daß der Herzog järlich in der Regel zwei=
mal (zu Beginn des Sommers und des Winters) ein be=
stimmte Hoftracht anordnete. Zu diesem Zwecke ließ er die
Figur eines Mannes in der gewünschten Kleidung mit Farben
gemalt anfertigen und an alle Hofleute verteilen, auch an die
Türe der fürstlichen Kammer anschlagen. Man hieß dieß „die
Kleidung ausgeben". Es ist uns noch ein Buch erhalten, in
welchem die Hoftrachten von München vom Schlusse der Re=

gierung Herzog Albrecht IV. bis auf Albrecht V. durch den Hofschneider gesammelt wurden. Aus diesem Buche ist die der zweiten Auflage des I. Bandes des adelichen Antiquarius als Titelblatt beigegebene Hoftracht aus dem Anfange des XVI. Jarhunderts, so weit sie den Cavalier betrifft, entnommen. Die Tracht der Dame ist nach einem Familienbilde aus derselben Zeit entworfen. Dem gegenwärtigen Bande ist als Gegentitel gleichfalls eine Hoftracht aus dem Anfange des folgenden (XVII.) Jarhunderts beigefügt, welche aus dem Stammbuche eines bayerischen Edelmannes (Michael Hofer's) entlent wurde. Bei dem Vergleiche beider wird man den ungemeinen Unterschied der Zeiten oder des Zeitgeistes, der sie hervorbrachte, nicht verkennen. Wärend der Hofmann in dem ersten Bilde noch die lezten Spuren der sogenannten ritterlichen Tracht, unter dem langen weiten scharlachroten Waffenrock die Rüstung und auf dem Haupte den tuchüberkleideten, mit Straußenfedern reich geschmückten Helm trägt, ist auf dem zweiten Bilde bereits die sogenannte spanische Tracht irem Ende nahe und Harnisch und Helm sind längst dem Soldaten von Stand überlassen. Wärend die Dame aus dem Anfange des XVI. Jarhunderts noch den weiten, faltigen, langen Rock von schwerem Tuche trägt, wie er uns auch an den Frauen des XV. Jarhunderts begegnet, hat die Dame auf dem zweiten Bilde schon den steifen Rock von Damast glatt über die Krinoline gespannt, und wärend die Frau aus der Maximilianszeit das Kleid ausgeschnitten trägt, um (mit Frau v. Maintenon zu sprechen) den schöneren Teil ires weiblichen Ich's sehen zu lassen, hat umgekert die Dame des zweiten Bildes die Brust wie mit einem Panzer umschlossen, über welchen die breitgefältelte Halskrause noch hervorragt und jede vertrauliche Annäerung schwierig macht. —

Wenn man im Allgemeinen zugeben muß, daß der Edel=
mann zu allen Zeiten die jeweilige Höe gesellschaftlicher Bil=
dung eingenommen habe, so wird man auch in Bezug der
Kleidung annemen dürfen, daß sie immer dasjenige geboten
habe, was als das Neueste und nach dem (ser veränder=
lichen) Geschmack auch jeweilig als das Schönste galt. Mit
dem Fortschreiten der Kultur verschwand das Bunte in den
Kleidungen der Männer (denn die Frauenzimmer sind
in allen Dingen exemt) allmälig und man darf das Ende der
Rococozeit mit iren buntsammtenen und seidenen reichgestickten
Staatsröcken auch als das Ende dieses Abschnittes der Trachten
annemen — kaum, daß das Landvolk bei uns in Bayern noch
da und dort in bunten Provinzialtrachten sich blicken läßt.
Mag das Verschwinden aller dieser malerischen und antiqua=
rischen Reste der Vorzeit auch für das Gemüt unangenem
sein, für den Fortschritt der Kultur im großen Ganzen ist es
eine Notwendigkeit geworden. Nur die Armeen werden
wol auf lange Zeit noch genötigt sein, in dem buntesten Far=
benschimmer zu stolziren zur Ergözung und Augenweide irer
Kriegsherren.

Zum Schlusse dieses Kapitels noch eine Angabe über die
Zal des bayerischen Hofadels jezt und von früer.

Anno 1778 gab es in Kurbayern nach dem Staatskalen=
der 491 Hofadelspersonen, nemlich 466 Kammerherren und
25 Truchsessen. Anno 1858 zält das Staatshandbuch im
Ganzen 660 Hofadel auf, und zwar 402 Kammerherren,
154 Kammerjunker und 4 Hofjunker. Leztere Charge war
1847 von König Ludwig I. errichtet worden mit einer er=
mäßigten Probe, ist aber 1858 schon wieder außer Kurs ge=
kommen, es hatten sich wärend der 10 Jare nur 4 Personen
zu dieser Hofcharge gemeldet oder sie wenigstens erlangt,

nemlich 1847 die Herren Sigmund v. Schab, Joh. Nep.
Ritter v. Lengrießer und Karl v. Hueb, und 1855 noch
ein Herr v. Schmöger, wärend in denselben zen Jaren
113 Kammerherren und 55 Kammerjunker kreirt worden
waren — und bennoch dürfte der Titel Hofjunker entschieden
historischer und ebelmännischer klingen als die beiden andern.

—

17. Es ist eine vielfach gehörte, aber durch die Geschichte
des Abels selbst widerlegte Idee, daß die guten Geschlechter
lebiglich durch Kriegsbienste oder Bauernwirtschaft seien groß
geworden, und baß Handelsgeschäfte wider das Wesen und
die Natur des Abels gingen. Freilich darf man barunter
nicht ben Kleinhandel „bei offenem Kram und Laben" ver-
stehen, aber der Großhandel, der fabrikmäßige Betrieb eines
industriellen Geschäftes kann doch unmöglich dem Abel mer
Eintrag tun, als z. B. das Braügewerbe, und bieses betrieben ja in früeren Zeiten alle Edelleute in Altbayern auf
iren Schlössern als eine Pertinenz irer Edelmannsfreiheit und
Hofmarksgerechtigkeit!

Wir wissen, baß die Mautner durch Pachtung der
Zölle und Gelbbarlehen an die Fürsten, die Tänzl und
Weitmoser durch Bergwerkssegen in Tirol und Salzburg
„aufgekommen" seien, baß die Fugger, Welser, Lerchenfeld durch ben Gewandhandel zu Ansehen gelangt, und es
wird uns also nicht befremden, wenn wir hören, baß eine
Anzal guter alter Geschlechter durch ben Salztransport
reich geworden seien. Wol fürten sie nicht selbst das Ruber,
aber sie ließen die Schiffe bauen und schämten sich nicht, auf

die Schiffschnäbel ire Wappen malen zu laſſen; ſie hielten
ein zalreiches Schifferperſonal und nannten ſich ſelbſt die
Erbausfergen, d. h. erblichen Salzausfürer.

Im Jare 1267 erneuerte Erzbiſchof Ladislaus von
Salzburg die Schiffer=Innung zu Laufen und beſtimmte,
daß 27 Schiffherrn aus edeln Geſchlechtern erblich berech=
tigt ſein ſollten, das Salz von Hallein auf der Salzach
nach Laufen und von da abwärts bis Paſſau und Wien und
aufwärts die Donau bis Regensburg zu verſchiffen. Unter
dieſen erblichen Schiffherrn, welche ſich bald darauf Erbaus=
fergen nannten, finden wir die ritterlichen Namen der Lampo=
tinger von Lampoting, der Grans von Uttendorf, der
v. der Alm zu Trübenbach, der Strubl, Trutan,
Portenhamer, Kuchler von der Hohenkuchel, Noppin=
ger, Scheller, Schwind, Teiſinger, Zuckſchwert,
Käuzl, Panichner von Wolkenstorf, Gebming, Tan=
ner, Gutrat, Gänsl, Frauendienst, Pöbl, Gold u. a.

Dieſe Schiffherren oder Erbausfergen teilten unter ſich
nach dem Loſe die Reihenfolge der Ausfart. Die Schiffe
hatten beſtimmte Namen, teils nach den Schiffherrn, teils
nach dem Wappenbild gewält, z. B. Alben, Fuchs, Sperrad,
Mondſchein, Haken, Gabel, Kaze, Turn, Gold u. ſ. w.

Den eigentlichen Dienſt beſorgte die Schiffergilde in
Laufen und dieſe Stadt, nebſt dem am andern Ufer liegen=
den Oberndorf lebten faſt ganz allein von dem Nuzen und
Geſchäft der Schiffart. Es war eine wolorganiſirte Vertei=
lung von Leuten, die je nach irer Beſchäftigung verſchiedene
Namen fürten. Die Naufergen, ſpäter Ausfergen genannt,
waren die Vorſteher der Innung und vorzüglich aus zwei
Patriziergeſchlechtern der Stadt, den Standl und Edl=
mann, Jarhunderte lang gewält. Neben inen beſtand das

Amt der Umzeher und Salzfertiger. Das Dienstvolk bilde=
ten die Schiffknechte, Helferknechte, Plättenfürer, Salzheber,
Seßtaler, Gnöße, Starioten, die Scharler, Buben und Stro=
bänke, leztere gleichsam die Parias der Innung. Wer sich
für diese gewiß interessante Binnenschifffart auf den bayeri=
schen Flüssen weiter interessirt, wird in v. Kochsternfeld's
„Salzschifffart", Gentner's „Geschichte von Laufen" und
meiner „Cronik von Rosenheim" Ausfürliches finden.

Gegen Ende des XV. Jarhunderts waren die Erbaus=
sergen=Geschlechter durch Aussterben bis auf 7 herabgesunken.
und Ende XVI. gab es nur mer drei: die Gutrater,
Gold und Pödl. Erzbischof Mathäus Lang v. Wellen=
burg ernannte seinen Rat und Kammermeister Kristof Perner,
dessen Nachfolger seinen Kanzler Sebastian Höflinger, der
nächste Erzbischof (Wolf Dietrich v. Raitenau) den Marx
von Gülß, Pfleger zu Hallein, und E.=B. Markus Sittich
v. Hohenembs den Thomas Perger von Emslieb zum
Erbaussergen. 1655 wurde der Hofkanzler Franz Kammer=
lohr von Weiching, 1694 der geh. Rat Alfons Dücker
von Haslau (westfälischen Adels) und nach dem Tode des
lezten Gold von Lampoting, Emeran. 1713, ein Auer von
Winkel und Gessenberg mit dieser Würde belent.

Sämmtliche Erbaussergen mußten als Rekognoszirung
der Lehenschaft järlich am Vorabend des Dreikönigstages
52 Dukaten in einem rotsammtnen Beutel dem Landesherrn
darbringen. Sie selbst hielten sich zur Berechnung der inen
zukommenden Gefälle einen Verwalter und teilten nach Abzug
der Kosten am Dreikönigstage jeden Jares den Gewinn.

Mit dem Jare 1806, als Laufen bayerisch wurde, hatte
die Würde der Erbaussergen ir Ende erreicht. Auch von den
Geschlechtern ist nur noch eines, das der Gutrater von

Altengutrat (deſſen Schild in Blau drei goldene Wecken zeigt)
am Leben. Die Salzfart beſtand wol noch einige Zeit lang
in Blüte, verfiel dann allmälig und iſt mit der Eröffnung
der Eiſenbanen von Salzburg nach München und Wien als
erloſchen zu betrachten. —

18. „Ireland is a nice country, if nicely fenced in“
lautete einmal das Urteil eines Engländers über Jrland, dem
Antiquarius gegenüber. Aenlich möchte er ſagen: Tirol wäre
ein herrliches Land — wenn keine Tiroler darin wären.
„Eingefenzt“, wie der Deutſch=Penſilvanier ſpricht, iſt ja Tirol
onedieß und zwar nicely und faſt hermetiſch abgeſchloſſen. Es
kann alſo kaum wundern, wenn die Tiroler innerhalb irer
Umzaunung in irem patriarchaliſchen Murmeltier=Schlafe das
Schlagen der Wellur überhört haben. Wenn ein unpartei=
iſcher Geſchichtsſchreiber einmal Gelegenheit nemen wird, den
Unterſchied feſtzuſtellen, der in ſozial=politiſcher Hinſicht zwi=
ſchen dem heutigen Bayern und dem von anno 1814, und
wenn er ſich die Müe geben wird, ein Gleiches bei Tirol zu
tun, dann wird das facit kein anderes ſein können, als eine
Beſtätigung des alten Sazes, daß Stehenbleiben der erſte
Schritt zum Rückwärtsgehen ſei. Die Tiroler freilich werden
dieß in irer glaubenseinheitlichen Seligkeit nicht einräumen,
und es iſt auch nicht unſere Aufgabe, dieß zu beweiſen, wir
konſtatiren nur die Tatſache, daß in Bayern kein benkender
Menſch mit Neid auf die tiroliſchen Zuſtände blickt, und daß
es Niemand für einen Gewinn erachten würde, wenn das
„liebſte Vaterland Tirol“, wie dieß die politiſchen Konſtella=

tionen schon öfters in Aussicht stellten, wieder mit Bayern vereinigt werden sollte.

Tirol war mermals bei Bayern, unter Heinrich dem Löwen, dann unter Kaiser Ludwig IV. Die nördlichen Landgerichte, Kufstein, Kitzbühel und Rattenberg blieben noch bis 1504, wo sie von K. Max I. als Helferslon im pfälzischen Erbfolgestreite abgerissen wurden, beim Stammlande (s. o. S. 52 und 140). Zum lezten Male war Tirol unter bayerischer Hoheit 1805—14.

Aus dieser lezten Zeit will der Antiquarius einiges beibringen und zwar zunächst solches, was auf den Abel des Landes Tirol Bezug hat.

Wie wenig die bayerische Regierung damals die tirolischen Zustände kannte und wie verkerte Maßnamen sie ergriff, darüber ist in Bayern selbst, noch mer aber in Tirol und Oesterreich genug geschrieben worden. Bayern glaubte den liberalen Geist, den es in den schwäbischen und fränkischen neuerworbenen Ländern fand, auch in Tirol zu Hause, aber wie entsezlich es sich taüschte, das beweist der grausame Volksaufstand daselbst im Jare 1809.

„Wenn man den Tiroler zutunlich machen will, muß man ihm von Kirchen, Klöstern und Wallfarten sprechen", sagt der Biograf Andreas Hofer's; wie man es angeben muß, um ihn, den Tiroler, unwirsch, oder genau gesagt, zum Unmenschen zu machen, das hat die bayerische Regierung unter Montgelas gezeigt. Wärend im übrigen Bayern die Klösteraufhebung mit vollständiger Ruhe von Seiten des Volkes aufgenommen wurde, war sie in Tirol der Funke zur Revolution.

„Die ungemeine Liberalität Bayerns gegen die in Tirol vorgefundenen Beamten machte auf diese gar keinen Eindruck,

obwol fämmtliche Rentbeamtenstellen und von den 30 Land-
richterstellen 27 mit Tirolern besezt blieben." Für Bayern
selbst war dieß ein entschiedener Mißgriff, denn die Folge
zeigte, daß von den in iren Aemtern belassenen Beamten drei
Vierteile heimlich gegen ire Regierung intriguirten, bei der
ersten Gelegenheit abfielen und mit den Empörern gemeinschaftliche Sache machten. Die Aufhebung der onedieß zu
einem Schatten-Gespenst herabgesunkenen tirolischen „Verfassung" war ein neuer Funke in den glimmenden Zunder. Es
ist noch das „Congreßual-Protokoll" der „ständischen Aktivität" bei der bayerischen Besizergreifung vom 27. Mai 1806
handschriftlich auf der hiesigen Staatsbibliothek vorhanden,
dessen Inhalt an Armseligkeit der staatswirtschaftlichen und
politischen Ansichten der Landesvertreter und an kleinlichen
:Keibereien derselben unter sich ein curiosum seiner Art bietet.
Gerne würde der Antiquarius seinen Lesern daraus ein Mereres
berichten, wenn es hierorts der Raum erlaubte. Er gestattet
sich nur einen kleinen Auszug.

Gleich das erste z. B. nach der Antrittsrede des bayerischen Generalkommissärs, Grafen Karl v. Arco, war, daß
der Graf von Tannenberg (derselbe, der, obwol gänzlich
blind, fünf Jare zuvor von derselben ständischen Aktivität
als Kommissär zur Besichtigung der neuen Schan-
zen an der Scharniz abgesendet worden war) erklärte, „daß
Hochselber so lange nicht neben den beiden Herren Vertretern
von Oberinnthal und Vintschgau in der Sizung stehen könne,
so lange als nicht vom ersteren eine förmliche Deprekation
über die vom Viertl deßfalls eingelangte, die übrigen Mitglieder offenbar angreifende Schrift, von lezterem aber die
Erklärung zu Protokoll gegeben werde, daß selber von dem
Ungrund der in der Äußerung des Viertl Vintschgau enthal-

tenen Beschuldigungen sich überzeuget und seine Kommittent=
schaft hiernach zu belehren nicht entstehen werde".

Nachdem nun beide inkriminirte Mitglieder sich beeilt
hatten, zu deprezieren und zu revoziren, fanden sich die sämmt=
lichen Herren „Aktivitätsvokalen", so nannte man die Aus=
schüsser der Landesvertretung, dabei beruhigt.

Ein weiterer Antrag ging dahin, daß Bayern die öster=
reichischen Bankozettel für voll annemen solle; dann folgten
gegenseitige Lobeserhebungen über die bisherigen Leistungen
der einzelnen Vokalen und Beamten und eine Anzal von Sti=
pendienverleihungen an Söne der Vokalen, auch Beschenkungen
der Herren Vokalen unter sich mit silbernen Leuchtern, Ma=
trikelkreuzen ꝛc. Auf das Gutachten des Vokalen v. Remich
über das erste Bändchen der von Herrn v. Hormayr
verfaßten und eingesendeten „Geschichte von Tirol", „daß dieß
Werk mit unermüdetem Fleiße bearbeitet und dessen Conti=
nuirung erwünschlich stehe", beschloß die Versammlung, dem
Herrn v. Hormayr auf Kosten der Landschaft das Freiherrn=
diplom zu verschaffen, oder falls er dieß nicht wolle, ein
Andenken in Silber von ongefär gleichen Kosten zu
widmen. — Endlich werden noch einige 100 Tausend Schul=
den zu machen beschlossen. —

In dieser und änlicher Weise verläuft die Zeit bis zum
28. Juni, also volle 4 Wochen dieser ständischen Tätigkeit,
und da behaupte noch Jemand im Ernste, es sei Schade ge=
wesen um die Aufhebung einer solchen Verfassung!

Unter den Beamten, welche aus Bayern hineinkamen, ha=
ben sich zwei vorzüglich bemerkbar gemacht, der Kreisdirektor
Arnold v. Mieg zu Innsbruck und Brixen und der Kreis=
direktor zu Brixen v. Hoffetten. Ersterer stammte aus
einem ursprünglichen straßburger Geschlechte, das 1472

von K. Friedrich III. wappengenossen und 1582 von K.
Rudolf II. nobilitirt worden war. Ein Zweig hatte zu
Mülhausen im Elsaß sich niedergelassen und aus diesem
war Mathäus v. M. als Zunftmeister einer derjenigen, welche
sich anno 1798 mit Leib und Leben gegen die Vereinigung
mit Frankreich, natürlich vergebens, stemmten, ein anderer
Zweig war in kurpfälzische Dienste getreten und aus diesem
kam Arnold v. Mieg, ein geborner Heidelberger, in kurbaye=
rische Dienste. Er war ein entschieden aufgeklärter und geist=
reicher Mann, aber auch als Kenner der bayerischen Geschichte
ein ebenso entschiedener Feind Oesterreichs. Deßhalb erschien
ihm die Anhänglichkeit vieler Tiroler an ir altes Herrscher=
haus als eine „Sünde gegen den gesunden Menschenverstand".

Sein Hauptverbrechen war, daß er einstmal eine adeliche
Tirolerin, welche der geheimen landesverräterischen Correspon=
denz mit Wien überwiesen worden war, vor sich rufen ließ,
und sie, nachdem selbe ir Unrecht nicht unrecht finden wollte,
für den Wiederholungsfall mit Rutenstreichen bedrote. Man
erzält sich, diese Vaterlandshelbin sei eine Frau Baronin von
Sternbach gewesen, wenn dieß der Fall, dann ist der An=
tiquarius in der glücklichen Lage, einen pikanten Beitrag zur
Karakteristik der Frau Baronin zu liefern.

Der in der tiroler Empörung vielgenannte Kronenwirt
zu Hall, Jos. Ignaz Straub, erzält nemlich in seiner aus=
fürlichen Lebensbeschreibung u. a. bei Gelegenheit der Wieder=
eroberung Tirols durch die Bayern, und Bericht seiner
eigenen Gefangennemung, wie er nach Innsbruck trans=
portirt und im Gasthause des Niederkircher nebst anderen
Tirolern bis zur Abfürung nach München bewacht worden
sei. Darunter wörtlich folgendes:

„Straub wurde nun scharfverwachteter von Niederkircher sein Gaſtzimmer aus dem 3ten Stocke herab in den erſten gefürt, wo Straub nun den Hrn. Grafen Sarnbein, die gnädige Freyfrau von Sternbach, den gnädigen Hrn. Baron von Schneeburg und noch mehrere Herren in einem Zimmer getroffen hat; dorten wurden nun alle verwachtet und die Anſtalten wurden getroffen, mit alle dieſe Herren und Damen von Innsbruck über Kufſtein nach München abzureißen. Die gnädige Freyfrau v. Sternbach war die ſchärffeſte Ressinierte (raiſonirte) mit Hrn. franzöſiſche und bayeriſche Officiere ganz frei, und ließ ihr vor der Abreiſe noch 1 Bouttelie Wein bringen. Dieſe Dame trank in Gegenwart mehrerer Officiere dem Kaiſer Franz und dem geliebteſten Vaterlandl Tyroll die beßte Geſundheit und ſagte zum Beſchluß: Wann's mich aufhänkt, ſo hänkts mich mit meinem Angeſicht gegen Oeſterreich, damit ich Todter noch meinen Arſch gegen Frankreich wenden kann." — —

Der andere der genannten beiden Beamten war Franz v. Hofſtetten, aus der ſchon oben S. 229 genannten Familie. Dieſem felten nicht nur alle Tugenden des Hrn. v. Mieg, ſondern er tat, gedeckt durch ſeine amtliche Unverlezlichkeit, gerade Alles, was das religiöſe Geſül der Tiroler verlezen mußte. Es gehörte ein gänzlich bankerotter Takt dazu, um, wie er, bei Verſteigerung der Ornate und Kelche der aufgehobenen Klöſter, den feilſchenden Juden die Meßgewänder umzuhängen und ſie unter lautem „Auwaißgeſchrieen!" mit dem Stock durch die Gänge zu jagen oder gelegentlich in einen Kelch zu piſſen. — Geradezu pöbelhaft aber war es, wenn der Herr Kreisdirektor ſeine Morgenbeſuche im Bette an der Seite ſeiner Konkubine empfing. Es wird Niemandem einfallen, das Gebaren eines solchen Menschen zu verteidigen, aber es wäre entschieden unwar, zu behaupten, daß die baye= rischen Beamten ein zweites derartiges Exemplar aufzuweisen gehabt hätten.

Als der lange im Geheimen vorbereitete, von der baye= rischen Regierung wenn auch nicht unerwartete, doch negligirte Aufstand im Frühjare 1809 ausgebrochen war, folgten Schlag auf Schlag Ereignisse, die zu beschreiben gleich traurig wie erhebend wäre. Ein bis zum Viehischen fanatisirtes Volk, das alle die schrecklichen Mittel des kleinen Krieges anwendet, und ein kleines überall verratenes, doch bis zum lezten Mann ausharrendes Häuflein von bayerischen Truppen, zulezt gleich= falls durch die Beispiele der feindlichen Bauern zur Wieder= vergeltung gereizt, schlagen sich wärend einiger Wochen mit ungleichem Glücke, und leztere verlassen Tirol, um es sieg= reich wieder zu gewinnen.

Wer über die Ereignisse dieser schrecklichen Tage Näeres lesen will, der findet es in der schon erwänten „Geschichte des Sandwirts Andreas Hofer“, verfaßt von dem bekannten Freiherrn v. Hormayr, dem politischen Vater dieser unpo= litischen Puppe, sowie in der Biografie des bayerischen Ober= sten Karl Freiherrn v. Ditfurth, von dem Sone desselben, Maximilian v. D., 1864 veröffentlicht. (Ditfurth starb einen nicht gewönlichen Soldaten=, sondern einen Heldentod im schönsten Sinne des Wortes in Innsbruck am 19. April 1809.)

Für hier wollen wir nur eine kleine Szene aus der In= surrektion, erzält von dem obengenannten Gastwirt Straub, damals Kommandanten der Aufständischen in Unterinnthal, mitteilen, die einen Einblick gewären soll, in welcher Weise die edlen Vaterlandsverteidiger Tirols diesen Krieg auffaßten und betrieben. Man wird die Glaubwürdigkeit der Erzälung um so weniger beanstanden können, als ja Straub den Bericht über seine Wirksamkeit für den geliebtesten Kaiser Franzl und nicht zum Lobe der Bayern schrieb.

„Am 30. Mai in aller Früh rückten der Commandant Straub und der Hauptmann Speckbacher in die Stadt Hall ein, die avantgarden rückten dem Feinde (dem sich zurückziehenden General v. Derov) auf dem Fuß nach und brachten noch manche Gefangene ein.

„Die eifrigsten und getreuesten Tyroller verfolgten nun die Bayern bis unter die Mauern von Kuefstain u. s. w.

„Nun wollten die Leuthe über den Hrn. Baron von Rost herrucken, ihn todtschüßen und ausblündern, weil er die Kanonen denen Baiern auf die Tyroller gerichtet hat (was jedoch nicht erwiesen war, sondern nur verbreittet wurde, weil Herr v. Rost als baierisch gesinnt galt).

„Der Hauptmann Joseph Speckbacher hat seine Leute nicht mer aufzuhalten vermögt und mußte denselben eine halbe Stunde erlauben, in die Baron v. Rostische Keller Wein Trünken zu dürfen. Alles sprang nun zu diesen Hrn. v. Rost seinen Schlößl (ausserhalb Hall) und fragten um den Baron. Die Tyroller packten ihm, nahmen ihm alle Kellerschlüßl ab, Transportierten ihm nach Innsbruck und blünderten nicht nur die Keller, sondern alles rein aus und wollten auch noch die Häuser verbrönen, nachdem schon Alles geblündert und ganz ruinirt worden ist . . . . der Hauptmann Speckbacher hat vielleicht gar nicht in die Zukunft geblicket, sonsten hätte er ihnen die halbe Stunde zu blündern nicht erlaubt.

„Zwey von Speckbachers Compagnie, Georg Nagele und Nicklaus Krapel mit noch mereren anderen kommen eben mit die Rostischen Kutschen und Wägen daher über den Platz gefahren. Straub ließ sie aufhalten und fragte, wer ihnen dieses zu thun Erlaubt habe. Sie sagten, sie haben die Stadt eingenommen, der Baron v. Rost habe auch gesagt, man sollte 10 Bauern aufhängen und 10 andere hängen, welche dem Kaiser Franz anhängen . . . . . Straub sagte, ihr dürft bessentwegen doch nicht alles verschleppen und zerstöhren. Alle vernünftigsten Zureden halfen zu nichts. Da nun Straub mit die berauschten Baurn nichts mehr richten konnte, Ließ er ihnen die Gutschen und Wägen abnehmen und die zwey obenerwähnten Rädelsführer einspehren. Straub Eulte nun selbst in das Rostische Schlößl hinauf, rettete auch noch eine Freundin des gedachten Hrn. v. Rost, die bekannte Gräfin von Selben und führte sie in die Stadt herein zum Hrn. Apotheker Hauptmann.

„Inzwischen suchten die Rinner und Dulfer Bauern ihren Hauptmann Speckbacher auf und beklagten sich dabey, daß der Commandant Straub den Jörgl und Klaußen hat Einspehren lassen. Speckbacher sagte mit kurzen Worten: schießts ihm nieder den Straub! Es würde auch geschehen seyn, wenn Straub nicht mit seinen getreuen Rettenberger, Absamer und Thaurer umgeben gewesen wäre. Die Klügern wiesen den Speckbacher zur Ruhe, damit er seinen gewöhnlichen horrenten Rausch durch einen Schlaf vertreiben könne.“

So schildert ein Tiroler einen der drei Volkshelden. Es läßt sich kaum verneinen, daß wenigstens dieser „Mann von Rinn“ in nächster Näe etwas übelriechend gewesen sein müsse. —

Zum Schlusse dieser tirolischen Erkursion noch einige Worte über den schon mermals genannten Frhrn. Josef v. Hormayr. Er war die Seele des ganzen Aufstandes,

obwol er sich persönlich nie da sehen ließ, wo Cesar war, sondern im Gegenteile, nach Angabe von Augenzeugen, einen
bedeutenden Mangel persönlichen Mutes zur Schau trug. Mit
dem Titel eines kaiserlichen Hofkommissärs und Intendanten
von Tirol ausgerüstet, dekretirte und intriguirte er, hielt feu-
rige Reden und schrieb noch feurigere Proklamationen, zog
sich aber wolweislich immer außer Schußweite. In Andreas
Hofer, der einen ser guten Wirt, aber nur einen mittelmäßigen
Feldherrn vorstellen konnte, fand Hormayr die richtige Person, um sie vor sich her auf die Büne zu schieben, wärend er
selbst hinter den Coulissen die Bewegungen seines Automaten
ungesehen dirigirte. Hofer hat „mit Hilfe der allerseligsten
Mutter Gottes" das Oberkommando der Aufständischen über-
nommen und mußte für diese kurze Komödie, in welcher er
übrigens mer betete und trank, als sprach und handelte, unter
den Wällen von Mantua sein Leben lassen, wärend der
eigentliche Dirigent Hormayr sich bei Zeiten zurückzog und
salvirte.

Bald darauf erscheint Hormayr als k. k. Hofrat und
Archivdirektor zu Wien und sucht dort die Belonung seiner
getreuen Dienste, schreibt auch unermüdet für Habsburgs
Rum und Herrlichkeit, bis er nach 20 Jaren mit Butler in
Schillers Wallenstein in die verzweifelten Worte ausbricht:
„Dank? — vom Haus Oesterreich?"

Glücklicher Weise lebte ihm in dem Könige Ludwig I.
von Bayern — desselben Bayern, das er mit kontinuirlichen
Verläumdungen in seinen Schriften verfolgte — ein Gönner,
der großmütig genug war, alles dieß Geschehene zu vergessen.
1828 trat Hormayr in bayerischen Staatsdienst über, aber
da der Unwille im Volke doch noch zu rege war, räumte man
den Neophiten vorderhand aus den Augen des Publikums,

indem man ihn zuerst nach Hannover als bayerischen Mi=
nisterresidenten, und als er sich dort mißliebig gemacht hatte,
nach den Hansestädten schickte.

Zurückgerufen, wurde er Vorstand des k. bayer. Reichs=
archivs zu München, als welcher er am 5. Nov. 1848 starb.

Seine wissenschaftlichen Leistungen werden heute ziemlich
gering angeschlagen, weil den Forschern mer und mer Beweise
zu Handen gelangen, daß er keineswegs von besonderer Ge=
wissenhaftigkeit in Publizirung von Archivalien war, sondern
sine weiteres historische Tatsachen nach seinem jeweiligen Be=
dürfnisse zuschnitt, ja nicht selten erfand. Ein konfuser Stil,
der nach Art der Frauenzimmer beim Erzälen vom ersten aufs
zente und vom zenten aufs hundertste kommt, beständig vom
Hauptthema abspringt und vor Fülle der Gedanken, die alle
heraus wollen, sich kaum mer zu helfen weiß, galt anfangs
für genial, für originell, für blüend, jezt wird ihm dieß Lob
kaum mer zu Teil werden. Bei alledem strozen seine Arbei=
ten von Selbstraucherung, wie von Servilität gegen oben,
lezteres bis ungefär um das Jar 1825 für Habsburg, von
da an mit Uebergängen und Schwankungen für Wittelsbach.

Es gibt Leute, welche behaupten, Hormayr sei noch im
Besize eines ganz besondern geheimen Hebels gewesen, der ihm
die hohe Gunst K. Ludwig I. verschaffte und erhielt. Man erzält
sich von gewissen Briefen, welche noch von anno 1809 in seinen
Händen geblieben seien und mit deren Veröffentlichung er
gedrot habe. Sei dem, wie ihm wolle, so viel ist gewiß,
daß eine Viertelstunde nach Hormayr's Tode bereits ein
Herr der österreichischen Gesandtschaft sich einfand, der die
Herausgabe gewisser Papiere zu erlangen suchte, welche ihm
aber — seien sie noch vorhanden gewesen oder nicht — be=
stimmt verweigert wurde. Eine geschwäzige Fama bringt mit

diesem Umstande einen andern in Verbindung, nemlich die Existenz eines wolversperrten Schreibkastens in dem Kabinete eines hohen Herrn, mit einer eingelassenen Tafel, auf welcher die Worte zu lesen sind: Dieser Schrank darf erst 20 Jare nach meinem Tode geöffnet werden.

Hormayr's Persönlichkeit betreffend, so war er bald verschlossen und zurückhaltend, bald geschwäzig und zutraulich bis zur Widerwärtigkeit, bald sprach er leise, als fürchte er belauscht zu werden, bald wieder spielte er den nonchalanten Weltmann — im Ganzen bekundete sein Benemen das, was wir im gemeinen Leben ein „schlechtes Gewissen“ nennen. Wie es die Tücke des Schicksals wollte, kam Hormayr in München mit seinem Todfeinde unter einem Dache zu leben. Dieser Todfeind war kein anderer als der Regie=rungspräsident Hörmann v. Hörbach, ein geborner Tiroler, der nach der Abtretung Tirols mit vielen anderen in bayeri=schen Diensten verblieben war. Hormayr hatte wärend seiner Intendantschaft sich verlauten lassen, wenn er den „bayerischen“ Hörmann in seine Gewalt bekomme, werde er ihn hängen lassen. Der mit dieser Drohung Bedachte schwur ihm als Revanche ein Gleiches zu — beide wurden glücklicherweise an der Ausfürung irer freundschaftlichen Absichten durch die Ver=hältnisse gehindert. Der Zufall wollte, daß Hormayr, als er nach München kam, one es zu wissen, in demselben Hause (in der Theresienstraße) einmietete, in welchem der Regierungs=präsident wonte. Als er es inne wurde, konnte er one Eclat nicht mer auszieen, die Jare aber, wärend welcher beide unter diesem Dache, der eine im ersten, der andere im zweiten Stocke wonten, vermied Hormayr mit größter Aengstlichkeit ein Zusammentreffen auf der Treppe und verließ nie seine Wo=nung, one vorher das Terrain sonbirt zu haben. — Nun

liegen fie beide unter einem anderen Dache friedlich bei=
fammen.

Wie gegen die Welt, war Hormayr auch gegen fich
felbft voll Taüfchung. Der Antiquarius hält es nemlich für
eine der ärgften und bedauernswerteften Selbfttaüfchungen,
wenn ein Edelmann über feine eigene Familie irrige Nach=
richten in die Welt fchickt, ift diefer Edelmann aber dazu noch
ein Hiftoriker' vom Fach, dem die Warheit Bafis aller
feiner Angaben fein foll, fo fällt jede Entfchuldigung weg.
Wie armfelig mußte es alfo den Antiquarius anmuten, als
er in Hormayr's „Andreas Hofer" und in dem gotha. Frei=
herrn=Almanach für 1849 Hormayr's eigene Angaben über
feine Familie mit einer bombaftifchen Anenreie, mit Diplo=
men und Würden ausgeftattet las, die entweder ganz in der
Luft fchweben oder doch verdret und entftellt find. So ift
z. B. die Angabe, daß der Anherr Sebaftian Hormayr,
Ritter, 1361 urkunde, ebenfo unwar, als die weitere, daß
Kaifer Max I. den Lorenz Sebaftian Hormayr nach der Er=
werbung der Gerichte Kufftein 2c. nach Tirol berufen, um
die Innfchiffart und die Poften einzurichten, ihm deßhalb
1518 eine „Beftätigung feines alten Abels und einen Herz=
fchild mit dem Pofthorn" nebft dem „oberften Schiffmeifter=
amt" zu Hall verlieen habe. Die hiftorifche Warheit ift viel=
mer die, daß Andree Hormayr zuerft 1601 als Bürger und
Schiffmeifter zu Rofenheim vorkommt und daß Sebaftian
H., Schiffmeifter zu Hall, 1665 von Erzherzog Sigmund
einen Wappenbrief erhalten habe. Des Lezteren Son Lo=
renz H. wurde 1682 in den Abelftand mit dem Prädikat
„von Hortenburg" erhoben. Jofef Ignaz hat 1749 die tiro=
lifche Matrikel und 1777 den Freiherrnftand erworben. —

Unser Josef Frhr. Hormayr v. Hortenburg war zugleich der Lezte seines Geschlechts. Aus seiner Ehe mit Maria Freiin v. Speck-Sternburg hatte er nur zwei Töchter. Als Hormayr in ziemlich elenden Umständen — man erzält sich die curiosesten Dinge über die Pantoffelherrschaft, unter welcher er seufzte — gestorben war, ergriff seine Wittwe, welche, nebenbei bemerkt, eine wissenschaftliche Dame war und ser gut Latein sprach, den Wanderstab in ferne Länder, man sagt nach Madagassar und zu den Botokuden. Ob sie wieder zurückgekert oder dort gestorben sei, ist dem Antiquarius nicht bekannt geworden. —

Nun folgt noch eine Liste derjenigen tiroler Geschlechter (100 an der Zal), welche in den Jaren 1809—13 in die bayerische Adelsmatrikel sich eintragen ließen. Die mit einem * bezeichneten sind ganz oder zum Teil in Bayern zurückgeblieben.

Aichinger v. Blumberg.

Aigner v. Aigenhofen.

Aschauer, Freih. und Edelleute.

Attlmayr.

Comini.

Dieterich.

Enzenberg zum Freien- u. Jöchelsturn, Frhrn.

Erlach.

Faber v. Lanegg, mittlerweile erloschen.

Ferraris, Grafen.

Firmian, Grafen.

Franzin v. Zinnenberg.

Froschauer v. Moosburg.

Junken.

Ganahl v. Zangenberg.

Gasteiger z. Rabenstein.

Gilm v. Rosenegg.

Goldegg v. Lindenburg.

Goldrainer zu Mülrhain.

Grebmer z. Wolfsthurn.

Haßlmayr.

Haüsler v. Rosenhaus.

Hellrigl v. Rechtenfeld.

Hepperger v. Hoffensthal.

19

*Hippoliti del Paradiso.

Hoffingott.

Hohenballen, Karl v.

*Hörmann v. Hörbach.

*Huber v. Mauren, Frhrn.
u. Edelleute, mittlerweile
erloschen.

*Inama v. Sternegg.

Indermaur v. Strel-
burg.

Isser v. Gaudententhurn.

Kappeller zu Oster-
felden.

Kemptner v. Riggburg.

Kolb v. Kolbenthurn.

Künigl v. Ehrenburg, Gfn.

Lachmiller zu Hofstatt.

Laicharding v. Eichberg.

Lama v. Büchsenhausen.

Lanser v. Moos.

*Laufensteiner v. L.

Lemmen v. Linsingsburg.

Leutner v. Wildenburg.

Leyß v. Paschbach.

*Lobron, Grafen.

Lutteroti v. Gazzolis.

Maierhofer v. Roburg
und Anger.

Martini zu Wasserburg.

Maurer v. Kronegg.

Mersi.

Mohr, Frhrn.

Moor v. Sunegg.

Müller v. Mühlenberg.

*Ottenthaler v. O.

di Pauli von Treuheim.

Peisser v. Werbenau.

Perlath.

Pfaunbler v. Sternfeld.

Pfeiffersberg.

Platz, Grafen.

Plawen.

Posch.

Preu v. Lusenegg.

Pupetschek v. Löwen-
berg.

Reinhart v. Thurnfels,
mittlerweile erloschen.

*Riccabona v. Reichen-
fels.

Sammern zu Franken-
egg.

Särnthein, Grafen.

Schnell.

*Spaur, Grafen.

Stabler v. Ostirner.

Stebele v. Stillfeld.

Steffenelli v. Prenten-
hof.

Steiger zu Baldenburg.

*Sternbach, Wenzl v.,
Frhrn.

Stöckl zu Gerburg.

Stolz zu Latschburg.

Tannenberg, Grafen, mittlerweile erloschen.

*Tarnoczy.

Thurn-Valsassina-Taris, Grafen.

Thun, Grafen.

*Trentinaglia.

Tschiderer v. Gleifheim.

Tschussy v. Schmidhofen.

*Unterrichter v. Rechtenthal, Frhrn.

Welsperg, Grafen.

Wenger.

*Wolkenstein, Grafen.

Wörndle zu Adelsfried.

Wörz.

Folgen nun als Anhang noch die Namen derjenigen Adels-Familien, welche wärend des bayerischen Besitzes des Fürstentums Salzburg (1810—14) sich immatrikuliren ließen.

Enk v. d. Burg.

Feyertag.

Gemperli v. Weidenthal.

Goldenstein, Kurz v.

Gutrath zu Puechstein.

Kaspis.

Kleimayrn.

Koffler, seitdem erloschen.

König v. Paumbhausen.

Lasser v. Zollheim.

Lurzer v. Zehenthal.

Neuner v. Breitenegg.

Paurnfeindt v. Eyß.

Pausinger v. Frankenburg.

Pichl.

Rauchenbichler v. R.

Rottenfeld, Rubinich v.

Schalhammern

Schiedenhofen zu Stumb.

Schloßgängl v. Edlenbach.

Schöpfer v. Clarenbrunn.

Zillerberg.

---

19. Zum Schlusse dieses Bandes gibt der Antiquarius in nachfolgendem Kapitel ein Verzeichniß des altbayeri= schen Brief=Adels, soweit derselbe nicht den im ersten Bande behandelten Familien des großen Adels angehört, soweit er ferner nicht schon in diesem Bande bei Gelegenheit der Behandlung des Patriziates (oben S. 166—251) erwänt worden und soweit endlich sein Ursprung überhaupt noch in's vorige Jarhundert zurückget.

Die nachgenannten Familien verdanken iren Adelstand zum größtentheil herzoglich= oder kurbayerischen Diplomen, merere sind von den römischen Kaisern nobilitirt worden und eine nicht unbeträchtliche Anzal durch die Grafen von Wald= burg=Zeil, welche die „größere Pfalzgrafenwürde" und da= mit das Recht, Adelsbiplome zu erteilen, besaßen. Unter den älteren Familien sind auch welche, die gar kein Adelsbiplom besitzen, sondern deren Anherrn vermöge irer Beamtenstellung sich das Adelsprädikat eigenmächtig zulegten, wenn sie nicht in Folge der Erwerbung eines adelichen Gutes durch Ertei= lung der Edelmannsfreiheit hiezu die fürstliche Erlaubniß ge= wannen.

Es ist historisch richtig, daß noch im vorigen Jarhundert der Beamten= wie Offiziersstand in Arrogirung von Adels= titeln nicht ängstlich war, was hauptsächlich bei Anlegung der bayerischen Adelsmatrikel im J. 1808 sich zur Evidenz zeigte, indem eine große Menge von Adelsprätendenten über den Ursprung irer Prädikate sich nur, mitunter komischer Weise, durch Briefcouverts, Neujars=Rechnungen u. dgl. legitimiren konnte. Doch war man schon damals, um nicht zu ser an= zustoßen, genötigt, hie und da ein Auge oder beide zuzu= drücken und pfarramtliche Tauf= oder Trauscheine — welche mit den Titeln „nobilis et strenuus dominus" (der eble und geftrenge Herr) bekanntlich schon seit zwei Jarhunderten nicht sparsam waren — als Adelsbeweise anzunemen.

Die nachfolgend aufgefürten Familien nun sind fast sämmtlich Beamten= oder Soldaten=Abel in irem Ur= sprung. Nur einige wenige sind von Haus aus Gewerken oder Grundbefizer. Die meisten sind irer Carriere durchweg treu geblieben, mochten sie auch durch Erwerbung von Guts= befiz in einzelnen Gliedern dem Landadel oder umgekert durch Bedienstung dem Beamtenadel angehören. Ire Stammheimat ist, so lange sie dem Abel angehören, durchgängig Altbayern, die Oberpfalz oder die junge Pfalz. Fränkische, schwäbische oder rheinpfälzische Familien sind in diese Liste nicht mit aufgenommen worden. Der Beisaz: W. bedeutet Wappen= brief, G. Graf, F. Freiherr, A. Adelsdiplom oder adelich, o. oberpfälzisch, n. neuburgisch, c. circa oder ungefär.

Unvorgegriffen den Verdiensten der einzelnen Familien, ge= stattet es doch der Raum nicht, hier in der Regel mer als den Namen und das Jar der Abels=Erwerbung aufzufüren, nur von einzelnen Familien durfte sich der Antiquarius er= lauben, etwas Näeres mitzuteilen.

Ablzreiter v. Tettenweis. Johann A., ein Neßlers= son von Rosenheim, geb. 1596, ist in bayerischen Diensten zu Ansehen gekommen, hat nach des Kanzlers v. Donners= berg Abgang (s. oben S. 173) dessen Stelle erhalten. Er ist 1622 mit einem Wappen und bei Erwerbung von Tetten= weis mit der Edelmanns=Freiheit begnadet worden. A. war der Herausgeber der von dem Jesuiten Verveaur verfaßten „bayerischen Annalen", da die Jesuiten es nicht passend hiel= ten, daß einer der iren als Autor eines mitunter gegen Oesterreich mißgünstig sprechenden Buches genannt werde. Er starb 1662 und liegt in der Karmeliterkirche zu München.

Sein Son Kristof A. v. T. starb als der Lezte der Familie und kurbayer. Regierungsrat zu Straubing 1618. —

Aibling. o. A. c. 1650.

Altmann. W. 1609. A. 1769. Jr Wappen kam an die v. Mußinan (f. o. S. 243).

Amann v. Storchenau 1696.

Amasmayr v. Polheim c. 1550.

Apian. Peter A. hieß von Haus aus Bennewiz und stammte aus Sachsen. Er wurde Professor zu Ingolstadt und nannte sich als Gelerter Petrus Apianus, welcher Name seinen Nachkommen blieb. 1541 hat K. Karl V. ihn und seine Brüder in den Adelstand erhoben, wegen Dedikation des Werkes Astronomicum caesareum, und ihm noch 3000 Goldgulden dazugeschenkt. Anno 1547 hat er Itlhofen in der jungen Pfalz von einem v. Würzburg erkauft. Von seinen Sönen folgte ihm Philipp in der Wissenschaft rümlichst nach. Er entwarf eine bayerische Mappa oder Landkarte nach eigenen Messungen und erfreute sich der Gunst Herzog Albrecht V., bis er in Verdacht kam, lutherisch gesinnt zu sein. Der akademische Senat zu Ingolstadt, größtenteils aus Jesuiten bestehend, wollte ihn zwingen, einen Revers über seinen gut katholischen Glauben auszustellen, er verweigerte dieß jedoch und mußte deßhalb das Land raumen. 1569 ward er Professor zu Tübingen und starb daselbst aus Gram über den Undank, den er in Bayern erworben. Seine Wittwe, eine geborne Scheuchenstuelin von Rosenheim, verkaufte den Nachlaß, die in Holz gestochenen Platten der bayerischen Karte nebst dem dazugehörigen Manuskripte, an den Herzog Albrecht, und dieselben befinden sich gegenwärtig noch in München. 1570 verkauften seine Brüder Theodor, Klaudius und Karl ire Hofmark Itlhofen an Hans Kristof Kastner von

Schnaitbach und zogen fort aus Bayern. Sie hatten auf irer
Hofmark u. a. das Privilegium, von jedem Stück Vie, das
dort geschlachtet wurde, die 4 Füße und von jedem Stück
Kaufmannswaare, das dort feilgeboten wurde, 5 Heller zu
verlangen. Das Wappen der Apian zeigte in Gold den
Reichsadler von einem Wolkenkranz umgeben.

   * Aretin von Haidenburg. F. 1769. Ueber den
misteriösen Ursprung des Anherrn dieser Familie kann man
Lang's Memoiren II. 178 nachlesen. Hier nur so viel, daß
die wärend der Occupation Bayerns durch die Oesterreicher
1705—1714 in Venedig lebende Kurfürstin Therese Kuni=
gunde, Tochter des Königs Sobieski von Polen, nach
irer Rückker einen Knaben mit sich brachte, der ir angeblich
als ein vertriebener armenischer Königsson zugefürt worden
war, nach anderen Angaben aber die Frucht heimlicher Liebe
zwischen der Kurfürstin und irem Beichtvater, dem Jesuiten
Schmale, gewesen sein soll. So viel ist gewiß, daß der
Kurfürst Mar Emanuel, welcher wärend der Verbannung
in Brüssel und Paris auch nicht gefastet hatte, den unglück=
lichen Königsson aufnam, erzieen ließ und mit einem Wappen
begnadete, welches im Rückschild einen Teil des königl. pol=
nischen Wappens, nemlich den lithauischen Reiter enthält.

   Augustin v. Eisendorf 1666.

   Auer 1761 n.   * Baab 1775.

   Bachmayr 1763.   * Baumen 1780.

   * Bassus von Sanderstorf. Dominikus Baß kam aus
Puschlaf oder Posciavo in Graubündten nach Bayern, wurde
zu Ingolstadt 1672 Professor Juris und starb 61 J. alt
1704. Er latinisirte den Namen in Bassus nach damaliger
Gelertenart. Durch seine Frau erbte er die Hofmark San=
derstorf (Ger. Riedenburg) von dem Professor Lossius.

1721 soll die Familie den Freiherrnstand erhalten haben, der 1814 bestätigt wurde. Das Wappen hat eine Sonne über zwei Sternen.

Beccaria. Joh. Bapt. B., Handelsmann in Augsburg erwarb 1639 die Hofmark Obelshausen zwischen dieser Stadt und München, erhielt vom Kaiser den Abel. Sein Son, auch Joh. Bapt., ward kurfürstl. Hofkammerrat und Pfleger zu Abensberg und als solcher 1692 in den Freiherrnstand erhoben.

Berger v. Siebenbrunn 1748.

* Berüff 1792.   Birzele 1790.

* Binder 1789.   * Blank 1773.

* Branca 1775, auch freiherrlich 1790.

* Berchem, sollen aus den Niederlanden stammen, wo es allerdings einige Geschlechter des Namens gibt, aber anderen Wappens. Unsere B. füren einen Schrägfluß, beseitet von zwei Blättern. Anton Berkhem war 1660 kurbayer. Hofsekretär in München. Er erhielt 1676 die Edelmanns-Freiheit und 1683 den Freiherrnstand. Sein Enkel Max v. B. war Conferenzminister Kurfürst Max III. von Bayern, wurde als solcher gegraft (1772) und starb 1776. Ueber seine Leistungen als Staatsmann, wie über seinen Karakter als Privatmann enthalten die kurz nach dem Tode des Ministers erschienenen „Gespräche im Reiche der Todten" die interessantesten Aufschlüsse. Wenn auch hie und da die Farben etwas zu grell aufgetragen sein mögen, so wird doch das Meiste porträtänlich sein für den Mann und seine Zeit. Unter Anderem erzält er, der Graf Berchem, dem kurfürstlichen Beichtvater Jesuiten Pater Stadler seinen Lebenslauf:

„1706 erblickte ich das Licht der Welt zu Traubling (dem Familiengute der Berchem). Ich wurde zum Camerale erzogen, wobei ich Gelegenheit nam, mich zu unterrichten, welche Dienste und Aemter das Meiste eintragen und bei welchen etwas zu schneiden war. Man machte mich zum Kriegscommissarius. Ich begann sogleich die bisherigen Monbirungen zu verbessern. Sie waren bisher zu bequem gewesen. Dieß schickte sich vor keinen Soldaten, denn er wird dadurch weibisch gemacht. Ich ließ dahero die Monbirung stuzen, die Beinkleider, Hemden und Alles so enge und kurz machen, daß der Soldat im Winter erfrieren, im Sommer aber ersticken mußte. Die Ersparniß gehörte natürlich nicht dem Fürsten, sondern mir pro labore et studio. Ich gab sogar einmal Befel, daß die Soldaten one Röcke in den Camisölern auf die Wache zieen sollten, allein die H.(ollenstein) sagte dem Kurfürsten, das wäre eine Schande für die bayerische Nation, da mußte ich nachgeben. Als ich Kammerpräsident und Finanzminister wurde, wußte ich durch meinen Fleiß, meine Schmeichelei gegen den Fürsten, meine Willfärigkeit für den Aufwand seiner Ergözlichkeiten, meine Unerschrockenheit gegen die Drohungen des Volkes mich unserem guten Maximilian so furchtbar zu machen, daß er mich gegen seine Vertraute nur seinen Melak nannte.

Mit den Sollicitanten wußte ich gut abzukommen. Niemand befand sich dabei besser, als mein erster Kammerbiener Theodor — ich habe ihn später zum Meßner auf dem Frauengottesacker gemacht, so in die 1500 fl. trägt — denn er hatte die 3te Musterung. Die 1ste, welche ein Candidat zu passiren hatte, war mein Portier, ein Mann, welcher den Rum des größten Grobians in ganz München mit in seine Grube nam. Dieser paßte schon, wenn ein Wagen angefaren oder ein Chapeau pas kam, ob er die silberne Sprache verstehe. Seine Tare ging von einem bayer. Taler bis 24 kr. Er

hatte immer fünferlei Antworten im Griffe. 1) Der Graf
ist noch nicht angelegt, 2) Er ist noch bei Tafel, 3) Er ist
beim Spiel, 4) Er hat sich eingeschlossen, 5) Er ist ausge-
faren. Eine von diesen Antworten wurden demjenigen zu
Teil, der die silberne Sprache nicht verstand. — Die 2te
Musterung war bei den Bedienten im Vorzimmer, mit welchen
sich die Sollicitanten ebenfalls abfinden mußten, die 3te und
härteste Musterung war bei meinem Theodor. Wer z. B.
Hofkammerrat werden wollte, mußte 1500 Gulden erlegen,
wovon 1000 für mich und 500 für meinen Theodor.

„Zu meinem Segen kam, daß mich schon vorher ein
reiches Weib heuratete, die mir auch die Freude machte, nach
Hinterlassung ires Vermögens bald zu sterben. Ich suchte
nun, da der nepotismus in Bayern eingefürt ist, in die vornemsten Häuser zu heuraten, und es gelang mir, noch drei
Frauen nach einander an die Seite zu bekommen, die 4te, die
mich überlebte, sezte mir Geweihe auf. Von meinen 3 Kindern, nemlich 2 Sönen und einer Tochter, tat mir einer den
Verdruß an, den edelsten Zweig aus meinem Anenbaume ab-
zubrechen, indem er eine Nagelschmiedstochter heuratete. —

„Ich hielt viel auf eine schöne Einrichtung, denn die
Mobilien kosteten mich wenig oder gar nichts. Spiegel,
Leuchter, Käften, Canapees und andere Auszierungen nam ich
einfach aus der Residenz. Die Sessel mit grünem und anderem schönen Leder mußte mir die Lederfabrik liefern, und
überhaupt alle Handwerksleute, welche nach Hofe arbeiten
wollten, mir lauter Meisterstücke opfern. — Meine Tafel war
auch gut besezt, denn die raresten Gewächse kosteten mich nichts,
weil alle Hofgärten unter meiner Aufsicht standen, und so
konnte ich sogar noch dann und wann dem Kurfürsten ein
Stuck auf seine Tafel zum Präsent machen. — Meine Keller

besorgte ein Kaufmann, dem zu Liebe ich die beste Fabrik im Lande zu Grunde richtete, und so machte ich es auch mit meiner Garderobe." —

Es blüen in Bayern noch zwei Linien des Geschlechtes Berchem, eine freiherrliche und eine gräfliche, von obigem Max abstammend. Ein Zweig der gräflichen ist in Böhmen begütert.

Bernborf, stammten von Kaspar Bernborfer, herzoglichem Kammermeister unter Wilhelm IV., erhielten 1654 die Erlaubniß, sich „von Bernborf" zu schreiben, besaßen Bäl bei Andechs und sind Ende des vorigen Säkulums abgegangen.

Bessol A. 1682, F. 1688.

* Brentano=Moretto 1790.

Brentano=Brentheim, Freiherren. Alle B. stammen aus dem Mailändischen. Es gibt noch merere adeliche Familien des Namens.

Brodreiß 1683 o.   Brunnenmayr 1792.

* Cammerlohr. W. c. 1580. A. 1624, in einer Linie freiherrlich 1688.

de Cassa 1570.   Caspar 1772.

Cronegg, A. c. 1550. F. 1730.

Cröner. Franz v. C. war 1761 kurfürstl. Conzertmeister in München.

Dalhofen zu Beichten, o. erloschen 1775.

* Dall'armi 1792.   Deltsch 1783.

Dellmuck 1677.   * Dormayr 1790.

Degenmayr v. Loch und Rosenhof. o. A. c. 1700.

Deuring, stammten von Adrian Deuringer, einem Landsknechthauptmann, der 1465 nach Bregenz gekommen und sich mit einer v. Schönstein vermält hat. Hans v. D. hat Barbara, die Lezte des Geschlechts der Schilling

v. Wildegg, zur Ehe gehabt, deßhalb K. Ferdinand II. den
D. das Wappen mit dem der Sch. vermert. Peter v. D. ist
zuerst in bayerische Dienste getreten, und 1636 Pfleger zu
Mosburg geworden. Sie sind später in Oesterreich und
Schwaben weit verbreitet gewesen, 1688 und 1728 gefreit,
1792 (?) gegraft worden und 1842 erloschen. Ir Schild hat
einen mit drei Kugeln belegten Pfal. —

* Diez v. Weidenberg. o. Am 21. Februar 1587 be=
kunden Johannes, Abt zu Stams, und Johannes, Abt zu
Wildtau, daß der edel und vest Conrad Dietz von Wey=
benberg, des Erzherzog Ferdinands von Oesterreich
Hoffsekretari zu inen gekommen sei mit dem Ansuchen, ihm von
dem in originali vorgebrachten Nobilitationsbrief ein vidimus
„sammt einem contrefect des Wappens und desselben Farben"
ganz gerecht zu geben, damit er es seinen Vettern außer Lands
zuschicken könne. Diesem Ansuchen entsprechend haben die
beiden Aebte die Urkunde getreulich kopiren und kontrafektiren,
d. h. fünf Exemplare davon in tipografischen Lettern mit ein=
geseztem Wappenholzschnitt auf Pergament drucken lassen,
und jedes Exemplar mit iren beiden anhängenden Siegeln
versehen. Eine dieser gewiß seltenen, gleichzeitigen Nachbil=
dungen hat der Antiquarius noch in den Handen eines Hrn.
v. D. getroffen. Das inserirte Abelsdiplom datirt von Erz=
herzog Ferdinand, dd. Innsbruck 13. Mai 1585, für den ge=
nannten Konrad, ferner Hans Dietz zu Kemnat, Hans zu
Baireut, Hans zu Pressat, dann Thomas und Georg
die Dietzen, Gevettern. Der Wappenschild hat in Schwarz
einen golbenen Greif. Die Familie gehörte auch zum ober=
pfälzischen Landabel.

* Drechsel v. Teufstetten, ursprünglich ein Bürger=
geschlecht zu Dinkelsbühl, ist mit Dr. Walther D., Kanzler

zu Neuburg, aufgekommen. A. 1556 und 1579. F. 1731. G. in einer Linie 1817. — Ir Wappen: ein halber Hirsch in Blau. —

Dufresne 1745. * Dürsch, F. 1742.

* Effner, W. 1625. A. 1765.

Eblmar, urspr. Edelmayr. W. 1584. F. 1697.

* Eggelkraut o. 1797. * Enhuber 1790.

* Ehrne=Melchthal 1787.

Eisenreich 1792, verschieden von dem uradelichen alt=bayerischen Geschlechte E.

Ernst v. Almanshausen 1682.

Euerhardt stammten aus Amsterdam. Nikolaus E., gest. 1570, kam von dort als Professor nach Ingolstadt. 1678 wurde inen erlaubt, sich „von E." zu schreiben.

Eglhoff, mit Benedikt Egelhofer, H. Albrechts V. Futtermeister und Pfleger zu Päl 1576, aufgekommen, haben Päl erworben, aber 1660 wieder verlassen, sind nach Neu=burg gezogen, dort gefreit worden und auch abgestorben. Stammschild: blau mit gold. Schrägbalken, darin drei Egel.

Ezzenberg. Hans Schrenkher, kaiserl. Truchseß, erkauft E. in der Oberpfalz 1615, schreibt sich von da „v. E.", verkauft E. wieder an den kurfürstl. Kastner zu Kelheim, Kri=stof Baur, dessen Son den Adel und die Erlaubniß, sich „v. Ezzenberg" zu nennen, erhielt. Heinrich v. E. besaß es noch 1673.

Feberl v. Pürka. * Fick, n. F. 1769.

* Feuri, F. 1764. Fischl 1667.

Fleischl 1664.

Fritsch, o. 1684. Der bekannte Oberst F. im 30järi=gen Kriege war der Anherr.

Foſſa v. Forchteneck. Primus Johann a Fossa, herzogl.
Unterkapellmeiſter 1579. Beſaßen F. bei Halfing noch 1715.

Gemel. Wolf Heinrich G., kurfürſtl. Obriſtcommissa-
rius, erhielt 1692 den Freiherrnſtand. Das Wappen zeigt
zwei nackte Knaben (Zwillinge, gemini), die ein Herz halten.

Gailkircher von Kemnat. Dr. Johann G. z. K. und
Neuhauſen war Hofkanzler 1593. Seine Tochter brachte
Kemnaten an Mich. Weiler v. Königswieſen (ſ. o. S. 170)
und von deſſen Erben erkaufte es 1663 der Kurfürſt Ferdinand Maria, der auf dem Grunde der Hofmark das Luſt-
ſchluß Nimphenburg erbauen ließ. Neuhauſen kam an
die Weiß von Königsacker, welche ſich von 1685 an
Freiherren v. Neuhaus ſchrieben und jetzt noch als Grafen
von Neuhaus und Königsacker blühen. Andreas, Hans, Thomas und Egid die Weißen waren 1665 von Bayern in den
Adelstand erhoben und inen „von irem in Schwaben inneha-
benden Gut Königsacker" ſich zu ſchreiben erlaubt worden. —
Der Gailkircher Schild war wie Berlichingen: ein
ſilbernes Rad in Schwarz.

* Gäßler von Klaham. W. 1620. P. P. Gäßler
war 1742 kurfürſtl. Kriegskaſſier. A. 1799 für Joh. Mich.
G., Malteſer=Ordens=Amtmann zu Landshut.

Geyer, o. 1707. Der Anherr war Bürgermeiſter zu
Hemmau und Beſizer von Laufenthal. Anno 1708 wurde
ihm von der neuburgiſchen Regierung bedeutet, daß er ſeine
Wirtſchaft „zum goldenen Hirſch" in Hemmau, als eine „ſtan-
deswidrige, dem Adel ſchimpfliche Beſchäftigung aufgebe, bei
Suspenſion von der Landſaſſerei".

* Grafenſtein, oberpf. Eiſen=Gewerken, hießen vordem
Graf. A. 1758.

Guival 1693.   Gropper 1688.

* Grauvogel 1779.

* Griessenbeck, F. 1739. Hans G., Bürger zu Vils-
biburg, starb 1558. Er hat einen Greifen im Wappen, wie
die alten G., deren einer in der Ampfinger Schlacht kämpfte.
Doch ist der Zusammenhang zwischen beiden Familien unwahr-
scheinlich.

* Großschebl, A. 1566. F. 1691, ursprünglich regensburger Familie.

Hämmerling, n. A. c. 1680 für Joh. Martellus
genannt H., Pfleger zu Hilpoltstein 1691. Besaß Kreit.
Schrieb sich später Freiherr v. Martell g. H. Philipp
Frhr. v. M. g. H., Pfleger zu Heideck, starb 1726.

Haasi 1764.   * Hagn 1769.

* Hann, o. 1752.   Hartung o. 1508.

* Heckel, o. 1792.   * Heeg 1787.

Hebenstreit, münchener Familie, in herzoglichen Hof-
bedienungen bereits im XVI. Jarhunderte. Jörg H. ein berümter Glasmaler. Johannes H., Herzog Wilhelm's V.
Kammerdiener, hat 1613 den Adel erhalten.

* Hefner, n. W. 1583. A. 1787. Von dieser Familie erlaubt sich der Antiquarius am Schlusse dieses Bandes im
20. Kapitel zu berichten.

* Heinlet 1794.   * Heiligenstein 1792.

* Heß 1764. Zu dieser Familie gehört der bayerische
General Bernard Franz v. H. (geb. 1792) und sein Bruder,
der 1788 geb., nun verstorbene, österr. Feldmarschall Karl
Josef Freiherr v. H., welch' lezterer nur eine Tochter hatte,
welche Namen und Wappen an die Frhrn. v. Diller-Heß
brachte. Der bayer. General ist der Lezte seiner Familie.
Der Schild hat drei, 2.1, Ballen über einem Balken.

Hieber. W. 1582. A. 1769.

Huefnagel 1688. Wappen und Güter erbten die v. Feuri.

* Hungerkhausen, sollen aus dem Naffauischen stammen. Dort gab es allerdings eine bürgerliche Familie Hungrighausen 1679 ff. in Hadamar; sie fürte aber ein ganz anderes Wappen, als die 1745 von Kurbayern geabelten v. H., nemlich 2 Sterne und 2 Rosen verschränkt, wärend die lezteren einen gezinnten Balken im Schilde füren, sich auch, nescitur qua ratione, Heyden v. H. schreiben.

Ickstatt. Der Anherr Joh. Adam J. war ein Schmiedsson von Bockenhausen im Mainzischen, der unter vielen Müen und Abenteuern den Studien oblag und 1740 zum Erzieer des Kurprinzen Max (später Max III.) von Bayern ernannt wurde, welcher ihn aus Dankbarkeit 1745 wärend des Vikariates in den Reichs-Freiherrnstand erhob. J. wurde einer der Gründer der Akademie und starb 1776.

Jocher stammten aus Dachau. A. 1532. F. 1613 und 1620. Besaßen seit 1622 die Hofmark Hohenrain, wo sie 1679 mit Adam Frhrn. J. v. H. erloschen. Dieser hatte einen Streit mit seinem Pfarrer in Kirchdorf, der sich über den Abel der J. unziemlich geäußert und u. a. es als eine Schande hingestellt hatte, daß merere J. den Doktortitel erworben hatten, worauf ihm der Baron seinen ganzen Stammbaum beduzirte und dem Herrn Pfarrer schließlich riet, sich lieber auch um das Doktorat zu bewerben, als sich mit den Bauern um den Zehent zu zanken. Schon früer hatte der Kooperator von Kirchdorf einmal in der Predigt, unter Bezugname auf die Herrschaft in Hohenrain die zarte Äußerung getan, „Sy, die von Abl wären Schindficher und paurnschinder", was der Kooperator jedoch mit der bischöflichen Entsezung vom Amte büßen mußte. —

* Joner von Tettenweis, aus Colmar im Elſaß stammend. A. 1420. Der Regierungsrat zu Burghauſen, Thaddäus v. J., wurde 1789 gefreit und das Jar darauf im bayeriſchen Vikariat gegraft. — Das Wappen zeigt einen Sparren und darüber im Schildeshaupt eine Hirſchſtange. Der k. Major im Infanterie-Leibregimente Joſ. Graf J. hatte das Mißgeſchick, bei ſeinem erſten Waffengang im vori= gen Jare bei Seibottenreuth von den im Dienſte Preußens ſtehenden Mecklenburgern verwundet, ſein Bataillon aber ge= fangen genommen zu werden. Ein älterer Bruder deßſelben, der jezige Obriſt, damals Hauptmann bei Sekendorff-Infan= terie, Clemens Joner, wurde wärend der pfälziſchen Revolution von den Freiſchaaren gefangen und entrann nur durch einen glücklichen Zufall dem Schickſale, für die pfälziſche Republik er= ſchoſſen zu werden. Der hiſtoriſche Verein von Oberbayern bewart unter ſeinen Handſchriften den Originalbericht des Ge= fängniß-Verwalters in Neuſtadt a/Hardt, welcher dieſe Epi= ſode ausfürlich ſchildert. Da dieſer Bericht nicht nur die Leiden des Grafen Joner erzält, ſondern dem Leſer auch ein Bild der damaligen Zuſtände in der Pfalz entwickelt, ſo möge er hier wörtlich Plaz finden.

„Am 19. Mai 1849 beabſichtigte die ſogenannte proviſo= riſche Regierung der Pfalz und ire Anhänger einen Angriff auf die Feſtung Landau und ſuchte denſelben durch Abſen= dung einer großen Maſſe von Freiſchaaren zu verwirklichen. Der Angriff wurde abgeſchlagen und in der größten Unord= nung und Verwirrung kerte die Freiſchaaren-Maſſe, ire Ver= wundeten mit ſich ſchleppend, von Landau über Edenkoben nach Neuſtadt zurück, wo ſie ſich irem gewönlichen Geſchäfte, dem Trunke, auf die zügelloſeſte Weiſe, hingab.

20

„Auf diesem Rückzuge fiel zu Edenkoben der königliche
Hauptmann Herr Graf Joner, welcher als Spion in Lud=
wigshafen verhaftet und nach Edenkoben gebracht worden
war, um nach Landau abgeliefert zu werden — in die Hände
der Freischaaren.   Diese stellten denselben bei irem Eintreffen
in Neustadt auf dem Stadthause dem Pöbel zur Schau, und
überließen ihn merere Stunden lang dem Gespötte und den
Mißhandlungen desselben.   Als die Aergsten und Tobendsten
in dem zallosen Haufen bewiesen sich die fanenflüchtigen treu=
losen Soldaten, welche one Aufschub Standrecht über ge=
dachten Herrn Hauptmann gehalten wissen wollten.

„Gegen 5 Ur des Abends wurde der Herr Graf Joner
nach merstündigen Leiden in das Kantons=Gefängniß zu Neu=
stadt gebracht.   Dieses konnte nur dadurch bewerkstelliget wer=
den, daß der damalige Stadtkommandant, im Vereine mit
seinen Offizieren, einen fingirten Beschluß faßte, vermöge welchem
der Herr Graf am dortigen Banhofe standrechtlich abgeurteilt
werden sollte.

„Auf diesen Beschluß hin stürmte die Menge nach dem
Banhofe, und man fand dadurch Gelegenheit, den Gefangenen
ungehindert in das Gefängniß zu bringen.

„Dieß gescha unter der Eskorte einer Kompagnie Bürger=
wehrmänner.

„Gleich beim Eintritte in das Gefängniß erteilte der Kom=
mandant der Eskorte den Befel an den Herrn Grafen, sich
zu entkleiden und seine Kleidungsstücke der Untersuchung zu
unterstellen.   Die Untersuchung wurde auf das Strengste be=
tätigt, worauf sich der Kommandant mit den übrigen Offizieren
unter grimmigen Geberden aus der Zelle in den Hofraum
entfernte.   Die Untersuchung hatte das erwartete Resultat nicht
geliefert.

„Jezt aber strömte das Volk schaarenweise, einem gehezten Raubthiere gleich, auf das Gefängniß zu, und verlangte Einlaß. Nur mit Müe gelang es dem Gefängniß=Verwalter Schmelger, die Tore zu sperren. Als die Eskorte fortgelassen zu werden verlangte, mußte Schmelger das Tor wieder öffnen.

„In diesem Augenblicke drang die ganze Menschenmasse auf die Oeffnung zu, indem sie die schreklichsten Drohungen gegen den Herrn Grafen, den Gefängniß=Verwalter und dessen Familie ausstieß; nur dem Mute und der Geistes=Gegenwart Schmelgers hatte man zu verdanken, daß das Gefängniß vor dem Eindringen der Menge wieder geschlossen wurde, und das Haus von Mord und Blutvergießungen verschont blieb.

„Nun vergrößerte sich aber von Minute zu Minute die Volksmenge, die indessen gemerkt hatte, daß man sie zu täuschen suchte. Sie umstellte bewaffnet das Haus, stieß unaufhörlich die schreklichsten Flüche und Verwünschungen aus, forderte den Gefängniß=Verwalter unter der Androhung, ihn zu erschießen, auf, den Spion herauszugeben, um ihn standrechtlich zu behandeln, und feuerte merere Schüsse gegen das Fenster der Zelle, in welcher sich der Herr Graf befand; eine Kugel prallte nur einen Zoll von dem gedachten Fenster entfernt ab und fur neben dem Kopfe der Frau des Gefängniß=Verwalters vorbei. Es blieben übrigens 16 Mann Wache, teils aus Bürgerwermännern, teils aus abgefallenen Soldaten bestehend, im Hause; davon hatten 2 Mann ire Posten auf dem Hofe und 2 vor der Türe des Gefangenen; die übrige Mannschaft war in einem Nebenzimmer untergebracht.

„Bis 10 Ur des Abends blieb die Volksmenge schreiend, fluchend und Verwünschungen ausstoßend um das Haus versammelt; von dieser Stunde an aber verlor sich nach und nach

20*

der Haufen und der Gefängniß=Verwalter ward von jezt an
durch die Wachmannschaft genötigt, den Gefangenen alle zwei
Stunden derselben vorzufüren, um ir die Gewißheit zu ver=
schaffen, daß der Gefangene nicht entfloen sei, den darauf fol=
genden Tag wurde zu diesem Zwecke nur einigemal nachgesehen.

„Am 21. des Morgens wurde durch alle Straßen Ge=
neral=Marsch geschlagen; der Pöbel, im Wane, dies sei das
Signal zum Abfüren des Herrn Grafen vor das Standge=
richt am Banhofe, strömte von allen Seiten zu Hunderten
herbei, und die Verwünschungen und Drohungen der blut=
gierigen Menge begannen aufs Neue, besonders als sie sa,
daß sie wiederholt getäuscht war.

„Dieser schreckliche Zustand dauerte in dieser Weise drei
Tage ununterbrochen fort. Was der Gefangene, was der Ge=
fängniß=Verwalter mit seiner Familie in dieser Zeit litten,
vermag nur derjenige zu fassen, welcher änliche Schrecknisse
verlebt hat. Der Gefängniß=Verwalter kam nicht mer aus
den Kleidern, er fand nicht einmal Zeit, auch nur einen Augen=
blick auf einem Stule auszuruhen. Die rasende, von Mord=
gedanken erfüllte Menge vor dem Tore nam seine ganze Auf=
merksamkeit, seine ungeteilte Tätigkeit in Anspruch.

„Am vierten Tage wurde dem Gefängniß=Verwalter auf
sein dringendes Ansuchen gestattet, den ihm durch seine männ=
liche Rue und seine Unverzagtheit teuer gewordenen Gefan=
genen eine halbe Stunde des Tages in den Hof und den
daran stoßenden Garten zu füren, um die frische Luft zu ge=
nießen. Dieses Zugeständniß kam aber beinahe Beiden teuer
zu stehen, da sich die Wachtmannschaft bereits verabredet hatte,
bei einem einzigen Schritte weiter gegen die hintere Ring=
mauer Feuer auf sie zu geben. Die Frau des Gefängniß=
Verwalters, welche die unheilvollen Worte der Wachtmann=

schaft zum Teil vernommen hatte, rief, Arges anend, beide
zurück. An der Gartentür angelangt, trat sie der Wachtkom-
mandant anfänglich ser freundlich an, und begann von der
politischen Lage der Dinge zu sprechen, artete aber bald in
seinen Worten so sehr aus, daß er ungescheut den U r s p r u n g
d e r F ü r s t e n u n d d e s A d e l s von Raubrittern herleitete.
Dem glücklichen Einfall der Frau des Gefängniß=Verwalters,
welche die geflissentliche Bemerkung machte, daß die für den
Spaziergang festgesezte halbe Stunde zu Ende sei, verdankte
man die Verhütung einer vielleicht blutig endenden Scene. In=
dessen schien durch den Abmarsch der fanenslü tigen Soldaten
nach K a i s e r s l a u t e r n, welche, so lange ire Anwesenheit
dauerte, dem Gefängniß=Verwalter und seiner Famili alle
erdenklichen Drangsale zufügten, die größte Gefar beseitigt,
denn sie waren es hauptsächlich, welche unaufhörlich die Wacht=
mannschaft beschworen, in das Gefängniß einzubringen, und
den Gefangenen auf irgend eine Weise zu morden. Was sie
mit diesem Morde übrigens beabsichtigten, ist nicht klar, denn
daß der Herr Graf der Spion nicht war, den man in ihm
argwönte, war auf das Unzweideutigste erwiesen, und kein
Vernünftiger hielt ihn dafür. Die Soldaten verloren sich end=
lich gänzlich, und der Wermannschaft lag die Wache allein
ob. Eine vergleichungsweise Rue schien zurückgekert zu sein,
und der Gefangene mit dem Gefängniß=Verwalter glaubten,
wenn auch nicht alle Besorgnisse erledigt, doch von außern
Widerwärtigkeiten ungestört, der lange entberten Rue pflegen
zu dürfen, als am 29. Mai Abends 8 Ur der Generalmarsch
ertönte. Die Wermannschaft versammelte sich auf dem Markt=
plaze und 4 Kompagnien derselben rückten in zwei Abteilun=
gen vor das Gefängniß, vor welchem sie die ganze Nacht
hindurch mit der größten Emsigkeit Barrikaden erbauten, um

die Garnisonen Landau und Germersheim an der Befreiung
des Gefangenen zu hindern, welche, wie man glaubte beab=
sichtigt wurde; in das Gefängniß wurden 30 Mann Scharf=
schüzen zur Verstärkung der Wachtmannschaft gelegt.

„Der Tumult und das Getöse dauerte bis 4 Ur in der
Frühe; dann wurde es ruig bis gegen 10 Ur. Um diese Zeit
füllte sich der Plaz vor dem Gefängnisse neuerdings mit einer
unabsebaren Menschenmenge, und drohender als je wurde die
standrechtliche Aburteilung des Herrn Grafen verlangt; man
traf sogar Anstalten, das Gefängniß zu stürmen und den Ge=
fangenen der Rache des Volkes Preis zu geben. In diesem
gefarvollen Augenblicke ließ der Gefängniß=Verwalter den
Stadtkommandanten von den Vorfällen in Kenntniß sezen und
denselben um Hülfe bitten, er allein konnte dem Andrange
des Pöbels Einhalt thun und eine blutige Tat verhüten.

„Um 2 Ur desselben Tages (30. Mai) fur ein Wagen,
begleitet von 3 Bürgerwermännern und einem zu diesem Dienste
gezwungenen Gendarmerie=Brigadier, vor dem Gefängniß an,
um den Gefangenen nach Kaiserslautern abzuliefern.
Daß bei dieser Abfürung kein Unglück vorfiel, hatte man allein
dem raschen Handeln der dabei tätigen Personen zu ver=
danken. Von allen Gutgesinnten warb das Schicksal des un=
glücklichen Gefangenen aufrichtig bedauert, besonders war dies
bei dem Gefängniß=Verwalter und dessen Familie der Fall.
Wie gerne würde ihn leztere, wenn auch mit eigener höchster
Gefar unter irer Obhut und Obsorge gehalten und mit
irem lezten Blutstropfen gegen jeden roen Angriff vertei=
bigt haben. Wie schmerzlich fiel es ir, ihn nach einer Stadt
geschleppt zu seen, in welcher die Haupter des Aufstandes ver=
sammelt waren! Konnte man von dort Günstiges für ihn
hoffen?

„Seit der Abfürung des Herrn Grafen verging kein Tag,
keine Stunde, in der man nicht in dem Gefängnisse seiner
gedachte, von nahe und ferne wurden Erkundigungen nach
seinem Schicksale, nach seinem Befinden eingezogen; sie lauteten alle auf fortwärende Gefangenschaft. So vergingen
zwei Wochen des Zweifels und der Unrue über das Schicksal
des unglücklichen Gefangenen, als am 14. Juni Mittags
12 Ur derselbe, blaß, entstellt und in seiner körperlichen Pflege
gänzlich vernachlässigt, wiederum in das Kanton-Gefängniß
zu Neustadt trat. Ein Händedruck zwischen ihm und dem
Gefängniß-Verwalter war die stillschweigende aber herzliche
Begrüßung. Das Versäumte in der Pflege des edlen aber
unglücklichen Gefangenen wurde one Verzug nachgeholt. Die
Preußen standen zu dieser Zeit schon zu Dürkheim, drei
Stunden von Neustadt, und die Furcht vor der nahenden Strafe
hatte die Gemüter der Unzufriedenen mit Besorgnissen erfüllt;
man drängte sich nicht mehr um das Gefängniß mit Mord-
gedanken; die eigene Sicherheit war bereits der Polarstern,
den alle im Auge hatten, nichtsdestoweniger war noch immer
das Gefängniß scharf bewacht und die geringste Unvorsichtig-
keit hätte unabsichtliche Folgen nach sich zieen können. Aber
dieser Zustand der allgemeinen Gefar vergönnte dem Gefängniß-Verwalter ein öfteres Alleinsein mit dem Gefangenen.

„Vereint mit der Gendarmerie-Station Neustadt und
einem gefangenen Unteroffizier ward ein Befreiungsplan gefaßt und die Zeit der Flucht auf die Nacht vom 16. auf den
17. Juni festgesezt; man wollte den Weg über das Gebirge
nach Dürkheim nemen. Aber die Ratschlüsse des Himmels
sind anders als die der Menschen. Am 16 Juni 4½ Ur in der
Frühe wurde der Herr Graf von vier mainzer Scharfschützen
aus dem zu seiner Erholung so nötigen Schlafe gerissen

und weggefürt; die provisorische Regierung war auf der Flucht.

„Noch einmal verbreitete sich die Nachricht, daß ein Hauptmann auf dem Kirchhofe zu Edenkoben durch vier Scharfschützen erschossen worden sei, aber man erfur bald darauf auf das Bestimmteste, daß der edle Gefangene noch lebe und nach Karlsruhe gebracht worden sei.

„Er ist nun frei, und welche Herzen am lautesten bei dieser freudigen Kunde schlugen, weiß nur er." — —

* Kern v. Höhenrain. Der Anher Anton K. war ein Wirtsson von Haag, erbte von seiner Mutter die Hofmarken Höhenrain, Ursarn und Falkenau, heuratete ein Fräulein v. Spitzl und erhielt den Titel eines kurfürstl. Bräu- und Salzamts-Commissärs, als welcher er 1745 nobilitirt wurde. Sein Son Kajetan v. K., Leibgardekapitän, wird als ein Unmensch geschildert, der seine brave Frau einmauern und verhungern ließ. Des Kajetan Son, Josef, kam in wenig Jaren mit all dem Gut und Geld zu Ende.

Klessing 1768.   Krempelhuber 1790.
Klöckel 1792.   Krenner 1792.
* Köppelle 1739. J. 1765.   * Kreybig 1760.

Kolberg. Der Reichsgraf Wolfgang von Neukolberg hat zwar in dem geistl. Rate E. Geiß bereits einen Geschichtsschreiber gefunden (Ob. Arch. XI), seine Schicksale aber sind so seltsam und so tragisch, daß es dem Leser, der jene Abhandlung nicht zur Hand haben kann, nur angenem sein wird, sie in einem kurzen Auszuge hier mitgeteilt zu finden.

Um das Jar 1450 lebte in Altötting ein armer Schulmeister, Paul Kolberger, der Vater dreier Söne, Georg, Johann und Wolfgang, von welchen beide ersteren geistlich wurden. Auch Wolf war zu diesem Stande bestimmt,

erhielt sogar die minderen Weien und einige Pfarreien, deren
Einkünfte ihm wol zu statten kamen, aber bereits 1464 trat
er in die Kanzlei Herzog Ludwig's des Reichen zu Lands=
hut ein, wo er es bald zu großem Vertrauen seines Herrn
brachte, so daß er „in vielen merklichen und heimlichen Hand=
lungen" gebraucht ward.

Als der Kanzler Friedrich v. Mauerkirchen, Bischof
zu Passau, 1485 gestorben war, trug Herzog Georg der
Reiche, des reichen Ludwig Nachfolger (s. über beide oben
S. 196 ff.), dem Kolberger das Kanzleramt an, worin er 1487
zum erstenmal auftritt. Als der Vertraute des Herzogs hatte
er sich der Freundschaft Vieler zu erfreuen und nicht minder
den Neid und die Mißgunst anderer zu fürchten. Unter seine
Gönner gehörte Kaiser Friedrich III., der ihm schon 1489
die Anwartschaft auf das nächste erledigte Reichslehen ver=
sprach. In dem Kanzler hatte sich wol die Erinnerung gel
tend gemacht, daß seine Voreltern iren Namen und Ursprung
von dem nahe bei Altötting liegenden Dorfe Kolberg hat=
ten, deßhalb benützte er die Gelegenheit, die sich bot, von dem
Stifte den Siz Kolberg zu erkaufen, welchen ihm sein gnä=
diger Herzog bald zur adelichen Hofmark freite. Alsbald ließ
der Kanzler ein schönes Schloß daselbst bauen und durch einen
freisinger Bildschnizer mit Getäfel und Verzierungen sauber
ausstatten. Der Kaiser erhob den neuen Herrn von Kolberg
nun (29. Juli 1491) in den Herrenstand, „daß er und alle
seine Erbenserben fortan Freiherren zu Neukolberg
sein und heißen sollen".

Um als des heil. röm. Reiches standesmäßig auftreten
zu können, erbat sich Kolberger von seinem Herzog das Hals=
gericht und den Wildbann über einen bestimmten Um=
kreis des Schlosses und der Herzog gab ihm noch dazu

das Schloß Mermoſen, in der Näe Neukolbergs, als
Lehen. Am 28. Auguſt 1492 ward der Freiherr v. Neu=
kolberg vom Kaiſer zum Grafen des Reiches erhoben,
als welcher er auch wirklich zu Reichstagen geladen wurde,
ja — vom Erhabenen bis zum Lächerlichen iſt nur ein
Schritt — als K. Mar I. ſeinen Römerzug ins Werk ſezen
wollte, forderte er den „Reichsgrafen von Neukolberg"
auf, zu berichten, „wie viel ſtreitbares Volk er aus
ſeiner Grafſchaft ſtellen könne, dem Kaiſer um Sold
zu dienen". —

Jezt war der Kanzler auf der Höe ſeines Glückes. Um
ſein einziges Kind, die Gräfin Anna, bewarben ſich die jungen
Edelleute des Landes — auf Bitten der Mutter und der
ganzen Freundſchaft ward ire Hand dem jungen Wilhelm
v. Taufkirchen zu Gutenburg bewilligt. Am 5. Sept. 1197
ward die Verlobung gefeiert und 10 der angeſehenſten Edel=
leute des Niederlandes, darunter ein Cloſen, ein Maut=
ner, ein Törring u. ſ. w. ſiegelten neben dem Vater und
Bräutigam den Heuratsbrief, in welchem der reiche Kanzler
ſeiner Tochter 1000 fl. Heuratgut verſichert hatte.

Nun, ſollte man meinen, wäre die glückliche Braut bald
heimgefürt worden — aber das Schickſal wollte es anders —
die Urkunden ſagen uns zwar nicht, was die Urſache der Ver=
zögerung geweſen ſei, aber ſie melden uns, daß derſelbe Wil=
helm v. Taufkirchen im Jare 1507 ſich in Brigitta
v. Trennbach eine andere Braut geſucht hatte. Wir wollen
zu ſeiner Ere annemen, daß lediglich der Tod ſeiner Anna
der Brigitta den Weg in das Ehegemach eröffnet habe, denn
es wäre zu traurig — wenn auch nach dem Lauf der Welt
nicht unmöglich — daß die Tochter des Staatsgefangenen nicht

mer ben Reiz hatte, ber bie Tochter bes allmächtigen Kanzlers umschwebte!

Er, ber Kanzler, ber gestern noch von aller Welt glücklich gepriesen, beneibet unb gefürchtet war, er mußte heute
ben Spott seiner Neiber ertragen. Am 27. März 1502
wurbe ber Reichsgraf von Neukolberg auf Befel seines
Herzogs — für bessen Wol er wärenb 38 Jaren gearbeitet
hatte — gefangen genommen unb in ben Turm nach Burghausen gefürt, wo er lange Jare bewacht wurbe, one baß
ihm auch nur bie Ursache seiner Haft kunb gegeben warb.
So lange Herzog Georg lebte, erhielt ber Gefangene noch
erträgliche Kost unb Behanblung, burfte sogar in bie Kirche
unb in ein Bab gehen. Als ber Herzog gestorben unb ber
pfälzische Erbfolgekrieg ausgebrochen war, fürte man ben Gefangenen — ber, um seine Befreiung zu erwirken, in Alles,
auch ben Verzicht auf alle Aemter, Würben unb Güter, gewilligt hatte — nach Neuburg unb legte ihn „in einen fin-
stern, stinkenden Kerker", gab ihm „bie grobe Kost bes Ge-
sinbes, welche man manches Tages auch ganz vergessen". Noch
breizen lange Jare schmachtete ber alte Mann im Gefängnisse
zu Neuburg, in welchem er i. J. 1517 eine glänzende Ver-
teibigungsschrift aller seiner Hanblungen verfaßte. Diese Schrift
enblich verschaffte ihm nach 2 Jaren unb 17järiger Gefangenschaft bie Freiheit, b. h. bie Erlaubniß, seine übrigen Lebens-
tage innerhalb ber Mauern ber Stabt Neuburg hinzu-
bringen.

Als ber Kanzler bas Gefängniß verließ unb wieder an
bas Tageslicht trat, war er ein alter, schwacher, abgehärmter
Mann von 75 Jaren! Niemand hat es ber Mücke wert gehalten, sein Tobesjar zu verzeichnen, nur ein Cronist melbet,
baß ber hochverbiente Kanzler, ber erste unb lezte Graf

von Neukolberg, in tiefster Armut verstorben sei.
Wen sollte dieß tragische Geschick nicht wieder an des wackeren
Wiguleus Hundts Worte erinnern: denn auf die Hof=
gnad' ist sich gar nicht zu verlassen.

Noch wärend der Gefangenschaft des Kanzlers (1507)
hatte Herzog Albrecht IV. als neuer Landesherr Schloß
und Hofmark Kolberg an seinen Hauptmann Thoman Löf=
felholz, welcher sich im Erbfolgekriege durch allerhand küne
Streifzüge zum Schaden der Pfalzgräflichen hervor getan
hatte, als Belonung verlieen. Da Thoman one männliche
Erben starb, folgte ihm sein Bruder Wilhelm, der seine Dom=
herrnschaft zu Passau aufgab und sich mit Barbara v. Hau=
zenberg vermälte, im Lehen. Aber auch er hinterließ keinen
Son, und so fiel nach seinem Tode (1554) Kolberg an den Gemal
seiner ältesten Tochter Klara, Burghart Nothaft v. Weißen=
stein. Er selbst liegt zu Altötting begraben unter einem
Stein, darauf sein Bild im ganzen Harnisch ausgehauen. Mit
ihm hat die altbayerische Linie des alten nürnberger Patri=
ziatsgeschlechtes der Löffelholz ir Ende erreicht und nur
das von der Familie beibehaltene Prädikat „von Kolberg",
sowie drei Felder des Wappens erinnern bis auf den heutigen
Tag an jene Zeiten.

Schon dem Thomas L. hatte 1515 K. Max I. sein
Stammwappen, das silberne Lamm in Rot, mit dem der alt=
bayerischen Judmänner (drei Judenhüten in einem Schräg=
balken) quabrirt. Als später (1719) der kaiserliche Feldzeug=
meister Georg Wilhelm L. v. K. in den R.=Freiherrnstand
erhoben worden, erhielt der Schild noch eine weitere Verme=
rung durch eine eingeschobene blaue Spize, in welcher drei von
einander gekerte goldene Monde erscheinen. Da der Graf
von Neukolberg zwei solche Monde als Wappenbild fürte,

so dürfte die neue Zugabe im löffelholz'schen Schilde wol als Anspielung auf den Besiz von **Kolberg** zu deuten sein. —

Labrique. Simon de L. oder **Labarique** kam aus Brüssel, wo er in der Jugend Soldat war, nach Ingolstadt als Profeſſor juris, von da nach **Neuburg** in Dienſte des Herzogs und wurde deſſen Rat und Vizekanzler. Er fürte auf Befel ſeines katholiſch gewordenen Herrn auch in den bis= her proteſtantiſchen Landen Neuburg und Sulzbach die Gegen= reformation mit ſolcher Energie und Rückſichtsloſigkeit ein, daß ihn der Kaiſer 1626 in den Adel= und Ritterſtand erhob. Sein Titel anno 1629 lautete: „Der wolgeborn Herr Simon von Labrique, Herr zu Lanoy auf Steenwarde, Kollersrieb, La folia. Laufenthal, Peilnſtein und Berkſtetten, des heiligen römiſchen Reichs Ritter, der kaiſerl. Majeſtät, auch Durch= laucht zu Pfalz=Neuburg Rat, Vizekanzler und Pfleger zu Burkheim, auch nach Weiden, Sulzbach und Hilpoltſtein zur Wiederherſtellung des katholiſchen Glaubens abgeordneter **Commiſſarius.**" Anno 1647 wurde L. von ſeinem Herzog auf den Friedenscongreß nach **Münſter** geſchickt. Mit ſei= nem Sone Marquart erloſch das Geſchlecht im Mannſtamm. Seine Erbtöchter brachten die Güter durch Heurat an Peter Wilh. v. **Dalem** und Veit Philipp **Sauerzapff.**

* **Lachemayr** 1594.   **Lagus** 1530.

Laſſo. Der berümte Tondichter Roland de **Lattre,** ein Hennegauer von Geburt, italieniſirte nach ſeiner Rückler aus Italien ſeinen Namen in Orlando di **Laſſo** und brachte es in bayeriſchen Hofdienſten zu hohen Eren. Al= brecht V. erwirkte ihm von K. Max II. ein Adelsdiplom 7. Dezember 1570. In ſeinem Wappenſchild ſind drei muſi= kaliſche Zeichen, ein ♯, ein ♭ und ein ♮ Auflöſungszeichen

zu ſehen. Er ſtarb 1595, 75 Jare alt. Mit ſeinem Sone
Rudolf de L. ging das Geſchlecht aus.

* Leiſtner, n. 1740. Scheinen dem Wappen nach Baſtarden eines Pfalzgrafen zu ſein.

* Lehner. W. 1640. A. 1789.

* Lengrießer 1790.   Lintnern 1722.

* Limprunn 1753. Dominik v. L., der Adelserwerber,
war einer der Urheber der Akademie und ſtarb 1787.

* Lori. 1792 erwarb Joſ. Lori den Adel. Sein damals
ſchon verſtorbener Bruder Joh. Georg v. L. hatte ſich des Adels-
prädikates auch one Diplom bedient, angeblich auf adeliche
Abſtammung aus einem italieniſchen Geſchlechte. Die L. waren
übrigens Wirtsſöne aus dem Gründl bei Kloſter Steingaden
in Oberbayern. J. Georg gehörte gleich Limprunn zu den
Gründern der Akademie. Er war zugleich nebſt dem Freiherrn v. Obermair (A. 1769, F. 1773) einer der tätigſten
Opponenten gegen die von Kurfürſt Karl Theodor beabſichtigte Abtretung Bayerns an Oeſterreich; zum Dank dafür
wurden Beide vom Kurfürſten in die Verbannung geſchickt.

* Lippert. Der Anherr dieſer Familie war der 1770
nobilitirte kurb. geheime Rat und Illuminatenriecher Joh.
Caſpar v. L.

* Leyden, hießen urſprünglich Leibl und wurden mit
„v. Leiden“ c. 1680 nobilitirt, 1768 gefreit und 1790 gegraft.

* Lichtenſtern, hießen zuerſt Reisner, wurden 1653
mit „v. Lichtenſtern“ geadelt und 1753 gefreit, ſind eine oberpf.
Landſaſſenfamilie.

* Löfen. Der Anherr Michael Loeſenius, kurpfäl-
ziſcher geheimer Rat und Ur-Calviniſt wurde 1604 nobilitirt.
Er erwarb das noch im Beſitze der Familie befindliche Landſaſſen-
gut Heimhof in der Oberpfalz. Einer ſeiner Söne, Otto v. L.,

machte sich ein Geschäst daraus, mit seinen katholischen Nach=
barn, insbesondere den Untertanen der hochstift regensburgi=
schen Hofmark Hohenburg Händel anzufangen. Hierin
wurde er von einem gleichgesinnten Freunde, dem Joh. Joachim
v. Rummel auf Zant, redlich sekundirt. Es gab Streit
bald wegen des Holzrechts, bald wegen des Kirchweischuzes,
bald auch wegen des Bieres. Das hochstiftische Dorf Don=
hausen z. B. hatte zwei Wirte, einen lösen'schen und einen
ruml'schen Untertanen. Diese mußten nun auf Befel irer
Herren dem hochstiftischen Pfleger den herkömmlichen Zapfen=
zins (Abgabe für Ausschank des Bieres) verweigern. Um
dem Streite auszuweichen, errichtete der Pfleger eine neue
Schenke. Dieß gefiel den beiden Edelleuten gar nicht. Sie
ließen sofort eine im Stile Serenissimi gehaltene, eigenhändig
unterzeichnete Proclamation anschlagen, „daß Keiner sich ge=
lusten lassen solle, einiche (eine einzige) Maß Bier bei diesem
vermeinten Wirt zu trinken oder abzuholen, widrigenfalls ihm
das Bier nicht nur abgenommen und die Geschirre zerschlagen,
sondern gegen ihn selbst mit gebürlicher unnachläßliche Straf'
solle verfügt werden". — Der Pfleger säumte nicht eine Ge=
genproclama anzuschlagen, worin die lösen-rumlischen Verfü=
gungen als null und nichtig erklärt und Jedem, der den
Zapfenzins zale, erlaubt wurde, sofort nach Belieben Bier
zu schenken.

Als Antwort hierauf drangen die Edelleute auf der
Heimker von der Hasenjagd in Gesellschaft des ambergischen
Hofkastners u. a. unverweilt (am 16. Dez. 1652) in den
Keller des hochstiftischen Wirtes, zertrümmerten das Faß,
nachdem sie das Bier vorher durch ire Treiber und Jäger
hatten austrinken lassen. — Endlich, nach vielen Jaren, wurde
es der kurpfälzischen Regierung in Amberg doch selbst zu arg.

Der Hr. v. Lösen erhielt unter'm 19. Mai 1660 eine re=
spektable Nase und die ernstliche Weisung, sich ruhig zu ver=
halten. 6 Jare darauf starb der alte Hr. v. L. und der
junge folgte im Sinne seines Vaters nach, nur daß er weni=
ger gewalttätig verfur.

    Machaus 1705.   Mezberg 1689.

    Maculini v. Riessenfeldt A. 1690.

    * Magerl, ursprüngl. salzburger Bürgergeschlecht. W.
1514. A. 1539. F. 1708.

    * Mangstl, W. 1788. A. 1792.

    * Manbl v. Deutenhofen. Die Mänbl oder Manbl
waren Bürger zu Günzburg. Anton M. war der Vater
dreier Söne: Michael, Stadtrichter zu München, Johann,
Pfleger zu Günzburg, und Georg, Bürger zu Günzburg. Des
Johann's Son Johann war der berümteste des Geschlechtes,
indem er als geh. Rat und Kammerpräsident fast die ganze
Regierungszeit Kurfürst Mar I. an dessen Seite war und
alle Staatsaffairen in auswärtigen Angelegenheiten mit un=
bestechlicher Treue und großer Meisterhaftigkeit leitete. Der
Kurfürst schenkte ihm unbegrenztes Vertrauen und nannte ihn
wol in freundschaftlicher Weise „sein liebes Manbl" (Manbl
altbayer. diminutivum von Mann). Nach dem Tode des
Kurfürsten leitete er, nach dessen eigener Bestimmung, die
Vormundschaft über den jungen Kurprinzen Ferdinand
Maria. Als lezterer zur Regierung gelangt war, genoß
Manbl noch eine Weile das Vertrauen desselben. Eines
Tages befal ihm der Kurfürst, welchem der große Aufwand
seiner Hofhaltung oft Bedenken erregt hatte, ein geheimes
Memorandum darüber zu verfassen, wie diesem Uebelstande
abzuhelfen sein möchte. Arglos und bdiensteifrig, wie er war,
sezte der Kammerpräsident nun sein Promemoria auf, in

welchem er durch 40 Punkte erläuterte, was für Mißbräuche bei dem Hofpersonal eingerissen seien und wie dasselbe den Kurfürsten um's Geld bringe. So wies er u. a. nach, daß gegenwärtig (1660) am Hofe mer Orangen verzert würden, als unter dem Kurfürsten Max gemeine Aepfel, daß man mer Wachslichter verrechnet finde, als sonst Unslittkerzen u. s. f., daß überhaupt eine gewissenlose Wirtschaft und sinnlose Verschwendung in dem Hofpersonal Plaz gegriffen habe.

Wenn der Leser sich (aus Bd. I. 49 d. B.) erinnern will, daß die Gemalin Ferdinand Maria's, die Prinzessin Adelheid von Savoyen, einen Schwarm italienischer Edelleute und Dienerschaft mit sich nach Bayern gebracht habe, so wird ihn die von Mandl gemachte Entdeckung nicht besonders wundern — vielleicht wird es ihn ebensowenig wundern, wenn er erfärt, daß das vertrauliche Promemoria des Kammerpräsidenten ihm die ganze Schaar der Betroffenen auf den Nacken brachte, und — daß der durch mer als 50 Jare treu erprobte Mann plözlich und unerwartet am 29. März 1662 seine ungnädigste Entlassung erhielt.

Vier Jare darauf wagte Mandl, dem diese unverdiente Kränkung fast „das Herz abdruckt", den Kurfürsten zu bitten, er möge ihm, dem 77järigen, „langwierigen, treuen und mühseligen Diener" wieder den Titel „geheimer Rat" vergönnen, „der liebe Gott wird es E. kurfstl. Durchlaucht und dero geliebtester Posterität segnen". Auf dieß in rürenden Ausdrücken der Anhänglichkeit abgefaßte Gesuch erfolgte gar keine Antwort, sondern es erhielt von der Hand des Kurfürsten das kurze Signat: „ad registraturam, 4. Februarj 1666. F. M. mppia." — Dieß brachte den Greis zum Wanken und wenige Monate später sank er ins Grab — als wiederholte

21

Bestätigung des alten Spruches: Auf die Hofgnad' ist sich gar nicht zu verlassen!

    * Markreiter, A. c. 1700.

    Menrad v. Vorwaltern 1698.

    Malknecht 1646. Prädikat „v. Milleregg" 1665.

    Mettingh, A. 1744. F. 1766.

    Merman 1585.   * Münster (er) 1663.

    * Michael v. Frankenohe, o. W. 1570. A. 1652.

    * Miller v. Altammerthal, o. 1680.

    * Mourat, A. 1630. F. 1749.

    Musch. Der freisingische Leibmedikus Ch. de Bassera, dit de Musch, verlangte 1737 von der kurfürstl. Kammer den Titel „Edl", welcher ihm gebüre. Auf erforderten Nachweis legte er ein Diplom K. Ferdinand's vom 1. April 1635 vor, in welchem ein Cornelius Musch in den R.-Adelstand erhoben worden war, mit einem Wappen, welches einen gekrönten schwarzen Adler in Gold zeigt. Ferner fügte er seinen Geburtschein bei, laut welchem die Stadt Bochum in der Mark unter irem Siegel bezeugte, daß unser Leibmedikus der Son „des hochedelgebornen und hochgelerten Herrn Ernesti Petri de Musch, genannt Passera, und der Frau Adelheid de Huymans und bei seinem Großohein Herrn Moriz de Heutema erzogen worden sei. Die Urkunde datirt vom 26. November 1699. — Mit diesem Hrn. v. M. scheint übrigens das Geschlecht, welches der Herausgeber des preuß. Adelslerikons, Hr. v. Ledebur, nicht gekannt zu haben scheint, in Bayern wieder abgegangen zu sein.

    * Nagel 1775.   Niller 1766.

    Neuburger v. Pasing 1681.

    Ochsl 1778.   * Orff 1790.

    * Orthmayr 1770.   Oswald 1785.

Ott v. Ottengrün, o. 1707. Lezte 1788.

* Oberndorff, o. A. c. 1540. Joh. Oberndorffer war fürstbischöfl. regensburgischer Rat und Leibarzt 1612. Franz Edler v. O. 1680. Kurfürst Karl Theodor erhob seinen Minister Albert Freiherrn v. O. in den Grafenstand wärend des Vikariates 1790. Das Wappenbild dieser Familie ist ein heraldisches unicum: eine in einem Lenstule sizende Frau, welche Garn abhaspelt. —

* Oefele. W. 1498. Adelsanerkennung 1772. F. 1790. Dieser aus dem Ries stammenden Familie gehörte der kurfürstl. Bibliothekar, Herausgeber der scriptores rerum bavaricarum und Mitbegründer der Akademie (1759), Felix Oefele, an.

Osterwald. Peter v. O., geh. Rat und geistl. Ratsdirektor, der seiner Zeit die Teufelsbeschwörungen und Herenbannerei wieder in Gang bringen wollte, war zu Weilburg in Nassau von protestantischen Eltern geboren, trat 1723 zum Katholizismus über und wurde 1758 unter Erhebung in den Adelstand Cabinetsfekretär des Cardinals Herzog Karl Theodor von Bayern und 1760 geistl. Ratsdirektor. Die Astronomie war übrigens sein Steckenpferd und er baute deßhalb eine Sternwarte auf dem Gasteigberge bei München, von welcher die bösen Zungen jedoch behaupteten, sie diene dem Herrn geistl. Direktor zu nächtlichen Orgien mit einem Fräulein von Sch . . . . . ß und anderen, daher man die Sternwarte den Sch . . . . . ßberg nannte. Osterwald starb übrigens 1778 und liegt bei den Elisabetinerinen begraben. —

Pakenreit 1714.   * Passauer 1772.

* Pachner v. Eggenstorf, o. 1677.

Paur v. Waffenbrunn 1755.

* Paur v. Wollspach 1795.

Pallhausen. Vinzenz Pall, Staatsregistrator, er=
hielt (wie üblich) als Beamter des Vikariats 1792 den Adel
mit Aenderung des Namens in P. Er verlegte sich später
auf die Historie und schrieb namentlich ein Buch „Garibald
König von Bayern", welches der Ritter v. Lang in mereren
Kritiken unbarmherzig zerarbeitete. Herr v. P. starb 1819.

    * **Pernat** 1776.   **Pindl** 1745.

    * **Pechenzell.** Geadelt als Pech 1641. Namens=
änderung in P. mit kurfürstl. Erlaubniß 23. Juni 1659.
F. 1758.

    * **Plöß** 1790.   * **Prebl** 1784.

    * **Poschinger,** oberpf. Gewerken. A. 1790.

Reichel (oder Richel) von Winhöring. A. 1623. F.
1686. Maximilian R. v. W., Pfleger zu Rosenheim, war
comes palatinus.

    Richart 1699.   * **Reichert** 1790.

    * **Riedl** 1792.   * **Rieger** 1792.

    Röckel 1753.   * **Roggenhofer** 1784.

    * **Rogister** 1790.   * **Ruoesch** 1697.

    * **Reisach.** Dietrich Reisacher, Prof. J. zu Ingol=
stadt erhielt 1511 vom K. Max. I. den Adelstand. Das Wap=
pen hat in blau einen schwarzen Reiger, dessen rechter Flügel
lam ist und der ein grünes Reis im Schnabel hält. Es gab
noch zwei ältere altbayrische Familien des Namens, davon die
eine einen Greifen, die andere eine Rose auf einem Balken im
Schild fürte. Die lezteren Geschlechter hat der Graf von
Reisach in seinem neuburgischen Taschenbuche bei Gelegenheit
der eigenen Familiengeschichte kurzweg für sich annektirt. 1593
haben die R. Kirchdorf erworben, sind 1737 in den Freiherrn=
und 1790 in den Grafenstand erhoben worden. Gegenwärtig
lebt von dieser Familie nur noch einer, der Kardinal Karl

Graf v. R. in Rom. Von seinem Vater dem Grafen Johann Adam v. R., Landrichter in Monheim und seinen Oheimen Karl und Alois Josef enthalten von Lang's Memoiren skandalöse Geschichten, die der Antiquarius zu wiederholen für unnötig hält, abgesehen davon, daß sie mitunter mit der Warheit nicht gar zu nahe zu kommen scheinen.

* Reigersberg, A. 1635. F. 1705. G. 1803. Graf Heinrich v. R. war der lezte Reichskammer=Richter zu Wetzlar, dann bayer. Staatsminister. Er starb 95 Jare alt 1865. Ein Neffe desselben, der Graf August war gleichfalls Staatsminister und ist jezt Gesandter am wirtemberg. Hofe. Er galt für einen Mann des alten Régime, und der Antiquarius erlaubt sich zur Karakteristik dieses Herrn u. a. eine Anekdote anzuführen, die man sich von ihm erzälte. Als der Graf noch Landrichter in Wolfratshausen war, florirte die (mitunter heilsame) Prügelstrafe ser. Einmal erkünten sich zwei Bauernburschen, denen diese Ere widerfaren war, den Landrichter bei der Regierung zu München deßhalb zu verklagen. Der Landrichter erhielt einen Verweis und brachte denselben sofort zur Kenntnißname der Appellanten. Er ließ sie rufen, las inen in Gegenwart des Gerichtsdieners das Regierungsdekret vor, wobei sich die Burschen wolgefälligen Lächelns nicht enthalten konnten, und besal inen dann kategorisch sich auf die Bank zu legen, worauf er one Verzug jedem 25 aufmessen ließ, mit der Bemerkung: Nun habt ir euer Vergnügen gehabt, jezt will ich das Meinige auch haben! —

* Ruffin, A. 1726. F. 1769. Der erste Ruffini kam als armer tiroler Obsthändler zu Zeiten Mar Emanuels nach München und zwar bescheiden per pedes apostolorum mit der Krare auf dem Rücken. Das Geschäft hat sich bald vergrößert, aus dem Obsthändler wurde ein Kaufmann und zulezt ein Geldmann. Als er reich war, fand man, daß er, Ruffini, eigentlich „uralten Adels" sei, direkt von dem römischen Konsul P. C. Rußnus abstamme u. s. w. und zur unzweifelhaften Bestätigung gab man ihm deßhalb in sein adeliches Wappen als Helmschmuck die Büste dieses Konsuls, wie sich männiglich überzeugen kann. Der gute Martin Einzinger v. Einzing hat in seinem Buche „Bayerischer Löw" (1762) einen brillanten Stammbaum dieser Ruffini geliefert, man sagt aus Dankbarkeit für in seiner Jugend genossene Unterstützung. Dieser Herr v. Einzing hatte ja auch die Marotte sein eigenes Geschlecht mit den (erloschenen) altbayerischen und österreichischen Einzingern v. Einzing in Verbindung zu bringen, obwol er selbst primus familiae war. Er war aber auch ultimus und starb als solcher 1798 zu München. Zwei Jare vor seinem Tode faßte die Akademie in der Sizung vom 12. April 1796 den Beschluß, „dem blindgewordenen Herrn von Einzing, weil er bei gesunden Umständen der churfürstl. Akademie vieles gearbeitet, einstweilen 30 fl. Unterstüzung zu bewilligen". —

* Rummel, A. 1570. F. 1705. Zu diesem Geschlecht gehörte der oben bei Löfen aufgeführte Herr v. R. auf Zant in der Oberpfalz. Man wollte den Ursprung dieser R. mit dem nürnberg'schen Ratsgeschlechte gleichen Namens in Verbindung bringen, obwol die Wappen ganz verschieden, die lezteren zwei Häne, die ersteren aber (als Namenwappen) die Zwillinge Romulus und Remus unter der säugenden Wölfin füren. In der Tat aber verhält sich so, daß Johann Rummel, eines Jägers, Conrad R., zu Möringen in Schwaben Son, ein Benediktinermönch war, dem die Zelle zu eng wurde, so daß er eines Tages entsprang, lutherisch wurde und im Jare 1546 des Stadtschreibers von Nördlingen

Töchterlein, Sibilla Lutin von Ehingen, heuratete. Seine
sechs Söne wurden dd. Speier, 22. August 1570 von Kaiser
Max II. geadelt und erhielten dabei das angegebene Wappen
mit der Wölfin. —

* Schallern 1712.   * Schenkel, v. 1786.

* Schedel v. Greifenstein 1635.

* Schellerer, waren Bürgers= (Brauers=) Leute zu
Stadtamhof. A. 1731. Eine wieder erloschene Linie erhielt
1699 den Freiherrntitel.

* Schiltberg, W. 1533. A. 1786.

* Schmädel 1758.   Schmauß, v. 1757.

Schmidt v. Haslbach. Der gewesene geh. Ratskanzler
Kaspar Sch. v. H. wurde 1688 von Kurfürst Max Emanuel
gefreit. Wappen: eine Schleife auf einem Balken, beseitet
von zwei Rosenzweigen.

* Schmid v. Kochheim. K. Max II. verleit dem Tra=
banten seiner Leibquardia, Niclas Schmidt v. Chocheim, dd.
Wien 6. August 1572 ein Wappen: in Blau auf goldenem
Dreiberg ein silbernes Einhorn. Franz Nicolaus Sch. v. K.
erhielt den Adel von Kurfürst Max III. 1745.

* Schmid v. Westerhofen. A. 1761. Wappenbild:
ein wachsender Mann mit einem Schwert.

Schott v. Regenpeilstein. Dionisy Schott zu Ottling
Pengersperger Gerichts, siegelt 1514 den Landschaftsbrief, hat
den Arm mit dem Schwert im Schild. Anno 1696 hat An=
dreas Bonifaz Sch. z. R., Mautner zu Regensburg, eine
Adelsbestätigung erhalten. Er erscheint 1707 persönlich auf
dem oberpfälz. Landtag zu Amberg. Die Schott besaßen als
Herrn v. R. auch einen vierten Teil an der Hofmark Fronau
(Ger. Roding). Die anderen Viertteile gehörten den Herren
der Hofmarken Strahlfeld und Fuchsberg und dem

kurfürstl. Landgericht Wetterfeld. Zu Regenpeilstein ge=
hörten z. B. die Hausnummern 1, 3, 4, 5, 8—12, 25—27,
41—43 und 45, zu Strahlfeld 2, 7, 28, 38—40 und so
auch die übrigen. Das Waschhaus hatten die Häuser 2 und
3 (Strahlfeld und Regenpeilstein) gemeinschaftlich. Die Folge
dieser nachbarlichen Verhältnisse war wie immer Unfriede, und
jede Gelegenheit wurde benüzt, sich gegenseitig zu chikaniren.
Am meisten Vorteil zog hievon das Gesindel. Wollte z. B.
der Amtsdiener v. Regenpeilstein einen Dieb im Hause Nr. 11
fangen, so salvirte sich dieser bei Zeiten in das gegenüber=
stehende Haus Nr. 39, welches strahlfeldisch war und wo die
Gewalt des regenpeilstein'schen Amtmannes ein Ende hatte.
Kam ein kurfürstlicher Amtsbote nach Fronau, so retirirte
sich das Gesindel in alle Häuser, welche nicht=kurfürstlich wa=
ren und erwartete ruhig den Abzug der Gerechtigkeit. So
kam es, daß zu Ende des vorigen Jarhunderts das Dorf
Fronau als die Herberge aller lüderlichen Personen der Ober=
pfalz galt, und dieser patriarchalische Zustand dauerte fort,
bis die königlich bayerische Regierung ihm mit Gewalt ein
Ende machte. Noch 1825 lebte der lezte Herr von Schott
auf seinem Schlosse Regenpeilstein. —

 * S ch o r n 1773.   S ch r e y e r n, o. 1698.

 * S e e l, W. 1681. A. 1786.

 * S e d e l m a y e r 1787, 90.

 S i m e o n i. Als die Kurfürstin Adelhaid (s. oben bei
Mandl) bereits 7 Jare kinderlos mit Ferdinand Maria ver=
heuratet gewesen, ließ sie den Dr. S i m e o n i aus Turin
kommen und machte ihn zu irem Leibarzt. Er und andere
rieten der Kurfürstin, dem heil. Kajetan eine Kirche und ein
Kloster zu geloben, um dadurch die ersente Nachkommenschaft
zu erbitten. Das Jar darauf, 1660, wurde auch wirklich

eine Prinzessin und 1662 der Kurprinz Max Emanuel geboren. Es folgten, als der Weg einmal gebant war, noch
weitere 6 Kinder, und zwei Jare nach der Geburt des lezten
wurde auch die Kirche zum heil. Kajetan, die sogenannte Thea-
tinerkirche, eingeweit. Die boshafte Herzogin von Orleans
schreibt in einem irer Briefe an die Raugräfin, die Kurfürstin
müsse sich wol an dem Dr. Simeoni „versehen“ haben, denn
ire Kinder sähen diesem wie „ausgeschnitten“ änlich. — Am
24. Oktober 1667 erhielt Simeoni „in Ansehung guter und
williger Dienste, die er Uns und dem Churhaus Bayern geleistet, auch fernerhin zu leisten willig und erbötig ist“, ein
Adelsdiplom, und 1672 erkaufte er mit Unterstüzung der Kurfürstin die Hofmark Obelzhausen, wo er bis 1689 als
Gutsherr erscheint. —

* S p r u n e r von Merz. W. 1502. A. 1588. 1727.

* S t u b e n r a u c h 1758.   S t e t t n e r 1665.

* T e n g 1788.   T h u r n h u e b e r 1657.

* T e i n, sonst Hertel, 1784.

T u n z l e r v. Leonberg 1694.

U r m ü l l e r, stammten aus Ingolstadt. Johann U.,
fürstl. Rat, hat 1565 das Schloß Leutstetten aufgebaut und
darauf Edelmannsfreiheit erhalten. Sie sind später religions-
halber nach Wirtemberg ausgewandert, Hans U. wurde Ober-
vogt zu Waiblingen. Wolf v. Urmühl lebte 1631 am
Hof zu Stuttgart. Das Wappenbild war eine Handmüle.

U e b l a g g e r 1792.   * V i n c e n t i, u. 1790).

W a l s e r v. Syrenburg 1661.

* W e i ß m a n n v. Weißenstein, o. A. 1615. F. 1841.

* W e i ß e n b e c k 1778, 92.

* W a h l e r v. Azelsberg. 1758.

W i n t e r v. Ettenkofen 1653.

Wolfswiſen 1665.   Würdinger 1660.

* Yrſch. Joh. Ferdinand Yrſch (one Adelsprädikat) war 1664 pfalzneuburgiſcher Hofkammerdirektor. 1690 ſoll er den Freiherrnſtand (?) erhalten haben, jedenfalls aber wurde die Familie im Vikariat 1792 gegraft. Stammw.: ein Stern, auf dem Helm ein wachſender Ungar.

* Zech v. Lebming. A. 1745. G. 1773, aus München ſtammend.

Zehenter v. Moßdorf 1670.

Zehntner, o. 1790.   * Zentner 1792. F. 1819.

Ziegler v. Tittling 1622.

Zuccalli, A. c. 1680.   Zwack 1782. —

---

20. Man ſendet nach den Regeln des guten Tones eine Entſchuldigung voraus, wenn man es unternemen will, von ſich ſelbſt zu ſprechen. Dieſe ſei hiemit von den gütigen Leſern artigſt erbeten.

Ich bin öfters gefragt worden, warum ich, der Heraus= geber der größten genealogiſch=heraldiſchen Werke, der Verfaſſer ſo manchen hiſtoriſchen Buches, über meine Familie und mich ſelbſt noch nichts publizirte? Man glaubte ſich verwundern zu müſſen, daß ein Adels=Hiſtoriker vom Fache ſeinem eigenen Ge= ſchlechte — wo es der Sachlage nach angeführt werden mußte — keine Zeile mer gewidmet habe, als abſolut nötig war, wärend doch Dutzende Anderer der Verſuchung nicht widerſtanden ſind, ganze Bücher über ſich und iren edlen Stamm zu ſchreiben? Die Urſache kann ich mit wenigen Worten darlegen: Es iſt mir abſolut widerwillig, von mir ſelbſt zu ſprechen, und ich sehe nicht ein, welchen Schaden die Adelsgeschichte davon haben sollte, wenn sie von der Familie Hefner auch nichts weiter erfaren würde, als sie bisher erfaren hat. Wenn ich aber hier dennoch etwas derartiges schreibe, so veranlaßt mich hiezu nicht so ser die vielseitige Aufforderung, als die Erfarung, daß eine persona publica (und eine solche bin ich glücklicherweise oder leider geworden) nicht verhindern kann, daß früer oder später mer oder minder über sie geschrieben oder gesprochen werde, und daß dabei häufig genug die größten Ungenauigkeiten über Namen, Herkunft und Leistungen derselben verbreitet werden. Als Historiker also werde ich mich befleißen, die Warheit zur Richtschnur zu nemen, und der Leser wird mir das Zeugniß geben müssen, daß ich in meinen eigenen Angelegenheiten ebenso unparteiisch verfaren sei, als in denen Anderer.

Der Name Hefner oder Heffner ist in Altbayern nicht zu Hause. Anno 1862 bei der Versammlung des Centralvereins der deutschen Historiker zu Reutlingen haben verschiedene Celebritäten in der Sprachforschung ir Urteil dahin abgegeben, daß der Name unserer Familie von einem Orte Hefen oder Hessen zu deriviren sei, jedenfalls aber mit Hafen oder Topf sprachlich nicht zusammenhängen könne. Die Ansicht dieser Herren lasse ich bei iren Würden, die meinige get aber dahin, daß Hefner mit Hefe in Verbindung gebracht werden müsse. Mir ist auch versichert worden, daß in Franken derjenige, der bei der Weinbereitung mit Absonderung der Hefe sich beschäftige: der Hefner oder nach fränkischer Aussprache: der Heffner genannt werde. Diese Namensableitung scheint mir eben so einfach als plausibel, um so mer, als wir im Wappen einen Winzer füren, welcher hinter einem Rautengitter hervorbricht und eine Traube in der Linken, ein Winzermesser oder Heppe in der Rechten hält. Dieß unser Wappen

datirt historisch vom 28. Februar 1583, wo zwei Brüder
Heffner, Hans Wilhelm und Hans Melchior, von dem
erblichen Pfalzgrafen Ferdinand Böhlin von Frikenhausen
zu Illertissen und Neuburg einen Wappenbrief erhielten. So
wenig ich bisher im Stande war, die Lücke zwischen diesen
beiden Heffnern und dem nächstfolgenden Hans Kristof Melchior Heffner, meinem sicheren Ur-Ur-Ur-Großvater, genealo-
gisch auszufüllen, so wenig glaube ich, daß das Wappen von
dem Heraldikus des schwäbischen Pfalzgrafen neu erfunden
worden sei, halte vielmer auf ein älteres, wenn auch brieflich
nicht datirtes Herkommen dieses Wappens wie Namens aus
Frankenland. Uebrigens habe ich bisher nur zwei Wappen gefunden, welche dem unseren änlich waren, nemlich das
der v. Frank, bei welchen der Winzer eine Traube und eine
Weinkanne hält, und das der v. Weinmann in Franken,
in deren Schild der Winzer, wie bei uns, wachsend, aber in
anderen Farben erscheint.

Ueber das Vorkommen unseres Namens finden sich auch
die ältesten urkundlichen Nachweise in fränkischen Urkunden
und Croniken. So liest man u. a., daß Niclas Heffner
1558 von Hannsen v. Gottsfeld in seinem Haus und Hofstatt zu Baireut mit gespannter Armbrust überritten worden
und der v. Gottsfeld deßhalb vom Gericht wegen Landfriedensbruch gestraft und dann gegen Urfede entlassen worden sei.
(Taschenbuch f. baireut. Gesch. 1823. S. 59 ff.)

Dr. Mathäus Heffner, Superintendent zu Baireut,
war ein gelerter und ansenlicher Mann, geboren am 25. Dezember 1568 (Jöcher, Gelertenlerikon I. 1138). Am Tore
des Gimnasiums zu Baireut verewigt eine Inschrift mit der
Jarzal 1605 die Verdienste dieses Mathäus, dessen nach Ge-
lertensitte damaliger Zeit gräcisirter Name hier Chytraeus

heißt (Fries, Gesch. der Studienanstalt zu B. S. 11). Heffner hatte eine Tochter Kunigunde, Gemalin des Dr. Johann Stumpf, baireutischen Kirchenrats, welcher zur Zeit des Schwedenkrieges von dem kaiserlichen General Marchese de Grana 1632 mit anderen als Geisel fortgeschleppt worden war. Die Frau Kunigunde gab einen Beweis weiblicher Treue, indem sie sofort ir ganzes Vermögen, all iren Schmuck, ire Kleider und was sie wertvolles hatte, verkaufte und verpfändete, um die 2000 fl., welche als Lösegeld gefordert waren (in damaligen Kriegsnöten eine erhebliche Summe!), zu erschwingen. Sie reiste mit diesem Gelde dem General nach, befreite den Gatten und brachte ihn (am 14. Dez. 1632) wirklich mit nach Hause. Er starb aber an den Folgen der Mißhandlungen, welche er wärend der Gefangenschaft hatte ausstehen müssen, schon am dritten Tage nach seiner Heimker, nur 45 Jare alt. (Oberfränk. Arch. IV. 60 ff.) Wenige Wochen zuvor war der Vater dieser braven Tochter, der Dr. Mathäus Heffner gestorben, und zwar zu Kulmbach am 5. November 1632, 53 Jare alt. Dort ist sein Grabstein mit Brustbild über der Sakristeitür in der Kirche noch heute eingemauert zu sehen. —

Zu Nürnberg war 1538 Johann Heffner geboren, der 1587 in den äußern Rat gewält wurde, ein geschickter Advokat, aber ein noch besserer Armbrustschüze war, wie es von ihm heißt, „der Doktor Heffner hett guete Polzen aber staubichte biecher, und war wol gesehen bei Fürsten und Herren". Unter anderm wurde ihm bei dem großen Schießen in München 1577 der Kranz aufgesezt, und ich besize zufällig die Originalrechnung des Wirts auf der Herrenstube in München, worin verzeichnet ist, was gedachter Dr. Heffner mit anderen Herren Geschlechtern und des Rats bei jener feierlichen

Gelegenheit vertrunken und natürlich nicht bezalt hat. Dieser
Johann Heffner starb 1624 und liegt auf dem Johannis-
kirchhofe zu Nürnberg begraben. Will in seinen Münzbelu-
stigungen teilt eine goldene Medaille mit dem Bildnisse und
der Umschrift: Johan Hefner v. j. D. aeta: 63. ao. 1602.
mit, von welcher das hiesige königl. Münzkabinet nur einen
Bleiabguß besizt.

Ich könnte noch viele Belege über beurkundete Heffner
in Franken beibringen, wenn ich nicht fürchten müßte, unwillkürlich in den Verdacht zu kommen, als schriebe ich dieß in
der Absicht, gedachte fränkische Heffner meinem Stammbaume
zu annexiren, was mir, der Leser ist dessen versichert, nach
Vorgang Anderer (s. z. B. oben S. 296) ein Leichtes gewesen wäre. Ich verzichte aber, in der Ueberzeugung, daß
mein Stammbaum ondieß bis an eines der ersten Menschen-
paare hinaufreiche, großmütig auf alle vorgenannten und noch
weiter sich allenfalls findenden heffner'schen Uranen, und komme
sogleich auf den schon oben erwänten wirklich erweislichen
Anherrn Hans Kristof Melchior Heffner, welcher das
bescheidene Amt eines Marktschreibers zu Floß in der oberen
Pfalz innehatte. Er muß circa 1650 geboren und vor 1729
gestorben sein. Die Pfarrbücher zu Floß, aus denen ich durch
die Güte des dortigen Pfarrers weitläufige Auszüge erhielt,
enthalten über Geburt- und Todesjar dieses H. keine Notiz,
obwol sie bis 1662 zurückgehen. Von seinen Kindern war
das älteste, Franz Wilhelm (mein Ur-Ur-Großvater) 1691
zu Floß geboren.

Es ist begreiflich, daß es mich interessirte zu erfaren, wo
und wann der Ur-Vater Kristof Melchior geboren und gestorben sei — ich hätte dadurch vielleicht den Zusammenhang

mit den Wappenbriefserwerbern ermitteln können. Mein Recherchiren war jedoch bis dato one Erfolg.

Als anno 1855 die Hellseherin Maria Kalhammer dahier florirte, kam mein sel. Vater, der durch einen Polizei= beamten dort eingefürt worden war, eines Tages zu mir und erzälte mir unbegreifliche Dinge, die er von dieser Kalhammer gehört, wies mir auch einige irer Antworten, welche er auf= geschrieben hatte.

Maria Kalhammer war von Haus aus ein armes Bauern= mädchen aus Gunzing, Ger. Bilshofen, und irer Hantirung nach Magd bei dem Gutsbesizer N. Friedrich, dessen Milch= austrägerin sie nebenbei machte. In iren freien Stunden er= barmte sich irer der Geist des verstorbenen Philosophen Sokrates, der durch sie als Medium seine Orakelsprüche gab, d. h. Antworten auf die Fragen, welche durch Anwesende mündlich an die Jungfrau Maria gerichtet waren. Als ich später einmal mit meinem Vater einer solchen philosophischen Geister=Unterhaltung beiwonte, fand ich dort merere Herren, darunter einen pensionirten Gensdarmeriehauptmann N....nn, einen Polizeikommissär Sch.....r, einen Geistlichen, und einen Universitäts=Professor B....z um einen Tisch sizend, ernstlich und eifrig die sokratischen Antworten niederschreibend, welche sie auf ire vorher fein und verfänglich ausstudirten Anfragen erhalten hatten. Die Orakelsprüche erfolgten schrift= lich, indem Maria, am obern Ende des Tisches sizend, mit= telst eines Griffels auf eine immens große Schiefertafel mit ebenso immensen Buchstaben, welche mitunter durch ellenlange „Farer" (von wirklichen oder affectirten Zuckungen verursacht) getrennt waren, das ir von Sokrates Diktirte niederschrieb, das Geschriebene, für andere Menschenkinder fast unleserliche Zeug, alsbald vorlas und dann abwischte. Mitunter erfolgten

Antworten von einer solchen Länge, daß die Tafel 6—8 Mal leergewischt werden mußte. Ich konnte mich stiller Verwunderung über die Andacht nicht enthalten, mit der insbesondere der Herr Professor alles das Zeug niederschrieb, und habe an der Sache nur noch das unbegreiflich gefunden, wie die katholische Geistlichkeit es über sich bringen konnte, solchen Gallimathias für religionsgefärlich zu erklären und das arme Milchmädchen sammt seinem Herrn zu erkommuniziren. Da das Buch sokratisch-kalhammerischer Weisheit gedrukt erschienen ist, darf ich getrost mich zur Begründung meines Ausspruchs auf den Inhalt desselben berufen. —

Ich für meinen Teil faßte jedoch bei der ersten Nachricht, welche ich durch meinen Vater von dieser Hellseherin und iren Wundern erhalten hatte, die Sache gleich vom genealogischen Standpunkte auf, indem ich meinen Vater ersuchte, den Sokrates zu fragen: wo ist mein Ur-Ur-Großvater geboren? Ich bemerke, daß ich weiter nichts (d. h. keinerlei Andeutung über Namen, Ort, Jar u. dgl.) hinzufügte. Bei der nächsten Gelegenheit willfarte mein Vater dieser Bitte und brachte mir die Antwort von der Hand der Hellseherin, mit Blei auf ein Blatt Papier geschrieben, mit. Die Antwort lautete wörtlich:

Glauben ist eine Gnade aber um Erkennen muß man vorher biden.

Diese höchst geistreiche und sachgemäße Antwort verware ich in Original bei unseren Familienpapieren. Sie trägt das Datum: München 3. Juni 1855.

Nicht besser erging es mir in späteren Jaren mit den Anfragen bei verschiedenen Tischklopfgeistern, ja es hat sich in mir die feste Ueberzeugung gebildet, daß Genealogie und Heraldik all diesen kristlichen oder heidnischen Geistern bei Lebzeiten eine vollständige terra incognita gewesen sein müße, was ich Andern zur Ersparung von Zeit und Geld und zur freundlichen Warnung hiemit deponire. —

Ich laße also meinen lieben dreimaligen Ur=Großvater in Frieden, und komme auf den schon genannten zweimaligen Ur=Großvater Franz Wilhelm Heffner. Dieser war, wie sein Vater, Marktschreiber zu Floß und auch Umgeldgegen= schreiber oder Mautkontrolleur. Anno 1723 heuratete er die Tochter des Oberbeamten Hrn. Johannes Bernhart Streybl und der Elisabet Rosina Jansin v. der Stock, Barbara Elisabet mit Namen. Von seinen Taten kann ich keinen wei= tern Bericht geben, als daß er für sich und seine Familie einige und 30 ewige Meßen stiftete, welche nach der Versiche= rung des Pfarramtes in Floß auch gewißenhaft bis zum heutigen Tage noch gelesen werden. Ich schließe daraus, daß mein Ur=Anherr einiges überflüßige Geld gehabt haben mochte. Er starb 86 Jare alt anno 1762 am 27. August, seine Frau war ihm fünfzen Jare früer vorangegangen.

Von seinen Kindern erwäne ich nur den Erstgebornen und Stammhalter, Hans Kristof (geb. 6. Jan. 1729) meinen Urgroßvater. Dieser studirte zu Amberg die Sintax, dann zu Ingolstadt jura unter Erwerbung des Lizentiatengrades, wurde 1753 pfalzsulzbachischer Regierungs=Advokat, 1758 Re= gierungsrat zu Sulzbach. Dort heuratete er im selben Jare am 19. Okt. Barbara Josepha, Tochter des kurfürstlichen Regierungsdirektors Joh. Joachim Josef v. Fick, mit welcher er drei Kinder erzeugte. Seine zweite Frau war Franziska v. Leistner, die ihm jedoch keine Erben mer schenkte.

Anno 1763 wurde mein Urgroßvater pfalzneuburgischer Pflegscommißär zu Heideck und Hilpoltstein mit dem Size in lezterer Stadt. Siegert beschreibt in seiner Geschichte

22

von Hilpoltstein S. 237 das Pfleghaus als eine große Be=
hausung am Markt, an den Kirchhof stoßend, die 1620 zur
pfalzgräflichen Residenz eingerichtet, später aber wieder dem
Pfleger eingeräumt wurde und seit 1801 Landgerichtsgebäude
ist. In diesem großen Hause wonte mein Anherr Hans
Kristof als gewaltiger Pfleger und „regierte". Er muß ein
gestrenger und für seine Zeit auch mer als gewönlich gebilde=
ter Herr gewesen sein, weil er namentlich als der Gründer
der Normalschule gerümt wird, und weil die Cronik von
ihm insbesondere eine Handlung aufbewart hat, wegen der ich
sein Andenken höer ere, als wenn er sämmtliche Titel im
ganzen Herzogthum besessen hätte.

„Hefner", heißt es in der Cronik a. a. O. S. 435
„hielt ungemein und strenge auf Zucht und Sittlichkeit. Als
einsmals der Müller Bauer von der Weihersmüle seinen Vater
geschlagen hatte, und dieser sich beim Pfleger beklagte, ließ er
den Son und den Vater in die Pfleg=Amtsstube zitiren und
ersterer mußte in Gegenwart sämmtlicher hiezu beru=
fener Schulkinder seinem Vater knieend abbitten. Hierauf
ließ der Pfleger dem Müller durch den Gerichtsdiener eine
derbe Ohrfeige verabreichen und ihn sodann auf ¼ Jar ins
Zuchthaus nach Neuburg schiken. Darnach hielt Hefner eine
an sämmtliche Schulkinder gerichtete Rede über den Gehor=
sam und die Ehrfurcht gegen die Eltern."

In solchen Grundsäzen erzog Hans Kristof auch seinen
Son Georg. Als dieser längst den Knabenjaren entwachsen
war und eine hohe gesellschaftliche Stellung einnam, war sein
Benemen und der Ton seiner Briefe an den Vater noch von
einer solchen kindlichen Liebe und Erfurcht, von solcher Artigkeit
und dankbaren Anerkennung der empfangenen Woltaten er=
füllt, wie wir sie leider heutzutage gar selten mer bei Kindern

zu finden gewönt sind. Wir bewaren in unserm Familien=
archive noch eine Reie von Briefen des Sones an seinen
Vater, die als Muster in dieser Bezieung gelten können, und
die ich als Knabe wie als Mann nie aus der Hand legte, one
über das schöne Verhältniß zwischen Vater und Son, das aus
jedem Briefe spricht, innig befriedigt, ja gerürt zu sein.

Dieser Son Georg hatte zu Sulzbach und Ingolstadt
studirt, sich anfangs als Regierungssekretär zu Sulzbach auf=
gehalten, war aber bald nach Augsburg gegangen, da ihm
dort die Wal in den innern Rat zugesagt worden war. Als
Vorbedingung hiezu galt bei der damaligen patriziatischen
Verfassung dieser Reichsstadt der Nachweis des Adels als
unerläßlich.

Um diesen Nachweis dem Sone zu verschaffen, wendete
sich der Vater in einem Bittgesuch an seinen Landesherrn,
den Kurfürsten Karl Theodor in München, worin er unter
Vorlage einer großen Anzal von Dokumenten über sein und seiner
Voreltern erliches Herkommen und Wappengenossenschaft, auch
dem Hause Bayern geleistete Dienste, um die Nobilitation
bat. Die Genemigung der Bitte erfolgte umgehend durch
Cabinetsschreiben vom 3. Mai 1787, die Ausfertigung des
Diploms selbst aber zog sich bis zum 30. Juli desselben Ja=
res hinaus. Nach Vorlage dieses Originaldokumentes hatte
die Wal des Sones in den innern Rat keine Schwierigkeiten
mer. Sie erfolgte am Abend desselben Tages (30. Juli),
an welchem morgens das Diplom in München von Karl
Theodor und dem Minister v. Kreittmayr unterzeichnet
worden war. Der expedirende Sekretär v. Dumhoff hatte
auf Verlangen des Ratswalkandidaten das Dokument in einem
eisernen Kästchen wolverwart durch reitende Staffete nach
Augsburg abgeschickt, wo es Nachmittags eintraf. Schlag

auf Schlag erfolgte nun die Vorlage des Diploms bei dem Wal=
ausschuß und die Wal selbst, und ehe die Sonne unterging, war
„Herr Georg Joseph von Hefner Verordneter des
innern Rats" und Tags darauf noch weiter „des heiligen
römischen Reichs Stadt Augsburg Bürgermeister". Er
stand damals in seinem 27. Lebensjare und vielleicht war
dieser Abend der glücklichste in seinem Leben!

Mancher Leser wird sich eines Lächelns nicht enthalten
können, wenn er hier den Urgrund der Nobilitation unserer
Familie so rückhaltlos dargelegt findet. Würde der Leser
aber genauere Kenntniß von den Motiven erlangen, aus
welchen die Merzal der sogenannten Standeserhöhungen über=
haupt erfolgte und noch zu erfolgen pflegt, so gälte ihm vor=
liegender Fall vielleicht noch als einer der bestbegründetsten.
Würde er in die von den meisten Familien mit dem Schleier
des Geheimnisses sorgfältig umhüllte Geschichte irer Adels=
erwerbung einblicken können, wie dieß der Antiquarius jer
häufig zu tun Gelegenheit hatte, so würde auch er zu dem
Schlusse kommen, daß unter allen Nobilitationen kaum 5 Hun=
derttteile aus rein moralischen (durch keinen Einfluß von Amt,
Frauen oder Geld getrübten) Ursachen erfolgt seien. Nicht
nur heutzutage, sondern von jeher ist das Wesen von der
Form erdrückt worden, und nicht nur jezt, sondern immer hat
die Welt nur nach den Erfolgen, nicht nach den Absichten
geurteilt!

Im Jare 1797 zog mein Anherr Hans Kristof
v. Hefner (welcher, nebenbei bemerkt, wärend seine Vorfaren
alle das ff in irem Namen gebrauchten, zuerst anfing, sich mit
einem f zu schreiben, der Familientradition nach „aus Er=
sparniß") — in gedachtem Jare nun zog Hans Kristof nach
Neuburg. Er hatte am 22. Juni mit dem später so bekannt

gewordenen Grafen Karl August v. Reisach auf Kirchdorf
und Steinberg, kurfürstlichen Kämmerer und Regierungsrat
zu Neuburg, unter Vorbehalt kurfürstlicher Genemigung, welche
später auch erfolgte, einen Privatvertrag abgeschlossen, vermöge
welches er dem Grafen die beiden Pflegämter Heideck und
Hilpoltstein abtrat, dagegen die Stelle desselben als wirk-
licher Regierungsrat zu Neuburg cum voto et sessione und
1100 fl. Gehalt übernam. Dort, in Neuburg lebte mein
Urgroßvater noch bis zum 11. April 1807, wo er in dem
hohen Alter von 79 Jaren starb.

Mein Großvater hatte bald nach seiner Erwälung zum
Bürgermeister von Augsburg Franziska, die Tochter des früeren Bürgermeisters und Patriziers Franz Nikolaus Ignaz
Precht von Hochwart und der Katharina Barbara Schab
von Mittelbibrach, als Gattin heimgefürt. Sechs Jare darauf,
1793, ward er zum Steuermeister befördert.

Unterm 2. August 1793 meldet er seinen Eltern dieses
Glück, und ich erlaube mir aus dem Briefe, weil er zugleich
in die Regierungsmaschine der Reichsstadt kurz vor dem
Schlusse irer Existenz Einblick gewärt, einen Auszug folgen
zu lassen:

„Wohlgeborne, Insonders hochzuverehrende, Herr Papa
und Frau Mama! Ich zweifle nicht, daß Herr Papa und
Frau Mama meine Beförderung aus dem gestrigen Briefe
meiner Frau werden entnommen haben, und gebe mir heute
die Gnade nachzutragen, daß folgende Stellen und Aemter
am ersten Wahltag, das ist am großen Wahltag, der
am Mondtag ware, sind gewählet worden.

„1. ein neuer Ratsherr von den HHerrn 14ner und zwar
     von der Mehrern Gesellschaft: Herr Joseph von Hueber.

(Bem.: „Die Mehrere Gesellschaft“ nannte man in
Augsburg zum Gegensaz der „Geschlechterstube“, auf
welcher nur altpatrizische Familien eingetragen waren,
die gesellschaftliche Vereinigung der nicht zum Patri-
ziate, aber zum Adel gehörigen Ratsfamilien.)

2. ein neuer Rathsherr von den HHerrn 14ner und zwar
   von der Gemeinde: Herr Franz Xaver Gegenreiner.

3. ein neuer Steuermeister: Meine Wenigkeit.

4. ein neuer Burgermeister: obiger Herr von Hueber
   (am zweiten Wahltag, der am Erchtag war).

5. ein neuer Handwerksgerichtsherr: Herr Senator
   Klauber.

6. ein neuer Stadtgerichtsassessor von der Gemeinde:
   Herr Rauch, Stubenwirth auf der Kaufleuthstuben.

„Kunftigen Erchtag werden die offene Signaturämter erst
wieder vergeben, wo ich auch Hoffnung habe, statt des bisherigen verdrießlichen Weberhauses, ein besseres ruhigers Amt,
nemlich das Getreideaufschlazamt zu bekommen. Dagegen
gebe ich das Weberhaus weg, da ich, weil ich nun ein Amt
aus der ersten Klasse habe, nemlich das Steueramt, nur ein
Amt aus der zweiten haben kann. So glaube ich nun
mein ganzes volles Glück gemacht zu haben und
stehe nun in meinem 33sten Jahre in dem Rang und Aemtern,
welche mein Hr. Schwiegervater erst in seinem 52ten, mein
Hr. Onkel im 60ten Jahre seines Alters erhalten haben, und
ich muß gestehen, obwolen viele ältere Herren, schon 6 und
mehr Jahre vor mir in Rath gekommen, und alle länger
sitzen als ich, so hat doch keiner das Steueramt, mir zu lieb,
auch nur mit einer Silbe gesucht, sondern ich bin vielmehr
durch vota unanimia, was der allerseltenste Fall ist,

mithin durch 22 Stimmen (denn ich muſte meine Stimme einem andern geben) zum Steuermeiſter gewählt.

„Das einzige, was dabei in Betracht kommet, iſt, daß das neue Amt, welches ich bereits angetreten habe, mit Köſten verbunden iſt, nemlich

Jedem der 3 HH. Steuermeiſter einen Species

Ducaten, zuſammen	fl. 16. 12 kr.
denen beeden HHerrn actuariis 2 Species .	10. 48 „
denen 3 Stubenheitzern	11. —
der löbl. Stadtkanzlei	10. 48
für den Steueramtsſchlüſſel	6. 28
zuſammen	fl. 55. 16 kr.

wozu noch kommt, daß ich die bisher gehabte 4 Maaß Bur=germeiſteramts Holz nun nicht mehr beziehe und mich ganz selbſt behölzen muß.

„Ich ſchlüſſe, küſſe Herrn Papa und Frau Mama mit kindlich unterthänigſten Reſpekt die Händ, meine Schweſter küſſe von Herzen. Ich bin und bleibe mit gränzenloſer Ver=ehrung dero ganz unterthänigſt gehorſamſter Sohn Georg Joſeph von Heſner, des innern Raths und verordneter Herr zum Steueramt.“

Auf diese erfreuliche Nachricht schickte der Herr Papa mit der Gratulation zugleich „zur Beſtreitung derer Douceurs“ 6 Louisdor, wie er denn nie aufhörte, ſeinen Son väterlich, tätig und liebreich zu unterſtüzen, denn es war eine (von den Gegnern der ehemaligen patriziatiſchen Verfaſſungen gerne überſehene) Tatſache, daß die Herren des Rates von dem Ein=kommen irer Aemter nicht im Entfernteſten ire Ausgaben zu beſtreiten vermochten. Mein Großvater bezog z. B. als Bürgermeiſter von Augsburg nicht mer als 300 fl. järliche

Besoldung. wärend ein jeziger Bürgermeister derselben Stadt
2400 fl. Gehalt beziet.

Die Würde des Amtes verlangte aber damals in den
Reichsstädten, wo, dem Sprichworte nach, jeder dem andern
in die Schüssel sehen konnte, einen Aufwand in haüslichen
Dingen wie im öffentlichen Auftreten, einen weit größeren,
als unsere Zeit von einem zenmal besser besoldeten Beamten
beansprucht. Der Anstand erforderte z. B. daß mein Großvater
Pferd und Wagen nebst verschiedenen dienstbaren Geistern
hielt, wärend heutzutage die Gemeinde so gentil ist, irem
Bürgermeister die Equipage zu stellen u. s. w. Unglücklicher-
weise trafen in die lezte Zeit der Amtirung des Steuer-
meisters Georg von Hefner die großen Kriege Frankreichs
mit dem Reiche, unter welchen die Reichsstadt Augsburg voll-
lends iren lezten Wolstand durch Einquartirungen und Con-
tributionen erschöpfte. Auch hiebei machte man an die Herren
des Rates die größten Anforderungen und die Folge war, daß
nicht nur die Verhältnisse meines Großvaters, sondern auch
die der meisten anderen augsburger Familien, wie v. Precht,
v. Ilsung, v. Langemantel, v. Rehm, v. Seida
u. s. w. mer oder minder derangirt wurden.

Die Annerirung Augsburgs durch Bayern i. J. 1806
war daher wol ein Glück für die Stadt als solche, Niemand
aber kümmerte sich um den Ruin der früeren Ratsfamilien,
ja man befliß sich von Seite der neuen Regierung sogar mit
Eilschritten alles zu verwischen, was an früere Zeiten und
Namen erinnern konnte. Die neugewälten bürgerlichen Mu-
nicipal- oder Magistratsräte beeiferten sich, den abgetretenen
alten Herren des Patriziates ire Würde recht deutlich fülen
zu lassen, und diese hinwieder blickten mit Geringschäzung auf
jene herab, welche so billig und one weitere Vorbedingungen

von Schul= und Fachbildung zu Eren und Würden gelangt
waren. Die alten adelichen Ratsfamilien gaben dem neuen
bürgerlichen Magiſtrat den Spottnamen „Zipfelkrätzenmagi-
ſtrat“, weil man den Magiſtratsräten nachſagte, ſie gingen
mit Marktkörben (Zipfelkrätzen) am Arme ſelbſt ire Arbeiten
auszutragen und Einkäufe zu machen.

Mein Vater erzälte mir oft, daß ſein Vater, der Steuer=
meiſter, aus Gram über die Behandlung, welche ihm von
Seite der neuen Behörden zu Teil wurde, geſtorben ſei — er
überlebte die Kataſtrofe nur ein halbes Jar. Meine Groß=
mutter, welcher aus Gnaden eine kärgliche Penſion von etlichen
Gulden monatlich ausgeſprochen war, mußte dieß Gnadengeld
jeden Monat auf der Magiſtratskaſſe ſelbſt abholen und be=
klagte ſich oft mit Tränen in den Augen über die Pöbelhaf=
tigkeit, mit der ir von den Herren daſelbſt begegnet wurde.
Einsmals aber übernam ſie der Zorn und ſie hatte den Mut,
dem ſie mit barſchen Worten anfarenden Kaſſabeamten vor
dem ganzen Auditorium zu ſagen: „Er braucht gar nicht ſo
grob zu ſein, ich hab ihm alles Gute getan, als er noch bei
mir hinten auf der Kutſche ſtand!“ — und verließ unter dem
Gelächter des Publikums die Amtsſtube. Von der Zeit an
erhielt ſie jeden Monat ire Penſion ins Haus geſchickt bis
zum lezten Tage des Jares 1825, wo ſie in einem Alter
von 65 Jaren ſtarb und in unſerem Familienbegräbniß in
Augsburg am 2. Januar 1826 begraben wurde.

Mein Großvater hatte aus ſeiner Ehe zwei Söne, den
Stoffele und den Bebi, wie er ſie in ſeinen Briefen nennt.
Lezterer, Joſeph, mein Vater, war geboren 5. Februar 1799
und wurde der Stammhalter, der Bruder Kriſtof ſtarb ledig.

Mein Vater hatte aus ſeiner früeſten Kindheit nur zwei
Erinnerungen mit ins Mannesalter herübergenommen. Die

eine war, daß, als einmal Feuer im Hause ausbrach,
der Vater ihm zugerufen habe, er solle etwas zu retten
suchen und es zum Onkel tragen, worauf der Bebi in der
Eile eine Glutpfanne ergreifend, fortstürzte, aber in der Ver=
wirrung zum hintern statt vordern Haustore hinauslaufend, in
den Garten gelangte, an dessen Mauer er sich auf die Glut=
pfanne in den Schnee niedersezte und mit freudiger Erregung
in das Feuer hineinblickte, alles Weitere vergessend. Als
man nach Löschung des Brandes morgens den kleinen Bebi
bei den Verwandten ringsum vergeblich gesucht hatte, fand
man ihn endlich eingeschlafen wie einen zweiten Toggenburger,
auf seiner Glutpfanne, das Köpfchen an die Gartenmauer
gelent.

Die andere Erinnerung gieng dahin, daß, als er eines
Abends wieder im Garten gespielt hatte, ein Kapuziner auf
ihn zukam und ihm die Hand bietend sagte: Büble gang noi,
doi Aetti isch gschtorbe! Als der Knabe hinaufkam, lag der
Vater starr im Bette und der Knabe fragte ihn vergeblich,
was er gewollt habe? Erst als die schwarzen Männer kamen,
den Vater fortzutragen, kam ihm das Wort des Kapuziners:
gestorben! zur Klarheit. Er war noch nicht 7 Jare alt,
da ihm diese Definition von der Mutter Natur praktisch ge=
geben wurde.

Es läßt sich denken, daß nach dem Tode des Vaters un=
ter den obwaltenden Verhältnissen die Mutter der Erziung
des Sones wenige Mittel bieten konnte, doch ließ die ange=
borne Gutmütigkeit des Sones manche herbe Erinnerung ver=
schmerzen und seine von so früer Jugend notwendig gewordene
Genügsamkeit ließ ihn vieles nicht entberen, worauf er ver=
möge seiner Geburt hätte Anspruch machen können. Diese
Genügsamkeit blieb in seinem ganzen Leben eine Tugend, die

ich nie genug bewundern konnte. Oft erzälte er uns Kindern mit stiller Berubigung, wie er aus Mangel an Mitteln jare= lang mit wenigen Kreuzern des Tages gelebt, wie er, um das Licht zu sparen, beim Heerd= oder Ofenfeuer seiner Haus= leute studirt, wie er sich die Schuhe und Kleider selbst ausge= beßert habe, nur um seiner Mutter von irer Pension nichts abverlangen zu müssen. Ein Familienstipendium und die Er= trägniße von Instruktionen reichten hin, um den genügsamen Jüngling durch alle Schulen bis zu seiner ersten Anstellung, welche er 1825 als Studienlerer zu München erhielt, durch= zuhelfen. Freilich litt es auch keine rauschenden Vergnügungen, wie deren andere Studenten zu haben pflegten, aber Bücher und Spaziergänge in freier Natur waren ihm doch noch übrig geblieben und das genügte ihm.

Schon aus der Zeit seines ersten Schulbesuches in Augs= burg liegen noch die Preiszeugniße vor, von denen ich eines der Curiosität halber hieherseze, indem ich bemerke, daß die= selben alle von der Hand des Schulmeisters zierlich auf Pa= pier geschrieben und mit einem Oblatensiegel des Lerers ver= sehen sind. Das erste Zeugniß lautet:

„II. Preis. I. Klasse. Herr Joseph von Hefner.
Aus der christlichen Lehre.

> Seit Pfingsten geht der junge Herr
> Zu mir hier in die Schule her
> Und nimmt sich aus dem Christenthum
> Ein wolverdientes Prämium.
> So lieben Sie dann junger Herr
> Auch künstighin die Christenlehr,
> Denn Adel ohne Christenthum
> Ist nur ein unverdienter Ruhm,

Hingegen edel seyn und handeln,
Und nach dem Christenthume wandeln,
In dem besteht des Adels Ehre,
So merken Sie sich diese Lehre,
Dann werden Sie ein edler Mann,
Den man im Staate brauchen kann.

(L. S.)   St. Martin den 6: Sept. 1806.“

Aus der Zeit seiner Gymnasialstudien in Augsburg erinnerte sich mein Vater noch lebhaft des Herzogs von St. Leu,
der einige Klassen unter ihm und ein raufluftiger Junge war,
den zur Vermeidung von Exzessen immer ein Diener in die
Klasse füren und abholen mußte. Als am 4. September 1862
das Studiengenossenfest zu Augsburg gefeiert wurde, war auch
dieser ehemalige Commilitone unter den Eingeladenen. Er
hatte es unter allen am weitesten gebracht, denn er war
Kaiser der Franzosen geworden.

Auf die Einladung seiner Mitschüler hatte Napoleon III.
freundlich dankend geantwortet und eine Kiste des besten
Champagners zum Feste geschickt. Aus mißverstandenem Na-
tionalstolz beschloß die Merzal der Versammelten, von diesem
Geschenke keinen Gebrauch zu machen, sondern dasselbe zum
Besten der Armen versteigern zu lassen, worüber sich mein
Vater noch in den lezten Tagen seines Lebens, denn er starb
acht Tage nach der Rückker vom Studienfest, von Herzen
grämen konnte und diesen Beschluß einen „richtigen Schwaben-
streich“ nannte. —

Als Joseph v. Hefner das Lizeum in München unter
Weiller und das philologische Seminar unter Thiersch,
für welche beide Männer er zeitlebens eine große Hochachtung
äußerte, absolvirt hatte, wurde ihm von Augsburg aus die
erste Anstellung i. J. 1825 als Hilfslerer an der Studien-

anstalt offerirt, er verzichtete aber darauf, weil er sich in
dieser Stadt wegen der Erinnerung an das unglückliche Ge=
schick seiner Eltern keinen angenemen Aufenthalt versprach, und
erhielt dafür, wie oben bemerkt, noch im selben Jare eine
Professur an der Studienanstalt in München. Das Jar
darauf (5. Februar 1826) hielt er Hochzeit mit meiner Mutter
Katharina Straub von Söflingen, Tochter eines Gutsbesitzers
bei Ulm und damaligen Eichtmeisters der Stadt Augsburg,
welche sich wie er dem Lehrfache gewidmet und in München
den Schuldienst=Concurs mit Auszeichnung bestanden hatte.

Was mein Vater als Philolog und Schulmann geleistet,
das ist noch in vieler Andenken. Hunderttausende sind nach
seinen „Elementarbüchern“ in der lateinischen Sprache gebil=
det worden und vielen meiner Leser werden die versifizirten
Regeln, wie

> „Viele Wörter auf ein u
> Sind von Natur schon mascula x. rc.“

noch in iren ältern Tagen zuweilen beifallen. In der deutschen
Sprache zog ihn namentlich die poetische Literatur an, und
er war von dem Geiste und dem Werte unserer Klassiker so
durchdrungen, daß er keine Gelegenheit versäumte, uns Kinder
auf die Schönheiten derselben aufmerksam zu machen. So
kam es denn, daß ich mit 7 und 8 Jaren aus dem schiller'schen
Wilhelm Tell, der Jungfrau von Orleans, dem Wallenstein
und anderen Stücken und Gedichten schon artig deklamiren
konnte und mich in unbewachten Augenblicken wol selbst hinter
eine Gartenhecke steckte, um Verse zu machen. In der Samm=
lung poetischer Deklamationsstücke „Blüthenkränze“ sind u. a.
auch ein paar Strofen kindlicher Deklamationen, „Otto und
Bertha“ überschrieben, zu lesen, welche der liebende Vater
eigens für mich und mein Schwesterchen gedichtet hatte.

Vom Jare 1838 an wendete sich Joseph von Hefner den literarhistorischen und später den archäologischen Forschungen zu, und auch in diesem Fache hat er, wie überall, durch seine Liebe zur Sache und seinen unermüdeten Fleiß Gutes, mitunter Vorzügliches geliefert. Dr. Nagler fürt in dem so liebreich und trefflich geschriebenen Nekrolog meines Vaters (Oberbayerisches Archiv, 25. Jahresbericht p. 220 ff.) im Ganzen 77 verschiedene gedruckte Werke größeren und kleineren Umfanges auf, darunter 62 historischen Inhaltes, und unter diesen wieder eines, das, wenn er auch sonst nichts edirt hätte, seinen Namen in der Literaturgeschichte unvergessen machen müßte: „Das römische Bayern". Seine letzte Arbeit (und er ante, daß sie es sein würde!) war eine Abhandlung über die römische Töpferei in Westerndorf bei Rosenheim, gedruckt kurz vor seinem Ableben 1862.

Wen es interessirt, von den Diplomen, Auszeichnungen, Orden und Medaillen zu lesen, die Joseph von Hefner von Akademien, Vereinen und auswärtigen Souveränen erhielt, den bitte ich, besagten Nekrolog zur Hand zu nemen. Derlei Anerkennungen ließen ihn übrigens ziemlich kül und er pflegte wol in vertraulicher Weise über die vielen „Titel one Mittel", die er habe, zu lächeln. Seine Sorge um Erziung der Kinder ließ ihn aber vorzüglich auf die Mittel dazu bedacht sein, deßhalb suchte er auch pekuniäre Vorteile aus seinen Arbeiten — und er arbeitete unermüdet! — zu zieen. Er verdiente und meine Mutter ersparte. So brachten sie beide es gegen das Ende irer Tage zu einer ziemlich sorgenlosen Stellung, weil sie genügsam waren. Unendlich mer wol hätte meinem Vater gebürt, wenn der Staat Bayern, dem er seine besten Kräfte als Schulmann durch 27 Jare, dessen Geschichte er seine übrige Zeit widmete, etwas erkenntlicher gewesen wäre.

Oft demonstrirte mir mein seliger Vater deßhalb, daß der Patriotismus ein undankbares Geschäft sei — ich wollte es nicht glauben, bis ich als Mann zulezt die Warheit dieses väterlichen Ausspruches nur zu gut einsehen lernen mußte.

„Sie haben", schrieb ihm Thiersch am 4. Februar 1838 auf seine Bitte, ihm den Hofratstitel zu verschaffen, „Sie haben sich leider seit einer Reihe von 12 Jahren überzeugen müssen, daß alle für Sie beantragten Anerkennungs= zeichen für Ihre unermüdeten Dienste ganz ohne Erfolg geblieben sind. Meine Ueberzeugung ist durch diese lange und unerfreuliche Erfarung so fest geworden, daß ich gar keine Aussicht habe, auch beim bringendsten Bewerben Ihren Wunsch in Erfüllung gehen zu sehen. Doch soll mich das nicht abhalten an gehörigem Orte die nöthigen Anfragen und Vorstellungen zu machen." — Klingt dieß nicht ser er= muntigend für einen Bayern, der seine besten Kräfte, sein Stre= ben und Leben dem Vaterlande geopfert hat?! Aber noch mer:

20 Jare verwaltete mein Vater die Stelle eines Ad= junkten des Hofrates v. Thiersch am Antiquarium in München unentgeltlich, ordnete mit einem musterhaften Fleiße die Sammlungen des Staates; hundertmale erhielt er von Thiersch die Versicherung, daß Niemand anderer als er, mein Vater, sein Nachfolger als Conservator dieser Branche der öffentlichen Sammlungen sein werde, aber als Thiersch wirklich mit Tod abgegangen war, sezte der Minister v. Zwehl einen jüngeren Mann an dessen Stelle und weder dieser noch der Minister kümmerten sich um die Entrüstung, welche eine solche Zurücksezung eines älteren hochverdienten Mannes unter allen Anständigen hervorrief. Da unternam es der Abge= ordnete Dr. Ruland in der Kammer bei Beratung des Budgets die Verdienste meines Vaters dem hohen Hause vor=

zutragen und in Gegenwart des Ministers das Unrecht zu
betonen, das man diesem Manne angetan. Die Kammer
stimmte darauf einmütig dem Antrage des Dr. Ruland bei,
„dem um das Antiquarium und dessen Ordnung
hochverdienten Professor Joseph von Hefner in
seiner Eigenschaft als Assistent dieser Sammlung eine 200 fl.
järlich betragende Remuneration zu gewären“. Diese Satis=
faktion war erend genug, um wenigstens den Schmerz der
vorangegangenen Kränkung etwas zu betäuben, sie hatte leider
wenig praktische Folge mer, da ir Vollzug fast mit dem Tode
meines Vaters zusammentraf. Dem Erenmanne Dr. Ruland
aber sei der Dank unserer Familie hier wiederholt gezollt. —

　　Welcher Menschenfreund sollte nicht schon in München
oder anderen größern Städten zuweilen mit Befriedigung den
woltätigen Einfluß beobachtet haben, den die Kleinkinder=
Bewar=Anstalten auf die Gesittung und Erziung der
Jugend unserer Arbeiterfamilien üben? Vielleicht hat hier
und da ein Schulmann oder Pfarrer, sicher aber haben hun=
derttausend von armen Müttern und Vätern den Nuzen dieser
Anstalten, welchen sie ire noch nicht schulpflichtigen Kinder
Tags über, wärend sie der Arbeit nachgehen, sorglos anver=
trauen, um sie Abends mit elterlicher Lust wieder an ir Herz
zu drücken, eingesehen — sicher hat dieser und jener schon das
Andenken des Urhebers dieser Einrichtung gesegnet, aber we=
nigen wird der Name dieses edlen Mannes bekannt geworden
sein. Ich spreche es mit Stolz aus: dieser Name ist Joseph
von Hefner und dieser edle Mann war mein Vater,
edler wol als viele, über deren Wappen neunperlige Kronen
schweben und Fürstenhüte.

　　Im Jare 1833 gelang es dem beharrlichen Streben mei=
nes Vaters durch eigene Mittel und anderen Woltäter Bei=

träge die erste derartige Anstalt in der Vorstadt Au zu gründen. Ich erinnere mich als Kind mit meinen Eltern diese Erstlings= frucht der Bemüung meines Vaters besucht zu haben. Es war ein großer Saal parterre in einem Gebäude, das unweit der Stelle stand, an welcher in späteren Jaren die W. Schwai= ger'sche Volksteater=Bude errichtet wurde. In dem Saale liefen ringsum niedere Bänke und an den Wänden waren eine Menge von auf Pappe gezogenen Thier= und Pflanzenbildern aufgehängt, die ich sogleich als die Kupfertafeln einer großen Naturgeschichte wiedererkannte, die ich in meines Vaters Bi= bliothek oft betrachtet hatte. Als die Sache im Gange war, trat v. Hefner zurück und überließ anderen sich nun vordrän= genden Herrn die ganze Angelegenheit, sammt der Ere. Er blieb jedoch selbst bis zu seinem Tode einer der monatlich geld= beitragenden Woltäter dieser e r s t e n Kleinkinderbewaranstalt in Bayern. Auch in seiner Vaterstadt hatte er im Früjare 1834 einen mit seinem Namen unterzeichneten öffentlichen Aufruf zur Gründung einer solchen Anstalt erlassen, ich weiß aber nicht, ob es damals schon von Folgen gewesen sei; h e u t z u = t a g e existirt wol keine nennenswerte Stadt Bayerns, ja Deutschlands, welche nicht diese segensreiche Einrichtung auf= genommen hätte.

Es wird nach Erzälung desjenigen, was Joseph v. Hefner als Beamter und als Mensch getan, kaum nötig sein hinzu= zufügen, daß er ein Mann von großer Herzensgüte war. Arbeitsam, dienstfertig und hilfreich bis zum Äußersten gegen Jedermann, aber vielleicht zu gutmütig und leichtglaubig, wurde er unzälige Male mißbraucht und wie das der Welt Sitte ist, hintennach dafür verspottet. Harmlos, bescheiden und artig pflegte er in Gesellschaft wolgelitten zu sein, und liebte es, die Anwesenden mit Berichten und Anekdoten aus seinen

Reifen, deren er auch viele größere, nach Venedig, Neapel, Paris u. a. O. gemacht hatte, zu unterhalten. Dieſelbe Harmloſig= keit umgab auch ſein häusliches Leben, und die Liebe zu ſeinen Kindern und Enkeln war rürend, herzlich und aufopfernd. Ich erinnere mich kaum zwei oder dreimal ihn zornig geſehen zu haben (obwol er bei acht Kindern wol hätte häufiger Ur= ſache haben können) und insbeſondere pflegte er den mitunter leidenſchaftlichen Ausbrüchen meiner Mutter, die ihm allzu große Nachſicht gegen ſeine Kinder oder wie ſie es zu nennen beliebte „Affenliebe" vorwarf, eine klaſſiſche Ruhe entgegen= zuſezen, wobei er ſich nur im äußerſten Falle zu den Worten verleiten ließ: Mit Leuten, die keine Logik im Leibe haben, kann man nicht disputiren!

Es war am 16. September 1862 Morgens 8 Ur, als mir in der Verſammlung der Germaniſten zu Reutlingen der damalige Vorſtand des Zentralvereins Graf Wilhelm von Wirtemberg ein eben an ihn gelangtes Telegramm über= gab, deſſen Inhalt an mich gerichtet war, und mich in kurzen Worten benachrichtigte, daß „Papa heute Morgens 4¼ Ur geſtorben ſei". Ich überlaſſe es dem Leſer meinen Schrecken ſich auszumalen. Ich hatte den Vater, mit herzlichen Grüßen von ihm an alle Bekannte beladen, die ich in Reutlingen tref= fen würde, an Lindenſchmidt, Paulus, Habel u. ſ. w., wol und munter Tags zuvor in München verlaſſen — und nun dieſe Botſchaft! Als ſie unter den Anweſenden ſich ver= breitete, erfur ich das ungeteilteſte Beileid und man widmete den Verbienſten meines Vaters um die Wiſſenſchaft die erenb= ſten Worte. Noch am ſelben Tage trat ich in München in das Zimmer meiner in Schmerz aufgelöſten Mutter, und zwei Tage darauf begleitete eine zalreiche Menge von hochanſen= lichen Perſonen die Leiche meines lieben Vaters zu Grabe.

Jezt, da er todt war, gab es nur eine Stimme: Wir haben einen vortrefflichen Mann verloren!

Meine Mutter überlebte dieß Ereigniß nur ein halbes Jar. Sie gieng am 25. Februar 1863 Morgens 5½ Ur in den Armen irer Schwiegertochter hinüber. Sie war eine ser gebildete, mit großem Verstande ausgerüstete Frau, die ir Glück in häuslichem Wirken fand, obwol sie in den ersten Jaren irer Vermälung auch als Vorsteherin eines, namentlich von den Töchtern hörer Stände viel besuchten, Erzieungs= institutes sich einen Namen gemacht hatte.

Von acht Geschwistern war ich das älteste, jezt bin ichs unter dreien, die fünf andern hat die Natur schon abgefordert. Am 18. Januar 1827 geboren, erinnere ich mich noch die Jarzal 1832 auf meine Schulhefte geschrieben zu haben. Anno 1838 absolvirte ich die Lateinschule, da ich aber erst nur eilf Jare alt war, wurde mir die Aufname ins Gimna= sium versagt und ich besuchte daher nochmals ein Jar die Volksschule, um im Deutschen mich zu befestigen. Mit 12 Jaren bestand ich die Prüfung ins Gimnasium, mit 16 Jaren kam ich auf die Universität. Den Gimnasialprofessoren Beil= hack, Schwarz und Worlitschek beware ich noch immer ein achtungsvolles Andenken. Mit Beilhack traf ich als Mann später noch oft in Gesellschaft zusammen und habe ihn immer geistreich und liebenswürdig gefunden. Schwarz, seines Zeichens ein Canonikus, ein gar braver väterlicher Lerer, ist längst, leider auf eine schauderhafte Weise, gestorben. Zwei junge Bursche, deren Namen ich der Nachwelt zu überliefern nicht für nötig halte, überfielen den alten Herrn eines Sonn= tag Morgens in seinem Zimmer, schnitten ihm mit einem Ra= sirmesser die Kele ab und flüchteten sich, nachdem sie alles

Wertvolle geraubt hatten. Der eine dieser Bursche blutete
auf dem Schaffot, der andere sizt lebenslänglich im Kerker.

Man mußte damals auf der Hochschule zwei Jare Phi=
losophie hören. Ich gedachte die nicht ser anstrengenden Stu=
dien mit denen des Baufaches an der politechnischen Schule
vereinen zu können, ließ mich also auch immatrikuliren und
machte wirklich die vorgeschriebenen 5—6 Semestralexamina
zur Zufriedenheit mit, obwol ich wegen der großen Entfernung
zwischen den Lokalen beider Leranstalten die Collegien an der
Universität nur spärlich besuchen konnte. Im zweiten Seme=
ster des zweiten Jares entdeckte unser damaliger Rektor am
Politechnikum, Dr. Reindl, welcher zugleich Universitätsspro=
fessor war, diese Doppeleigenschaft als Eleve und Student
in einer Person, und nun mußte ich von Seiten beider Rek=
toren die herbsten Vorwürfe hören, daß ich es wagte, zwei
Schulen auf einmal absolviren zu wollen! Der erstere, Reindl,
erklärte das philosophische Studium als eins „mit dem Sie
keinen Hund vom Ofen locken", der andere, Dr. Döllinger,
war weniger heftig, meinte aber doch, ich verdiente, daß mir
auch die früeren „erschlichenen Semester" gestrichen würden.
So war es anno $^{18}/_{..}$ in Bayern. Heutzutage herrscht doch
ein etwas liberalerer Geist. Insbesondere war die politech=
nische Schule damals (und noch bis in die neuesten Jare) ein
ausgemachter Zwitter. Man könnte sagen, es sei eine plan=
lose Anstalt gewesen, wenn nicht so viele Pläne innerhalb irer
Säle fabrizirt worden wären. Die Eleven wurden wie Schul=
knaben behandelt, alle Stunden verlesen oder mußten sich in
Präsenzlisten einschreiben, Sonntags die Kirche unter Aufsicht
eines Professors besuchen, vierteljärlich beichten u. s. w. Dieß
fiel zwar den Knaben, die aus der Gewerbschule gekommen
waren, nicht besonders schwer, für uns aber, die wir acht Jare

Humaniora studirt hatten, war die Behandlung von Seite vieler Professoren mitunter empörend. Den ärgsten Schulmeister spielte der in den jüngsten Tagen erst verstorbene Professor, spätere Rektor der Anstalt Dr. Alexander. Dagegen könnte ich den Professoren Kaiser (Chemie), Metzger (Architektur), Bauernfeind (Ingenieurwesen) nur Rümendes nachsagen. Sie erten sich selbst, indem sie ire Zuhörer erten. Möge der Himmel sie dafür mit einem langen Leben segnen!

Ich darf erwänen, daß ich wärend meiner Studienjare nie zu den mittelmäßigen, sondern immer zu den bessern und besten Schülern gehörte. Die gedruckten Cataloge geben hiefür die Beweise. Nur den rein mathematischen Fächern als Differenzial, Integral, analytische Mechanik u. s. w. konnte ich nie einen Geschmack abgewinnen. Dagegen arbeitete ich mit warer Lust in der Architektur, Chemie, Physik und im Ingenieurfach. Im Jare 1847 war der theoretische Konkurs, den ich bei einem Haar nicht bestand. Dieses Haar war wieder gedachter Professor A., der bei dem Consilium nach der mündlichen Prüfung (in welcher bekanntlich 8—9 Professoren in zwei Stunden mer fragen können, als achthundert Candidaten beantworten) bei Gleichheit der Stimmen zu meinem Ungunsten sich aussprach mit den Worten: Er ist jung genug, er soll's nur nochmal machen! Dieses Votum entschied. Ich muß mein mündliches Examen demnach wol schlimm bestanden haben, ich erinnere mich nur noch, daß ich durch verschiedene kniffige Fragen zuletzt ganz becontenancirt worden war. Meine schriftlichen Arbeiten aber konnten nicht übel gewesen sein, weil mein Freund und Nachbar, dem ich sie zum Abschreiben gelieen hatte, den Konkurs bestand. Der Pedell und allseitige Vertraute, der das Consilium belauscht

hatte, machte, als ich fort war, zu meinen Commilitonen
noch die kluge Bemerkung: Ich hätt' es ihm im Voraus sagen
können, warum hat er auch einen grünen Frack angezogen.
In der Tat trug ich (in Ermanglung eines normalen Schwal-
benschwanzes) einen damals modernen sogenannten Salonfrack
mit Metallknöpfen und mußte noch lange Jare von meinen
Commilitonen den Spott hören: Warum hast du auch einen
grünen Frack gehabt.

An so kleinen Dingen hängt zuweilen der Entscheid des
Lebens. Ich konnte mich nicht entschließen, das Examen nochmals zu machen, ich hatte wärend 14 Studienjaren nie repe-
tirt und war zu stolz, dieß im lezten zu tun. Vielleicht wäre
es besser gewesen, ich hätte es getan. In diesem Falle hätte
die Welt jezt möglicherweise einen Sektionsingenieur mer,
aber einen Antiquarius weniger; ich überlasse es dem Leser,
hier die Gelegenheit zu einem billigen Wize zu benüzen. —

Ich ging nun auf die Universität zurük und vollendete
meine philosophischen, hörte auch juristische Collegien. Vielleicht wäre ich noch Advokat geworden (wozu meine liebe
Frau bei mir die trefflichsten Anlagen bemerkt haben will),
wäre nicht das Jar 1848 gekommen, das mich mit seinem
Jubel und Trouble aus allen Studien herausriß. Damals
exerzirte ich an der Seite von Erzellenzen und Kesselschmieden
als Landwerfreicorpsmann, manövrirte, patrouillirte und hätte
mich für's Vaterland auch todtschießen lassen. Nachdem die
Geschichte aber ein Jar lang gedauert hatte und der deutsche
Hase die Löffel, die er einige Zeit verborgen gehalten hatte,
wieder hervorstreckte, erschien mir plözlich die ganze Komödie
recht öd und langweilig, und ich griff mit vollen Händen darnach, als in München ein Verein von einigen und 300, meist
verheurateten und durchweg erenhaften Männern (Gewerbs-

leuten, Künstlern, Beamten und Arbeitern) sich bildete, mit
der Absicht, in Amerika sich eine neue Heimat „fern von dem
alten rostigen Deutschland, seiner Polizei und seinen Tyran=
nen", wie die Phrase lautete, zu gründen.   Ich machte da=
mals mit meiner Reiselust den guten Eltern vielen Kummer,
sezte es aber doch durch und kam im Frühjare 1849 über
Paris nach Havre und von dort nach Neuyork.

Was ich in den anderthalb Jaren meines Aufenthaltes
in den vereinigten Staaten gesehen und erlebt, das habe ich
in einem (bei A. Becher in Stuttgart 1852) erschienenen
Büchlein „Leiden und Freuden in Amerika", welches merere
Auflagen erlebte, geschildert; auch correspondirte ich von Phi=
ladelphia, Milwaukee, St. Louis u. s. w. aus fleißig in die
Augsburger „Allgemeine", sowie in die Leipziger und Londoner
„Illustrirte" und in die „fliegenden Blätter".

Wol dankte ich Gott, als ich im Spätsommer 1850 meine
Eltern und Geschwister wieder umarmen konnte, wol wünschte
ich niemals mer nach dem gelobten Lande zurückzukeren, aber
dennoch war die Zeit, die ich jenseits des Oceans zugebracht
hatte, für mein weiteres Leben von großem Gewinne.   Ich
habe gelernt s e l b s t s t ä n d i g zu sein und auf Niemands Hilfe
mich zu vertrösten, ich habe gelernt, daß A r b e i t, heiße sie wie
sie wolle, keine Schande bringe, ich bin aber auch in der Ueber=
zeugung befestigt worden, daß ein Leben one h ö e r e s g e i s t i g e s
S t r e b e n, ein Leben nach bloß materieller Richtung, eines
Menschen unwürdig sei, ich habe endlich gefunden, daß dies soge=
nannte V o l k drüben wie herüben ein schwankendes Ror, ein
willenloses Spielzeug in den Händen der Mächtigen sei, moch=
ten diese nun Geld oder Gewalt heißen.   S o l c h e Erfarungen,
wenn sie im L e b e n, nicht in Büchern, gemacht werden, ha=
ben auch fürs Leben einen reellen Wert.

Im Herbste nach meiner Rückkunft war eine historische Preisfrage von der philosophischen Fakultät in München gegeben worden: „Geschichte der Regierung Herzog Albrecht IV. von Bayern". Dieß schien mir ein willkommener Anlaß, mich in dem Fache der Geschichte wieder umzutun. Ich war darin kein Neuling. Von Jugend an durch das Beispiel meines Vaters in der Liebe zu allem Schönen herangebildet, teilweise dessen Hilfsarbeiter, immer aber dessen Begleiter bei historischen Erkursionen, habe ich schon als Knabe mich in solchen Dingen versucht. Ich war Schüler der zweiten Gimnasial= klasse und 13 Jare alt, als ich zum Vorstand eines unter uns gebildeten historischen Vereins, dem wir den stolzen Namen „Verein für christliches Mittelalter" gegeben hatten, gewält wurde. Unsere Aufgabe bestand darin, aus Beiträgen der Mitglieder eine Zeitschrift herauszugeben.

Dieß gescha wirklich. Die Heftchen wurden autographirt (wobei es sich ereignete, daß gleich der erste Litograph, ein Schwei= zer, den Hrn. Vorstand hinter's Licht fürte, indem er nach Vorausempfang der Kosten sich unsichtbar machte), mit, von mir selbst komponirten und gravirten, Titelbildern versehen und an die Mitglieder verteilt. Es erschienen 3—4 Heftchen, von de= nen ich selbst keines mer besize, da ich das einzige complete Erem= plar dieses Curiosums auf Wunsch der kgl. Staatsbibliothek übergab. Unter den Mitarbeitern und resp. Mitgliedern erinnere ich mich noch eines Hrn. v. S ch l e i t h e i m, eines gewissen K a i= s e r, von dessen Schicksalen ich nichts weiter weiß, und des Hrn. Jakob G r o ß, welcher jezt Zollbeamter in Wegscheid ist, und mit dem ich noch immer in freundlichem Briefwechsel stehe, da er dem Stubium der Geschichte auch als Mann treublieb. Insbesondere war es die Genealogie und Heralbik, welche

mich mächtig anzog, und die zuerst Spielerei, jetzt mein ern=
ster Lebensberuf geworden ist.

Anno 1848 wurde ich Mitglied des h i s t o r i s c h e n Ver=
e i n s von Oberbayern, und veröffentlichte in dessen Zeitschrift
„Oberbayerisches Archiv" 1849 meine erste größere Arbeit
„die Siegel und Wappen der Münchener Geschlechter". Der
Stoff fürte mich auf das Feld der Stadtgeschichte von München,
und da mir der damalige Bürgermeister Jakob v. B a u e r (ge=
legentlich bemerkt ein vortrefflicher Mann) die Durchsicht des
Restes der alten Registratur, welche oberhalb der städtischen
Fleischbank aufgespeichert war, gestattete, so fand sich bald Ma=
terial genug, um einige weitere Abhandlungen „München zur
Zeit Kaiser Ludwigs des Bayern" und „Originalbilder aus
der Vorzeit Münchens" vom Stappel zu lassen.

Ich komme nochmals auf die sogenannte Fleischbankregi=
stratur zurück. — Ein paar Jare ehevor ich zu irer Durch=
sicht gelangte, hatte der betreffende Magistratsrat für zweck=
mäßig befunden, dieß Papier als Makulatur zu verwerten.
Um recht sicher zu gehen, beauftragte er einen Vertrauens=
mann, den Tapezirer H. die Acten zu mustern und das Wert=
vollere zurückzulegen. Dieser H. verfolgte nun, wie mir der
alte Ratsdiener Achleitner oft erzälte, den praktischen Weg,
daß er alles, „was man nicht mehr lesen" konnte, unbedingt,
von dem übrigen aber alles was „zusammengeschmiert" war,
dem Untergange widmete. Auf diese Weise gelangten gerade die
ältesten Rechnungen, Saalbücher und Correspondenzen zent=
nerweise in die Hände der Krämer und Käsehändler. Einer
der ersteren machte meinem Vater das Offert, er solle für mich
und für den historischen Verein aussuchen, was ihm gut dünke.

Mit Freuden empfing ich diese Botschaft und schon des=
selben Tags war ich daran mir eine erkleckliche Masse von

Dokumenten, namentlich solche mit Siegeln, auszumustern, wärend mein Vater die in Pergament gebundenen Kammer= rechnungen der Stadt von 1327—45 für den historischen Verein in Beschlag nam, wo sie heutzutage noch zu sehen sind und mir und andern Forschern schon reiche Ausbeute geliefert haben. Auch bei anderen Krämern forschte ich nach und war so glücklich in den Käseläden unter dem Rathhause wieder einige und 30 Pfunde nach und nach zu dem Makulaturpreise zu acquiriren. So legte ich damals den Grund zu einer Ur= kundensammlung, die seitdem zu mehr als 1000 Stücken an= gewachsen ist. Es war aber hohe Zeit gewesen, daß diese Sachen beseitigt wurden, denn wenige Tage darauf kam der da= malige Regierungsrat v. Braunmühl, bei Gelegenheit eines Einkaufes auf diese alten Urkunden und ire Heimat und ver= anlaßte sofort eine Rüge an den Magistrat, die deutlich ge= nug gewesen sein muß, weil plözlich alle die Papiere wieder aus den Läden verschwanden. Ich muß übrigens bemerken, daß meines Wissens die Stadt damals schon iren eigenen besoldeten Archivar hatte.

Ich komme wieder auf die Preisfrage zu sprechen. Mit allem Eifer warf ich mich sofort ins Geschirr, erwirkte vom kgl. Ministerium die Erlaubniß zur Benüzung des Archives und arbeitete meine Abhandlung fast ganz aus ungedruckten Ur= kunden. Nach etwa einem halben Jare konnte ich das Ma= nuscript unter den vorgeschriebenen Bedingungen bei der Fakultät einreichen. Man riet mir, den Herrn Geschichtsprofessoren Besuche zu machen, ich tat es, obwol mir scheinen wollte, die „Anonimität" sei dadurch etwas alterirt. Bei diesen Besuchen bekam ich mitunter pikante Bemerkungen zu Gehör, wie denn z. B. der Professor Neumann mir one weiteres erklärte, er verstehe nichts von bayerischer Geschichte, habe zwar über solche ein Colleg gelesen, aber das wolle nichts beweisen. Er habe übrigens an meiner Arbeit nur eines auszusezen, es sei irgendwo darin ein Sprachfeler, nemlich Abentheurer statt Abenteurer zu lesen. Zwei Jare später passirte merkwürdigerweise dem Herrn Professor das selbst, was er an mir getadelt hatte, denn in seinem Schriftchen „Schiltbergers Reise in den Orient" ist klar und wiederholt „Abentheuer" zu lesen. Am verständigsten und eingehendsten lauteten die Urteile des alten Professors Buchner (des Herausgebers der bayerischen Geschichte) und des Direktors Rubhart, zweier Männer, welche selbst etwas Ordentliches geleistet hatten und also den Wert einer historischen Arbeit schäzen konnten.

Am 26. Juni 1852 fand sich ein Anschlag am schwarzen Brett, aus welchem ich erfur, daß ich noch einen Concurrenten gehabt hatte, dessen Namen ich jedoch bis heute noch nicht kenne, und daß wir b e i d e, um keinem wehe zu tun, des Preises unwürdig erklärt, dagegen mit dem Accessit belont worden seien. Die Preiskrönung hätte eine tarfreie Promotion mit sich gebracht, das Accessit gab eine solche gegen Bezalung in Aussicht!

Ich wiederhole, daß ich damals kein Neuling in der Geschichtschreibung mer war, und berufe mich in Bezug des W e r t e s meiner Abhandlung „Albrecht IV." auf diese Abhandlung selbst, welche im oberb. Archive Bd. XIII. S. 227 — 312 gedruckt ist. Ich bemerke ferner, daß es sachgemäß nicht möglich war, die Urkunden und Akten des Reichsarchives (dessen Benüzung ich im Eingang erwänte) jedesmal nach Faszikel und Nummer anzuführen und daß ich, wo Originalien vorlagen, doch nicht gedruckte Werke zitiren konnte, ich bemerke ferner, daß die Preisfrage an C a n d i d a t e n d e r P h i l o s o p h i e gestellt war, die also weder in historischen Studien noch in Schriftstellerei besonders gewandt sein konnten, und nun erlaube

ich mir, einen Auszug aus dem Anschlage am schwarzen Brette
zu inseriren, aus welchem der sachkundige Leser ersehen möge,
welche hohen Ansprüche die Fakultät an ire jungen Candidaten machte und mit welch geschraubten Phrasen sie ihr
herbes Urteil verbarg. Meine Abhandlung trug das Motto:
historia vitae magistra.

Erklärung der philos. Facultät „die eingelaufenen Preis-
schriften betr."

„— — die Fakultät hätte ein genaueres Eingehen
gewünscht, in die damaligen Verfassungs-Zustände des deutschen Reichs und insbesondere Bayerns.

„In Bezug auf leztere wäre von den Bestandtheilen der
bayr. Landschaft — (die vorher getrennten Landschaften der
einzelnen bayr. Lande waren in Eine, allen Theilen Bayerns
gemeinschaftliche Landschaft vereinigt worden) — von deren
collectiven und persönlichen Rechten, deren Competenz und
Geschäftsordnung zu handeln gewesen, und zwar im Ge-
genhalte mit den damaligen Verfassungszuständen des
Reichs. Die politischen Beziehungen der vornehm-
sten deutschen Fürsten zu einander und zum Reichs-
Oberhaupt und umgekehrt dessen Stellung zu diesen lagen im
Kreise der Aufgabe.

„Obgleich nun beide Abhandlungen einen sehr guten Willen und rühmlichsten Fleiß beurkunden, so haben sie sich doch
ihrer Aufgabe in der oben bezeichneten doppelten Richtung
dem Programm gemäß nicht bemächtigt — sie sind vielmehr
bei dem ersten Theile der Aufgabe stehen geblieben.

„Die Abhandlung mit dem Motto „Historia vitae magistra" empfiehlt sich durch eine freiere Darstellung, jene mit
dem Motto „nil jucundius vel utilius u. s. w." in materieller Beziehung, da sie auf nicht weniger, als 87 Folio-

bogen eine Menge Thatsachen, die dem Verfasser wichtig er=
schienen, aus vorhandenen Druckwerken zusammenstellt.

„Während die Fakultät diesen großen Fleiß und die Benü=
zung vieler, jedoch nicht aller zugänglichen Quellen — (welche
z. B. dem Verfasser der Abhandlung „Historia u. s. w." nicht
vollständig genug bekannt waren) — rühmend anerkennt, darf
sie doch nicht absehen von der eigentlichen Aufgabe des Histo=
rikers, welche dahin geht, aus der Masse zahlreicher, oft be=
deutungsloser Begebenheiten und Ereignisse, das Wesentlichste
und Folgenreichste hervorgehoben werde (NB. hervorzuheben)
um ein Bild von dem handelnden Fürsten, von seinen Be=
strebungen und eine Darstellung der Zeit nach den verschiede=
nen Richtungen staatlicher, religiöser und bürgerlicher Be=
ziehung zu geben. Sie sieht sich daher nicht in der Lage, die
eine oder andere der beiden Abhandlungen als des Preises
würdig zu erklären, wol aber erkennt sie beiden das
Accessit, eine rühmliche Annäherung an jenes noch nicht
erreichte Ziel zu, und will durch eine ehrenvolle Erwähnung ire
anerkennende Theilname an dem Fleiße und dem lobenswerthen
Streben der Bewerber zur öffentlichen Kenntniß gebracht
wissen."

Ich schickte die Abhandlung sofort an die Universität
Freiburg im Breisgau, von welcher ich, unter anerken=
nendstem Begleitschreiben des dortigen Geschichtsprofessors
Dr. Baumstark, am 24. Juli desselben Jares 1852 das
Doktordiplom summa cum laude erhielt. —

Im Frühjare 1853 besuchte mich der Buchhändler Julius
Merz von Nürnberg (Inhaber der Firma Bauer und Raspe)
und verabredete mit mir die Herausgabe eines großen Wap=
penwerkes mit Text, welches denn auch unter dem Titel „J.
Siebmacher's großes und allgemeines Wappenbuch, in einer

neuen Auflage mit hiſtoriſchen, genealogiſchen und heraldiſchen
Erläuterungen, herausgegeben von Otto Titan von Hefner"
lieferungsweiſe erſchien, und zwar bis zur 66. Lfg., wo es
durch einen Zwiſchenfall, dem bald darauf der Tod des Ver-
legers folgte, abbrach und nun leider unvollendet iſt, da die
Firma fallirte und ein Nachfolger ſich nicht fand. Der Ver-
ſuch, es durch einen andern, den Buchhandlungscommis Gren-
ſer fortſezen zu laſſen, mißglückte ſchon bei der zweiten Liefe-
rung, und ſo iſt dieß Werk, an welches ich meine beſten Jare
(von 1853—64) und meinen größten Fleiß verwendet hatte,
leider ein torso, wenn nicht vielleicht die Umſtände ſich ändern
und der Verlag des ſo koſtſpieligen Werkes in die Hände
einer Buchhandlung übergehen ſollte, mit der ſich auf ſoliber
Baſis anknüpfen ließe. Ich kann hier dem Leſer gegenüber
nur die Verſicherung geben, daß die Schuld der Unterbrechung
weniger an mir als an ziemlich unlautern Motiven von anderer
Seite gelegen war, und daß ich, nachdem der Tod dazwiſchen
liegt, gerne bereit bin, nach Sachlage das noch felende (circa 30
Lieferungen) zu liefern und dadurch dieß größte aller ſeit Beſtehen der Buchdruckerkunſt erſchienenen genealogiſch-heraldiſchen
Werke auch als ein Ganzes zu hinterlaſſen.

Die erſten Jare, welche ich mit Bearbeitung dieſes Werkes beſchäftigt war, zeigten mir deutlich, wie viel zu erſtreben
ſei, und es koſtete die Stunden nicht blos der Tage, ſondern
auch der Nächte, um das Material zu dieſem Rieſenunterne-
men herbeizuſchaffen, kritiſch zu ſondern und zum Drucke zu
befördern. Ich hatte mir in Folge dieſer nahezu unmenſch-
lichen Anſtrengung ſchon im Jare 1854 eine nervöſe Krankheit zugezogen, über welche zwar der junge kräftige Körper
wieder ſiegte, die ſich aber dennoch aus gleichen Urſachen
12 Jare ſpäter in weit ſtärkerem Grade wieder einſtellte.

Dießmal hatte ich mer als acht Monate daran zu laboriren und nur die Enthaltung von aller Arbeit und eine, für den an Tätigkeit Gewönten doppelt peinliche, absolute Nichts= tuerei brachte die erregten Nerven endlich wieder zur Ruhe. Ich war dadurch zulezt geistig und körperlich so deprimirt ge= worden, daß sich in mir die fire Idee feststellte, ich würde nie mer arbeitsfäig werden; die Aerzte selbst (was übrigens nicht maßgebend ist) gaben mich für verloren. Der „Antiquarius" war die erste größere Arbeit, die ich nach meiner Genesung 1866 wieder in die Welt schicken konnte, möge sie nicht die lezte sein!

Selbstverständlich müssen einem Autor, der ein so um= fassendes Werk, wie mein Wappenbuch zu bearbeiten übernimmt, nachgerade die Mängel wie die Schönheiten seiner Wissenschaft und Kunst mer als irgend anderen Leuten vor's Auge treten und es wäre geradezu unbenkbar, daß ein Mann, der sich 25 Jare einem Spezialfache widmet, darin nicht zu einer un= gleich höeren Stufe der Einsicht und Erfarung gelangen sollte, als derjenige, der nur Dilettant oder Abspirant in diesem Fache ist.

Wenn ich also bei Herausgabe meines großen historisch= heraldisch=genealogischen Werkes mit den Wappen, den Siegeln und den Briefen von vielleicht 80,000 Familien, Körperschaf= ten ꝛc. aller Nationen bekannt werden, wenn ich diese alle nicht nur kopiren, sondern auch kritisiren, blasoniren und endlich stilisiren mußte, so könnte man wol unparteiisch mir einige Praris und einiges Urtheil in diesen Sachen zugestehen. Leider aber hat mein Fach seit lange das Mißgeschick, zum Tummel= plaze großer und kleiner Kinder und zum Versuchsfeld des Dilettantismus dienen zu müssen, so daß sich Männer der Wissenschaft bisher nahezu gescheut haben, diese Dißziplin

einer näheren Untersuchung zu würdigen. Hieraus ist der ver-
schrobene Standpunkt, den die Heraldik und ire Ergänzungs-
wissenschaften, die ich alle zusammen die Adelswissenschaft
nenne, bisher einnamen, erklärlich und auch der Grund, warum wir an keiner Hochschule einen Lerstul für diese Wissenschaft besizen.

Als ich nach dem Erscheinen der ersten 16 Lieferungen des
Wappenbuches mit meinen „Grundsäzen der Wappenkunst"
1855 hervortrat, erntete das Buch auf vielen Seiten großen
Beifall, bei Vielen aber auch Gift und Galle. Freilich war
darin die Haltlosigkeit der Theorien früerer Heraldiker und die
kindische Spielerei, die mit den Wappen getrieben wurde,
ziemlich schonungslos gegeißelt, allein das Buch war ein Dan-
brecher, und diese müssen bekanntlich immer massiv konstruirt
sein, wenn sie iren Zweck erfüllen sollen.

Seit dieser Zeit habe ich der Vervollkommnung meiner
Wissenschaft alle Kräfte gewidmet, und die gewonnenen Re-
sultate von Zeit zu Zeit wieder publik gemacht. Das „Handbuch der theoret. und prakt. Heraldik" 1863 ist der Aufgabe näer
gerückt, doch felt ihm noch (obwol es als das entschieden beste
aller bisher erschienenen Lerbücher der Heraldik von der Kritik
anerkannt ist) Manches zur absoluten Vollkommenheit. So
viel aber geben auch meine entschiedensten Gegner zu, daß
durch meine Arbeiten die Adelswissenschaft in irer bisherigen Auffassung vollkommen umgestürzt und in eine neue selbst-
ständige Richtung gedrängt worden ist.

Am Abschluß aber stehen wir noch lange nicht, und der
Ausspruch eines nordischen Historikers, so paradox er klingt,
möchte nicht one sein, daß die Heraldik erst dann zur absoluten Vollkommenheit gelangen könne, wenn es keinen
Adel und keine Wappen mer gibt.

Ich schweige von den unzäligen Briefen, welche ich seit Betreten meiner Autorenbahn, insbesondere wärend der Herausgabe des oftgedachten Werkes erhielt, und erwäne nur, daß die Merzal höchst egoistischen Inhalts war und nur die verschwindende Minderheit der Briefe uneigennüzige Beiträge enthielt. Die erstere Sorte begann regelmäßig mit Weirauchwolken, die mir, der ich die Schmeichelei gründlich hasse, gar oft die Luft des Zimmers und den Appetit verdarben. Was soll ich erst von denjenigen Zusendungen sagen, welche umfangreiche Manuscripte enthielten, begleitet von der Bitte, sie durchzugehen „und dem hochschäzbarsten Urteile zu unterbreiten", oder welche Recherchen von ungeanter Ausdenung über irgend eine Familie oder Person sich erbaten mit der Zusicherung „unbegränzter Hochachtung und Dankbarkeit". Rechnet man dazu noch die vielen Besuche mit mündlichen Anliegen, so darf man wol glauben, daß meine Dienstfertigkeit und meine Zeit gewiß hinreichend mißbraucht worden seien. Da aber weder ich noch andere von „Hochachtung und Ergebenheit" leben können und ich in Amerika das time is money oft genug gehört und erprobt hatte, ersann ich nach jarelanger Geduld endlich ein Mittel, diesen indiskreten Zumutungen in anständiger Manier auszuweichen. Ich legte der kgl. Regierung den Plan zur Gründung einer wissenschaftlichen und künstlerischen Anstalt vor, welche die Aufgabe haben sollte, unter meiner Leitung und Verantwortlichkeit Arbeiten, Anfragen und Aufträge genealogisch-heraldischer Richtung gegen festgesezte Taren zu erledigen. Diese Anstalt sollte den Namen: Heraldisches Institut füren und dieser auch als Firma in das Firmenregister eingetragen werden. Unterm 19. Juni 1861 erfolgte die kgl. Genemigung in Anbetracht meiner bisherigen Leistungen auf diesem Gebiete und in Berücksichtigung

des Nuzens, der durch ein ſolches Inſtitut dem Publikum ent=
ſtehen werde.

Dieſes „Heralbiſche Inſtitut", mit welchem ich ſpäter einen
Verlag und eine lithographiſche Anſtalt verband, aus welchen
u. a. die Prachtfarbendruckwerke „die Wappen der bayeriſchen
Städte" und das „Originalmuſterbuch", auch viele kleinere
Bilder, wie der Gegentitel zu dieſem Buche, der Titel zu
v. d. Netten's Geſchichte von Geldern u. ſ. w. hervorgegangen
ſind, und welches durch einen Commiſſionär in Leipzig mit
dem deutſchen Buchhandel in Verbindung ſtet — dieſes In=
ſtitut hat in wiſſenſchaftlicher und künſtleriſcher Beziehung be=
reits ein ſolches Renommée erlangt, daß ich — und darüber
können die gewiſſenhafteſt geſürten Geſchäftsbücher die Beweiſe
liefern — mit Recht ſagen kann, es gäbe keinen Weltteil, der
von ziviliſirten Nationen bewont iſt, aus dem nicht ſchon An=
fragen und Aufträge eingelaufen ſeien. Behörden wie Pri=
vate wenden ſich mit gleichem Vertrauen an dasſelbe und es
iſt in den allermeiſten Fällen auch gelungen, die geſtellte Auf=
gabe befriedigend zu erledigen. Freilich werden mitunter An=
fragen und Verlangen geſtellt, deren Beantwortung und Erfül=
lung außerhalb der Kräfte der Möglichkeit ſtehen, und nament=
lich belieben gar Manche ſich erſt dann an das heraldiſche Inſtitut
zu wenden, wenn ſie zuerſt alle Archive und Bibliotheken be=
reits abgeſtapelt haben, um dann für einen ganzen Thaler
noch einen Wagen voll unentdeckter Neuigkeiten zu verlangen.
Ich muß es der Warheit zur Steuer bekennen, daß der A b e l
mit wenigen Ausnamen (und je höher deſto eber) pekuniäre
Opfer ſcheut und gerne mit Artigkeiten bezalen möchte, wärend
der B ü r g e r ſt a n d in dieſer Beziehung ſich ungleich verſtän=
diger und reeller erweiſt; ich habe daher auch ſeit Beſtehen
des Inſtitutes ein hauptſächliches Augenmerk darauf gerichtet,

die Sammlungen authentischer Wappen bürgerlicher Familien und Ursprungsnotizen derselben aus Urkunden, Siegeln, Grabsteinen ꝛc. zu vervollständigen. Läge es aber in meiner Macht, Wappen- und Adelsbriefe zu erteilen, so würde ich in meinem Einkommen mit keinem Staatsrat tauschen. Immerhin halte ich es für eine Erensache, daß das Heraldische Institut nach Kräften dem Unfuge steuere, der zum Schaden der historischen Wissenschaft unserer Nachkommen von unwissenden oder gewissenlosen Wappenmalern und Siegelstechern getrieben wird, indem sie beliebige gleichlautende adeliche Wappen one Weiteres den bürgerlichen Familien als ire „Stammwappen" oktroiren und inen gelegentlich noch den Span in den Kopf sezen, sie seien von Adel und es läge nur an inen, dieß geltend zu machen. — Indem ich schließlich noch erwäne, daß das Institut auch auf künstlerischer Seite zur Verbesserung des Geschmackes in heralbischen Produkten auf Siegeln, Denkmälern, Lurusgegenständen, Damenarbeiten u. s. w., sowie zu historischen Gemälden ꝛc. schon unendlich vieles geleistet hat, indem es stil- und regelrechte Entwürfe lieferte, erlaube ich mir, mich auf das beigegebene gedruckte Programm desselben zu berufen und insbesondere einer erenvollen Würdigung, welche den Leistungen des Heraldischen Instituts in den „Mittheilungen der k. k. Central-Commission in Wien" 1866 aus des Feber des sachkundigen Hrn. E. v. Franzenshuld gezollt worden ist, dankbarst zu gedenken. —

Ich muß zur Vervollständigung meiner schriftstellerischen Laufban noch bemerken, daß ich keineswegs blos auf dem Felde der Heralbik und Genealogie gearbeitet, obwol das, was ich hier getan habe, genügte, ein tätiges Menschenleben auszufüllen, ich habe nicht nur in viele Zeitschriften historische, kritische und belletristische Aufsäze geliefert, sondern auch selbst

einmal ein politiſches Blatt, den „Münchener Omnibus“ herausgegeben, wobei ich nicht blos gewonnen, ſondern auch verloren habe — v e r l o r e n: mein gutes Geld und g e w o n n e n:
einen gründlichen mépris vor dem zeitungsleſenden Publikum
und noch mer vor den ſogenannten Literaten. Ich könnte auch
noch der hiſtoriſchen Zeitſchrift „Vaterlandsfreund“ erwänen oder
der „Chronik von Roſenheim“, die ich im Auftrage der Stadt
anno 1860 ſchrieb, vielleicht auch des „Stammbuches des
deutſchen Adels“, das in vier Foliobänden 1860—66 erſchien, ich will aber den Leſer nicht mit dieſen Dingen länger
aufhalten und es einem künftigen Biografen überlaſſen, alle
meine unſterblichen Werke zuſammenzuſuchen und zu verzeichnen. Ich unterlaſſe auch von meinen ziemlich bedeutenden
Reiſen (außer der obenerwänten amerikaniſchen), von Abenteuern und anderen, mitunter tollen Geſchichten, von Jubel
und Elend, die ich mit Hilfe eines faſt unverwüſtlichen Humors
durchgemacht und zum Teil wol ſelbſt veranlaßt habe, zu erzälen, ich will nur einer einzigen tollen Idee erwänen, die mich
plagte und die ich viele Jare mit mir herumtrug, nemlich der
Idee, daß der Staat Bayern die Verpflichtung habe, einen
bayeriſchen Gelerten und dazu noch den erſten und einzigen
ſeines Faches in ganz Deutſchland, an geeigneter Stelle zu
verwenden; denn´, wenn auch Wiſſenſchaft und Kunſt, dieſe
ſchönſten Blüten des menſchlichen Geiſtes, nur dann ſo recht
eigentlich zur herrlichen Frucht reifen, wenn ſie die goldene
Sonne des Mäcenatenthums beſcheint, ſo wirkt doch der ſilberne Tau der Republik nicht minder erquickend und belebend.

Meine Tollheit ging nun zwar nicht ſo weit, mir einzubilden, man werde für mich meiner Wiſſenſchaft zu Liebe etwas
tun, aber ich dachte mir, man werde mir, obgleich ich meine

Wissenschaft verstehe, eine Stelle unter den Dienern der Respublica einräumen. Das eben war die tolle Idee.

Seitdem ich Familienvater geworden, versäumte ich keine Gelegenheit, mich um Stellen zu bewerben, die ich meinen Kenntnissen nach, wenigstens so gut als andere, ausfüllen zu können vermeinte. Ich suchte z. B. einmal um eine Professur der Geschichte, bezieungsweise der historischen Hilfswissenschaften an hiesiger Hochschule nach. Der Minister v. Zwehl war äußerst artig und verwies mich an die Fakultät. Meine Eingabe an diese, unter Beilage meiner historischen Werke, fand jedoch wenig Verständniß. Herr Professor v. Kobell, damals Dekan der Fakultät, dem ich meinen Besuch machte, hatte zwar die Güte, mich herablassender Weise in Hembärmeln mit einer langen Pfeife im Munde zu empfangen, eröffnete mir aber, one sich von seinem Trone, der übrigens ein gewönlicher Stul zu sein schien, zu erheben, auf gut altbaverisch: die Fakultät wolle nichts wissen von der Heralbik. Ich entgegnete zwar, daß ich um Habilitation in der Geschichte überhaupt angesucht, und erlaubte mir, hinzuzufügen, daß Heralbik denn doch eine Hilfswissenschaft sei, so gut als Mineralogie; Hr. v. Kobell aber schloß die Unterredung mit den bezibirenden Worten: Ja, Stoana (Steine) das ist ganz was anders als Wappen! worin ich ihm allerdings nicht widersprechen konnte.

Ein andermal bewarb ich mich um die Stelle des Reichsherolbes, welcher als Vorstand der Abelssektion im Ministerium des Äußern fungirt, und, so sollte man denken, durch einen Fachmann in Heralbik und Genealogie am besten vertreten sein müßte. Ich machte dem Minister v. der Pforbten meine Aufwartung, welcher in liebenswürdigster Weise meine Leistungen anerkennend, nur bedauerte, mir nicht helfen zu

können, es sei nemlich im Ministerium des Äußern Maxime,
daß man zum Reichsherold immer denjenigen mache, den man
sonst nirgends anders verwenden könne! — eine
Maxime, die mir ebenso zweckmäßig als tröstlich erscheinen
mußte.

Da in dem französischen Zentralarchive seit lange die
Teilung der Arbeit eingefürt ist und für die einzelnen Branchen
des Archivwesens wissenschaftliche Capacitäten angestellt sind,
insbesondere z. B. Mr d'Hauterive als sous-chef der heraldischen, Mr Douët — d'Arcq als sous-chef der sphragi-
stischen Sektion u. s. w., so hatte ich auch einmal die tolle
Idee, mir einzubilden, man könnte in Bayern etwas Aenliches
arrangiren, und legte den Plan hiezu geeigneten Ortes vor,
mich zugleich für eine entsprechende Verwendung offerirend.
Die Idee wurde aber mitleidig belächelt und natürlich blieb
alles beim Alten. Der Staats = und Cabinetsrat v. Pfistermeister, der die Sache bei S. M. zu befürworten versprach, war recht „eingenommen“ für dieselbe, gerute mich auch
einsmals in einem Anfall von Huldigkeit einen „armen Teufel“
zu nennen, was sich recht brav ausnam, wenn nicht im Laufe
des weitern Gesprächs der Hr. Cabinetsrat mir die Adreß-
karte eines Messerschmieds (ich glaube in Hof?) überreicht
hätte, mit dem Ansuchen, demselben vorkommenden Falles meine
Rasirmesser zum Abziehen zukommen zu lassen, denn der Mann
sei gar ein „armer Teufel“. — —

Seit dem ersten Entstehen des bayer. Nationalmuseums
hatte ich Gelegenheit gehabt, dem Vorstande desselben, Frhrn.
v. Aretin, nicht unerhebliche Dienste durch meine Kenntnisse
im Fache der Geschichte, Genealogie, Heraldik ꝛc. zu erweisen,
welche er mir, wie ich dankbarst anerkenne, durch liberale Be-
nützung der Sammlung teilweise zu ersezen suchte, wogegen

ich mich nach Kräften bemüte, das damals noch junge Institut
mit Tat und Wort zu heben. Die Folge war, daß Hr. v. A.
mir nicht ein mal, sondern wiederholt sein Wort darauf gab,
er werde, wenn die Stelle eines Conservators zu besezen sei,
Niemand anderen als mich hiezu bestimmen.

Als nun die Zeit hiezu kam und ich den Hrn. Baron an
sein Wort zu erinnern mir erlaubte, wies er mich an den
Minister v. Koch, mit welchem er schon gesprochen habe. Ich
machte diesem meine Aufwartung und erlaubte mir zu fragen,
ob die Stelle schon vergeben sei, oder ob ich mit einem Ge=
suche noch Aussicht habe? Der Herr Minister aber fur mich
mit den barschen Worten an: Der Minister ist kein
Anfragsbureau! und öffnete die Türe. Ich bekenne, daß
mir, so lange ich das Unglück hatte, suppliziren zu müssen,
eine solche Sottise noch nicht begegnet war, und bedauere nur,
daß Herr v. Koch nicht mer lebt, um ihm hiemit meinen Dank
dafür zu Füßen legen zu können. Nach der Hand erfur ich,
daß die Stelle damals längst besezt war und zwar nicht ein=
fach, sondern doppelt, und dieß durch zwei arme Diener des
Herrn, denen ich ir Glück wol gönne. —

Ich könnte noch ein halb Duzend weitere Versuche, in
meinem „theuern Vaterlande“ eine entsprechende Stelle zu er=
halten, hier beibringen, ich könnte insbesondere noch das son=
derbare Schicksal erzälen, welches eine alleruntertänigste Bitte
und Vorstellung hatte, die ich einmal allerhöchsten Ortes
niederzulegen mich erkünte, ich unterlasse es lediglich aus Rück=
sichten der Erfurcht und des Anstandes, die es verbieten, auch
nur den Schatten der Schuld auf Personen zu werfen, die
vielleicht den Körper dieses Schattens gar nie zu Gesicht be=
kommen — ich erlaube mir lediglich am Schlusse dieser Er=
kursion die Frage, ob derlei Erfarungen geeignet waren, den

Patriotismus, dem ich leider zu lange mit aller Aufopferung
mich ergeben, auch ferner rege zu halten, oder ob nicht der
Ausspruch meines seligen Vaters sich an dem Sone wieder=
holt bewarheitet habe, daß der Patriotismus ein unrentables
Geschäft sei? — Hätte ich, was ich mit bitteren Erfarungen
jezt weiß, vor 20 Jaren gewußt, ich würde meinem Vater=
lande damals den Rücken gekert und in einem Großstaate
mein Glück versucht haben, denn Großstaaten allein haben
ein Interesse daran, jede Kraft an dem Orte zu verwenden,
wo sie am meisten Nuzen bringen kann, wärend in Klein=
staaten, wenigstens für den Eingebornen (er müßte denn ein
ganz besonderer Glückspilz sein) kein Weg offen bleibt, zum
Ziele zu gelangen, als — angespannt an dem „großen Kar=
ren" mitzuschieben, um auf der ihm bestimmten Höe des Ber=
ges angelangt, von Anderen wieder bei Seite geschoben zu
werden, denn:

> „Schieben und geschoben werden,
> Ist das hohe Loos auf Erden".

Dieß war die Geschichte meiner tollsten Idee, die ich „mir
zur ernstlichen Warnung, anderen aber zur wolverdienten
Strafe" hiemit veröffentlicht habe.

Es wäre jedoch ganz irrig, wenn der mit den Verhält=
nissen nicht näer vertraute Leser allenfalls aus der vorher=
gehenden Darstellung sich die Ansicht bilden wollte, als sei
ich persönlich unbeliebt, oder als würden mir bei meinen Ar=
beiten (so lange sie kein Geld fordern) irgend Hindernisse in
den Weg gelegt. Das gerade Gegenteil ist der Fall.
Wo und wann immer ich genötigt bin, die Hilfe eines Beam=
ten für meine wissenschaftlichen Zwecke zu beanspruchen, über=
all finde ich das gefälligste Entgegenkommen, und insbesondere
muß ich den Vorständen und Beamten der kgl. Staatsbiblio=

thek, der Universitätsbibliothek, des kgl. Archives und des historischen Vereines, an welchen Orten ich eigentlich meine Weisheit hole, die achtungsvollste, dankbarste und herzlichste Anerkennung zollen. Möge der Herr mir und der Wissenschaft diese Gönner noch lange erhalten! — —

Außer der Gründung des heraldischen Instituts habe ich in den lezten Jaren nur noch eine praktische Idee ausgefürt — ich nenne sie praktisch nach dem Erfolge — und diese war, daß ich heuratete und zwar gerade meine Frau und keine andere.

Anno 1853 am 26. Juli hielt ich Hochzeit mit Sofie von Ziegler-Pürgen, Tochter des verstorbenen Hofrats und Hofmarksherrn zu Pürgen, Judas Thaddäus v. Ziegler. Das alte Schloß P., in welchem sie geboren ist, war seit Jarhunderten der Siz guter Adelsgeschlechter, wie der Pfetten, Huepberr, Burgau, Höhenkircher, Wadenspann und Schmöger, von welch' lezteren es mein sel. Schwiegervater 1786 erkauft hatte, und lag eine Stunde außerhalb Landsberg am Lech. Es bestet nicht mer, denn die Vormünder der v. ziegler'schen Kinder ließen es auf den Abbruch versteigern und zertrümmerten die Hofmark mit iren herrlichen Waldungen, mer zum eigenen, wie man versichert, als zum Vorteil irer Mündel.

Meine liebe Frau hat mir fünf hübsche Kinder geschenkt, von denen zwei, einen Knaben Ulrich (dem Herzog Ulrich von Wirtemberg, dessen Geschichte ich eben bei seiner Geburt bearbeitete, zu Eren so benannt) und ein gar liebes hoffnungsvolles Mädchen, Aurelie, mir der Tod entrissen hat. Jezt bin ich noch Vater von drei Töchtern, Sidonia, Gisela und Lucretia genannt, welche, im häuslichen Kreise erzogen, iren Eltern zur Freude sind und von denen die erstgenannte iren

Vater bereits durch hilfreiche Hand in seinen heralbischen Ar=
beiten zu unterstützen sich bemüt. Da auch mein jüngerer
Bruder Ludwig keine männlichen Nachkommen besizt, so scheint
das Geschlecht der Hefner mit dem Winzer mit uns
sein Ende nemen zu wollen, was, wenigstens von meiner Seite,
keinerlei Bedauern unterliegt. —

Es existirt aber in München zufällig noch eine andere
Familie unseres Namens, die troz aller Verwarungen von
meiner Seite doch zuweilen mit der unseren verwechselt zu
werden pflegt, daher es wol am Plaze sein wird, des Ur=
sprunges dieser Familie in Kurzem zu gedenken.

Anno 1814 wurde der ehemalige mainzische, später von
Bayern übernommene Regierungs= und resp. Staatsrat Franz
Ignaz Heinrich Hefner zu Aschaffenburg vom König
Max I. nobilitirt. Von seinen Verdiensten kann ich nichts
berichten, weil ich nichts davon erfaren, es ist mir nur ein=
mal erzält worden, der Herr Staatsrat sei in einem solchen
Grade kurzsichtig gewesen, daß ein Gauner, hievon Vorteil
ziehend, sich ihm auf der Straße in Aschaffenburg näerte und
ihm mit einem artigen: „Entschuldigen Sie, Herr Staatsrat!"
die goldene Brille von der Nase zog. Der Bestolene konnte
im nächsten Augenblicke nicht einmal die Richtung mehr an=
geben, in welcher der Dieb sich entfernt hatte. Diese Anek=
bote gebe ich übrigens mit allem Vorbehalt.

Sein Son Jakob Heinrich, der das Unglück hatte,
in früer Jugend den rechten Arm zu verlieren, widmete sich
dennoch der Zeichenkunst und hat hierin Annerkennenswertes
geleistet. Auf das Erbieten an der Gewerbschule seiner Vater=
stadt unentgeltlichen Zeichnungsunterricht zu erteilen, wenn
ihm der „Professor"=Titel verliehen werde, wurde seinem Wunsche
willfart. Wo Jakob v. Hefner den Doktortitel, den er fürt,

acquirirt habe, konnte ich nicht erfaren, man wollte vielmer
behaupten, der Herr Profeſſor habe kaum die Lateinſchule ab=
ſolvirt. Noch in Aſchaffenburg begann Hr. v. Hefner die
Herausgabe ſeines Werkes: „Die Trachten des deutſchen Mit=
telalters‟, welches ihm alle Ere macht, zu welchem ihm übri=
gens, wie man ſagt, ſeine Gemalin, welche eine gebildete Dame
ſein ſoll, den Tert ſchrieb.

Anno 1852 überſiedelte Jakob v. Hefner nach München
und wurde bei ſeinem Beſuche in unſerem Hauſe (am 17. Fe=
bruar) von meinem Vater auf das Zuvorkommendſte aufge=
nommen. Ich hatte den Auftrag, ihm, da Papa unwol war,
den Gegenbeſuch zu machen, bei welcher Gelegenheit er viel
von „Heralbig‟ ſprach. Am 2. Auguſt 1852 wurde er auf
m e i n e n Vorſchlag in der Verſammlung des hiſtoriſchen Ver=
eins zum Erenmitgliede ernannt und ich beauftragt, ihm dieß
kund zu tun, was auch perſönlich geſcha. Es iſt nicht in
Abrede zu ſtellen, daß Hr. Jakob v. Hefner Alles getan hat,
um das freundliche Entgegenkommen, welches ihm von uns
ward, mit Dank zu vergelten, denn ich für meinen Teil halte
es für eine Erenſache, jedermann das Seine zu gönnen, und
verſchmäe es, mich mit fremden Federn zu ſchmücken. Ich ſehe
mich aber doch veranlaßt, zu erklären, daß ich mit Hrn. Ja=
kob v. Hefner, welcher ſeit 1854 den Beinamen Alteneck an=
genommen hat und demnach jetzt Jakob Heinrich v. H e f n e r =
A l t e n e c k heißt, keine Gemeinſchaft habe, weder in der Fa=
milie, noch in der Wiſſenſchaft und Kunſt. Mein Counterfait,
welches ich dem Handbuch der Heralbik beigab, wird mich wol
vor Verwechſlungen durch das Geſicht bewaren, damit aber
auch das G e h ö r in dieſer Hinſicht ſich nicht taüſche, bitte ich
den Leſer nachfolgende Zeilen mit ziemlich ſeiner Stimme und
etwas ſingend laut zu ſprechen:

„Ich wollde mir nor erlaube, wenn nichds anderes da
is, die cheärde Herren, wo ich schon ain darmal die Ere hatte
Sie zu zaichen, ain bar borrdreds von die bairische Her=
zogen, wenn die Herren ain Auchenblick Zait hawen wollen,
die Gitte mich anzuheren. Es ist erschdaunlich, ich darf mir
schmaichle, wo ich chewiß von Gligg dechinstigt chewesen, die
Sache sain alle verschdeggt chewesen, so hat kai Mensch was
chewußd, daß se da sain, namendlich von die fliechende Bled=
dern, welche vor die bayerische Verheldnissen von hohem In=
dressen sind, wo zur Vergreserung der namhafde Kinstler von
Minchen diene. Rehmlich von die brachdrischdunge der
bayerische Herzogen, wo man immer for franzehsische Arwaid
auschecheben hat, aber sie sind chans chewiß zur Vergreserung
der namhafte Kinschdler von Minche, wo die bedaibenste Wer=
gen in die Werdschdeden von Minchen sind cheserdigt worde,
schdeziell die Brachdrischdunge von Könich Franz den erschde
wird für die Herre von Indressen sain zu erfahren, wo sie
chemacht sain worde, wo wir Baire wirglich schdols sain dir=
fen, wie zum baischbill das derimde Grabmahl zu Inschdrugg,
wo aus ainer Auchsburcher werdschdede hervorchechangen ist
von dem derihmden Saissenhofer mit die viele Schdadue. S'is
wirglich zum Erschdaune, wenn man die ainselne Schdig=
gen dedracht, wie die Herren wissen, wo ich schon ainmal die
Ere chehadd habe, daß man chezt chans chenau wais, daß der
Kinsdler nach Dabriß cheraist is, um den Könich das Maas
auf den Laibe zu nehme. For haide bin ich so frai, die Herre
ain bar dledder aus mainen naieste Werch, die Sammlunge
des Firschden von Sichmaringe, was dei Druggmann
erschaind, Sie wissen ja alle die dolidische Verhäldnissen, wo
ich Ihne nit zu sache drauch, zum baischbill die erschde daffel
ain minsbogalenbecher. Ich bin sonst nicht so deschaide,

aber diese daffel bitt ich die Herre, wie sie chearbaib ist! Das ist ein erdner Gruch in farwe chebrand, wß man nit oft find, wo ich besondere Werd drauf leche vor Muschder vor die Guerpslaiden, daß sie den Saragder dran schdu-dire kenne u. s. w. u. s. w."

Wenn der freundliche Leser sich durch diese Zeilen hin-durchgearbeitet hat, so möge er sich die lebhafte Vorstellung machen, er habe hinter einem Vorhang oder bei verschlossenen Augen einen der sogenannten Vorträge mit belauscht, wie sie Hr. Jakob Heinrich v. Hefner-Alteneck in den Vereinen, deren Mitglied er ist, zur Belerung und Erbauung der An-wesenden zu halten pflegt — und daduch vorkommenden Falles nicht mer in Gefar kommen, mich mit ihm zu verwechseln.

Register

zum II. Band des Antiquarius.

Bemerkung: Die mit fetten Lettern gesetzten Namen bedeuten Familien oder Personen, die anderen Orte oder Sachen. Bei fortlaufender Rele von Seitenzitaten sind die Hunderterzalen nur das erstemal gesetzt, so daß z. B. 105, 19, 27, 290, 97 bedeutet: 105, 119, 127, 290, 297 u. s. w. Die Anfangsbuchstaben B und P, C und K, D und T bittet man bei Eigennamen zu berücksichtigen.

Verbesserungen zu diesem Bande:

S. XVIII in der obersten Zeile ist statt: „der weiß berücksichtigt und" zu setzen: „der berücksichtigt und weiß"

S. 66 ist aus Versehen die fünfte Regierungsstadt: Burghausen, ungenannt geblieben, was jedoch durch die Aufführung ihrer Patriziats S. 242 ff. sich von selbst berichtigt.

S. 161 in der 2. Zeile muß es heißen: Reichsrat statt: Staatsrat

S. 227 Z. 7 v. u. lies: Blasontrung statt: Blaßrung

S. 335 bei Scheirer statt „erhielt 2c." zu setzen: hatte bereits 1699 ein Adels- und Freiherrndiplom erhalten.

S. 337 muß es heißen: Thurnhueber statt: Thuenhueber

Bei **Justus Perthes** in Gotha erscheinen zu Ende November und werden in allen Buchhandlungen zu haben sein:

Gothaischer genealogischer Hofkalender nebst diplomatisch-statistischem Jahrbuche auf das Jahr 1868. 105. Jahrg. mit 6 Portraits in Stahlstich. In engl. Einb. 1⅓ Rthlr.

Derselbe in gleicher Ausstattung französisch unter dem Titel: **Almanach de Gotha.** 1⅓ Rthlr.

Gothaisches genealogisches Taschenbuch der Gräflichen Häuser auf das Jahr 1868. 41. Jahrg. Mit dem Bildniß des Grafen Rudolf Apponyi, k. k. österr. Botschafter am k. großbritann. Hofe. In engl. Einb. 1⅔ Rthlr.

Als Ergänzungsband dazu erschien 1855:

Historisch-heraldisches Handbuch zum genealogischen Taschenbuch der Gräflichen Häuser. In engl. Einb. 2 Rthlr.

Gothaisches genealogisches Taschenbuch der Freiherrlichen Häuser auf das Jahr 1868. 18. Jahrg. Mit dem Bildniß des Freiherrn Alexander von Schleiniz, k. preuß. Staatsminister und Minister des königl. Hauses. In engl. Einb. 1⅔ Rthlr.

Der Druck der Gothaischen Almanache, von denen der Hofkalender seit 1764, das gräfliche Taschenbuch seit 1825 und das freiherrliche Taschenbuch seit 1848 erscheint, beginnt alljährlich zu Anfang des Monats Juni. Beiträge, welche zur Aufnahme geeignet sind, werden längstens bis zu diesem Termin unter der Adresse der Verlagshandlung Justus Perthes in Gotha franco erbeten. Später eingehende Mittheilungen können für das laufende Jahr immer nur dann Berücksichtigung finden, wenn der vorgeschrittene Druck dieß gestattet. Die chronologische Bezeichnung der Druckfolge ist am untern Rande der ersten Seite eines jeden Bogens neben der Signatur ersichtlich.